O juízo moral na criança

Dados Internacionais de Catalogação na Publicação (CIP)
(Câmara Brasileira do Livro, SP, Brasil)

Piaget, Jean.
   O juízo moral na criança / Jean Piaget [tradução: Elzon Lenardon]. São Paulo : Summus, 1994.

   Título original: Le jugement moral chez l'enfant.
   Bibliografia.
   ISBN 978-85-323-0457-5

   1. Educação moral 2. Psicologia infantil 3. Testes de caráter I. Título.

94-1106   CDD-155.4

Índice para catálogo sistemático:

1. Psicologia infantil   155.4

Compre em lugar de fotocopiar.
Cada real que você dá por um livro recompensa seus autores
e os convida a produzir mais sobre o tema;
incentiva seus editores a encomendar, traduzir e publicar
outras obras sobre o assunto;
e paga aos livreiros por estocar e levar até você livros
para a sua informação e o seu entretenimento.
Cada real que você dá pela fotocópia não autorizada de um livro
financia o crime
e ajuda a matar a produção intelectual de seu país.

O juízo moral na criança

Jean Piaget

summus editorial

Do original em língua francesa
LE JUGEMENT MORAL CHEZ L' ÉNFANT
Copyright © 1932 by Jean Piaget
Originalmente publicado pela Presses Universitaires de France
Direitos desta tradução adquiridos por Summus Editorial

RELAÇÃO DE EX-ALUNOS DO INSTITUTO J.-J. ROUSSEAU QUE
COLABORARAM NESTE VOLUME

Srta. N. BAECHELER (Cap.3).
Srta. A. M. FELDWEG (Cap.3).
Sr. M. LAMBECIER, assistente do Laboratório de Psicologia da Universidade de
Genebra (Cap.1).
Sr. L. MARTINEZ-MONT, ex-professor da escola normal da Guatemala (Cap.1).
Sr. N. MASO, professor nos "Cursos Técnicos de Pedagogia" de Barcelona
(Cap.2).
Sra. V. J. PIAGET (Cap.1).
Srta. M. RAMBERT, diretora do Instituto de Crianças-problema Romainmotier
(Cap.3).

Tradução: **Elzon Lenardon**
Capa: **Ettore Bottini**

Summus Editorial
Departamento editorial
Rua Itapicuru, 613 – 7º andar
05006-000 – São Paulo – SP
Fone: (11) 3872-3322
http://www.summus.com.br
e-mail: summus@summus.com.br

Atendimento ao consumidor
Summus Editorial
Fone: (11) 3865-9890

Vendas por atacado
Fone: (11) 3873-8638
e-mail: vendas@summus.com.br

Impresso no Brasil

Sumário

Prefácio à edição brasileira, 7

Advertência, 21

1 — AS REGRAS DO JOGO, 23
1. As regras do jogo de bolinhas, 25
2. O interrogatório e os resultados gerais, 31
3. A prática das regras:
   I. Os dois primeiros estágios, 35
4. A prática das regras:
   II. O terceiro e o quarto estágios, 44
5. A consciência da regra:
   I. Os dois primeiros estágios, 50
6. A consciência da regra:
   II. O terceiro estágio, 60
7. Um jogo de meninas: "pique", 69
8. Conclusões: I. A regra motora e os dois respeitos, 74
9. Conclusões: II. Respeito pelo grupo ou respeito pelas pessoas
   Procura de uma hipótese diretriz, 86

2 — A COAÇÃO ADULTA E O REALISMO MORAL, 92
1. Do método, 94
2. A responsabilidade objetiva: I. Os desajeitamentos e o roubo, 101
3. A responsabilidade objetiva: II. A mentira, 113
4. A mentira e os dois respeitos, 130
5. Conclusão. O realismo moral, 139
Conclusão geral, 154

3 — A COOPERAÇÃO E O DESENVOLVIMENTO DA NOÇÃO DE JUSTIÇA, 156
1. O problema da sanção e da justiça retributiva, 157
2. A responsabilidade coletiva e comunicável, 180
3. A "justiça imanente", 192
4. Justiça retributiva e justiça distributiva, 200
5. Igualdade e autoridade, 209
6. A justiça entre crianças, 222
7. Conclusão: a noção de justiça, 235

4 — AS DUAS MORAIS DA CRIANÇA E OS TIPOS DE RELAÇÕES SOCIAIS, 244
1. As teses de Durkheim e de Fauconnet sobre a responsabilidade, 245
2. A doutrina da autoridade moral segundo Durkheim: I. Introdução, 254
3. A doutrina da autoridade moral segundo Durkheim: II. A educação moral, 263
4. A teoria de Pierre Bovet, 277
5. O ponto de vista de J. M. Baldwin, 287
6. Conclusão, 294

Prefácio à edição brasileira

Yves de La Taille

Em 1902, Levy-Bruhl publicou *La Morale et la Science des Moeurs* (Paris, PUF, 1971), texto que de certa forma servirá de fundamento para a abordagem científica da moralidade humana. Embora Piaget, em seu *Le Jugement Moral chez l'Enfant* (*O Juízo Moral na Criança*, ao qual passo a me referir por JM) não cite o texto de Levy-Bruhl, seu trabalho sobre o desenvolvimento moral não deixa de cumprir em parte o programa científico estabelecido pelo filósofo francês. Por essa razão, acredito ser útil começar por dizer algumas palavras sobre a "ciência dos costumes" proposta no início do século XX: encontraremos alguns dos grandes temas da reflexão humana sobre a moralidade, e poderemos situar o pensamento piagetiano em relação a eles. Em seguida, procurarei comentar o lugar ocupado por JM no interior da obra e da teoria piagetiana.

Afirma Levy-Bruhl que *"não há nem pode haver moral teórica"*. Entenda-se por moral teórica as reflexões filosóficas, até então soberanas no que diz respeito à moralidade humana. Sem dúvida, foram muito importantes por representarem esforço intelectual para pensar as ações do homem, mas, segundo Levy-Bruhl, elas contêm alguns erros fatais que somente uma ciência pode corrigir ou superar.

O primeiro erro das morais teóricas é confundir explicação e normatização, conhecimento e prescrição. Neste sentido, a tarefa que se propõem a cumprir é contraditória: não se pode teorizar e legislar ao mesmo tempo. *"Uma moral"*, escreve Levy-Bruhl, *"mesmo quando quer ser teórica, é sempre normativa, e, justamente, porque é normativa, nunca é realmente teórica"*. É preciso, portanto, separar o universo do "ser" daquele do "dever ser". As morais teóricas podem pensar sobre o que "deve ser", portanto, sobre o que representa o bem e o mal. Todavia, a explicação do que "é" a moral depende de um método não especulativo: o método científico. Assim como a Física apreende as leis que governam o mundo natural, a ciência dos costumes deve procurar conhecer as leis que regem o universo moral humano. E tal procura deve ser feita, num primeiro momento, de forma desinteressada, ou seja, sem a preocupação de estabelecer uma prática.

A segunda crítica que Levy-Bruhl faz às morais teóricas tradicionais diz respeito justamente à prática. O autor nota que, interessantemente, as diversas teorias morais, tão diferentes entre si no que tange a seus corpos teóricos, *"tomam cuidado de não chocar a consciência moral de suas épocas"*. Vale dizer que são praticamente inúteis pois "preconizam" práticas muito semelhantes entre si, e, em geral, aquelas vigentes nas épocas onde foram escritas. Tanto é verdade, segundo Levy-Bruhl, que raramente causaram escândalos, que nunca foram alvo de perseguições, notadamente por parte da Igreja. Para esta, as "revoluções científicas", como a afirmação do heliocentrismo ou a evolução das espécies, são muito mais "perigosas" pois solapam as bases sobre as quais repousa o edifício do pensamento religioso cristão. Por serem conservadoras nas suas prescrições, as morais teóricas pouco inquietaram e pouco inquietam. Somente as novas práticas são vistas como ameaçadoras, e essas, via de regra, nascem de transformações sociais profundas, e não da leitura de textos de filosofia. Assim, as morais teóricas são o reflexo, uma abstração dos costumes vigentes de uma época, e não o contrário. Neste sentido, são elas mesmas passíveis de serem estudadas por uma ciência dos costumes.

A terceira crítica de Levy-Bruhl incide sobre uma concepção errônea da maioria das morais teóricas: sua crença na existência de uma "natureza humana", idêntica a si mesma seja qual for o lugar e a época. Para ele, esta idéia universal de homem *é "pobre e artificial"*; não favorece a evolução dos conhecimentos, pelo contrário, atravanca-a. Para conhecer o ser humano, a ciência tem uma tarefa enorme pela frente: debruçar-se sobre as diversas culturas, observar, comparar. A História e a Antropologia são ferramentas essenciais. Após muitos esforços, *"a unidade da estrutura mental provavelmente aparecerá (...) Mas essa unidade, se for confirmada, será diferente daquela admitida a priori"*: não somente será demonstrada — e não pressuposta — mas também será definida através de características diferentes daquelas apresentadas pela filosofia. Em resumo, pressupor uma natureza humana falseia toda a reflexão sobre moralidade humana. Para estudá-la, devem aliar-se sociólogos, psicólogos, historiadores, antropólogos, cada qual pesquisando no nível que lhe é próprio.

Ao lado da crítica deste postulado da "natureza humana", Levy-Bruhl acredita haver outro postulado a ser descartado: o da harmonia da consciência moral humana. Escreve ele que, através do estudo sobre o homem tomado em seu contexto histórico, verifica-se que *"as obrigações morais do homem, suas crenças, seus sentimentos, suas representações deixam entrever uma complexidade extraordinária: nada assegura, a priori, que esta complexidade esconda uma ordem lógica, nem que possa ser explicada por alguns princípios diretores"*. Equivale a dizer que a harmonia da consciência moral humana simplesmente inexiste. Nela coexistem deveres contraditórios, normas nascidas em épocas e tradi-

8

ções diferentes. Porém, as morais teóricas *"não percebem o caráter compósito do conteúdo da consciência moral"*. Deve a ciência desmitificar tal harmonia ideal. As posições de Levy-Bruhl causaram muita polêmica, foram objeto de muitas críticas. Vamos conhecer três delas.

1) Uma reflexão científica sobre a moral não levará a um "ceticismo moral"? Se os homens tomarem conhecimento de que suas regras são históricas, contextualizadas, portanto provisórias, não tenderão eles a desrespeitá-las? Afirmar que a moral é relativa, não é justamente dizer que não existe? Enfim, uma tal ciência oferecerá o perigo de promover uma "eutanásia moral"?

2) A segunda crítica reverte o argumento de Levy-Bruhl a respeito da inutilidade das morais teóricas. Na verdade, é a ciência dos costumes que seria inútil pois, como ela não pretende estabelecer juízos de valor, dela não se pode derivar uma prática moral — exigência sempre urgente dos homens. O eterno problema da moral é estabelecer o que "deve ser"; e este dever não pode ser deduzido dos fatos.

3) A terceira crítica diz respeito à suposta neutralidade de uma ciência dos costumes. Estaria errado o pressuposto de que se pode estudar a moral como se estudam as leis da natureza. Estas últimas são independentes de nossa vontade, as normas morais não. Mesmo se descobrimos as leis que regem o curso dos planetas, estes permanecem seguindo sua eterna rota. Todavia, ao conhecer as "leis" morais, nós nos transformamos, e, por conseguinte, as transformamos. Portanto, uma ciência moral, embora somente pretenda "explicar", acaba tendo efeitos legisladores; trata-se de um conhecimento necessariamente comprometido com valores. E mais ainda: o juízo de valor se faz presente na própria definição do objeto desta ciência. Com efeito, o que é uma ação movida por critérios morais?

Demorei-me um pouco sobre as teses de Levy-Bruhl e sobre os problemas que elas levantam pois acredito que podem ajudar o leitor a apreciar criticamente o pensamento de Piaget sobre juízo moral. Não se trata de comparar os dois autores. Apenas acredito que o texto de Levy-Bruhl "dá o tom" ao que, posteriormente, norteará as pesquisas na área da moral. Inspirado nos estudos já realizados pelas Ciências Humanas (notadamente na Sociologia), o filósofo francês procura mostrar que até as questões morais são passíveis de abordagem científica. E Piaget será adepto convicto deste ponto de vista.

Vamos agora retomar os temas acima apontados e verificar como Piaget se situa em relação a eles.

Vimos que Levy-Bruhl recomendava uma ruptura em relação ao pensamento especulativo em benefício do método científico. Seus argumentos recaíam sobretudo sobre o caráter contraditório das morais teóricas que procuram explicar e legislar ao mesmo tempo. Vejamos como Piaget também se afastou da Filosofia.

Como se sabe, o jovem Piaget foi grande leitor de Filosofia. Chegou mesmo a lecioná-la na Universidade de Neuchâtel (década de vinte), e nunca negou a decisiva influência que ela teve nas suas idéias. Todavia, ele foi pouco a pouco "se desconvertendo". A expressão "desconversão" é do próprio Piaget. Ele a emprega em seu texto *Sabedoria e Ilusões da Filosofia*[1]. Tal desconversão se deu, em parte, pelo "medo" da especulação: *"É verdade"*, escreve ele, *"que, embora fecunda e mesmo indispensável a título de introdução heurística a toda pesquisa, a reflexão especulativa não pode conduzir senão à elaboração de hipóteses, por mais amplas que sejam, mas enquanto não se procura a verificação por um conjunto de fatos estabelecidos experimentalmente ou por uma dedução regulada segundo um algoritmo preciso (como em lógica), o critério de verdade não pode permanecer senão subjetivo, sob as formas de uma satisfação intuitiva, de uma 'evidência', etc.'*. Por esta razão, Piaget, embora tomando um tema caro à Filosofia — a epistemologia — resolveu estudá-lo de forma científica. A busca de dados empíricos foi o que o levou à Psicologia.

Ora, é nesta mesma perspectiva que abordou o tema da moralidade: indo a campo, entrevistando crianças e dando sua contribuição à abordagem científica da moralidade. Hoje, é banal se pensar em fazer pesquisas sobre juízo moral. Mas, na época, não o era. E até os maiores críticos de Piaget nele reconhecem um pioneiro na área, com a coragem de adentrar um campo de pesquisa psicológica praticamente virgem, e a felicidade de colocar preciosas balizas conceituais — que até hoje servem de referencial. Neste sentido, o livro *O Juízo Moral na Criança* é um marco na história da reflexão humana sobre a moralidade. Sociólogos, como Durkheim, já haviam iniciado pesquisas neste campo. Mas, sem desprezar o importância de outros autores, pode-se dizer que foi Piaget quem estimulou a Psicologia a dar a sua contribuição ao que Levy-Bruhl chamou de ciência dos costumes.

Devemos ainda sublinhar o fato de Piaget ter enriquecido esta ciência pelo estudo da criança. Como vimos, Levy-Bruhl preconizava o estudo histórico e antropológico, tanto para apreciar a diversidade das formas pelas quais a moralidade se traduz em diversas culturas, quanto para, com base em comparações, procurar leis gerais que porventura existissem. A esta abertura do leque de pesquisas, Piaget contribuiu de forma singular mostrando como o estudo do pensamento infantil joga decisivas luzes sobre o pensamento adulto e humano em geral. É, por conseguinte, necessário que o leitor tenha consciência do objetivo de Piaget no livro que vai ler: não se trata apenas de estudar a moralidade infantil em si, mas sim de, através dela, pensar a moralidade humana. A mesma

---

1. PIAGET, J. *Sagesse et illusions de la philosophie*. Paris, PUF, 1965.

postura guiou Piaget nos seus estudos sobre epistemologia: o estudo da gênese do pensamento operatório é essencial à compreensão deste. Vale dizer que o estudo da *infância da Razão*, para retomar a bela expressão de Heloysa Dantas[2], nos permite entender a Razão ela mesma. Mesma coisa se pode dizer das reflexões sobre a *infância da moralidade*.

Vimos também que Levy-Bruhl apontava para o fato de as várias morais teóricas, a despeito de suas diferenças, quase sempre acabarem por referendar as morais vigentes nas épocas em que foram elaboradas. Ora, uma outra razão da "desconversão" de Piaget em relação à reflexão puramente especulativa foi justamente a verificação da *"surpreendente dependência das correntes filosóficas em relação às transformações sociais e mesmo políticas"*.

Todavia, o aspecto mais importante deste ponto não está na crítica à Filosofia. Está nas relações existentes entre a teoria e a prática. Não são poucas as pessoas que acreditam que um bom "sermão", ou seja, o ensinamento verbal de uma determinada moral é condição necessária e suficiente para garantia da ação moral, e generalizam: em cada sociedade, são os "discursos" morais que fundam os ideais de Bem e levam as pessoas a agir de acordo. Nesta perspectiva, a prática seria decorrente da teoria.

Embora seja inegável que discursos morais influenciam os homens, é preciso pensar de *onde vêm tais discursos,* e quais são as *garantias de sua eficácia* como determinantes da prática. A este respeito escreveu Levy-Bruhl que *"ao invés de a prática ser deduzida da teoria, é a teoria que, até o momento, é uma espécie de projeção abstrata da moral praticada numa sociedade dada, a uma época dada"*. Vale dizer que as teorias não nascem da reflexão pura e isolada de um pensador; na verdade, este pensa a prática moral já estabelecida, e lhe confere coerência (até onde consegue) através de princípios. E se esses princípios influem no comportamento dos homens, é que, de certa forma, estes já agiam de acordo com aqueles. Em resumo: primeiro está a ação, depois a tomada de consciência desta (abstração), que, aliás, pode muito bem ser crítica, mas que tem necessariamente por base a prática vigente. Ora, este é exatamente o ponto de vista de Piaget, tanto para as dimensões históricas como psicológicas. Uma afirmação central do livro JM é justamente que as relações de *coação* (portanto, um certo tipo de prática social) levam a um pensamento moral que associa o Bem aos ditames das autoridades, e que relações de *cooperação*, por implicarem o respeito mútuo, levam a uma moral autônoma, dependente da assimilação racional dos motivos das normas aceitas. Tal fato fica particularmente claro no desenvolvimento das crianças, mas é também identificável entre os adultos.

Vejamos agora como se posiciona Piaget sobre uma possível "natureza humana" e "harmonia" do universo moral do homem.

---

2. A expressão é parte do título que Dantas deu a seu livro sobre o psicólogo francês Wallon: DANTAS, H. *A infância da razão, uma introdução à psicologia da inteligência de Henri Wallon.* São Paulo, Manole, 1990.

Durante séculos e séculos, o homem foi considerado como um ser igual a si mesmo, independentemente de época e lugar. No Ocidente, a religião cristã, por ver no homem criatura de Deus, teve muita influência nesta concepção estática. Foi essencialmente a partir do século XIX que se começou a associar intimamente homem e cultura, ou homem e história. Talvez quem tenha levado essa associação até o extremo tenha sido Darwin: o homem, tal como o conhecemos, é um *momento* de sua evolução. Antes nem homem era; futuramente, ninguém pode prever o que será, nem mesmo se existirá.

Para esta mudança radical de perspectiva em relação ao estudo do ser humano contribuíram de forma decisiva a Sociologia e a Antropologia. Quando, referindo-se à moralidade, Levy-Bruhl nega a existência de uma "natureza humana", ele está plenamente em harmonia com o pensamento de seu tempo. E não poderia ser diferente para Piaget. O próprio fato de ele afirmar que as diferentes morais decorrem de uma abstração das práticas efetivamente realizadas mostra o quanto ele acreditava dever pensar o homem datado historicamente e situado geográfica e culturalmente.

No entanto, alguns esclarecimentos se fazem necessários.

Em primeiro lugar, uma coisa é negar-se a pensar o homem como independente de sua cultura, outra coisa é negar que possa haver "invariantes", ou seja características que se reencontrem em todos os homens. A rigor, somente as pesquisas interculturais poderão dar a última palavra sobre a questão. E ela está longe de ser resolvida. Posso dar um exemplo justamente na área da moralidade. Kohlberg (psicólogo americano que se inspirou em Piaget) entende ter achado níveis de desenvolvimento do juízo moral, níveis estes identificáveis em todas as culturas pesquisadas por ele e colaboradores. Apesar destas pesquisas, outros cientistas, como Shweder, procuram demonstrar — com o apoio de dados — que tal universalidade inexiste. Ambos os "campos" apresentam bons argumentos e dados relevantes. Quem tem razão? O trabalho da ciência pede, pela sua natureza, paciência. Mais reflexões e pesquisas deverão ser realizadas. Quanto a Piaget, ele nunca realmente discutiu esta questão. Como bom cientista, preconizava pesquisas em diferentes culturas, e ficava satisfeito quando mostravam que os estágios de desenvolvimento por ele definidos eram identificáveis em vários países e várias classes sociais. Digo que ficava satisfeito porque estes resultados reforçavam a hipótese de que o processo de equilibração (expresso pela reversibilidade das operações mentais) poderia ser considerado universal, invariante funcional capaz de explicar como procede o diálogo entre a parte biológica do homem e sua inserção numa cultura.

Há um outro aspecto a ser lembrado quando se nega a existência de uma natureza humana: o do relativismo cultural. Para alguns, o homem nada mais seria do que uma espécie de "boneco", totalmente condicionado pelas ideologias de seu tempo. Nesta última hipótese, o ser humano em si seria totalmente desvalorizado, desinteressante, mero "exemplo" de uma cultura que o determina inexoravelmente. Tal generalização é problemática. Assim, a aceitação da demonstração do teorema de Pitágoras seria tão relativa quanto o gosto dos argentinos pelo tango? É certo que, em ambos os casos, trata-se de homens culturalmente determinados, mas é preciso aquilatar com precaução a qualidade e o alcance desta determinação. Na área moral, encontra-se a mesma questão, embora as diferenças culturais sejam mais marcadas do que no caso da cognição. Por exemplo, é preciso tomar cuidado para não colocar, *a priori*, no mesmo nível, interditos sexuais e imperativos como "não mentir". Esses últimos, que regulam as relações de confiança mútua entre os homens, parecem ser mais generalizados e estáveis do que as diversas formas que os tabus da sexualidade tomaram e tomam.

Em relação à pretensa "harmonia" do universo moral de cada homem, é também preciso ser cauteloso. Sem dúvida, o homem é psicologicamente complexo e, às vezes, contraditório. Os jansenistas do século XVII já diagnosticavam o fato de o homem ser em grande parte ignorante dos motivos de suas ações, diagnóstico este que terá o alcance que se conhece através dos textos de Freud. Para o pai da psicanálise, o ego tem a difícil tarefa de procurar "respeitar" tanto os apetites dos instintos que o habitam quanto os imperativos morais do superego, tarefa esta que raramente se traduz por uma serena "homeostase" ética. Gustave Le Bon[3] apontou para outra instabilidade do homem: é diferente seu comportamento quando está sozinho e quando está integrado a uma multidão (*foule*). Neste último caso, *"o homem não está mais consciente de seus atos"*. Está como que "hipnotizado, ele é *um grão de areia no meio de outros grãos de areia que o vento leva onde quer"*. A própria multidão pode ela mesma ser totalmente instável e, portanto, imprevisível. *"Ela"* escreve Maffesoli, *"pode ser de maneira seqüencial ou ao mesmo tempo conformista ou revoltada, racista ou generosa, iludida ou desconfiada"*.[4]

Poderíamos prosseguir eternamente dando a lista dos autores que apontaram para os aspectos ambíguos e paradoxais do homem. E para tomar consciência deste fenômeno, basta cada um observar atentamente seus semelhantes ou olhar honestamente para si mesmo.

Portanto, complexos e até contraditórios somos. Mas não significa que sejamos irracionais! Seria tomar a parte pelo todo. É verdade que nossa racionalidade não tem a força que muitos gostariam de lhe atribuir, que ela deve compor com outras esferas de nosso universo psicológico, mas nem por isso é desprezível. Aliás, justamente porque somos também racionais, atentos a contradições, é que podemos tomar consciência de nossos aspectos irracionais. Senão, nem saberíamos do fato e, forçosamente, não nos preocuparíamos com ele. E isto também

---

3. A primeira edição do livro *La psychologie des foules* é de 1895. Foi reeditada pela PUF (Paris) em 1963.
4. MAFFESOLI, M. *Les temps des tribus*, Paris, Méridiens Klincksieck, 1988. (Livres de Poche).

vale para a moralidade: existe um juízo moral, critérios de avaliação, objetivos conscientes de conduta. Nem sempre são eles que movem nossas ações. É talvez devido a uma espécie de contágio afetivo que muitos participam de campanhas contra a fome como aquele promovida por Herbert de Souza (Betinho), de manifestações pela paz no mundo, pela proteção às baleias, etc. Mas não se pode reduzir a moral a tais contágios. A inteligência também participa. E não somente também participa como é presença essencial tanto para — no plano social — procurar evitar as diversas formas de barbárie, como — no plano pessoal — evitar deixar-se levar a toda hora por puras vontades e instintos. Vale dizer que o "fortalecimento do ego", que inclui a racionalidade, é condição *sine qua non* do equilíbrio social e pessoal.

Ora, foi justamente este lado racional da moral que Piaget estudou. Ele não é tudo, não explica tudo. Piaget também verificou que o universo moral de cada um é composto de hábitos e tradições impostos pelas gerações passadas. Mas a razão, se desenvolvida, pode contrabalançar estes lastros históricos, submetê-los à crítica, transformá-los, quem sabe aperfeiçoá-los.

Aperfeiçoá-los? Aqui entramos no campo valorativo, de onde, como vimos acima, nasceram as principais suspeitas em relação a uma ciência da moralidade.

Um primeiro medo: a morte da moral por "contaminação" científica. Tais medos foram anunciados há quase um século. Depois de 100 anos de ciência moral, com Piaget e vários outros estudiosos, como estamos? Ela morreu, enfraqueceu-se, modificou-se?

Eis realmente uma pergunta difícil de ser respondida! Há, sem dúvida uma certa idéia de crise moral no ar, uma certa insatisfação, uma preocupação expressa de várias formas. A barbárie da guerra permanece em lugares que pareciam ser razoavelmente "civilizados", como a ex-Iugoslávia. A televisão banalizou o horripilante espetáculo da miséria e da morte: *"o horror"*, escreveu Edgard Morin[5], *"milita a favor da indiferença e o crescimento da indiferença cria um campo livre para o horror num circuito fatal onde ambos se realimentam"*. Ideologias nazistas e fascistas, que, acreditava-se, estavam enterradas, ressurgem em países do Primeiro Mundo. O individualismo burguês infantilizou-se pelo narcisismo, levando ao descaso generalizado pelo espaço público, à apatia nas questões políticas, ao desprezo pelos deveres da cidadania, etc. Até a Igreja Católica manifesta sua preocupação através de sua encíclica *Veritatis Splendor* (de 1993), quase inteiramente dedicada ao resgate da moral cristã, *"ameaçada por uma verdadeira crise"*, como escreve João Paulo II. Enfim, há um mal-estar inegável, pelo menos entre aqueles minimamente atentos à evolução das relações sociais.

Podemos nos perguntar, todavia, se aquilo a que assistimos hoje é realmente novo. Barbárie, sempre houve; indiferença e descaso com

---

5. MORIN, E. *Pour sortir du XXème siècle*. Paris, Fernand Nathan, 1981.

relação aos sofrimentos alheios, também; autoritarismos, racismos, fanatismos e outros *ismos* também sempre existiram. Nem mesmo a lei individualista de "levar vantagem em tudo" é nova. Se puder servir de consolo, leiam-se os conselhos que, no século passado, Balzac colocou na boca de sua personagem Vautrin (no romance *Le Père Goriot)*: *"A honestidade não serve para nada (...) a vida é assim; é como na cozinha, fede tanto quanto, e é preciso sujar as mãos para regalar-se (...) Saiba evitar os apuros: aí está toda a moral de nossa época (...) sempre foi assim. Os moralistas não poderão mudar coisa alguma (...). O homem é imperfeito."* Se não se quiser ser "fatalista" procure-se do lado daqueles para quem a crise atual é bom augúrio: *"Foi a barbárie"*, escreve Maffesoli[6], *"que regenerou muitas civilizações moribundas."* Para este autor francês, dois países exercem um fascínio saudável sobre o imaginário coletivo, e apresentam uma vitalidade notável para o futuro da humanidade: o Japão... e o Brasil.

Deixo o leitor opinar sobre a presença ou ausência de crise, e sobre o que dela podemos esperar. Mas, mesmo admitindo-se haver crise moral, ou pelo menos ter havido ultimamente importantes modificações na moralidade humana, será que as ciências humanas desempenharam algum papel? É certo que a formidável presença das diversas ciências e da tecnologia teve e tem influência sobre as relações sociais e, decorrentemente, sobre a moralidade. Mas acredito que, entre elas, as ciências humanas são as que menos exerceram tal influência. É certo que, hoje em dia, muitas pessoas têm inclinação a pensar os comportamentos humanos através dos critérios de normalidade/anormalidade, e não tanto através daqueles, morais, de certo/errado. Mas, como mostrou Michel Foucault, esta tendência foi mais causa do desenvolvimento das ciências humanas do que decorrência destas. Neste final do século XX, talvez seja a biologia, com seus espantosos progressos, notadamente em genética, que maior impacto tem nas nossas concepções de corpo, alma, vida, morte, bem-estar, etc.

Em resumo, se há crime moral, se há afrouxamento dos imperativos categóricos, se há esvaziamento das consciências, certamente isto não se deve aos estudos científicos sobre a moralidade humana. Pelo contrário até: elas oferecem preciosas informações para pensar criticamente o momento atual.

Esses estudos não estarão, eles mesmos, comprometidos com juízes de valor? Serão eles realmente neutros, como é de se exigir do trabalho científico? Lembramos que esta pergunta também era feita às idéias de Levy-Bruhl. É a pergunta mais delicada de ser respondida, a mais difícil. Limitar-me-ei a equacionar a questão em relação a Piaget: ao defender a idéia de que as relações de cooperação — baseadas no respeito mútuo, na troca de pontos de vista, no reconhecimento e respeito das diferenças — são aquelas que promovem desenvolvimento moral,

---

6. MAFFESOLI, M. *Le temps des tribus, op. cit.*

estará Piaget "demonstrando" cientificamente que a democracia é mola propulsora de evolução moral, ou estará ele reencontrando, nas suas conclusões, valores por ele pressupostos? Em outros termos, será que não encontramos nas conclusões de Piaget sobre desenvolvimento moral as idéias "socialistas-cristãs" que, segundo Vonèche[7], inspiraram a adolescência do emérito psicólogo e epistemólogo?

Vamos agora situar o texto JM dentro da obra de Jean Piaget.

O livro, publicado em 1932, pertence à fase do "jovem Piaget". Pode-se situar esta fase entre 1921 e 1935: o marco da fase "madura" de Piaget inicia-se com a publicação de *O nascimento da Inteligência na Criança*, em 1936.

Nestes primeiros anos de pesquisa, Piaget publica, além de vários artigos, cinco livros sobre o pensamento infantil. Os dois primeiros são dedicados ao raciocínio infantil, ao pensamento lógico:

Le langage et la pensée chez l'enfant (1923)
Le jugement et le raisonnement chez l'enfant (1924)

Os dois seguintes abordam a questão do conhecimento que a criança tem do mundo:

La représentation du monde chez l'enfant (1926)
La causalité physique chez l'enfant (1927)

O último trata da questão moral:

Le jugement moral chez l'enfant (1932)

Os dois primeiros temas (lógica e conhecimento) serão retomados exaustivamente por Piaget até seu falecimento, em 1980. O terceiro, sobre moralidade, permanecerá obra isolada. Piaget somente voltará ao assunto quando, de forma puramente teórica, tomar posição sobre as influências das relações sociais sobre o desenvolvimento cognitivo, e sobre as articulações existentes entre inteligência e afetividade[8].

Por que o abandono dos estudos sobre moralidade? Desconheço se Piaget falou sobre isto. Terá sido um descontentamento em relação às suas idéias? Certamente não, pois, como acabamos de ver, ele as retomará mais tarde tratando da socialização da criança e de sua afetividae. Foi certamente porque, por um lado, Piaget achava já ter dado uma contribuição apreciável e, por outro, porque os estudos epistemológicos lhe ocupavam todo o espírito e todo o tempo.

Muitos lamentam que a "paixão" epistemológica tenha levado Piaget e não voltar sobre o tema da moralidade: neste campo também, ele foi

---

7. VONECHE, J. Jean Piaget, adolescent idéal. *Psicologia — USP*, v. 1, número 2, 1990, pp. 113-116.
8. PIAGET, J. *Les relations entre l'affectivité et l'intelligence dans le développement mental de l'enfant*. Paris, Centre de Documentation Universitaire, 1954.

um poderoso pensador. Basta ler o livro aqui apresentado para se convencer do fato. Tanto é verdade que, embora estrela isolada na obra piagetiana, JM serviu de base para a grande maioria das pesquisas e reflexões posteriores, sobretudo, é claro, na Psicologia, mas também na Filosofia (Habermas[11]), no Direito (Rawls[12]), na Educação (Kamii[13]e vários outros).

Algumas características do livro ilustram bem o "poder" a que estou me referindo. Vou apontar três:

a) *A originalidade das pesquisas*. Muitas vezes, não é tanto a importância de um tema abordado que confere interesse a uma pesquisa, mas sim o método. Em JM, Piaget inova ao dedicar um capítulo (capítulo 1) ao estudo do jogo infantil (bola de gude e amarelinha). Não que pesquisas sobre o jogo tenham sido inauguradas por ele, mas porque ele as articulou à moralidade. Este capítulo é certamente um dos mais "vibrantes" e bonitos da obra piagetiana. Note-se também que o emprego de dilemas morais (método empregado nos capítulos 2 e 3) mostrou-se preciso para a abordagem do juízo moral infantil, e foi amplamente empregado nas pesquisas posteriores.

b) *A abrangência das análises*. Como já salientamos, Piaget via no estudo da criança um acesso privilegiado ao conhecimento do Homem. Ora, é esta postura que encontramos em JM. Nele, Piaget debate com o sociólogo Durkheim a respeito de autonomia, liberdade, sentimento do sagrado, relação entre indivíduo e sociedade, etc., temas que transcendem a psicologia da criança, mas para a análise dos quais ele emprega dados do universo moral infantil. Com Fouconnet e Levy-Bruhl, Piaget discute a evolução histórica da moral e do pensamento em geral, e, novamente, traz a evolução infantil como prova de suas concepções. Da mesma forma, Piaget discute com Bovet as relações entre moral e religiosidade. Enfim, o livro vai bem além de uma simples apresentação do desenvolvimento moral da criança.

c) *A articulação da moralidade com os demais aspectos do universo psicológico*. Dizia Pierre Janet[12] que *"a estreiteza de espírito e a reclusão na especialização nunca é coisa boa, e, sobretudo, quando se trata de psicologia, tem efeitos deploráveis"*. Em JM, Piaget tem justamente o cuidado de pensar a moralidade associando-a ao desenvolvimento geral da criança. As fases deste desenvolvimento são solidárias da evolução da afetividade, da socialização e, naturalmente, da inteligência. Escreve Piaget que *"a lógica é uma moral do pensamento, como a moral é uma lógica da ação"*. E seu aspecto valorativo é sinal da evolução da afetivação que acaba por investir-se em idéias e ideais. Para a articulação destes diversos níveis, Piaget se mostra generoso; retoma

---

9. HABERMAS, J. *Morale et Communication*. Paris, Cerf, 1986.
10. RAWLS, J. *Théorie de la justice*. Paris, Seuil, 1987.
11. KAMII, C. *Jogos em grupo na educação infantil*. São Paulo, Trajetória, 1991.
12. JANET, P. *L'évolution psychologique de la personnalité*. Paris, Editions A. Chanine, 1929.

várias vezes as mesmas reflexões, aprofundando-as e generalizando-as. Por este motivo, JM representa bem esta fase do "jovem Piaget", na qual o autor mostra-se abrangente, intuitivo, burilando novos conceitos que servirão de espinha dorsal de sua obra futura.

É importante dizer algumas palavras sobre esses conceitos: isto permitirá ao leitor reconhecer alguma das idéias pelas quais Piaget tornouse psicólogo conhecido.

Em primeiro lugar, falemos rapidamente do par *assimilação/acomodação*. Como se sabe, para Piaget, o conhecimento se dá através da *assimilação* das informações do meio, assimilação esta determinada por estruturas mentais. Tais estruturas, por sua vez, modificam-se pelo contato com os objetos (físicos e sociais) do meio. Às vezes, o processo de assimilação predomina: é o caso do jogo simbólico, quando a criança *transforma os objetos* do mundo para que satisfaçam seus desejos (por exemplo, transformar uma vassoura em "cavalo"). Outras vezes, a predominância é da acomodação, como no caso da imitação: a criança *se transforma* para tomar o aspecto do objeto imitado.

Estes dois conceitos, centrais para Piaget, encontram-se em JM. Por vezes, ele os emprega explicitamente. É o caso, por exemplo, de suas descrições sobre a *regra motora*. A criança recebe objetos novos para ela (bolas de gude), procura assimilá-los através dos esquemas motores que já possui (fazer um ninho e colocá-las dentro, fazê-las cair, etc.). Todavia, como as bolas de gude são objetos com características diferentes das demais bolas, elas "resistem" em parte à assimilação possível através dos esquemas já construídos. Por exemplo, ela "rolam" facilmente, o que, por um lado, pede um preensão manual um pouco diferente, e, por outro, fornece a oportunidade de realizar novas ações interessantes. Ocorre, portanto, um processo de acomodação: os esquemas modificam-se e enriquecem-se para dar conta das características do novo objeto. Quando tal acomodação esgota-se, Piaget fala em equilíbrio entre assimilação e acomodação. No caso da regra motora, tal equilíbrio leva à ritualização das ações: a criança conserva os novos esquemas e os reemprega repetidamente.

Outras vezes, a dialética entre assimilação e acomodação não é explicitada por Piaget, mas permanece sendo base de suas interpretações. É o caso da própria evolução moral da criança. As primeiras formas de interpretação (assimilação) que a criança faz da moral adulta são decorrências das estruturas mentais que possui. Estas ainda não lhe permitem uma apropriação intelectual racional do porquê das regras: portanto, a criança acredita serem boas porque impostas por seres vistos como poderosos e amorosos (os pais). Mas, por que "milagre" se desenvolverão estruturas mentais capazes de uma apreciação racional das "verdades" emitidas pelos adultos? Ora, por um novo tipo de interação social — a cooperação — para a qual as antigas estruturas serão insuficientes. Este novo tipo de interação, promovido em grande parte pelas relações das crianças entre si, vai exigir um trabalho de acomodação, portanto, de modificação das estruturas anteriores. Se esta acomodação não for exigida, a criança permanecerá acreditando no caráter absoluto das regras morais, e na sua legitimidade proveniente da autoridade de quem as impôs. É importante acrescentar que, no que tange à moralidade, as relações sociais vigentes em nosso mundo raramente são baseadas na cooperação; por conseguinte, grande número de pessoas permanece a vida toda moralmente heterônomas, procurando inspirar suas ações em "verdades reveladas" por deuses variados ou por "doutores" considerados *a priori* como competentes e "acima de qualquer suspeita". Outro conceito central de JM é o de "egocentrismo". Esta palavra deu muita dor de cabeça a Piaget e ele, publicamente, já se disse arrependido de tê-la empregado. O problema é que interpretaram o termo "egocentrismo" como descrevendo um sujeito plenamente consciente de si, e interpretando o mundo exclusivamente através de seu ponto de vista. Assim, para Piaget, o desenvolvimento dar-se-ia do individual para o social (social entendido como troca ou comunhão de pontos de vista). Todavia, Piaget nunca pressupôs tal linha evolutiva. Leiamos que o escreveu a respeito num livro posterior a JM, intitulado *A construção do real na criança:*

> *"É no momento em que o sujeito está o mais centrado em si que ele menos se conhece; e é na medida em que descobre a si mesmo que o sujeito se situa num universo e constitui este em razão desta descoberta. Em outros termos, egocentrismo significa ao mesmo tempo ausência de consciência de si e ausência de objetividade, enquanto a tomada de consciência do objeto é inseparável da tomada de consciência de si."*

Portanto, descentração, ou seja, superação do egocentrismo, significa também tomada de consciência de si. Egocentrismo significa justamente falta de tal consciência. Uma leitura atenta de JM mostra que esta concepção de egocetrismo já está presente.

Falta sublinhar ainda uma tese essencial à teoria de Piaget: a ação precede a consciência; esta é uma "tomada de consciência" da organização efetiva daquela. Assim, no nível da inteligência, as operações mentais serão um abstração do funcionamento efetivo das ações sensóriomotoras. No nível moral, as concepções de Bem e de Mal serão abstrações das relações sociais efetivamente vividas. Por esta razão, uma educação moral que objetiva desenvolver a autonomia da criança não deve acreditar nos plenos poderes de belos discursos, mas sim levar a criança a viver situações onde sua autonomia será fatalmente exigida. Porém, é preciso tomar cuidado com as pretensões da ação educativa escolar: os conceitos de coação e cooperação são, para Piaget, conceitos que permitem a leitura de uma sociedade dada. Se uma cultura for essencialmente coercitiva, valorizando as posturas autoritárias e o respeito unilateral, dificilmente uma ação pedagógica, por si só, levará à autonomia dos alunos. Ajudará, sem dúvida, mas terá alcance limitado. Acreditar o contrário é pensar que uma criança é puro produto dos métodos e objetivos de uma instituição educacional. Não há dúvidas de que a teoria de Piaget permite-nos pensar a educação. Mas ela nos permite sobretudo pensar a cultura, e dentro dela, a educação.

O livro que se vai ler é um clássico da literatura psicológica. Suas teses ainda são atuais e debatidas. Quem quiser seguir a trilha das pesquisas e reflexões que JM suscitou deverá instruir-se sobre, entre outras, a teoria de Kohlberg[13], cuja obra infelizmente ainda não foi traduzida no Brasil. Será interessante também ler o texto "Uma voz diferente" de Carol Gilligan[14], onde está proposto um desenvolvimento moral feminino — dirigido para o cuidado do outro — diferente do desenvolvimento masculino — dirigido para o ideal abstrato de justiça. Piaget já havia notado que as meninas parecem apresentar "espírito jurídico" menos desenvolvido que os meninos. Gilligan, criticando o fato de que quase todas as apreciações psicológicas sobre a moralidade (incluindo Piaget e Freud) baseiam-se em critérios masculinos, procura resgatar uma dimensão ética importante (ética do cuidado) da qual as mulheres seriam porta-vozes.

Outros desdobramentos de JM são possíveis, como por exemplo, resgatar o sentimento de vergonha — em geral pouco estudado pela Psicologia, mas voltada para o sentimento de culpa. No último capítulo do livro Piaget escreve que, no desenvolvimento moral infantil, "o elemento quase material de medo, que intervém no respeito unilateral, desaparece então progressivamente em favor do medo totalmente moral de decair *aos olhos do indivíduo respeitado*" (grifo meu). Proponho que se medite sobre esta frase. O tema da vergonha tem, ultimamente, despertado o interesse de alguns pesquisadores; a articulação deste sentimento com a moralidade — que já se encontra em Kant e Durkheim — parece-me promissora para a abordagem psicológica desta.

O Juízo Moral na Criança marcou sua época, e devemos saudar a nova edição brasileira deste belo livro. Permite-nos resgatar a memória da ciência psicológica. E ajuda-nos a prosseguir pensando a moralidade humana. Não basta que a Sociologia explique a guerra; é também preciso explicar o guerreiro.

São Paulo, fevereiro de 1994

---

13. KOHLBERG. L. *Essays on moral development*. San Francisco, Harper & Row, 1981-1984-1987 (volume 1: *The philosophy of moral education: moral stages and the idea of justice*; volume 2: *The psychology of moral development: moral stages and life cycle*; volume 3: *Education and moral development: moral stages and practice*).
14. GILLIGAN, C. *Uma voz diferente*. Rio de Janeiro, Rosa dos Ventos, 1993.

Advertência

Nesta obra, não se encontrarão, de modo algum, análises diretas da moral infantil, tal como é vivida na escola, na família ou nos grupos infantis. Propusemo-nos a estudar o juízo moral, e não os comportamentos ou os sentimentos morais. Com esse objetivo, interrogamos um grande número de crianças das escolas de Genebra e de Neuchâtel, e com elas conversamos a respeito de problemas morais, como também dialogamos sobre assuntos relativos à representação do mundo e à causalidade. É o resultado dessas conversas que se encontra registrado nas páginas que se seguem. Trata-se, inicialmente, de saber o que vem a ser o respeito à regra, do ponto de vista da própria criança. Por isso, partimos da análise das regras do jogo social, na medida em que são obrigatórias para a consciência do jogador honesto. Da regra do jogo, passamos para as regras especificamente "morais", prescritas pelos adultos, e pesquisamos qual a imagem que a criança faz a si mesma desses deveres particulares. As idéias das crianças a respeito da mentira nos serviram de exemplo privilegiado nesse assunto. Finalmente, estudamos os princípios provenientes das relações das crianças entre si, e escolhemos a idéia de justiça como tema especial de nossas conversas. Ao chegarmos a esse ponto, as conclusões obtidas nos pareceram bastante coerentes no sentido de poderem ser confrontadas com as diversas hipóteses atualmente aceitas em sociologia e psicologia morais. É a esse exame final que consagramos o quarto capítulo.

Estamos conscientes, mais do que ninguém, tanto dos defeitos como das vantagens do método empregado. O grande risco, principalmente quando se trata de moral, é fazer com que a criança diga tudo o que desejamos. Contra isso, nenhum remédio é infalível, nem a honestidade daquele que interroga, nem as precauções metodológicas sobre as quais já falamos em outras obras.[1] O único processo é a colaboração dos pes-

---

1. Ver *A Representação do Mundo pela Criança*. Introdução. — Designaremos esta obra pelas letras *R.M.* Da mesma forma, usaremos as abreviações *L.P.*, *J.R.* e *C.F.* para

quisadores. Se outros psicólogos desejarem retomar nossas questões, sob diferentes aspectos e com crianças de ambientes variados, estaremos mais cedo ou mais tarde aptos a julgar o que é objetivo e o que é arbitrário nos resultados que apresentamos aqui.[2] Um trabalho análogo já foi empreendido em diversos países a respeito da causalidade e da lógica infantis, e, se ressaltaram alguns exageros pelos quais nos responsabilizamos, os resultados atuais nada têm de desanimador no que se refere ao método seguido.

Quanto às vantagens desse método, elas nos parecem pôr em evidência aquilo de que a observação só permite suspeitar. Eu, por exemplo, estou ocupado, há alguns anos, em desenvolver as opiniões espontâneas de meus próprios filhos, sem nunca lhes ter colocado as questões estudadas na *Representação do Mundo pela Criança* ou na *Causalidade Física*. Ora, em linhas gerais, as tendências realistas, animistas, artificialistas, a causalidade dinâmica etc. aparecem nitidamente, mas o sentido dos "porquês" mais interessantes ou das reflexões surgidas ao acaso, me escaparia quase que por inteiro se houvesse de antemão interrogado pessoalmente centenas de crianças sobre esses mesmos assuntos.[3] Sem dúvida, uma manifestação espontânea da criança vale mais que todos os interrogatórios. Mas essa manifestação não poderia ser posta entre as verdadeiras perspectivas da mentalidade infantil sem os trabalhos de aproximação representados justamente pelos interrogatórios.

São resultados de contatos desse gênero que entregamos agora ao público no tocante ao juízo moral. Possam essas sondagens permitir a todos aqueles que vivem com as crianças e que estão em condições de observar suas reações espontâneas, a construção de seu próprio edifício! A moral infantil esclarece, de certo modo, a do adulto. Portanto, nada é mais útil para formar os homens do que ensinar a conhecer as leis dessa formação.

---

designar nossas obras precedentes: *A Linguagem e o Pensamento Infantil, O Julgamento e o Raciocínio na Criança* e *A Causalidade Física na Criança.*

2. Desde a primeira edição desta obra, numerosos trabalhos surgiram sobre o assunto, especialmente nos Estados Unidos, e que nos pareceram ter, em linhas gerais, confirmado nossos resultados.

3. Ver *A Formação do Símbolo na Criança* (Delachaux & Niestlé, Paris — III).

1

As regras do jogo*

Os jogos infantis constituem admiráveis instituições sociais. O jogo de bolinhas, entre os meninos, comporta, por exemplo, um sistema muito complexo de regras, isto é, todo um código e toda uma jurisprudência. O psicólogo obrigado por dever profissional a se familiarizar com esse direito consuetudinário e dele extrair a moral implícita, só pode avaliar a riqueza dessas regras à medida que procura dominar seus pormenores. Se desejamos compreender alguma coisa a respeito da moral da criança, é, evidentemente, pela análise de tais fatos que convém começar. Toda moral consiste num sistema de regras, e a essência de toda moralidade deve ser procurada no respeito que o indivíduo adquire por essas regras. A análise reflexiva de um Kant, a sociologia de um Durkheim ou a psicologia individualista de um Bovet se identificam nesse ponto: as divergências doutrinárias só aparecem no momento em que se procura explicar como a consciência vem a respeitar as regras. É esse "como" que tentaremos analisar por nossa conta, no terreno da psicologia da criança.

Ora, as regras morais, que a criança aprende a respeitar, lhe são transmitidas pela maioria dos adultos, isto é, ela as recebe já elaboradas, e, quase sempre, nunca elaboradas na medida de suas necessidades e de seu interesse, mas de uma vez só e pela sucessão ininterrupta das gerações adultas anteriores. Daí, a extrema dificuldade de uma análise que deveria distinguir o que provém do conteúdo das regras e o que provém do respeito da criança pelos seus próprios pais.

Ao contrário, no caso dos jogos sociais mais simples, estamos em presença de regras elaboradas só pelas crianças. Pouco importa que em seu conteúdo essas regras nos pareçam "morais" ou "não morais". Co-

---

* Com a colaboração da Sra. V. J. PIAGET e dos Srs. M. LAMBERCIER e MARTINEZ.

mo psicólogos, devemos nos colocar não no ponto de vista da consciência adulta, mas no da moral infantil. Ora, como em todas as realidades ditas morais, as regras do jogo de bolinhas se transmitem de geração a geração e se mantêm unicamente graças ao respeito que os indivíduos têm por elas. A única diferença é que aqui se trata apenas de relações entre crianças. Os menores que começam a jogar, aos poucos, são dirigidos pelos maiores no respeito à lei, e, além disso, inclinam-se de boa vontade para esse virtude, eminentemente característica da dignidade humana, que consiste em observar corretamente as normas do jogo. Quanto aos maiores, fica a seu critério a modificação das regras. Se aí não há "moral" — mas onde então começa a moral? — há, pelo menos, respeito à regra, e é pelo estudo de tal fato, que uma pesquisa como a nossa deve começar. Certamente, os fenômenos relativos ao jogo de bolinhas não estão entre os mais primitivos. Antes de brincar com seus companheiros, a criança é influenciada pelos pais. Desde o berço, é submetida a múltiplas disciplinas e, antes de falar, toma consciência de certas obrigações. Essas circunstâncias exercem, como veremos, uma influência inegável na elaboração das regras do jogo. Mas no caso das instituições lúdicas, a intervenção adulta é, pelo menos, reduzida a seu mínimo: estamos pois em presença de realidades classificadas, senão entre as mais elementares, pelo menos entre as mais espontâneas e ricas em ensinamento.

Em particular, é fácil estudar, ao mesmo tempo, no que concerne às regras do jogo, dois grupos de fenômenos: 1°) A *prática* das regras, isto é, a maneira pela qual as crianças de diferentes idades as aplicam efetivamente. 2°) A *consciência* da regra, isto é, a maneira pala qual às crianças de diferentes idades se apresentam o caráter obrigatório, sagrado ou decisório, a heteronomia ou a autonomia inerente às regras do jogo. — É a comparação desses dois grupos de dados que constitui o objeto deste capítulo. As relações existentes entre a prática e a consciência da regra são, de fato, as que melhor permitem definir a natureza psicológica das realidades morais.

Uma palavra ainda. Antes de proceder à análise psicológica da prática ou da consciência das regras do jogo, temos de dar previamente algumas noções sobre o próprio conteúdo dessas regras. É preciso, pois, estabelecer os dados sociais do problema. Mas nós nos restringiremos ao indispensável. Não tentamos estabelecer a sociologia do jogo de bolinhas, fato que nos obrigaria a pesquisar como ele era jogado no passado e como se joga atualmente em todos os países do mundo (de fato, existe tanto entre as crianças africanas como entre as nossas). Mesmo restringindo-nos à Suíça francesa, acreditamos que seriam necessários alguns anos de pesquisas para descobrir todas as variantes locais e, principalmente, para esboçar a história dessas variantes no curso das últimas gerações. Essa pesquisa, que talvez fosse útil ao sociólogo, é supérflua para o psicólogo. Basta-lhe conhecer a fundo tal ou qual costume atual para estar em condições de estudar o aprendizado dessas regras, como lhe basta também conhecer um modo de falar, por mais localizado que seja, para estudar a linguagem infantil, e isso sem ter necessidade de reconstituir todas as transformações semânticas ou fonéticas da língua, no tempo e no espaço. Vamos então nos limitar a analisar, em algumas palavras, o conteúdo do jogo, tal como é praticado em Genebra e em Neuchâtel, nos bairros onde efetuamos nosso trabalho.

1. AS REGRAS DO JOGO DE BOLINHAS

Três fatos essenciais devem ser notados por quem quer analisar simultaneamente a prática e a consciência da regra.

O primeiro é que, entre as crianças de uma determinada geração e num território qualquer, por mais restrito que seja, nunca houve uma maneira apenas de jogar bolinhas, mas inúmeras. Há o "jogo do quadrado", do qual especialmente nos ocuparemos: traça-se no chão um quadrado, dentro do qual se colocam algumas bolinhas; o "jogo" consiste em atingi-las de longe e fazê-las sair desse quadrado. Há a "corrida": dois jogadores visam cada um a bola do outro numa perseguição interminável. Há o "buraco" ou "cova": colocam-se as bolas numa cavidade e procura-se desalojá-las por meio de uma bola maior e mais pesada etc. Cada criança conhece, assim, diversos jogos, e essa circunstância pode contribuir, segundo as idades, para reforçar ou enfraquecer a crença no caráter sagrado das regras.

Em segundo lugar, um mesmo jogo, como o do quadrado, comporta variações bastante importantes segundo o local e o tempo. Como pudemos verificar, as regras do quadrado não são as mesmas nos quatro municípios de Neuchâtel[1], situados a dois ou três quilômetros uns dos outros. Não são as mesmas em Genebra e em Neuchâtel. Diferem, sob certos aspectos, de um bairro a outro, numa mesma cidade, de uma escola para outra. Além disso, como pudemos estabelecer, graças à ajuda de nossos colaboradores, há variações de uma geração para outra. Um estudante de vinte anos pode afirmar que em sua cidadezinha, atualmente, não se joga mais como "em seu tempo". Essas variações no tempo ou no espaço são importantes, porque as crianças freqüentemente as conhecem. Amiúde, uma criança que mudou de cidade ou simplesmente de escola nos explica que tal regra que se impõe aqui não se impunha lá. Muitas vezes, a criança nos conta que seu pai jogava de maneira diferente. Às vezes, finalmente, o escolar de catorze anos, que se recusa a jogar, porque começa a se sentir superior aos menores, queixa-se ou ri, segundo seu temperamento, do fato de se perderem os costumes de sua geração, ao invés de serem seguidos religiosamente pelas gerações seguintes.

---

1. Neuchâtel, La Coudre, Hauterive e Saint-Blaise.

Enfim, e evidentemente em conexão com essas interferências de correntes locais ou históricas, acontece isto: um único e mesmo jogo, como o do quadrado praticado num único e mesmo pátio escolar, comporta, em certos aspectos, diversas regras diferentes. As crianças de onze a treze anos conhecem bem essas variantes e, em geral, combinam, antes ou durante o jogo, a escolha de um processo, excluindo os demais. Portanto, é preciso lembrar desses fatos, que, seguramente, contribuem para condicionar o juízo que a criança faz sobre o valor das regras.

Feito isso, expliquemos as regras do jogo do quadrado, que nos servirá de protótipo, e fixemos, inicialmente, a linguagem da criança, para melhor compreender as amostras de conversações que citaremos mais adiante. Por outro lado, alguns aspectos dessa linguagem são por si próprios, atualmente instrutivos, como acontece tão freqüentemente em psicologia infantil.

Uma bola é conhecida em Neuchâtel como "marbre" (mármore) e em Genebra como "coeillu" ou "mapis". Há bolas de diferentes valores. A bola de cimento é altamente considerada. O "carron", pequeno e de terra mais friável, é de menor valor, porque custa mais barato. As bolas que se lançam, e que não devem ser colocadas, no interior do quadrado, são chamadas, segundo sua consistência, "corna" (bola de cornalina), "ago" ou "agathe", "cassine" (bola de vidro com veios coloridos), "plomb" (grande bola pesada, contendo chumbo) etc. Cada uma vale tantas bolas ou tantos "carrons". Lançar uma bola se diz "atirar", e tocar com sua bola uma outra, dentro ou fora do quadrado, se diz "bater".

Em seguida, segue-se uma série de termos *sacramentados*, isto é, expressões que o jogador emprega para anunciar que vai executar esta ou aquela operação e que assim consagram ritualmente o fato consumado: destarte, o adversário nada pode contra a decisão de seu parceiro, uma vez pronunciadas aquelas palavras, enquanto que, se ele toma a dianteira por meio de termos de proibição, que examinaremos logo em seguida, impede, com isso, as operações que temia. Por exemplo, para jogar em primeiro lugar, numa ocasião em que isso seja possível, a criança diz (em Neuchâtel) "prems" (evidentemente uma corruptela da palavra "premier"[2]). Se deseja voltar ao ponto de partida, de onde saem todos os jogadores na primeira vez, conhecido como "la coche", dirá simplesmente "coche". Se quiser se adiantar ou se afastar a uma distância duas vezes maior, diz "deux coches", ou a uma distância de uma, duas ou três mãos espalmadas, diz um, dois ou três "empans"[3]. Se deseja colocar-se, em relação ao quadrado, a uma distância igual àquela em que se encontrava num dado momento, mas em outra direção (para evitar os prováveis golpes do adversário), diz "du mien"[4], e, se quiser

---

2. Primeiro, em francês. (N. T.)
3. Palmo, em francês. (N. T.).
4. Meu, em francês. (N. T.).

impedir o adversário de fazer o mesmo diz-lhe "du tien"[5] (em Neuchâtel); em Genebra, exprimem-se tais deslocamentos pelos termos "faire une entasse" ou "entorse"[6]. Para não jogar na sua vez, ficando assim de fora até que seu adversário tenha-se deslocado, diz "coup passé"[7] etc.

Desde que essas expressões sejam ditas em circunstâncias que são, naturalmente, regulamentadas com minúcias, por meio de um código, o adversário deve a elas se submeter. Mas, se quiser evitar esses ataques, basta-lhe pronunciar as palavras de *proibição* ritual, as quais, em Neuchâtel, são simplesmente as mesmas, mas precedidas do prefixo "fan" (= proibido) do patoá. Por exemplo: "fan-du-tien", "fan-du-mien", "fan-coche", "fan-coup-passé" etc. Algumas crianças, por não assimilarem esse prefixo, que, efetivamente, não corresponde a nenhuma linguagem ambiente, dizem "femme-du-tien", "femme-coche" etc.[8]

Notemos ainda dois termos sacramentados, particularmente sugestivos, em uso corrente entre as crianças genebrinas: "glaine" e "toumiké". Quando um jogador põe no chão (no quadrado) uma bola de valor superior, pensando colocar uma comum (quando põe, por exemplo, uma "ago" em lugar de uma "coeillu"), naturalmente tem permissão, se percebe seu erro, de retomar sua "ago", para colocar no lugar uma bola certa. Desonesto seria o adversário que embolsasse essa "ago", após tê-la "batido", aproveitando, assim, a distração de seu parceiro. As crianças que interrogamos sobre esse assunto foram unânimes em dizer que tal procedimento equivaleria a um roubo. Ao contrário, se o adversário, percebendo a tempo o erro de seu parceiro, pronuncia o termo "toumiké", ou ainda "toumikémik" (com a repetição da última sílaba), então o jogador distraído não tem mais o direito de retomar sua "ago": deve deixá-la no quadrado, como uma vulgar "coeillu", e, se um jogador consegue tocá-la, está autorizado, com toda a honestidade, a embolsá-la. Vemos, deste modo, um exemplo muito curioso de palavra que consagra o erro e transforma, ao mesmo tempo, o ato desonesto num ato lícito e reconhecido como tal por todos. Temos aqui um primeiro exemplo desse formalismo, próprio a certos aspectos da moral infantil e em cuja natureza nos aprofundaremos logo mais quando tratarmos da responsabilidade objetiva.

Na mesma forma, a palavra "glaine" (assalto) justifica o roubo em circunstâncias bem definidas. Quando um jogador, por sorte ou habilidade, consegue ganhar todas as bolas de seus parceiros, é obrigado, por uma espécie de contrato de honra, análogo àquele que os sociólogos designam pelo nome de "potlatch", a oferecer uma nova partida, colocando, ele mesmo, no quadrado as bolas necessárias, de modo a dar aos

---

5. Teu, em francês. (N. T.).
6. Dar uma virada, em francês. (N. T.).
7. Passo, em francês. (N. T.).
8. Realmente, à audição, pouca diferença há entre "fan" e "femme". (N. T.)

parceiros infelizes a oportunidade de retomar uma fração de seus bens. Mas, se se recusa, nenhuma lei pode obrigá-lo a isso: ganhou e está acabado.

Entretanto, se um dos jogadores pronuncia a palavra "glaine", então todo o grupo se lança sobre o avaro, derruba-o, esvazia-lhe os bolsos e reparte o saque. Este ato de banditismo, profundamente contrário à moral em tempos normais (uma vez que as bolas recolhidas pelo vencedor constituem um bem legitimamente adquirido), transforma-se, então, num ato lícito e mesmo num ato de justiça retributiva aprovado pela consciência comum, desde que a palavra 'glaine" tenha sido pronunciada.[9]

Em Neuchâtel não observamos nem "glaine" nem "toumiké", mas, ao contrário, "cougac" (negra). Quando um dos jogadores ganhou demais (na situação descrita há pouco), seu parceiro vencido pode forçá-lo a oferecer uma nova partida, pronunciando a palavra "cougac" (derivada provavelmente de "coup-gagné", como "prems" de "premier"). Se o vencedor quer furtar-se à obrigação assim proposta pela palavra fática, basta-lhe, para evitar o golpe, dizer "fan-cougac".

Insistimos nessas particularidades lingüísticas apenas para mostrar, à primeira vista, a complexidade jurídica das regras do jogo. É claro que esses fatos poderiam ser analisados mais a fundo sob outros aspectos. Particularmente seria necessário elaborar toda uma psicologia da sacramentação e da proibição em relação à criança, e, principalmente, toda uma psicologia dos jogos sociais. Como tais questões estão fora de nosso objetivo, voltemos àquilo que nos é essencial, isto é, às regras propriamente ditas.

O jogo do quadrado consiste, portanto, em duas palavras, em colocar algumas bolinhas num quadrado, para depois pegá-las, deslocando-as por meio de uma bola especial, maior que as demais. Mas esse esquema tão simples comporta, em seus pormenores, uma série infinita de complicações. Vejamos sua seqüência, para sentir-lhe a riqueza.

De início, a "colocação" das bolas. Um dos jogadores desenha o quadrado, no qual cada um coloca sua bola. Se há dois jogadores, cada um põe duas, três ou quatro bolinhas. Se há três jogadores, cada um põe uma ou duas bolinhas. Quando há quatro jogadores ou mais, em geral, só se põe uma bolinha. O essencial é a igualdade: cada um põe o que põem os outros. Só é preciso considerar, para chegar à igualdade, o valor das bolinhas depositadas. Para uma bolinha comum, é preciso colocar dois "carrons". Uma pequena "corna" vale oito "marbres", dezesseis "carrons", e assim por diante. Os valores são minuciosamente estipulados, correspondendo em geral ao preço de custo da loja da es-

---

9. O termo "glaine" admite, além disso, um sentido bastante amplo: segundo alguns, dá direito, a quem o pronuncia, de recolher, sem mais, as bolinhas colocadas no chão, quando uma discussão surge a seu respeito ou quando um jogador esquece de se apoderar do que ganhou. É nesse sentido que a palavra é empregada, por exemplo, por Philippe MONNIER, *O livro de Blaise*, 3ª ed., pág. 135.

quina. Mas, ao lado das operações financeiras propriamente ditas, realiza-se entre as crianças uma série de trocas de bolinhas que alteram, de certo modo, a circulação dos valores.

Em seguida, o jogo começa. Combina-se uma certa distância onde se traça a "coche", linha de partida, paralela a um dos lados do quadrado, situada normalmente a um ou dois metros deste, e de onde cada jogador "atirará" sua primeira bola ("atirar" = lançar a "agathe" ou a bola de cornalina na direção do quadrado). Todos saem então da linha de partida. Em alguns jogos, volta-se à linha após cada nova jogada. Mas, habitualmente, cada um joga, depois do primeiro lance, no lugar onde sua bolinha parou. Às vezes, restringe-se o alcance dessa regra, admitindo-se que a bolinha não possa se afastar do quadrado a uma distância maior que a da linha de partida: quando uma bolinha rolar a 2 metros do quadrado, em qualquer direção, será levada então a 1,50 m, se a linha de partida também estiver a 1,50 m.

Mas, antes que a partida se inicie, é preciso ainda combinar quem vai começar. O primeiro a jogar é, de fato, favorecido em virtude de "atirar" num quadrado cheio de bolinhas, enquanto os seguintes só terão pela frente os restos, após os eventuais ganhos dos jogadores anteriores. Para saber quem começa, põe-se em prática uma série de rituais bem conhecidos. Dois meninos avançam um ao encontro do outro, pondo seus pés ponta com ponta. Aquele que, quando do encontro, pisar no pé do outro tem o direito de começar a partida. Ou então, recitam-se, numa ordem sacramental, preceitos rimados ou mesmo sílabas desprovidas de qualquer sentido: cada sílaba corresponde a um dos jogadores. Aquele sobre quem cair a última sílaba é favorecido pela sorte. Além desses processos comuns, existe um processo especial no jogo de bolinhas: cada um lança sua "ago" ou sua "corna" na direção da linha de partida ou de uma linha qualquer, traçada para essa finalidade. Quem chegar mais perto dessa linha é que começa. Depois, seguem pela ordem os que conseguiram dela se aproximar. O último a jogar é aquele que ultrapassou a linha e, se vários a ultrapassam, o último será aquele que mais se distanciou.

Assim, estando estabelecida a ordem dos jogadores, a partida começa. Cada jogador se coloca sucessivamente atrás da linha e "atira", visando o quadrado. Há três maneiras de jogar a bolinha: a "piquette" (pique), que consiste em lançá-la através de um impulso do polegar, colocando-a sobre a unha do próprio polegar e segura pelo dedo indicador, a "roulette" (rolamento), que consiste em fazer a bolinha simplesmente rolar no solo, e a "poussette" (palmo), que consiste em empurrá-la com a mão num espaço suficiente para corrigir a direção inicial. A "poussette" é sempre proibida e pode ser comparada nesse aspecto ao deslocamento manual da bola pelos maus jogadores de bilhar. Costuma-se dizer em Neuchâtel "fan-poussette" ou então "femme-poussette" (sem palmo). Em Genebra, exprime-se de maneira mais simples: "proibido empurrar". A "roulette" geralmente é proibida, também a "fanroulette", mas, às vezes, é tolerada: neste caso, todos os jogadores terão, naturalmente, o direito de praticá-la, combinando-se mesmo, no início da partida, a absoluta igualdade de todos perante a lei.

Portanto, os participantes jogarão segundo a maneira convencionada. Suponhamos que uma das bolinhas do quadrado tenha sido atingida. Se sai do quadrado, torna-se propriedade daquele que a desalojou. Se permanece no seu interior, não se pode apanhá-la. Finalmente, se fica sobre a linha, os parceiros examinam o caso: uma bolinha com a metade para fora é considerada como saída, do contrário não. Aqui, naturalmente, um conjunto de regras secundárias fixará a solução a seguir em caso de dúvida. Resta o caso em que a bolinha com a qual se fez o lançamento (a "ago" etc.) fica no quadrado, ou pelo menos não ultrapassa as linhas com a metade do seu diâmetro: seu dono é "queimado", o que significa que não pode mais jogar. Se projetada fora do quadrado pela de um vizinho, torna-se, como as demais, propriedade deste último, salvo as convenções especiais combinadas no início da partida. Enfim, há as eventuais complicações resultantes dos ricochetes. Uma bolinha expulsa por ricochete, às vezes, não é considerada como ganha, *especialmente* quando se trata de uma peça de valor.[10] Em outra ocasiões, tudo o que sai do quadrado é propriedade do atirador. Os casos particulares que assim se apresentam são regulamentados conforme os princípios estabelecidos, seja antes, seja no decorrer do jogo, de comum acordo entre os participantes.

Em seguida, estabelece-se o número de vezes que cada um deve "atirar". O jogador, que conseguiu ganhar uma ou várias bolinhas, tem o direito de jogar novamente, e assim por diante, enquanto ganhar. Mas alguns fazem uma restrição: na primeira rodada de cada partida, cada um deve jogar sucessivamente uma vez, independentemente dos ganhos ou das perdas. Neste caso, novamente é necessária uma convenção preliminar.

Além disso, regra essencial: cada um tem o direito não só de "atirar" nas bolinhas do quadrado, mas de "bater" na "agathe" ou na "corna" do vizinho, e isso fora do quadrado e onde quer que elas se encontrem no decorrer do jogo. Também, a grande dificuldade reside em atirar sobre o quadrado, mas sem se colocar ao alcance dos parceiros. É por isso que, quando os riscos são muitos, é permitido dizer "passo" e permanecer no lugar, salvo se o adversário, prevendo isso, disser "não vale passar". Também por esse fato permite-se a mudança de lugar, contanto que o participante fique a igual distância do quadrado e que diga previamente "meu" (a menos que novamente o adversário, prevendo a jogada, pronuncie "teu").

Finalmente, pode-se citar uma série de regras especiais, cuja observância depende das cidades ou das escolas. O primeiro jogador que diz

---

10. Isso se exprime dizendo que o "reganho" não vale.

"lugar para mim" não é obrigado a se colocar num dos cantos do quadrado. Qualquer jogador, conseguindo ganhar o equivalente de sua "colocação inicial" (isto é, duas bolinhas, se colocou duas no quadrado etc.), pode dizer "queue-de-pose", o que lhe permite jogar em primeiro lugar na linha de partida, quando da jogada seguinte etc.

O jogo, assim regulamentado graças a um número infinito de costumes, prossegue até que o quadrado esteja vazio. É vencedor aquele que consegue embolsar o maior número de bolinhas.

2. O INTERROGATÓRIO E OS RESULTADOS GERAIS

As regras que acabamos de expor constituem uma realidade social bem caracterizada, isto é, uma realidade "independente dos indivíduos" (no sentido de Durkheim), transmitindo-se de geração a geração como um idioma. É claro que esses costumes são mais ou menos plásticos. As inovações individuais somente têm sucesso, tal como as inovações lingüísticas, se atendem a uma necessidade geral e se são sancionadas pela coletividade (desde que consideradas conformes ao "espírito do jogo").

No entanto, mesmo reconhecendo plenamente o interesse desse aspecto sociológico do problema, não é sob esse prisma que colocamos as questões sobre as quais falaremos agora. Perguntamo-nos simplesmente: 1º) Como os indivíduos se adaptam pouco a pouco a essas regras, como então observam a regra em função de sua idade e de seu desenvolvimento mental. 2º) Que consciência tomam da regra, ou em outras palavras, que tipos de obrigação resultam para eles, sempre de acordo com as idades, do domínio progressivo da regra.

Portanto, o interrogatório é fácil de ser conduzido. Numa primeira etapa, basta perguntar às crianças (interrogamos aproximadamente uns vinte meninos de quatro a doze e treze anos) como é o jogo das bolinhas. O entrevistador diz algo assim: "Veja as bolinhas (coloca-as sobre uma grande mesa forrada com pano verde, junto a um pedaço de giz com o qual o menino poderá desenhar seu quadrado). Você vai me ensinar como se joga. Quando eu era pequeno, jogava muito, mas me esqueci completamente. Gostaria de jogar de novo. Jogaremos juntos. Você me ensinará as regras e eu jogarei com você." O menino desenha então o quadrado, pega metade das bolinhas, faz sua "colocação", e o jogo começa. Convém sistematicamente ter em mente todos os casos freqüentes e interrogar o menino sobre cada um. Para fazer isso, é preciso ter o cuidado de nada sugerir: basta fingir-se ignorante, cometendo mesmo erros voluntários, para que o menino mencione a cada vez qual é a regra. Joga-se naturalmente com a maior seriedade, até o fim; o perito pergunta quem ganhou, e por quê, e, se necessário, reinicia uma nova partida se as coisas não ficaram claras.

É muito importante, nessa primeira parte do interrogatório, que o perito desempenhe seu papel com ingenuidade, deixando à criança uma certa superioridade (demonstrando, de vez em quando, por um lance de destreza, que não está completamente por fora). A criança fica assim à vontade, e as informações que fornece a respeito da maneira como joga são mais convincentes. Vimos muitas crianças se interessarem tanto pelo jogo, a ponto de nos tratarem como colegas: "Você está queimado!" grita Ben (dez anos), quando nossa bolinha permanece no quadrado.

Nos casos dos pequenos que mal sabem as regras às quais, porém, chegam a obedecer de fato, um excelente processo de controle consiste em fazer com que joguem dois a dois. Começa-se por pedir a um menino que fale de todas as regras que conhece (jogando com ele da maneira que, há pouco, acabamos de descrever), solicita-se a mesma coisa a um segundo menino (o primeiro não pode estar presente) e, em seguida, o perito reúne essas duas crianças, pedindo-lhes para jogar uma com a outra. Essa experiência de controle é inútil com os maiores, salvo em certos casos duvidosos.

A seguir, vem a segunda etapa do interrogatório, isto é, a parte relativa à consciência da regra. Começa-se por perguntar à criança se poderia inventar uma nova regra. Em geral, ela o faz facilmente, mas é preciso ter o cuidado de se assegurar que a regra seja realmente nova, pelo menos para a criança considerada, e não seja uma das numerosas variantes já existentes e conhecidas da própria criança: "Quero uma regra apenas sua, uma regra que você mesma inventou e que ninguém conhece. A regra do ... (nome da criança)." Uma vez formulada a nova regra, incentiva-se a criança a inventar um novo jogo: "Se você jogasse assim com seus companheiros, o que aconteceria? Será que aceitariam jogar assim?" etc. A criança aceita ou nega. Se admite, pergunta-se de repente se essa nova regra é "justa", se é uma "verdadeira regra", uma regra "como as outras" etc., procurando esclarecer os motivos invocados. Supondo agora que a criança negue tudo isso, perguntamos-lhe se a nova regra, generalizando-se, poderia tornar-se uma verdadeira regra: "Quando você for grande, suponha que terá contado sua nova regra a muitas crianças: todas jogarão talvez com ela e todas terão esquecido as antigas regras. Então, qual será mais justa, sua regra que todos conhecerão, ou as antigas que todos terão esquecido?" Naturalmente, variam as fórmulas, segundo o rumo que toma a conversa, mas o essencial é concluir se se pode legitimamente mudar as regras e se uma regra é justa, porque está de acordo com o uso geral, mesmo sendo nova, ou porque é dotada de um valor intrínseco e eterno.

Esclarecido esse ponto, é fácil colocar as duas questões seguintes: 1°) Jogou-se sempre como hoje: "Seu pai, quando era pequeno, seu avô, as crianças do tempo de Guilherme Tell, de Noé, de Adão e Eva etc. jogavam como você me mostrou ou de outra maneira?" 2°) Qual é a origem das regras: inventadas pelas crianças ou impostas pelos pais e pelos adultos em geral?

Às vezes é melhor começar por estas duas últimas questões, antes de perguntar se as regras podem ser mudadas: evita-se assim a persistência ou antes, inverte-se o sentido, o que facilita a interpretação das respostas. Toda essa parte do interrogatório é, aliás, muito delicada de conduzir: a sugestão aí é fácil, a mentira, ameaçadora. Mas o importante, de fato, é simplesmente aprender a orientação do espírito infantil. Acredita ela no valor místico das regras ou em seu valor decisório, crê numa heteronomia de direito divino ou está consciente de sua autonomia, esta é a única questão interessante. A criança, naturalmente, não tem convicções já formadas a respeito da origem ou da perenidade das regras de seu jogo: suas idéias, inventadas na hora, constituem apenas indícios de sua atitude profunda; persuadindo-nos bem dessa verdade, é preciso dar continuidade à conversa.

Os resultados obtidos graças a esse duplo interrogatório, cuja análise faremos pormenorizadamente, são, em sua maioria, os seguintes.

Do ponto de vista da prática das regras, podemos distinguir quatro estágios sucessivos:

Um primeiro estágio, puramente *motor* e *individual*, no decorrer do qual a criança manipula as bolinhas em função de seus próprios desejos e de seus hábitos motores. Estabelece, nessa ocasião, esquemas mais ou menos ritualizados, mas, permanecendo o jogo individual, ainda não se pode falar senão de regras motoras e não de regras propriamente coletivas.

Um segundo estágio pode ser chamado *egocêntrico*, pelas razões que vamos expor. Esse estágio se inicia no momento em que a criança recebe do exterior o exemplo de regras codificadas, isto é, segundo os casos, entre dois e cinco anos. Todavia, mesmo imitando esses exemplos, a criança joga, seja sozinha sem se preocupar em encontrar parceiros, seja com os outros, mas sem procurar vencê-los e nem, por conseqüência, uniformizar as diferentes maneiras de jogar. Em outros termos, as crianças desse estágio, mesmo quando juntas, jogam ainda cada uma para si (todas podem ganhar ao mesmo tempo) e sem cuidar da codificação das regras. É esse duplo caráter de imitação dos outros e de utilização individual dos exemplos recebidos que designaremos pelo nome de egocentrismo.

Um terceiro estágio aparece por volta dos sete ou oito anos, o qual chamaremos estágio da *cooperação* nascente: cada jogador procura, doravante, vencer seus vizinhos, donde o aparecimento da necessidade de controle mútuo e da unificação das regras. Somente, se os participantes chegam, em sua maioria, a se entenderem durante uma única e mesma partida, ainda reina uma variação considerável no que se refere às regras gerais do jogo. Em outras palavras, os meninos e uma mesma classe escolar, de oito ou nove anos, que, apesar de jogarem sem cessar uns com os outros, dão, quando interrogados separadamente, informações muito diferentes e quase sempre inteiramente contraditórias sobre as regras do jogo de bolinhas.

Finalmente, aos onze-doze anos, aparece um quarto estágio que é o da *codificação das regras*. Não só as partidas daqui em diante são regulamentadas com minúcia, até nos pormenores do procedimento, como também o código das regras a seguir é agora conhecido por toda a sociedade. Os meninos de uma mesma classe escolar dão, de fato, aos onze e doze anos, informações de notável concordância, quando inquiridos sobre as regras do jogo e suas possíveis variações.

Naturalmente, é preciso considerar esses estágios, exatamente como realmente são. É cômodo, para as necessidades da exposição, distribuir as crianças em grupos de idade ou em estágios, mas a realidade se apresenta sob os aspectos de uma continuidade sem interrupção. Além disso, essa continuidade nada tem de linear, e sua direção geral só é percebida quando esquematiza as coisas e despreza as oscilações que complicam indefinidamente o pormenor. De modo que ao se tomar ao acaso uma dezena de crianças, talvez não se tenha a impressão de progressão, já apreendida pouco a pouco durante o interrogatório da centena de indivíduos examinados por nós em Genebra e em Neuchâtel.

Se passarmos, em seguida, à consciência da regra, encontraremos uma progressão ainda mais suave no pormenor, mas não menos nítida em suas linhas gerais. Podemos expressá-la sob a forma de três estágios, dos quais o segundo se inicia no decorrer da fase egocêntrica para terminar mais ou menos na metade do estágio da cooperação (por volta dos nove-dez anos), o terceiro abrange o fim deste estágio de cooperação e o conjunto do estágio da codificação das regras.

Durante o primeiro estágio, a regra ainda não é coercitiva, seja porque é puramente motora, seja (início do estágio egocêntrico) porque é suportada, como que inconscientemente, a título de exemplo interessante e não de realidade obrigatória.

Durante o segundo estágio (apogeu do egocentrismo e primeira metade do estágio da cooperação), a regra é considerada como sagrada e intangível, de origem adulta e de essência eterna; toda modificação proposta é considerada pela criança como uma transgressão.

Durante o terceiro estágio, enfim, a regra é considerada como uma lei imposta pelo consentimento mútuo, cujo respeito é obrigatório, se se deseja ser leal, permitindo-se, todavia, transformá-la à vontade, desde que haja o consenso geral.

Sem dúvida, a correlação indicada entre os três estágios do desenvolvimento da consciência da regra e os quatro estágios relativos à sua prática efetiva é apenas estatística, isto é, quantitativa. Mas, em linhas gerais, parece-nos seguro que há uma relação. A regra coletiva é, inicialmente algo exterior ao indivíduo e, por conseqüência, sagrada. Depois, pouco a pouco, vai-se interiorizando e aparece, nessa mesma forma, como livre resultado do consentimento mútuo e da consciência autônoma. Ora, no tocante à prática, é natural que ao respeito místico pelas leis, correspondam um conhecimento e uma aplicação ainda rudimentar de seu conteúdo, enquanto, ao respeito racional e motivado, corresponde uma observância efetiva e pormenorizada de cada regra.

34

Haveria assim dois tipos de respeito à regra, correspondendo a dois tipos de comportamento social. Tal fato merece ser examinado de perto, porque, se efetivo, será de grande importância para a análise da moral infantil. Na realidade, vemos repentinamente tudo o que sugere no que concerne às relações da criança com o adulto. A insubordinação da criança em relação a seus pais e mestres, juntamente com o seu respeito sincero pelas recomendações recebidas e com sua notável docilidade de consciência, não tenderia a este complexo de atitudes observadas no estágio do egocentrismo e que liga de maneira tão paradoxal a inconsciência prática com a mística da lei? Por outro lado, a cooperação da criança com o adulto, na medida em que é possível e na medida em que é facilitada pela ajuda das crianças entre si, não nos fornecerá a chave da interiorização das recomendações e da autonomia da consciência moral? Portanto, receamos consagrar algum tempo à análise paciente dos fatos relativos às regras do jogo, porque nela nos deparamos com um método infinitamente mais flexível e por conseqüência mais seguro do que interrogando as crianças a respeito de simples narrações, como seremos obrigados a fazer na seqüência desta obra.

3. A PRÁTICA DAS REGRAS: I. OS DOIS PRIMEIROS ESTÁGIOS

É inútil nos prolongarmos sobre o primeiro estágio, pois não interessa diretamente ao nosso objetivo. É importante para nós, porém, saber se as regras, que podem ser constituídas, antes de qualquer colaboração entre crianças, são do mesmo tipo que as regras coletivas.

Damos uma dezena de bolinhas a uma criança de três anos e quatro meses, e notamos suas reações:

Jacqueline olha curiosamente as bolinhas que tem nas mãos (ela as vê pela primeira vez), depois deixa-as cair sobre o tapete. Em seguida, coloca-as sobre uma poltrona, numa concavidade. *"Que são, animais? —* Não, é claro. — *São bolas?* —* Sim." Ela as repõe no tapete, depois as recolhe e as deixa cair uma a uma de uma certa altura. Senta sobre o tapete, afastando as pernas e lançando as bolinhas diante dela a alguns centímetros. Reúne-as, em seguida, para recolocá-las na poltrona e na mesma concavidade anterior (a poltrona é semeada de botões fazendo declividade no estofamento). Depois, recolhe-as todas e as deixa cair, primeiro, de uma vez, e depois, uma a uma. Em seguida, recoloca-as na poltrona, primeiro, no mesmo lugar, depois, em outros buracos. Logo após, amontoa-as em forma de pirâmide. *"Que são bolinhas? —* O que é que você acha? — ..."* Ela as deposita no chão, depois as recoloca na poltrona, nas mesmas cavidades. — Vamos, então, à sacada: ela deixa cair as bolinhas do alto, para fazê-las saltar.

Nos dias seguintes, Jacqueline põe de novo as bolinhas sobre as poltronas e cadeiras ou em sua panelinha para fazer o almoço. Ou então repete os comportamento descritos anteriormente.

Três pontos se destacam no que se refere a tais fatos. Primeiramente, é a falta de seqüência e de direção na sucessão de comportamentos. Com certeza, a criança procura antes de mais nada compreender a natureza das bolinhas e acomodar seus esquemas motores a essa realidade, nova para ela. Além disso, tenta sucessivamente todas as experiências: atirar as bolinhas, amontoá-las, reuni-las em forma de pirâmide, de ninho, fazê-las cair, saltar etc. Só que, passados os primeiros momentos de surpresa, o jogo permanece incoerente ou, melhor, fica adstrito à fantasia do momento. No dia em que se brinca de comidinha, as bolinhas servem de alimentos para serem cozidos na panela. No dia em que o interesse está nas classificações e nos arranjos, as bolinhas são amontoadas nas concavidades da poltrona etc. Em geral, no brinquedo, não há, portanto, regras.

Em segundo lugar, é preciso notar que, no pormenor, há entretanto algumas regularidades. É surpreendente, de fato, constatar como os comportamentos particulares, utilizados sucessivamente pela criança, se esquematizam ou mesmo se ritualizam. O gesto de juntar as bolinhas numa cavidade da poltrona é, de início, apenas uma simples tentativa, mas logo se torna um esquema motor ligado à percepção das bolinhas. No fim de alguns dias, é um simples rito, observado ainda com interesse, mas sem nenhum novo esforço de adaptação.

Em terceiro lugar, é importante notar o simbolismo[11] que se insere imediatamente nos esquemas motores da criança. Seguramente, esses símbolos são jogados mais que pensados, mas implicam uma participação da imaginação: as bolinhas são alimentos para cozinhar, ovos em um ninho etc.

Dito isso, é possível que as regras do jogo derivem tanto dos rituais análogos àqueles que acabamos de observar, como de um simbolismo que se tornou coletivo. Examinemos então, brevemente, a gênese desses comportamentos e seu destino ulterior.

Geneticamente falando, os rituais e os símbolos parecem explicar-se pelas condições da inteligência motora pré-verbal. Colocado em presença de um objeto qualquer, um bebê de cinco a oito meses reage duplamente: acomodando-se ao novo objeto e assimilando-os aos esquemas motores anteriores. Se lhe dermos uma bolinha, explorará sua superfície e consistência, ao mesmo tempo em que dela se servirá para agarrar, chupar, esfregar nas grades do berço etc. Essa assimilação de qualquer objeto novo aos esquemas motores já existentes pode ser tomada como ponto de partida dos rituais e dos símbolos, pelo menos desde o momento em que a assimilação supera a própria acomodação. No tocante aos rituais, é de fato admirável constatar que, desde a idade de oito

---

11. Empregamos o termo "símbolo" no sentido da escola lingüística de Saussure, como sendo o contrário de sinal: um sinal é arbitrário, um símbolo motivado. Aliás, é também nesse sentido que Freud fala de pensamento simbólico.

a dez meses, todos os esquemas motores da criança dão origem, excluindo-se os momentos de adaptação propriamente dita, a uma espécie de funcionamento em vão que dá prazer à criança como se fosse um jogo. Assim, depois de ter-se habituado a colar o rosto na face de seus pais, franzindo seu nariz e respirando forte, Jacqueline começa a executar esse ritual por brincadeira, franzindo seu nariz, soprando primeiro e esboçando tão-somente um início de contato com o rosto de outrem, mas sem querer mais significar com isso, como anteriormente, uma afeição especial: atual e inserido em uma adaptação efetiva, esse esquema é assim ritualizado para servir apenas de brincadeira.[12] Ou ainda, Jacqueline, em seu banho larga seus cabelos, os quais estava prestes a esfregar, para bater na água; logo repete o movimento, tocando alternadamente seus cabelos e a água, e, nos dias seguintes, esse esquema se ritualiza a ponto de não conseguir bater na água, sem antes esboçar o gesto de alisar os cabelos.[13] De nenhum modo automático, esse ritual é um jogo que a diverte pela sua própria regularidade. Basta observar um bebê de dez a doze meses para notar a quantidade desses rituais que, seguramente, anunciam as regras dos futuros jogos.

Quanto aos símbolos, aparecem por volta do fim do primeiro ano, e depois dos próprios rituais. De fato, o hábito de repetir ritualmente um determinado gesto conduz, pouco a pouco, à consciência de "fingir". O ritual de deitar, por exemplo (deitar a cabeça e ficar mexendo na ponta do travesseiro com as mil complicações inventadas por todos os bebês), é, mais cedo ou mais tarde, seguido "em vão", e o sorriso da criança que fecha os olhos ao executá-lo mostra bem que ela tem consciência de "estar fingindo" dormir. Aí já há símbolo, mas símbolo "jogado". Enfim, quando à inteligência motora se juntam a linguagem e a representação, o símbolo torna-se objeto de pensamento. A criança que empurra uma caixa dizendo "ram-ram" assimila, em sua imaginação, esse movimento àquele do automóvel: o símbolo lúdico está definitivamente constituído.

Isto posto, podemos procurar nos rituais ou nos símbolos a origem das próprias regras do jogo? O jogo de bolinhas, com sua infinita complexidade, tanto no que se refere às próprias regras, como no que se refere ao sistema verbo-motor dos sinais utilizados, pode ser considerado como o simples resultado de uma acumulação de rituais e símbolos individuais? Não pensamos assim. Acreditamos que o ritual e o símbolo individuais constituem a estrutura ou a condição necessária ao desenvolvimento das regras e dos sinais coletivos, mas não a condição suficiente. Há, na regra coletiva, alguma coisa a mais do que na regra motora ou no ritual individual, como há no sinal alguma coisa a mais que no símbolo.

No que se refere à regra motora ou ritual, ela comporta seguramente algo de comum com a regra: é a consciência da regularidade. Que alegria

---

12. Idade: dez meses.
13. Tem doze meses.

demonstra a criança de dez a doze meses ou de dois a três anos em repetir um certo comportamento pormenorizadamente e respeitando escrupulosamente a ordem das operações (dar uma volta pela sala batendo no encosto de cada cadeira em dois lugares sucessivamente etc.); não podemos deixar de reconhecer nisso a "Regelbewusstsein" de Bühler. Só que é preciso distinguir cuidadosamente esses comportamentos nos quais intervém apenas o gosto pelo que é regular, dos comportamentos nos quais entra um elemento de obrigação: é essa consciência de obrigação que nos parece, juntamente com Durkheim[14] e Bovet[15], distinguir a regra propriamente dita da regularidade.

Ora, esse elemento de obrigação ou, para nos limitarmos à questão da prática das regras, esse elemento de obediência, intervém desde que haja sociedade, isto é, relação entre dois indivíduos, pelo menos. Desde que um ritual é imposto a uma criança pelos adultos ou pelos mais velhos respeitados por ela (Bovet), ou desde que, acrescentemos, um ritual resulte da colaboração de duas crianças, adquire, para a consciência do indivíduo, um caráter novo que, precisamente, é aquele da regra. Esse caráter pode variar segundo o tipo de respeito que predomina (respeito pelo mais velho ou respeito mútuo), mas, em qualquer caso, intervém um elemento de submissão que não estava incluído no simples ritual.

Certamente, existem, de fato, todas as fases intermediárias entre a simples regularidade descoberta pelo indivíduo, e a regra à qual se submete todo um grupo social. É assim, precisamente, que podemos observar, no decorrer do estágio do egocentrismo, uma série de casos nos quais a criança serve-se da regra como de um simples ritual, flexível e mutável à vontade, embora procurando já se submeter às leis comuns. Do mesmo modo que a criança utiliza muito cedo a linguagem adulta e o sistema de conceitos gerais e abstratos, embora conservando para si própria muitas facetas egocêntricas de pensamento e mesmo procedimentos próprios do pensamento simbólico e lúdico, semelhantemente, sob as regras impostas, a criança, com toda sua evidente sinceridade, se contenta, durante muito tempo, em manter a fantasia de suas próprias decisões. De fatos esta continuidade entre o rito e a regra não exclui uma diferença qualitativa entre esses dois tipos de comportamento.

Mas não nos antecipemos a respeito da análise da consciência da regra, e voltemos ao ritual. O ritual individual se prolonga naturalmente, tal como acabamos de ver há pouco, num simbolismo mais ou menos complexo. Pode esse simbolismo ser considerado como o ponto de partida do sistema de sinais verbo-motores obrigatórios que estão ligados às regras de qualquer jogo coletivo? Até que ponto, no tocante ao problema anterior, podemos acreditar que o símbolo é condição necessária, mas não suficiente, do aparecimento dos sinais? O sinal é geral e

---

14. *A Educação Moral* (Alcan).
15. "As Condições da Obrigação da Consciência", *Année psychol.*, 1912.

abstrato (arbitrário), o símbolo é individual e motivado. Para que o sinal suceda ao símbolo, é preciso, então, que uma coletividade despoje a imaginação dos indivíduos, do que ela apresenta como fantasia pessoal, para elaborar um conjunto obrigatório e comum de imagens, a par do código das próprias regras.

A seguir, expomos uma observação, mostrando o quanto os rituais e símbolos individuais ficam afastados das regras e dos sinais, mesmo se aproximando dessas realidades na medida em que se estabelece uma colaboração entre crianças.

Jacqueline (depois das observações anteriores) brinca com Jacques (dois anos, onze meses e quinze dias), que vê as bolinhas pela primeira vez. I. Jacques apanha as bolinhas e as deixa cair do alto uma após outra. Em seguida, as reúne e vai embora. II. Jacques as coloca na terra, numa cavidade, e diz: *"Fiz um pequeno ninho"*. Jacqueline pega uma e a coloca no chão, imitando-o. III. Jacques igualmente pega uma, enterra-a e coloca barro por cima. Desenterra-a, e assim por diante. Depois pega duas ao mesmo tempo, enterrando-as. A seguir, três, quatro, cinco até seis ao mesmo tempo, aumentando sistematicamente uma bolinha de cada vez. Jacqueline imita-o: coloca primeiramente uma bolinha na terra e põe barro por cima, depois duas ou três, ao acaso, e sem adotar sistema fixo de progressão. IV. Jacques amontoa todas as bolinhas, depois coloca uma bola de borracha ao lado e diz: *"É a mamãe-bola e seus bebês bolinhas."* V. Ele as amontoa de novo e as cobre de terra, nivelando o solo. Jacqueline imita-o, mas com uma bolinha somente, que cobre, sem igualar a terra. Ela acrescenta: *"Ela está perdida"*, depois a desenterra e recomeça.

Vemos, claramente, no exemplo dado, quando tudo o que é fantasia ou simbolismo individuais fica incomunicado: desde que a partida se volte ao jogo da imaginação, cada um evoca suas imagens preferidas, sem se importar com as do outro. Da mesma forma, observamos quando os esquemas ritualizados, sucessivamente tentados, permanecem estranhos a qualquer direção de conjunto. Ao contrário, desde que haja imitação recíproca (fim do item II e todo o item III), existe um começo de regra: cada um procura enterrar as bolinhas como o outro, observando-se uma progressão comum, aliás, mais ou menos alcançada. Através deste último aspecto, a observação nos conduz então ao estágio do egocentrismo, no decorrer do qual a criança aprende as regras do outro, mesmo praticando-as de maneira fantasiosa.

Concluamos a análise do primeiro estágio, frisando que, antes do jogo em comum, não poderiam haver regras propriamente ditas: nesse estágio, já existem regularidades e esquemas ritualizados, mas tais rituais, sendo obra do próprio indivíduo, não podem provocar uma submissão a algo superior ao eu, submissão que caracteriza o aparecimento de toda regra.

O segundo estágio é o do *egocentrismo*. Daremos aqui, para o estudo da prática das regras, uma noção que nos serviu anteriormente na descrição dos comportamentos intelectuais da criança. Tanto mais que o fenômeno aparece exatamente na mesma ordem nos dois casos. O egocentrismo surge como uma conduta intermediária entre as condutas socializadas e as puramente individuais. Pela imitação e pela linguagem, assim como graças ao conjunto dos conteúdos do pensamento adulto que exercem pressão sobre o pensamento infantil, desde que haja o intercâmbio verbal, a criança começa a socializar em um certo sentido, desde o fim do primeiro ano. Só que a própria natureza das relações que a criança mantém com seu círculo adulto impede, momentaneamente, essa socialização de atingir um estado de equilíbrio, o único propício ao desenvolvimento da razão: o estado de cooperação, no qual os indivíduos, considerando-se como iguais, podem controlar-se mutuamente e atingir, assim, a objetividade. Em outras palavras, a própria natureza da relação entre a criança e o adulto coloca a criança numa situação à parte, de tal forma que seu pensamento permanece isolado, e, mesmo acreditando partilhar do ponto de vista de todos, ela fica, de fato, fechada em seu próprio ponto de vista. O próprio vínculo social ao qual a criança está presa, e por mais estreito que ele pareça quando visto do exterior, implica, assim, um egoncentrismo intelectual inconsciente, favorecido, além disso, pelo egocentrismo espontâneo característico de toda consciência primitiva.

Do mesmo modo, no que se refere às regras do jogo, constatamos facilmente, e muitos especialistas o observaram antes de nós[16], que os inícios do jogo social na criança são caracterizados por um longo período de egocentrismo. De um lado, a criança é dominada por um conjunto de regras e exemplos que lhe é imposto de fora. Mas, por outro lado, não podendo ainda se situar num pé de igualdade, frente aos mais velhos, utiliza para si, e sem mesmo se dar conta de seu isolamento, o que conseguiu aprender da realidade social ambiente.

Para nos atermos ao jogo de bolinhas, a criança, de três a cinco anos, descobre, conforme a casualidade de seus encontros, que para jogar é preciso traçar um quadrado, colocar bolinhas no quadrado, procurar expulsá-las dele, atingindo-as com uma outra bolinha, sair de uma linha previamente traçada etc. Mas, mesmo imitando o que observa e acreditando de boa-fé jogar como cada um, a criança inicialmente só pensa utilizar para si própria suas novas aquisições. Joga individualmente com uma matéria social: isso é egocentrismo.

Analisemos os fatos:

MAR (seis anos) pega as bolinhas que lhe oferecemos e, sem se preocupar em fazer um quadrado, amontoa-as e se põe a atirar contra a pilha. Tira as bolinhas que atingiu e as põe de lado, ou as substitui imediatamente, sem nenhuma regularidade. "Você joga sempre assim? — *Na rua fazemos um quadrado.* — Então! Faça como na rua. — *Eu mesmo faço um quadrado!*" (Traça-o, coloca as

---

16. STERN (*Psychol. der fruhen Kindheit*, 4ª ed., págs. 147 e 288), nota a identidade de nossos estágios, relativos às conversas infantis, com os estágios que ele próprio estabeleceu no tocante ao jogo.

bolinhas dentro e recomeça a jogar. Jogamos com ele, imitando cada um dos seus gestos. "Quem ganhou? — *Ganhamos os dois.* — Mas quem foi que ganhou mais? — ..." (Mar não entende.) BAUM (seis anos e meio) faz sem dificuldade um quadrado e deposita 3 bolinhas, acrescentando: "*Às vezes colocamos 4, ou 3, ou 2.* — Ou 5? — *Não, nunca 5, às vezes 6 ou 8.* — Quem é que começa, quando você joga com os meninos? — *Às vezes sou eu, às vezes é outro.* — Não há um truque para saber quem deve começar? — *Não.* Você sabe o que é uma 'coche'? — *Sim.*" Mas a seqüência mostra que ignora tudo a respeito da "coche" e considera esta palavra como designativa de um outro jogo. "Qual de nós dois vai começar? — *Você.* — Por quê? — *Quero ver como você faz.*" Jogamos um pouco e pergunto quem ganhou: "*Aquele que bateu no 'marbre'.* — Certo!, mas quem ganhou? — *Fui eu, depois você.*" Consigo então ganhar 4 bolinhas, ele 2: "Quem ganhou? — *Eu, depois você.*" Recomeçamos. Ele ganha duas, eu nada. "Quem ganhou? — *Eu.* — E eu? — *Você perdeu.*"

LOEF (seis anos) quer quase sempre jogar com Mae do qual falaremos em seguida. Não sabe fazer o quadrado, nem traçar a linha de partida. Põe-se imediatamente a "atirar" nas bolinhas amontoadas e joga sem parar e sem se preocupar conosco. "Você ganhou? — *Não sei. Acho que sim.* — Por quê? — *Sim, porque lancei 'marbres'.* — E eu? — *Sim, porque você lançou os 'marbres'.*"

DESARZ (seis anos): "Você joga freqüentemente? — *Oh! sim.* — Com quem? — *Sozinho.* — Você prefere jogar sozinho? — *Há necessidade de dois. Mas pode-se jogar sozinho.*" Reúne as bolinhas sem quadrado e "atira" no monte.

Estudemos agora a maneira pela qual dois meninos, habituados a jogar um com o outro e morando na mesma casa, se comportam quando estão juntos. Trata-se de duas crianças das quais uma (Mae) é um exemplo bastante representativo do presente estágio e a outra (Wid) está no limite entre o presente estágio e o seguinte. A análise desses casos será então tanto mais convincente, porque não se trata de simples principiantes.

MAE (seis anos) e Wid (sete anos) dizem que sempre jogam juntos. Mae informa que ambos "*jogaram ainda ontem*". Observamos primeiramente Mae, em separado. Junta suas bolinhas sem contá-las, num ponto qualquer, e lança sua "cassine" no monte. Dispõe em seguida 4 bolinhas, umas contra as outras, encostadas, e coloca uma quinta por cima (formando uma pirâmide). Mae nega, dizendo que nunca se desenha um quadrado; depois se retrata dizendo que sempre o faz. "Como você faz com o Wid, para saber quem começa? — *Um dos dois lança sua 'cassine', o outro procura bater nela. Se consegue, começa.*" Mae nos mostra em seguida em que consiste o jogo: lança sua "cassine", sem levar em conta as distâncias, nem a maneira de jogar (a "piquette"), e, quando consegue fazer uma bolinha sair do quadrado, ele a repõe no lugar imediatamente. O jogo, assim, não tem fim. "Isso continua sempre assim? — *Tira-se uma por aquela que se ganha* (retira uma bolinha do quadrado, mas não aquela que foi batida). *O jogo termina quando houver apenas uma.* (Ele "atira" ainda duas vezes.) *Mais um lance, depois tiramos uma.*" Em seguida afirma: "*Em três lances tiramos uma.*" De fato, Mae tira uma bolinha a cada três lances, independentemente de tê-la acertado ou falhado, o que constitui uma regra totalmente inédita, não correspondendo em nada como jogo habitual e nem a nada do que observamos em Neuchâtel ou Genebra. Portanto, é uma regra que ele inventou na hora, mas que lhe dá a impressão de observá-la corretamente, porque ela apresenta uma vaga semelhança com o que se passa na realidade, quando o jogador tira a bolinha que conseguiu atingir ("bater"). Esse jogo de Mae é, então, um jogo típico do segundo estágio: jogo egocêntrico no qual "ganhar" não significa vencer os demais, mas jogar para si próprio.

WID, que interrogamos agora, sem que tenha assistido ao interrogatório de Mae, começa fazendo um quadrado. Coloca 4 bolinhas nos 4 cantos e uma bolinha no meio (cf. a disposição estabelecida por Mae e que deve ser uma deformação desta). Wid não sabe como fazer para decidir quem vai começar e declara que não conhece o modo indicado por Mae como sendo familiar a ambos (procurar "bater" na "cassine"do parceiro). Wid lança então sua "cassine" na direção do quadrado e faz sair uma bolinha, que põe em seu bolso. Jogamos na nossa vez, sem nada atingir. Ele joga de novo, e recolhe, umas após as outras, todas as bolinhas, que embolsa a cada vez. Além disso, declara que, quando se tirou uma "marbre", tem-se o direito de jogar imediatamente mais uma vez. Após ter recolhido tudo, diz: "*Eu ganhei.*" Wid está então no terceiro estágio, no tocante ao conjunto dessa observação, mas a seqüência vai nos mostrar que ele, absolutamente, não observa como faz Mae quando jogam juntos. Wid está, portanto, no limite entre o estágio do egocentrismo e o da cooperação.

Fazemos, então, Mae entrar, e as duas crianças põem-se a jogar uma com a outra. Mae desenha o quadrado e Wil coloca a "marbre" segundo seu esquema habitual. Mae começa (joga pela "roulette", enquanto Wid jogará a "piquete") e tira quatro bolinhas. "*Posso agora jogar quatro vezes*", acrescenta Mae. Isso é contrário a todas as regras, mas Wid acha natural a afirmação. Assim, as partidas se sucedem. Mas as bolinhas são colocadas no quadrado, por um ou por outro, sem nenhuma regra (na regra cada um "faz sua colocação"), as bolinhas que saem tanto são repostas diretamente no quadrado, como conservadas por aquele que as atingiu. Cada um joga do lugar que lhe convém, sem ser vigiado pelo parceiro, quantas vezes desejar (freqüentemente acontece de Mae e Wid jogarem ao mesmo tempo).

Fazemos Wid sair e pedimos a Mae que nos explique o jogo pela última vez. Mae coloca ao acaso 16 bolinhas no meio do quadrado. "Por que tantas? — *Para ganhar.* — Em casa, quantas você põe com Wid? — *Ponho cinco, mas quando estou sozinho, ponho mais.*" Mae começa então a jogar e tira uma bolinha que põe de lado. Nós fazemos o mesmo. O jogo continua assim, cada um jogando uma vez, alternadamente, sem levar em conta as bolinhas que saem (ao contrário do que fizera Mae até agora). Em seguida, Mae dispõe cinco bolinhas no quadrado, da maneira de Wid. Nós colocamos, desta vez, as cinco bolinhas, como fizera o próprio Mae no início do interrogatório (quatro bolinhas encostadas e uma em cima), mas Mae parece ter esquecido esta maneira de proceder. Finalmente, Mae joga, tirando uma bolinha nos três lances, como anteriormente, e nos diz: "*É assim que termina.*"

Mostramos, integralmente, esse exemplo para demonstrar como duas crianças da mesma classe escolar, morando na mesma casa e acostumadas a jogar juntas, pouco se entendem nessa idade. Não apenas nos indicam regras completamente diferentes (o que ainda acontecerá durante todo o terceiro estágio), como também, quando jogam juntas, não observam e não unificam as suas respectivas regras, mesmo durante a realização da partida. É que, na realidade, nenhuma procura vencer a outra: cada uma procura simplesmente divertir-se por sua conta, atingindo bolinhas do quadrado; vale dizer, "ganhar" de acordo com seu ponto de vista.

Vemos, assim, as características do estágio. O menino joga para si. Seu interesse não consiste absolutamente, como acontecerá mais tarde, em concorrer com os companheiros e submeter-se a regras comuns para ver quem será o vencedor. Seus objetivos são outros. Aliás, são duplos e essa conduta mista é que define o egocentrismo. De um lado, a criança sente em alto grau a necessidade de jogar como os outros, e principalmente como os maiores, isto é, de fazer parte da confraria tão respeitável daqueles que sabem corretamente jogar bolinhas. Mas, por outro lado, a criança, logo convencida de que seu jogo "está de acordo" (nesse ponto ela se convence tão facilmente como quando procura imitar uma atividade adulta qualquer), só visa utilizar para si própria suas aquisições: seu prazer ainda consiste, simplesmente, em desenvolver sua habilidade e conseguir acertar. Prazer essencialmente motor, como no decorrer do estágio anterior, e não prazer social. O verdadeiro *socius* do jogador desse estágio não é o parceiro em carne e osso, mas o mais velho, ideal e abstrato, que ele se esforça interiormente por imitar, e que reúne o conjunto de exemplos recebidos até esse dia. Conseqüentemente, pouco importa o que faz o vizinho, pois não se trata de lutar com ele. Pouco importam os pormenores das regras, pois não há contato real entre os jogadores. É por isso que, desde que saiba imitar, esquematicamente, o jogo dos grandes, o menino desse estágio está convencido de conhecer a verdade integral: cada um para si, e todos em comunhão com o Mais Velho; essa poderia ser a fórmula do jogo egocêntrico.

É notável constatar como essa atitude das crianças de quatro a seis anos, no jogo de bolinhas, é semelhante à dessas mesmas crianças em suas conversações. Ao lado de raras conversas reais, nas quais se trocam verdadeiras opiniões ou ordens, observamos, de fato, entre as crianças de dois a seis anos, um tipo característico de pseudoconversas ou "monólogos coletivos", nos quais as crianças falam apenas para si próprias, mesmo desejando estar frente a interlocutores que lhes servem de excitantes. Ora, neste caso, cada uma se sente em comunicação com o grupo, porque se dirige interiormente ao Adulto, que conhece e compreende tudo, mas também aí cada um se ocupa apenas de si próprio, por não dissociar o "ego" do *socius*.

Essas características do estágio do egocentrismo só se revelarão, aliás, claramente, quando pudermos analisar, paralelamente a tais condutas, a consciência da regra.

4. A PRÁTICA DAS REGRAS:
II. O TERCEIRO E O QUARTO ESTÁGIOS

Por volta dos sete, oito anos, desenvolve-se a necessidade de um entendimento mútuo no domínio do jogo (assim como nas conversações entre crianças). Essa necessidade de entendimento define o terceiro estágio. Escolhemos arbitrariamente, como critério de seu aparecimento, o momento em que a criança designa pela palavra "ganhar" o fato de vencer os demais, portanto, conseguir mais bolinhas que os outros, deixando assim de dizer que ganhou, porque se limitou a tirar uma bolinha do quadrado, sem levar em consideração o que fizeram seus parceiros. Na verdade, nunca, mesmo entre os mais velhos, a criança dá grande importância ao fato de tirar uma ou duas bolinhas a mais que seus adversários; portanto, não é simples competição que constitui o motor afetivo do jogo. Procurando vencer, a criança se esforça, antes de mais nada, por lutar com seus parceiros *observando as regras comuns*. O divertimento específico do jogo deixa assim de ser muscular e egocêntrico para tornar-se social. Daí em diante, uma partida de bolinhas será formada por atos equivalentes àquilo que constitui uma discussão: uma avaliação recíproca das faculdades existentes que chega, graças à observância das regras comuns, a uma conclusão reconhecida por todos.

Quanto à diferença entre o terceiro e o quarto estágios, trata-se apenas de uma diferença de grau. Os meninos de sete a dez anos, aproximadamente (terceiro estágio), não conhecem ainda as regras em seus pormenores. Procuram logo conhecer as minúcias, em virtude de seu crescente interesse pelo jogo em comum, mas, quando se interrogam interesse diferentes meninos de uma mesma classe escolar, as divergências são bastante consideráveis entre as informações obtidas. É mesmo na hora de jogar que essas crianças conseguem se entender, seja imitando aquele que parece mais bem informado, seja principalmente deixando de lado todos os pontos que poderiam dar lugar à dúvida. Fazem assim uma espécie de jogo simplificado. Os meninos do quarto estágio, ao contrário, conhecem a fundo seu código e até gostam de discussões jurídicas, profundas ou relativas a simples procedimentos, que podem surgir por ocasião das dúvidas.

Examinaremos alguns exemplos do terceiro estágio, e, para melhor compreender suas características diferenciais, uniremos primeiramente as respostas de dois colegas pertencentes à mesma classe escolar e que têm o hábito de jogar juntos (naturalmente, os meninos foram interrogados em separado, para evitar qualquer influência mútua: mas, logo depois, confrontamos, suas respostas):

BEN (dez anos) e NUS (onze anos, atrasado um ano do ponto de vista escolar) estão ambos no quarto ano primário e jogam muito bolinhas. Concordam que o quadrado é necessário. Nus declara que sempre se colocam quatro bolinhas no quadrado, ou nos quatro ângulos, ou três no centro e uma por cima (em pirâmide). Ao contrário, Ben nos diz que se colocam duas a dez "marbres" na linha (não menos de duas e nem mais de dez).

Para saber quem começa, traça-se, segundo Nus, uma linha chamada "coche" e cada um procura dela se aproximar: o mais próximo joga primeiro e aquele que a ultrapassa fica por último. Ben, pelo contrário, ignora a "coche": começa-se *como se quer*. — Não há nenhum truque para se saber quem deve jogar primeiro? — *Não*. — Não se procura com a 'coche'? — *Sim, às vezes*. — O que é a 'coche'? — ... (não sabe explicar)." Pelo contrário, Ben afirma que se "atira" a primeira bolinha a uma distância de dois ou três passos do quadrado. Um só passo não basta e *"não mais de quatro"*. Nus ignora essa regra e considera a distância como questão de convenção.

No que se refere à maneira de "atirar", Nus é igualmente muito tolerante. Pode-se jogar, segundo ele, a "piquete" ou a "roulette", mas *"quando se joga a 'piquete', é preciso que todos joguem da mesma forma. Quando há alguém que diz que se joga a 'roulette', todos jogam assim"*. Nus prefere a "roulette" *"porque é melhor"*: a "piquette" é mais difícil. Ao contrário, Ben acha a "piquette" obrigatória em todos os casos. Além disso, ignora o termo "roulette", e, quando lhe mostramos o que é, disse: *"Isso é a 'piquette' rolada! Assim é batotar!"* (= trapacear).

Segundo Nus, todos, durante toda a partida, devem jogar da "coche". Quando depois de ter atirado sobre o quadrado, não importando aonde a bolinha tenha parado, é preciso sempre voltar à "coche" para "atirar as bolinhas seguintes". Ao contrário, Ben, que aqui representa o uso mais geral, acha que se atira da "coche" somente a primeira bolinha: em seguida *"deve-se jogar do lugar em que se está"*.

Nus e Ben concordam em seguida em afirmar que as bolinhas saídas do quadrado ficam na posse daquele que as atingiu. É o único ponto, tal como o próprio traçado do quadrado, sobre o qual os dois meninos dão opiniões concordantes.

Quando nos pomos a jogar, procuro ficar no quadrado (isto é, procuro fazer com que a bolinha de cornalina, com a qual jogo, fique no interior do quadrado): *"Você está queimado*, Ben grita contente, *só poderá jogar novamente quando eu o fizer sair!"* Nus ignora essa regra. Da mesma forma, quando jogo desastradamente e a bola de cornalina me escapa as mãos, Ben grita *"fan-coup"*, para me impedir de dizer "coup-passé" e logo recomeçar a "atirar". Nus ignora essa sutileza.

Em um dado momento, Ben consegue "bater" (tocar) na minha bolinha de cornalina. Conclui que pode jogar mais uma vez (como se tivesse "batido" numa das bolinhas do quadrado). Nus, nas mesmas circunstâncias, não chega às mesmas conclusões (cada um joga à sua vez segundo ele), mas conclui que poderá ser o primeiro a jogar na partida seguinte.

Da mesma forma, Ben, achando que cada um joga do lugar a que chegou no lance anterior, conhece a regra que autoriza o jogador a se deslocar, dizendo *"du mien"* ou *"un empan"*, enquanto Nus, conhecendo bem essas palavras, ignora seu significado.

Esses dois casos, escolhidos ao acaso numa classe de estudantes de dez anos, mostram logo quais são as duas características diferenciais do terceiro estágio: 1ª) Existe uma vontade geral de descobrir regras fixas e comuns a todos os jogadores (cf. a maneira pela qual Nus explicou que, se um dos parceiros joga a "piquette", "é preciso que todos joguem da mesma forma"); 2ª) Apesar disso, subsistem, entre as informações das crianças, desvios consideráveis. Sobre esse assunto examinaremos ainda, para que não se considerem os exemplos anteriores como excepcionais, as respostas de um outro menino da mesma classe escolar:

ROSS (onze anos e um mês): *"De início, cada um põe duas 'marbres' no quadrado. Pode-se fazer o quadrado maior quando se joga com mais bolinhas."* Ross conhece o processo da "coche" para saber quem começa. Aceita, tal como Nus, tanto a "rolette" como a "piquette". Aliás, aceita, o que é contrário tanto aos costumes como ao sentido da expressão, um modo de jogar ao qual denomina "femme-poussette" e que consiste em acompanhar com a mão a bolinha lançada (cf. deslocar a bola com a mão no bilhar). Ora, isso é sempre proibido e o próprio termo, que Ross deforma, é pronunciado expressamente: "fanpoussette"! Joga-se, segundo Ross, do lugar onde se chegou no lance anterior, e, quando se consegue uma bolinha tem-se o direito de jogar mais uma vez. Para mudar de lugar, diz-se *"du mien"*. *"Se uma pedra nos impede de jogar, diz-se 'coup-passé' e recomeçamos. Se se escorrega* [se a bolinha escapa]*, diz-se 'deixa'. Se não dizemos, não podemos recomeçar. São as regras!"*. Ross, a esse respeito, está a meio caminho entre Ben e Nus: *"Quando se fica no quadrado, pode-se ser batido e então as 'marbres' podem ser recolhidas* [se a "cassine" com a qual você joga permanece no quadrado, é batida pela bolinha do adversário, este pode pegar todas as bolinhas que estão no quadrado]*. Ele* [o adversário]*, pode jogar dois lances* [para tentar bater na bolinha "cassine"em questão]*, e, se erra no primeiro lance, pode pegar* [no segundo] *a 'cassine', não importa aonde* [mas, naturalmente, 'atirando' do exterior do quadrado] *e fazer sair* (= pegar as *'marbres'."* Essa regra, geralmente, só nos foi descrita por meninos do quarto estágio, mas o restante do interrogatório de Ross se situa bem no terceiro estágio.

Podemos ver, pois, o que é o terceiro estágio. O principal interesse da criança já não é mais um interesse psicomotor: é um interesse social. Em outras palavras, fazer com que uma bolinha saia do quadrado por um lance de habilidade não constitui mais um objetivo em si. Trata-se, agora, não só de disputar com os companheiros, mas ainda e, principalmente, de regulamentar a partida através de um conjunto sistemático de leis que asseguram a mais completa reciprocidade nos meios empregados. Portanto, o jogo tornou-se social. Dizemos "tornou-se", porque é somente a partir do presente estágio que uma real cooperação se estabelece entre os jogadores. Anteriormente, cada um jogava para si. Cada um procurava, na verdade, imitar o jogo dos mais velhos e dos iniciados. Porém isso se verificava mais para alimentar a satisfação, ainda toda pessoal, que se experimenta ao se sentir membro de uma comunidade mística, cujas instituições sagradas são transmitidas pelos mais velhos a partir de um passado longínquo, do que para sustentar o desejo real de cooperar com o parceiro ou com quem quer que seja. Se consideramos a cooperação como mais social que essa mistura de egocentrismo e respeito pelos mais velhos que caracteriza, entre as crianças, os inícios da vida coletiva, podemos dizer que é a partir do terceiro estágio que o jogo de bolinhas se torna um jogo verdadeiramente social.

Todavia, essa cooperação permanece em parte no estado de intenção. Não basta ser um homem honesto para conhecer a lei. Isso não basta nem mesmo para resolver o conjunto de problemas que se podem apresentar na realidade da "experiência moral". Assim é que, durante o presente estágio, na própria criança, chega-se, quando muito, a se formar uma "moral provisória", transferindo-se para mais tarde o cuidado de se constituir um código e uma jurisprudência. Assim, os meninos de sete a dez anos só chegam a se entrosar, no decorrer de uma mesma e única partida, e são incapazes de legislar sobre o conjunto dos casos possíveis, tendo cada um, a respeito das regras do jogo, uma opinião ainda completamente pessoal.

Para usarmos uma comparação melhor, podemos dizer que a criança de sete a dez anos joga como raciocina. Tentamos, de fato, estabelecer anteriormente[17] que por volta dos sete e oito anos, isto é, precisamente no momento em que aparece o terceiro estágio nos meios sociais muito populares, onde temos efetuado nosso trabalho[18], a discussão e a reflexão, isto é, a cooperação no plano do pensamento, predominam cada vez mais sobre a afirmação sem prova e o egocentrismo intelectual. Ora, essas novas maneiras de pensar levam às deduções propriamente ditas (em oposição às "traduções" primitivas), no decorrer das quais a criança se encontra às voltas com este ou aquele dado de experiência, presente ou passado. Só que ainda falta qualquer coisa de essencial para que o exercício da dedução se generalize e se torne assim completamente racional: que a criança chegue a raciocinar formalmente, isto é, que tome consciência das regras do raciocínio a ponto de aplicá-las não importa em que caso, também naqueles puramente hipotéticos (simples assunções). Da mesma forma, a criança do terceiro estágio, no tocante às regras do jogo, chega a coordenações coletivas momentâneas (uma partida bem regulamentada pode ser comparada, sob esse aspecto, a uma boa discussão), mas não sente ainda interesse pela própria legislação do jogo, pelas discussões de princípio que, entretanto, a conduzirão, por si só, a dominar o jogo em todo seu rigor (as discussões jurídico-morais do quarto estágio são, desse modo, assimiláveis ao raciocínio formal em geral).

É, em média, por volta dos onze ou doze anos que esses últimos interesses se desenvolvem. Para compreender o que é a prática das regras no decorrer do quarto estágio, interroguemos separadamente alguns

---

17. *J.R.*, Cap. IV.

18. É importante esclarecer, a esta altura (não insistimos nisso o suficiente em nossas obras anteriores), que a maioria de nossas pesquisas abrangeu crianças dos bairros de Genebra. Em outros meios, as médias de idade seriam certamente diferentes.

meninos da mesma classe escolar, e vejamos até que ponto suas informações são sutis e concordantes:

RIT (doze anos), GROS (treze anos) e VUA (treze anos) jogam bolinhas freqüentemente. Nós os inquirimos cada um em particular, tomando as precauções necessárias para que não comunicassem entre si, em nossa ausência, o conteúdo do interrogatório.

No que se refere ao quadrado, à colocação, à maneira de atirar as bolinhas e, em geral, às regras já examinadas anteriormente, os três meninos estão naturalmente de pleno acordo de si. Para saber quem deve começar, Rit, que já morou em duas localidades nos arredores, antes de vir para a cidade, diz que há diferentes maneiras. Traça-se uma linha, a "coche" e aquele que mais se aproxima dela começa. Quem ultrapassar a linha, para alguns, não terá provocado nada de importante, ou então, "*há um outro jogo: quando se ultrapassa a linha, fica-se por último*". Gros e Vua só conhecem esse processo, o único que é efetivamente aplicado pelos meninos do bairro.

Mas há complicações, que os menores não nos deram a conhecer. "*Aquele que diz 'queue', segundo Gros, joga em segundo lugar. Será mais fácil para ele, porque evita de ser batido* [= se a bolinha de cornalina de um jogador permanece nas proximidades do quadrado, fica exposta às investidas dos jogadores seguintes]." Da mesma forma, diz Vua "*quem disser 'queue de deux', joga por último*". E acrescenta uma regra, igualmente reconhecida por Gros: "*Quando se está à mesma distância da 'coche', aquele que grita 'égaux-queue' joga em segundo lugar*" (portanto, o problema é jogar numa boa ocasião para encontrar bolinhas no quadrado, mas não ser o primeiro para não correr o risco de ser batido).

Por outro lado, Gros diz: "*Quem tira duas* [duas das bolinhas colocadas no quadrado, isto é, o valor da colocação do jogador] *pode dizer 'queue-de-pose'. Assim, poderá jogar em segundo lugar na 'coche', na partida seguinte*." E Vua diz: "*Quando há duas fora* [= quando duas bolinhas foram tiradas do quadrado], *pode-se dizer 'queue-de-pose e pode-se jogar de novo, em segundo lugar, a partir da 'coche', na segunda partida*." Rit nos dá a mesma informação.

Isso não é tudo. Segundo Rit, "*se se disser 'deux-coups-de-coche', pode-se jogar duas vezes a partir da linha. Se se disser 'deux-coups—d'empan', faz-se o segundo lance de onde se está. Só se dizer isso, quando o outro* [= o adversário] *perfez sua colocação* [= tirou tantas bolinhas quanto havia depositado no quadrado]". Essa regra é observada também pelos dois outros meninos.

Além disso, um conjunto de regras reconhecidos pelos mais jovens dispõe sobre a posição das bolinhas no quadrado. Segundo Gros, "*o primeiro que diz 'place-pour-moi' não é obrigado a se colocar num dos cantos do quadrado*", e "*quem disser 'place-des-marbres' pode colocá-las como quiser, 'en troyat'* [= misturadas] *ou nos quatro cantos*". Vua é da mesma opinião e acrescenta: "*Se se diz 'place-pour-toi-pour-tout-le-jeu', o outro* [= o adversário] *deve permanecer no mesmo lugar*." Rit, que conhece igualmente essas regras, esclarece, dizendo ainda que "*não se pode mais dizer 'place-pour-moi', se já dissemos 'place-pour-toi'* ". Percebe-se a complicação desses hábitos!

Nossos três jurisconsultos indicam, além disso, os modos de perdão, aceitos para proteger os fracos. Segundo Vua, "*se se tiram três com um só lance, e só restar uma* [= uma bolinha no quadrado], *o outro* [o parceiro] *tem o direito de jogar a partir da metade* [= a meio caminho entre a 'coche' e o quadrado], *porque o primeiro já tirou mais do que colocou"*. Por outro lado, *"deixa-se aquele que perdeu começar"*. Segundo Gros, *"se no fim resta uma 'marbre', aquele que ganhou por último, em lugar de jogar de novo, pode dá-la a outro"*. E ainda: *"Quando houver um que ganhou demais, os outros dizem 'cougac', e ele é obrigado a jogar ainda uma vez."*

O número de lances que cada jogador tem direito de fazer dá lugar, igualmente, a uma série de disposições a respeito das quais insistem os três meninos, de pleno acordo entre si, como anteriormente. Para resumir, reportamo-nos simplesmente, a respeito desse assunto, às regras gerais do jogo, expostas em (1). Só há um ponto a respeito do qual vimos nossas crianças em desacordo. Rit, que conheceu os jogos de três localidades diferentes, nos disse que, em geral, aquele cuja 'cassine' fica presa no quadrado, pode tirá-ia. Logo acrescentou que, em certos jogos, o jogador, em uma situação como essa, está "queimado", mas essa regra não lhe parece obrigatória. Vua e Gros, ao contrário, acham que, em todos os casos, *"quando se fica no quadrado, se está queimado"*. Pensamos então em atrapalhar Vua dizendo-lhe: "Rit não disse isso! — É que, responde Vua, *há ocasiões em que se joga de outra maneira. Então perguntamos como vamos proceder. —* E se não houver acordo? *— Discutimos um pouco, depois combinamos!"*

Vemos, por essas respostas, o que vem a ser o quarto estágio. Parece ter-se produzido um novo deslocamento de interesse desde o estágio anterior: não só esses meninos procuram cooperar, "combinar", como disse Vua, mais que jogar para si próprios, como ainda — e isso é, sem dúvida, novo — parecem ter um prazer particular em prever todos os casos possíveis e codificá-los. Se pensarmos bem sobre ser o jogo do quadrado apenas uma das cinco ou dez variedades do jogo de bolinhas, ficaremos espantados ao ver a complexidade das regras e das maneiras de se jogar o quadrado, o que o menino de doze anos é obrigado a guardar em sua cabeça. Essas regras, com suas sobreposições e suas exceções, são, sem dúvida, tão complexas quanto as regras da ortografia corrente. A esse respeito, sentimos um certo vexame ao comprovar a dificuldade com que a pedagogia clássica luta para fazer penetrar a ortografia em cabeças que assimilam com tanta facilidade o conteúdo mnemônico inerente ao jogo das bolinhas: é que a memória depende da atividade e uma verdadeira atividade supõe o interesse.

No decorrer do quarto estágio, o interesse dominante, portanto, parece ser um interesse pela regra, tal como é. De fato, a simples cooperação não exigiria certas sutilezas como aquelas sobre a disposição das bolinhas no quadrado ("place-pour-moi", "place-des-marbres", "place-pour-toi-pour-tout-le-jeu" etc.). Quando a criança se diverte em complicar as coisas por prazer. é, evidentemente, porque procura a regra pela regra. Descrevemos, aliás[19] o estranho comportamento de oito meninos de dez e onze anos os quais, para se atirarem reciprocamente bolas

---

19. *J.R.*, pág. 96.

de neve, começam por perder um bom quarto de hora a fim de eleger um presidente e fixar as regras dessa votação, depois, para se divertir em dois campos, determinar as distâncias dos lançamentos e para prever, enfim, as penalidades que se aplicarão nos casos de infrações à lei. Muitos outros exemplos análogos poderiam ser invocados aqui, tomados dos estudos sobre as sociedades infantis.

Em conclusão, a aquisição e a prática das regras do jogo obedecem a leis muito simples e muito naturais, cujas etapas podem ser definidas da seguinte maneira: 1ª) Simples práticas regulares individuais: 2ª) Imitação dos maiores com egocentrismo; 3ª) Cooperação; 4ª) Interesse pela regra em si mesma. Investiguemos, agora, se a evolução da consciência da regra desenha uma curva tão pouco complicada.

5. A CONSCIÊNCIA DA REGRA. I. OS DOIS PRIMEIROS ESTÁGIOS

Como todos os nossos resultados demonstraram, não poderíamos isolar a consciência das regras do jogo do conjunto da vida moral da criança. A rigor, é possível estudar a observância prática das regras sem se ocupar da obediência em geral, isto é, da conduta social e moral da criança. Mas, desde que se procure analisar, assim o faremos, como a criança sente e interpreta, para si, essas regras, percebe-se que ela as assimila inconscientemente ao conjunto das recomendações às quais é submetida. Isso é particularmente nítido entre os pequenos, para os quais o constrangimento exercido pelos maiores evoca, embora de maneira atenuada, a própria autoridade adulta.

Desde então, a grande dificuldade, neste ponto ainda maior, sobre a prática das regras, é extrair o significado exato dos fatos primitivos. Os simples regulamentos individuais, que precedem as regras impostas pelo grupo social dos jogadores, podem dar ou não origem a uma consciência da regra, e, em caso afirmativo, seria essa consciência indiretamente influenciada pelas instruções adultas? Eis uma questão delicada, cujo exame convém que se faça antes de analisar os dados mais evidentes fornecidos pelo interrogatório das crianças com mais idade.

No que se refere à consciência da regra, chamaremos então primeiro estágio aquele que corresponde ao estágio puramente individual estudado anteriormente. Durante esse estágio, a criança, como já vimos, joga bolinhas como bem entende, procurando simplesmente satisfazer seus interesses motores ou sua fantasia simbólica. Só que muito depressa, ela adquire hábitos que constituem espécies de regras individuais. Esse fenômeno, longe de ficar isolado, está a par da observação de uma espécie de ritualização das condutas em geral, observação essa fácil de ser feita em relação a todos os bebês, antes de qualquer linguagem e antes de qualquer pressão especificamente moral do adulto. Não só todo ato de

50

adaptação se prolonga num ritual conservado por si próprio, uma vez fora de seu contexto de esforço e inteligência, como também o bebê inventa, freqüentemente, tais rituais, para seu próprio prazer; daí, as reações primitivas das criancinhas na presença das bolinhas.

Mas, para saber a que consciência da regra correspondem esses esquemas individuais, convém lembrar que, desde a mais tenra idade, tudo exerce pressão sobre a criança para lhe impor a noção de regularidade. Alguns acontecimentos físicos (a alternância dos dias e das noites, das paisagens no decorrer dos passeios etc.) se reproduzem com uma precisão suficiente para dar nascimento a uma consciência da "legalidade", ou, pelo menos, para favorecer o aparecimento de esquemas motores de previsão. Por outro lado, em união completa (e indissolúvel para a criança) com as regularidades exteriores, os pais impõem ao bebê um certo número de obrigações morais, fonte de outras regularidades: refeição, sono, asseio etc. Portanto, a criança está mergulhada desde os primeiros meses numa atmosfera de regras, e torna-se, desde então, extremamente difícil discernir o que vem dela própria, nos rituais que respeita, e o que resulta da pressão das coisas ou da imposição do círculo social. No conteúdo de cada ritual, certamente, é possível saber o que foi inventado pela criança, descoberto na natureza ou imposto pelo adulto. Mas na consciência da regra, enquanto estrutura formal, essas diferenciações são inexistentes do ponto de vista do próprio indivíduo.[20]

Entretanto, a análise dos rituais de crianças com mais idade permite, introduzir aqui uma distinção essencial. Por um lado, algumas condutas são, por assim dizer, ritualizadas pela própria criança (por exemplo: não caminhar sobre o alinhamento das guias que separam a calçada da rua). Ora, se nenhuma outra circunstância intervém, essas regras motoras nunca darão origem a um sentimento de obrigação propriamente dita (e isso, mesmo no exemplo que escolhemos de propósito: trata-se de um simples jogo, o qual só se tornará obrigatório se ulteriormente estiver ligado a um acordo, isto é, a uma operação social — porque o acordo consigo próprio deriva, sem dúvida alguma, dos acordos com os outros). Por outro lado, algumas regras, que tenham sido inventadas, imitadas ou recebidas do exterior pela criança, já completamente formuladas ou não — pouco importam essas variações — são, num dado momento, sancionadas pelo ambiente, isto é, aprovadas ou estabelecidas. Somente nesses casos, as regras são acompanhadas de um sentimento de obrigação. Ora, se é sempre difícil saber até que ponto, na consciência de uma criança de um ou dois anos, a regra obrigatória esconde ou não o ritual motor, é evidente, em todo caso, que essas duas espécies de realidades psicológicas são distintas. Assim sendo, é importante lembrar-se dessa diferença, para tratar do estudo das regras do jogo.

---

20. Por exemplo, o calor queima (lei física), não é permitido mexer no fogo (regra moral), e a criança, andando pela cozinha, se divertirá, tocando em cada móvel, salvo justamente o fogão (ritual individual). Como a consciência do indivíduo distinguirá imediatamente esses três tipos de regularidade?

Reconhecemos, da maneira pela qual colocamos o problema, a admirável tese de Bovet sobre a gênese da obrigação consciente: o sentimento de obrigação só aparece quando a criança aceita imposições de pessoas pelas quais demonstra respeito. Todos os fatos analisados na presente obra, a começar pelos fatos de consciência relativos às regras do jogo, confirmam essa tese, aliás mais paralela que oposta à doutrina de Durkheim sobre a gênese social do respeito e da moralidade. A única modificação que introduziremos na teoria de Bovet consistirá em ampliá-la, distinguindo, ao lado do respeito unilateral do menor pelo maior, um respeito mútuo de igualdade entre eles. A regra coletiva, em conseqüência, surgirá como produto tanto da aprovação recíproca de dois indivíduos como da autoridade de um sobre o outro.

Dito isso, o que é a consciência da regra no decorrer do nosso primeiro estágio? Na medida em que a criança nunca tenha visto alguém jogar, podemos admitir que se trata de rituais puramente individuais. A criança, gostando de toda repetição, estabelece para si própria esquemas de ação, mas nada, nessa conduta, implica ainda a regra obrigatória. Pelo contrário, e está aí o que torna a análise tão delicada, é claro que uma criança, sabendo falar, mesmo que veja as bolinhas pela primeira vez, já se encontra saturada de regras e de imposições devidas ao ambiente, e isso nos mais diversos domínios. Sabe que há coisas permitidas e coisas proibidas. Por mais liberais que sejamos em educação, não podemos deixar de impor certas obrigações relativas ao dormir, à alimentação, e mesmo a pormenores insignificantes, aparentemente sem gravidade (não tocar nas pilhas de pratos, na mesa de trabalho do papai etc.). Portanto, é bem possível que, desde seu primeiro contato com as bolinhas, a criança esteja, de antemão, persuadida de que certas regras se impõem em relação a esses novos objetos. É por isso que as origens da consciência da regra, mesmo num domínio tão restrito como o do jogo de bolinhas, estão condicionadas pelo conjunto da vida moral da criança.

É o que se torna claro desde o segundo estágio, que é, aliás, o mais interessante para nosso objetivo. Esse segundo estágio se inicia, então, no momento em que a criança, por imitação ou por contato verbal, começa a querer jogar de acordo com as regras recebidas do exterior. Como ela entende essas regras? É o que procuraremos esclarecer agora.

Servimo-nos de três grupos de questões para analisar a consciência da regra a partir desse segundo estágio: podemos mudar as regras, as regras sempre foram o que são hoje e como começaram? É claro que a primeira dessas questões é a melhor. É a menos verbal das três. Em lugar de fazer a criança refletir sobre um problema que nunca propôs para si mesma (como acontece nas outras duas questões), a primeira coloca o indivíduo na presença de um fato novo, de uma regra inventada por ele próprio, e é relativamente fácil observar as reações daí resultantes, por mais inábil que tenha sido a criança em formulá-las. As duas outras questões levantam, ao contrário, todas as objeções que podem ser invocadas contra o interrogatório puro: possibilidades de sugestão, persistência etc. Achamos, apesar de tudo, que essas questões são úteis, pelo menos a título de indícios que revelam o respeito à regra, e como complemento da primeira.

Ora, desde o segundo estágio, isto é, desde que a criança se põe a imitar as regras dos outros, e qualquer que seja, na prática, o egocentrismo de seu jogo, considera as regras do mesmo como sagradas e intocáveis: recusa-se a mudar as regras do jogo e entende que toda modificação, mesmo aceita pela opinião geral, constituiria uma falta. Na verdade, não é senão por volta dos seis anos que encontramos essa atitude de uma maneira nítida e explícita. As crianças de quatro e cinco anos parecem constituir uma exceção e parecem considerar as regras com uma certa desenvoltura, que se assemelha, por suas aparências totalmente exteriores, ao liberalismo dos maiores. Na realidade, acreditamos que a analogia é superficial e que os pequenos, mesmo quando não nos pareça, são sempre conservadores no domínio das regras: se aceitam as inovações que lhes propomos, é porque não se deram conta de que houve inovação.

Comecemos pela análise de um desses casos difíceis, sendo que a dificuldade é tanto maior quanto mais nova a criança é, e, por conseqüência, mais fantasiosa:

FAL (cinco anos) pertence ao segundo estágio no que se refere à prática das regras. "Há muito tempo, quando se começou a construir a cidade de Neuchâtel, as crianças já jogavam bolinhas como você me mostrou? — *Sim.* — Sempre assim? *Sim.* — Como você aprendeu as regras? — *Quando eu era bem pequeno, foi meu irmão que me ensinou. Foi meu pai que ensinou ao meu irmão.* — E seu pai, como aprendeu? — *Meu pai aprendeu assim. Ninguém lhe disse.* — Como ele aprendeu? — *Ninguém lhe mostrou!''* — "Eu sou mais velho que seu pai? — *Não, você é mais moço. Meu pai já era nascido quando veio a Neuchâtel. Meu pai nasceu antes que eu.* — Diga-me, há gente mais velha que seu pai? — *Meu avô.* — Ele também jogava bolinhas? — *Sim.* — Então, jogava-se antes que seu pai? — *Sim, mas sem regras!* [com convicção]. — As regras: o que quer dizer isso? ... [Fal não conhece essa palavra, a qual ouviu de nós, há instantes, pela primeira vez. Mas percebeu que era um ponto essencial do jogo de bolinhas: é por isso que pôs tanta ênfase ao afirmar que seu avô não jogava 'pelas regras', para marcar bem o quanto seu pai é superior a todos.] — A primeira vez que se jogou, foi há muito tempo? — *Sim.* — Como se soube a maneira de jogar? — *Bem, pegaram-se as bolinhas, depois colocaram-se as bolinhas dentro* etc. (enumera as regras que conhece). — Foram as crianças que estabeleceram isso ou as pessoas grandes? — *As pessoas grandes.* — Diga-me quem nasceu em primeiro lugar, seu pai ou seu avô? — *Meu pai nasceu antes de meu avô.* — Quem foi que inventou o jogo de bolinhas? — *Meu pai o inventou.* — Quem foi que inventou o jogo de bolinhas? — *Meu pai o inventou.* — Quem é o mais velho de todos os habitantes de Neuchâtel? — *Não sei, não.* — Quem você imagina? — *Deus.* — Sabia-se jogar bolinhas antes de seu pai? — *Outros homens jogavam* [antes?, ao mesmo tempo?]. — Da mesma maneira que seu pai? — *Sim.* — Como sabiam? — *Inventaram.* — E Deus, aonde está? — *No céu.* — Ele é mais velho que seu pai? — *Menos velho.*'' — ''Será que se poderia encontrar uma nova maneira de jogar? — *Não sei jogar de outro jeito.* — Tente... [Fal não se move.] Será que poderíamos colocá-las assim [pomos as bolinhas em círculo, sem quadrado]? — *Sim!* — Isso estaria certo? — *Sim!* — Tão certo como o quadrado? — *Sim.* — Seu pai já jogava assim ou não? — *Sim!* — Poderíamos jogar ainda de outra maneira? — *Sim!*'' Dispomos as bolinhas, em seguida, em forma de T, as colocamos sobre uma caixa de fósforos etc. Fal diz que nunca viu isso, mas que tudo está certo e que se pode mudar tudo o que se deseja. Só que seu pai também conhece tudo isso!

Fal é muito representativo dos casos de que falamos há pouco. Concorda em mudar as regras estabelecidas. Um círculo, um T, não importa o quê, funciona tão bem quanto o quadrado. À primeira vista, parece que Fal está próximo dos maiores, que, como veremos, não acreditam mais no caráter sagrado das regras e adotam a primeira convenção surgida, contanto que seja aceita. Na realidade, o caso é bem diferente. Por mais fantasioso que Fal seja, parece ressaltar do texto citado, em sua maior parte, que ele tem um grande respeito pelas regras. Ele as atribui, de fato, a seu pai, o que vale dizer que as considera como impostas por direito divino. Notemos, a respeito, as curiosas reflexões de Fal sobre a idade de seu pai, o qual nasceu antes de seu avô e é mais velho que Deus! Esses conceitos, que estão plenamente em conformidade com as observações recolhidas por Bovet[21], parecem mostrar que, atribuindo as regras a seu pai, Fal as torna mais ou menos contemporâneas daquilo que é para ele o começo do mundo. Pudemos ver, por outro lado, a maneira característica pela qual a criança concebe a invenção das regras por seu pai: este homem as descobriu, sem que se lhe tenham sido mostradas ou transmitidas, mas, o que encontrou, outros homens também puderam encontrar. Não acreditamos que isso seja puro psitacismo. É preciso, naturalmente, não colocar nesses conceitos mais lógica do que realmente comportam: significam simplesmente que as regras são sagradas e imutáveis, porque participam da autoridade paterna. Só que esse postulado afetivo pode-se traduzir sob a forma de uma espécie de teoria infantil da invenção e da eternidade das essências: para a criança, que não da nenhum sentido preciso às noções de ''antes'' e ''depois'', e que mede o tempo em função de seus sentimentos imediatos ou profundos, inventar reduz-se, por assim dizer, a descobrir em si uma realidade eterna ou preexistente. Ou, mais simplesmente, a criança não chega a diferenciar, como nós, a operação que consiste em inventar a novidade e aquela que consiste em rememorar o passado (daí a mistura de fantasia e de reprodução exata que caracterizam suas narrações ou sua

---

21. BOVET, *O Sentimento Religioso e a Psicologia da Criança*, coleção ''Atualidades Pedagógicas'', Neuchâtel e Paris (Delachaux & Niestlé).

memória). Para ela, como para Platão, a criação intelectual se confunde com a reminiscência.[22] O que significa, então, a tolerância de Fal em relação às novas regras que lhe propusemos? Simplesmente, que, confiando na riqueza infinita das regras do jogo de bolinhas, imagina, desde que tenha pela frente uma regra nova, que encontrou, simplesmente, uma regra já estabelecida.

Para compreender a atitude dessas crianças no início do segundo estágio — todas elas respondem mais ou menos como Fal, — é preciso lembrar que, até seis, sete anos mais ou menos, a criança tem muita dificuldade em saber o que vem dela e o que vem dos outros, em seus conhecimentos próprios. Isso se deve, primeiramente, à dificuldade de retrospecção (ver *J.R.*, Cap. IV, § 1) e, em seguida, à falta de organização da própria memória. A criança é, assim, levada a achar que sempre conheceu alguma coisa que, na realidade, acabou de aprender: freqüentemente fizemos essa experiência, dando a uma criança ensinamentos que ela imediatamente imaginava, conhecer há meses. É essa indistinção do antes e do depois, do antigo e do novo, que explica a indiferenciação, da qual falamos há pouco, entre a invenção e a reminiscência: a criança tem, quase sempre, a impressão que suas invenções, mesmo feitas no momento, exprimem, de qualquer maneira, uma verdade eterna. Nessas condições, não poderíamos dizer que os pequenos não têm respeito pela regra, porque aceitam sua mudança: as inovações não são, para eles, verdadeiras inovações.

Acrescenta-se a tudo isso uma curiosa atitude que reencontraremos no decorrer detodo o estágio do egocentrismo, e que podemos comparar aos estados de consciência próprios da inspiração. A criança faz, mais ou menos, o que quer na prática das regras. Por outro lado, Fal e seus semelhantes admitem não importa que mudança no costume estabelecido. Todavia, todos insistem sobre o fato de que as regras sempre foram idênticas ao que são agora e devidas à autoridade adulta, em particular à paterna. Isso é contraditório? Apenas aparentemente, mas, se nos lembrarmos da psicologia particular das crianças dessa idade, para as quais a sociedade está muito mais ligada a um sentimento contínuo de comunhão interior entre o eu e a palavra do Mais Velho ou do Adulto do que a uma cooperação efetiva entre os contemporâneos, a contradição cessa: como o místico, que não dissocia mais o que vem de seu Deus e o que provém de si, a criança não diferencia os movimentos de sua fantasia individual das regras impostas do alto.

Passemos agora aos casos típicos desse estágio, isto é, às crianças hostis, em respeito à regra, a toda e qualquer inovação:

---

22. Cf. *R.M.*, pág. 26, o caso de Kauf (8; 8): essa criança acredita que as histórias que conta foram escritas anteriormente em seu cérebro por Deus: "*Antes que eu nascesse, Ele as colocou.*"

É preciso citar, primeiramente, uma criança de cinco anos e meio, LEH, cuja reação foi das mais espontâneas entre as que recolhemos. Leh estava nos explicando as regras do jogo, sem que o tivéssemos ainda interrogado a respeito da consciência da regra, e acabava de nos falar, mostrando-nos como se joga da "coche" (é, aliás, aproximadamente, tudo o que sabia do jogo), quando se estabeleceu o diálogo que se segue. Simplesmente perguntamos a Leh se todos jogavam da "coche", ou se era possível (como realmente se faz), colocar os maiores na "coche" e fazer com que os menores jogassem mais perto: "*Não*, respondeu Leh, *isto não seria justo*. — Por que não? — *Porque Deus faria com que o lance do pequeno não pudesse atingir as bolinhas 'marbres' e o lance do maior sim.*" Em outras palavras, a justiça divina é contrária a toda infração às regras do jogo de bolinhas, e se favorecêssemos um jogador, embora um pequeno, o próprio Deus o impediria de atingir o quadrado!

PHA (cinco anos e meio): "Joga-se sempre assim? — *Sim, sempre assim.* — Por quê? — *Porque não se poderia jogar de outra maneira.* — Não poderíamos jogar assim [dispusemos as bolinhas em círculo, depois em triângulo]? — *Sim, mas as crianças não aceitariam?* Por quê? — *Porque os quadrados são melhores.* — Por que são melhores? — ..." Ao contrário, não conseguimos grande coisa no tocante às origens do jogo: "Seu pai jogava bolinhas antes de você nascer? — *Não, nunca, porque eu ainda não estava aqui!* — Mas havia uma criança como você, antes de você nascer? — *Eu já estava aqui quando ela era como eu. Ela era maior.*" "Quando é que se começou a jogar bolinhas? — *Quando os outros começaram, eu também comecei.*" Não poderíamos melhor que Pha situarmo-nos no centro do universo, tanto no tempo como no espaço! Entretanto, Pha demonstra claramente como as regras o dominam: não podemos mudá-las.

GEO (seis anos) nos diz que o jogo de bolinhas começou: *por todos, pelos administradores da cidade* [a Prefeitura da qual, se dúvida, ouviu falar a propósito da reconstrução das ruas ou do policiamento]. — Como assim? — *Saiu da cabeça desses senhores, e eles fizeram as bolinhas.* — Como aprenderam a jogar? — *De sua cabeça. Eles ensinaram às pessoas. Os pais ensinaram aos filhos.* — Podemos jogar de outra maneira além dessa que você me mostrou? Podemos mudar o jogo? — *Acho que podemos mudar, mas não sei como* [Geo faz alusão, aqui, às variantes já existentes]. — Não importa como? — *Não, há jogos não importa como.* — Por quê? — *Porque Deus lhes ensinou* [aos administradores municipais]. — Tente mudar o jogo. — [Geo inventa então uma disposição que considera totalmente nova e que consiste em formar três filas de três bolinhas, formando um grande quadrado.] — Esse jogo está certo, como o outro? — *Não, porque só há três linhas de três.* — Poderíamos jogar assim e deixar o outro jogo de lado? — *Sim senhor.* — Como você descobriu esse jogo? — *De minha cabeça.* — Podemos dizer que os outros jogos não valem mais e que é preciso aprender esse? — *Sim senhor. Há outros ainda que os administradores da cidade sabem.* — Será que eles sabem esse que você inventou? — *Sim* [!]. — Mas foi você que o inventou? Você não encontrou esse jogo em sua cabeça? — *Sim senhor.* — De que jeito? — *De repente. Foi Deus que me disse.* — Sabe que eu falei aos administradores? Creio que não conhecem seu novo jogo. — *Ah!* [Geo fica consternado.] Mas conheço crianças que ainda não sabem jogar. Qual o jogo que a gente deve ensinar para elas, o seu ou o outro? — *O dos administradores.* — Por quê? — *Porque é mais bonito.* — Quando, mais tarde, você for um homem e tiver bigodes, talvez não haja muitas crianças que conheçam o jogo dos administradores. Mas haverá, talvez, muitas crianças que jogarão o seu jogo. Então qual será o mais justo, o seu, que se jogará mais, ou o dos administradores da cidade, que estará quase esquecido? — *O dos administradores da cidade.*''

Vemos como esse belo exemplo de Geo confirma o que diremos a propósito de Fal: é que inventar um novo jogo significa, para os pequenos, encontrar em sua cabeça um jogo já classificado e previsto pelas autoridades competentes. O jogo que Geo inventa, ele o atribui à própria inspiração divina e o supõe já conhecido dos "administradores da cidade". No momento em que o desiludimos, subestima sua própria invenção e recusa-se a considerá-la como correta, mesmo que o costume venha ratificá-la.

MAR (seis anos), cujo comportamento em relação à prática das regras estudamos em (3), declara que no tempo do seu pai, e no tempo de Jesus, se jogava como hoje. Recusa-se a inventar um novo jogo: *"Nunca inventei jogos."* Nós lhe propomos então um novo jogo, que consiste em colocar as bolinhas sobre uma caixa de fósforos e fazê-las cair, atingindo a caixa: "Podemos jogar assim? — *Sim* [ele próprio joga e parece se divertir]. E esse jogo, poderia tornar-se um jogo justo? — *Não, porque não é a mesma coisa.*'' Mesmas reações a propósito de outra tentativa.

STOR (sete anos) nos diz que antes da arca de Noé as crianças já jogavam bolinhas: "Como elas jogavam? — *Como a gente joga* [= como nós jogamos]. — Como começou? — *Elas compraram as bolinhas.* — Mas como aprenderam? — *Seu pai as ensinou.*'' Stor inventa um novo jogo, em triângulo. Acredita que seus companheiros o jogariam voluntariamente, *"mas nem todos. Nem os grandes, nem os maiores.* — Por quê? — *Porque não é um jogo para os grandes.* — Esse é um jogo tão justo quanto aquele que você me mostrou? — *Não.* — Por quê? — *Porque não tem um quadrado.* — E se todos jogassem assim, mesmo os grandes, seria justo? — *Não.* — Por quê? — *Porque não tem um quadrado.*''

Todos esses meninos pertencem então, no que se refere à prática das regras, ao estágio do egocentrismo. Vemos bem quanto esse resultado é paradoxal. Há crianças que jogam mais ou menos como bem entendem, inspirando-se, é verdade, em alguns exemplos recebidos, e observando, nas grandes linhas, o esquema geral do jogo, mas sem se preocupar em obedecer pormenorizadamente às regras que conhecem, ou que poderiam conhecer com um pouco de atenção, e sem atribuir a menor importância às mais graves infrações que chegam a cometer. Muito mais, esses meninos jogam cada um para si, sem se preocupar com o vizinho, sem controlá-lo e nem ser controlado por ele, sem mesmo procurar vencê-lo — "ganhar" significa, simplesmente, conseguir, por sua própria conta, bater nas bolinhas visadas. Ora, essas mesmas crianças mantêm, no seu íntimo, um respeito místico pela regra: as regras são eternas, devidas à autoridade paterna, aos administradores da cidade e mesmo ao Deus Todo-poderoso. É proibido mudá-las, e mesmo que a opinião geral fosse favorável a essa mudança, estaria errada: o consentimento unânime de todas as crianças nada valeria em relação à verdade da Tradição. As mudanças aparentes são apenas complementos da primeira Revelação: assim, Geo (que é o mais primitivo dos exemplos precedentes, portanto, o mais vizinho dos casos representados por Fal, e que, deste modo, confirma o que dissemos sobre este último) acredita que a regra inventada por ele é devida a uma inspiração direta de origem divina, análoga à inspiração pela qual os "administradores da cidade" foram os primeiros beneficiados.

Na realidade, esse paradoxo é geral no comportamento da criança, e constitui, precisamente, como veremos na seqüência deste livro, a característica mais significativa da moral do estágio egocêntrico. O egocentrismo infantil, longe de constituir um comportamento anti-social, segue sempre ao lado do constrangimento adulto. O egocentrismo só é pré-social em relação à cooperação. É preciso distinguir, em todos os domínios, dois tipos de relações sociais: a coação e a cooperação, a primeira implicando um elemento de respeito unilateral, de autoridade, de prestígio; a segunda uma simples troca entre indivíduos iguais. Ora, o egocentrismo só é contraditório em relação à cooperação, porque só esta pode realmente socializar o indivíduo. A coação, ao contrário, aliase, constantemente, ao egocentrismo infantil: é por isso que a criança não pode estabelecer um contato verdadeiramente recíproco com o adulto, porque fica fechada no seu eu. De um lado, a criança tem logo a ilusão de um acordo o qual, entretanto, segue apenas sua própria fantasia. Por outro lado, o adulto abusa de sua situação, em lugar de procurar a igualdade. No tocante às regras morais, a criança intencionalmente se submete, mais ou menos por completo, às regras prescritas. Mas estas, permanecendo, de qualquer forma, exteriores à consciência do indivíduo, não transformam verdadeiramente seu comportamento. É por isso que a criança considera a regra como sagrada, embora não a praticando na realidade.

No que se refere ao jogo de bolinhas, não há, portanto, nenhuma contradição entre a prática egocêntrica do jogo e o respeito místico da regra. Esse respeito é o indício de uma mentalidade moldada não pela cooperação entre iguais, mas pela coação adulta. A criança, imitando os maiores na prática das regras, tem a impressão de se submeter a uma lei imutável, devida, por conseguinte, a seus próprios pais. A pressão dos mais velhos sobre os caçulas é assimilada, aqui, muito freqüentemente, à pressão adulta. Esse procedimento dos mais velhos é ainda coação, porque a cooperação só pode nascer entre iguais. Assim, essa submissão dos pequenos à regra dos maiores não provoca, de modo algum, uma cooperação na ação: produz, simplesmente, uma espécie de mística, de sentimento difuso de participação coletiva, o qual, como muitas místicas, combina muito bem com o egocentrismo. Veremos, realmente, que a cooperação entre iguais não só vai mudar pouco a pouco a atitude prática da criança, mas ainda, fato essencial, vai fazer desaparecer essa mística da autoridade.

58

Antes de chegarmos aí, examinemos, enfim, os indivíduos do período final do presente estágio. De fato, encontramos apenas três estágios no que se refere à consciência da regra, enquanto há quatro em relação à prática do jogo. Em outras palavras, a cooperação nascente (a partir dos sete, oito anos) não basta, de imediato, para repelir a mística da autoridade e o fim do presente estágio (consciência da regra) se sobrepõe à metade do estágio (prática do jogo) e à cooperação:

BEN (dez anos), cujas respostas sobre a prática das regras já foram vistas (3º estágio), pertence ainda ao segundo estágio, sob o ponto de vista que ora nos interessa: "Podemos inventar novas regras? — *Há os que inventam regras para ganhar muito mais bolinhas. Mas isso não pega sempre. Um cara inventou* [recentemente, em sua classe] *dizer "deux empans" para se aproximar mais* [na realidade, é uma regra conhecida dos maiores]. *Isso não pegou.* — E com os pequenos? — *Isso pega com os pequenos.* — Invente uma regra. — *Eu não poderia inventar assim.* — Mas, se eu achar que você é mais esperto do que diz. — *Muito bem! direi que não se fica queimado, qundo se está no quadrado.* — Muito bem. Será que isso pegaria? — *Sim, eles aceitariam bem.* — Então poderíamos jogar assim? — *Não, porque isso seria trapacear.* — Mas todos os seus companheiros não aceitariam? — *Sim, todos eles aceitariam.* — Então por que é trapacear? — *É que eu inventei: não é uma regra! É uma regra falsa, porque ela está fora das regras. Uma regra justa é uma regra que está no jogo.* — Como sabemos que ela é justa? — *Os bons jogadores a conhecem.* — E se os bons jogadores quisessem jogar com sua regra? — *Isto não passaria. Além do mais, diriam que seria trapaça.* — E se todos dissessem que a regra é justa, passaria? — *Sim, passaria... Mas é uma regra falsa!* — Mas, se todos dissessem que é justa, como é que saberíamos que é falsa? — *Porque, quando se está no quadrado, é como num jardim com uma cerca: fica-se fechado* [então se a bolinha "cassine" fica no quadrado, fica-se "queimado"!]. E se desenhássemos um quadrado assim [desenhamos um quadrado no qual um dos lados é interrompido, como uma cerca cortada por um portão]? — *Há quem faça isso. Mas não é justo. É para se divertir, para passar o tempo* — Por quê? — *Porque o quadrado deveria estar fechado.* — Mas, se há quem o faz, é justo ou não é justo? — *Justo e não justo.* — Por que justo? — *Justo para passar o tempo* [para se divertir]. — E por que não justo? — *Porque o quadrado deveria estar fechado.* — Quando você for grande, se todos jogarem assim, será justo ou não? — *Aí será justo, porque serão novas crianças que aprenderão essa regra.* — E para você? — *Será falso.* — E como será na realidade? — *Será falso na realidade.''* Na seqüência, Ben chega, porém, a admitir que seu pai e seu avô jogavam de maneira diferente que a dele, e que, por conseguinte, as regras podem ser modificadas pelas crianças. Isso não o impede de manter seu ponto de vista, segundo o qual existe uma verdade intrínseca da regra, independentemente do costume.

Tais casos, situados no limite do segundo e terceiro estágios, são interessantes como todos os casos intermediários. De um lado, Ben já se habituou, graças à cooperação, com a existência de possíveis variações, no emprego das regras. Sabe, por conseguinte, que as regras atuais são recentes e devidas às crianças. Mas, por outro lado, acredita numa verdade absoluta e intrínseca da regra. Dir-se-ia, então, que a cooperação impõe a essa criança uma mística da lei comparável ao respeito dos menores pelas coações adultas? Ou então, o respeito de Ben pelas regras do jogo é uma herança da coação, ainda não eliminada pela cooperação? A seqüência de nossa análise mostrará que essa segunda interpretação é a melhor: os maiores não acreditam mais no valor intrínseco das regras e isso na medida em que aprendem a praticá-las. Portanto, é preciso considerar a atitude de Ben como uma sobrevivência das características devidas à coação.

De um modo geral, é perfeitamente normal que a cooperação nascente — no plano da ação — não suprima, de imediato, os estados psicológicos criados — no plano do pensamento — pelo complexo egocentrismo *versus* coação. O pensamento, de fato, está sempre atrasado em relação à ação, e a cooperação deve ser praticada muito tempo antes que suas conseqüências possam ser plenamente manifestadas pela reflexão. Há aí um novo exemplo da lei de tomada de consciência enunciada por Claparède e das "discrepâncias", cujos efeitos observamos em muitos outros campos (ver *J.R.*, Cap. V, § 2 e *C.P.*, 2ª parte). Aliás, tal fenômeno vem, naturalmente, simplificar o problema do egocentrismo em sua generalidade, explicando-nos porque o egocentrismo intelectual é tão mais resistente que o egocentrismo em ato.

6. A CONSCIÊNCIA DA REGRA: II. O TERCEIRO ESTÁGIO

Desde os dez anos, em média, isto é, desde a segunda metade do estágio da cooperação e durante todo o estágio da codificação das regras, a consciência da regra se transforma completamente. À heteronomia sucede a autonomia: a regra do jogo se apresenta à criança não mais como uma lei exterior, sagrada, enquanto imposta pelos adultos, mas como o resultado de uma livre decisão, e como digna de respeito na medida em que é mutuamente consentida.

Nota-se essa mudança em três sintomas concordantes. Primeiramente, a criança aceita que se mudem as regras, contanto que as modificações reúnam todas as adesões. Tudo pode ser feito, na medida em que nos obrigamos a respeitar as novas decisões. Assim, a democracia sucede à teocracia e à gerontocracia: não há mais delitos de opinião, apenas de procedimento. Todas as opiniões são permitidas, contanto que aqueles que as emitiram procurem fazer com que sejam aceitas pelas vias legais. Mas, bem entendido, que sejam opiniões mais ou menos razoáveis. Há, entre as novas regras que podem ser propostas, inovações dignas de ser acolhidas, para que o interesse pelo jogo possa ser aumentado (prazer do risco, da arte pela arte etc.). Há novas regras que não valem nada, porque fazem predominar o ganho fácil sobre o trabalho ou a habilidade. Só que a criança conta exatamente com o acordo entre os jogadores para eliminar essas inovações imorais. Não se volta mais, como os menores, à sabedoria da tradição. Não acredita mais em que tudo tenha sido feito da melhor maneira do passado e que o único meio de evitar os abusos é respeitar religiosamente os costumes estabelecidos. Acredita no valor da experiência à medida que é aprovado pela opinião coletiva. Em segundo lugar, a criança deixa, por isso mesmo, de considerar as regras como eternas e como sendo transmitidas como tais através de gerações. Finalmente, em terceiro lugar, ela tem — a respeito das origens do jogo e das regras — idéias que não diferem muito das nossas: as primeiras bolinhas deveriam ser simples seixos arredondados que as crianças lançavam para se divertir, e as regras, longe de ter sido impostas como tais pelos adultos, foram sendo estabelecidas, pouco a pouco, pela iniciativa das próprias crianças.

Vejamos alguns exemplos:

Ross (onze anos) pertence ao terceiro estágio no tocante à prática das regras. Quer sempre inventar novas regras com seus companheiros: *"Às vezes o fazemos. Chegamos até 200 regras novas. A gente se diverte, mas depois enjoa e, em seguida, um amigo diz: Se você chegar até 100, eu lhe dou uma 'marbre'.* — Essa nova regra é justa como as antigas, ou não? *Talvez não seja totalmente justa, porque não é duro* [difícil] *pegar quatro 'marbres' assim!* — Se todos a aceitassem ela se tornaria uma verdadeira regra ou não? — *Se a gente a praticasse freqüentemente, ela se tornaria uma verdadeira regra.* — Seu pai jogava como você me mostrou, ou de outra maneira? — *Não sei. Talvez jogasse de outra maneira. O jogo muda. Aliás, muda muito.* — Faz muito tempo que se joga? — *Há cinqüenta anos pelo menos.* — No tempo dos Velhos Suíços jogavam-se bolinhas? — *Não creio.* — Como o jogo começou? — *Com as crianças que pegaram as bolinhas de carros* [esferas de rolamentos], *depois jogaram. Logo em seguida surgiram nas lojas.* — Por que há regras no jogo de bolinhas? — *Para nunca trapacear, é preciso aprender as regras, e depois deve-se jogar como se manda.* — Como essas regras começaram? — *Com os meninos que se entenderam entre si e que as fizeram.* — Você poderia ainda inventar uma nova regra? — *Talvez...* [reflete]. *Pegam-se três bolinhas, fazendo uma cair do alto sobre a que ficou no meio.* — Poderíamos jogar assim? — *Sim.* — É uma regra justa como as outras? — *Os garotos poderiam dizer que não é muito justa, porque depende da sorte. Para que uma regra seja boa, é preciso que dependa da habilidade.* — Mas, se todos jogassem assim, seria uma verdadeira regra ou não? — *Sim, jogar-se-ia tão bem com ela como com as outras regras."*

MALB (doze anos) pertence ao quarto estágio no tocante à prática das regras. "Todos jogam como você me mostrou? — *Sim.* — E antigamente jogava-se dessa maneira? — *Não.* — Por quê? — *Empregavam-se outras palavras.* — E as regras? — *Também não, porque meu pai disse que ele não jogava assim.* — Mas, em seu tempo, jogava-se com as mesmas regras? — *Não inteiramente com as mesmas regras.* — E a regra de não se deixar bater? — *Penso que veio depois.* — Quando seu avô era pequeno, jogavam-se bolinhas? — *Sim.* — Como agora? — *Não, havia outros tipos de jogo.* — E no tempo da batalha de Morat? — *Não, não creio que se jogasse nessa época.* — Como você acha que começou o jogo de bolinhas? — *Primeiro, entre as crianças, que procuravam pedrinhas arredondadas.* — E as regras? — *Acho que as crianças jogavam a partir da 'coche'. Em seguida, os meninos quiseram jogar de outra maneira e inventaram outras regras.* E a 'coche', como começou? — *Acho que eles brincavam de bater com as pedrinhas. Então fizeram uma 'coche'.* — Será que poderíamos mudar as regras? — *Sim, claro.* — E você? — *Sim, eu poderia fazer um outro jogo. Um dia, estávamos jogando, quando fizemos um outro tipo de jogo* [ele nos mostra]. — Será essas novas regras são tão justas quanto as outras? — *Sim.* — Qual é o mais justo, o primeiro jogo que você me explicou ou o que você inventou? — *Os dois são igualmente justos.* — Se você mostrar esse novo jogo aos pequenos, o que eles farão? — *Pode ser que eles joguem.* — E se eles esquecerem o jogo do quadrado e jogarem apenas esse, qual será o jogo mais verdadeiro, o novo, que será mais conhecido, ou o antigo? — *O mais conhecido é que será o mais justo.''*

GROS (treze anos, no quarto estágio na prática das regras) nos mostrou as regras, como já vimos anteriormente. ''Seu pai jogava assim, quando era pequeno? — *Não. Eles tinham outras regras. Não jogavam com o quadrado.* — E as outras crianças, do tempo de seu pai, jogavam com o quadrado? — *Era preciso haver alguém que conhecesse o quadrado, visto que atualmente nós o conhecemos.* E esse alguém como soube do quadrado? — *Tiveram uma idéia, para ver se esse jogo era mais bonito que o outro.* — Que idade tinha aquele que inventou o quadrado? — *Eu penso... treze anos* [é a sua própria idade]. — Será que entre os suíços do tempo da batalha de Morat, as crianças jogavam bolinhas? — *Talvez jogassem com buraco, depois, em seguida, com o quadrado.* — E no tempo de Davi de Purry [um homem de cabeleira, cuja estátua existente em uma praça é conhecida por todos em Neuchâtel] — *Penso que eles brincavam também!* — Será que as regras mudaram desde que se inventou o quadrado? — *Houve pequenas mudanças.* — E agora, será que as regras mudam ainda? — *Não. Joga-se sempre do mesmo jeito.* — Será que é permitido mudar alguma coisa nas regras? — *Sim, há os que querem, outros não. Se os guris assim* [mudando alguma coisa], *a gente é obrigado a jogar como eles.* — E você, será que poderia inventar uma nova regra? — *Sim... [reflete]; poder-se-ia jogar com os pés.* — Seria justo? — *Não sei. Sou eu que estou dando a idéia.* — E se você mostrasse aos outros, pegaria? — *Pegaria. Um outro desejaria também tentar. Na verdade, haveria quem não desejasse! Respeitariam sempre as outras regras, pensariam que teriam menos sorte nesse novo jogo.* — E se todos jogassem como você? — *Então, seria uma regra como as outras.* — Agora, qual é a mais justa, a sua ou a antiga? — *A antiga.* — Por quê? — *Porque, com a antiga não podem trapacear* [observar essa excelente justificação da regra: a regra antiga é melhor que a inovação ainda não sancionada pelo costume, porque só a regra antiga tem, no momento, força de lei, impedindo, assim, a trapaça]. E se quase todos jogassem com os pés, qual seria a mais justa? — *Se quase todos jogassem com pés, então seria justa.''* Finalmente, perguntamos a Gros: ''Se houver dois tipos de jogos, um fácil, onde se ganha muito e outro difícil, onde se ganha pouco, de qual você gostaria mais? — *Do mais difícil. No fim consegue-se também ganhar.''*

VUA (treze anos), cujas respostas também já vimos no tocante à prática das regras (quarto estágio), nos diz que seu pai e seu avô jogavam de maneira diferente que a dele. ''No tempo das três Suíças, os garotos jogavam bolinhas? — *Não. Deviam trabalhar em casa. Faziam outros jogos.* — No tempo da batalha de Morat, jogavam-se bolinhas? — *Talvez, depois da guerra.* — Quem inventou esse jogo? — *Os garotos. Viram seus pais jogar boliche. Resolveram que poderiam fazer a mesma coisa.* — Será que outras regras poderiam ser inventadas? — *Sim* [ele nos mostra uma que inventou e que denominou 'a linha', porque as bolinhas estão dispostas em série e não em quadrado]. — Qual é o verdadeiro jogo, esse ou o quadrado? — *O quadrado, porque é o que se usa sempre.* — O que você prefere: um jogo fácil ou difícil? — *Difícil, porque é interessante.* O *'troyat'* [jogo que consiste em colocar as bolinhas amontoadas], *não é absolutamente o verdadeiro jogo, os garotos é que o inventaram: queriam ganhar todas as bolinhas."* Nesse ponto, Vua parece responder como as crianças do último estágio, que invocam o "verdadeiro jogo" conforme a tradição, contra as inovações contemporâneas. No entanto, Vua nos parece simplesmente recusar as medidas demagógicas (o 'troyat' possibilita benefícios ilícitos e imorais, tornando bastante agradável a participação do acaso) pelas práticas conforme ao espírito do jogo, mesmo que tais práticas sejam antigas (o quadrado) ou inteiramente atuais (o jogo por ele inventado). Servem de prova as respostas seguintes, relativas a seu jogo pessoal: "E o jogo que você inventou, é tão justo como o quadrado, ou menos justo? — *É tão justo, porque as bolinhas estão afastadas* [portanto o jogo é difícil]. — Se todos fizerem seu jogo da linha, dentro de alguns anos, e não houver mais que um ou dois garotos que saibam jogar o quadrado, qual será o mais justo, a linha ou o quadrado? — *A linha será o jogo mais justo."*

BLAS (doze anos, quarto no estágio no tocante à prática das regras) acha que o jogo de bolinhas deve ter começado por volta de 1500, na época da Reforma. *"Foram as crianças que inventaram o jogo. Fizeram pequenas bolas com terra e água. Divertiam-se em fazê-las rolar. Quando brincaram de bater umas contra as outras, tiveram a idéia de inventar um jogo: combinaram que quando um atingia a bola do outro, podia pegá-la. Depois, acho que inventaram o quadrado; é por isso que somos obrigados a fazer as 'marbres' saírem do quadrado. Para que essas bolinhas estivessem sempre à mesma distância, inventaram a linha. Eles a inventaram só mais tarde. Quando se descobriu o cimento, fizeram as bolinhas como hoje. Como 'marbres' de terra não eram bastante sólidas, os meninos pediram aos fabricantes que as fizessem de cimento."* Pedimos a Blas para inventar uma nova regra. Ele fez esta: aquele que atirar mais longe, numa disputa preliminar, poderá começar a partida. Mas essa regra pareceu-lhe, *"defeituosa, porque seria preciso correr muito longe para pegar as bolinhas".* Ele fez outra, que consiste em jogar em dois quadrados encaixados. "Será que todos jogariam assim? — *Aqueles que inventaram, sim.* — Mais tarde, quando se jogar tanto com sua nova regra quanto com a do quadrado, qual será a mais jsuta? — *As duas o serão."*

Vimos o interesse psicológico e pedagógico desses fatos. Podemos dizer que agora estamos em presença de uma realidade social, racional e moralmente organizada e, no entanto, de uma realidade especificamente infantil. Além do mais, apreendemos, ao vivo, a união da cooperação e da autonomia, união que sucede àquela do egocentrismo e da coação.

Até agora, a regra era imposta pelos mais velhos aos menores. Como tal, era assimilada por estes últimos às instruções ditadas pelo adulto. Aparecia, então, à criança como sagrada e intangível. A garantia de sua veracidade estava, justamente, em sua imutabilidade. De fato, esse conformismo, como todos os conformismos, permanecia exterior ao indivíduo. Dócil na aparência, considerando-se, ela própria, como submissa e como constantemente inspirada pelo espírito dos antigos ou dos deuses, a criança não chegava, realmente, senão a um simulacro da socialidade, para não dizer nada ainda da moralidade. A coação externa não destrói o egocentrismo: ela o encobre e o disfarça, quando não o reforça, até diretamente.

Daqui por diante, a regra é concebida como uma livre decisão das próprias consciências. Não é mais coercitiva nem exterior: pode ser modificada e adaptada às tendências do grupo. Não constitui mais uma verdade revelada, cujo caráter sagrado se prende às suas origens divinas e à sua permanência histórica: é construção progressiva e autônoma. Deixaria de ser, portanto, uma regra verdadeira? Longe de ser um processo, marcaria um período de decadência em relação ao estágio precedente? Eis o verdadeiro problema. Ora, os fatos parecem nos autorizar a concluir o contrário e mesmo da maneira mais decisiva: é a partir do momento em que a regra de cooperação sucede à regra de coação que ela se torna uma lei moral efetiva.

Em primeiro lugar, é notável constatar o sincronismo que existe entre o aparecimento desse novo tipo de consciência da regra e a observação verdadeira das regras. É, de fato, a partir dos dez, onze anos, em média, que aparece esse terceiro estágio no que se refere à consciência da regra. Ora, é nessa mesma idade que a simples cooperação, caracterizando o terceiro de nossos estágios relativos à prática das regras, se complica, pouco a pouco, com a necessidade de codificação e aplicação integral da lei. Os dois fenômenos estão, portanto, em relação. Mas será a consciência de autonomia que nos conduzirá ao respeito prático da lei, ou é o respeito à lei que nos levará ao sentimento de autonomia? Aí estão dois aspectos de uma única e mesma realidade: quando a regra deixa de ser exterior às crianças, para depender apenas de sua livre vontade coletiva, incorpora-se à consciência de cada um, e a obediência individual não tem mais nada de espontânea. Certamente, a dificuldade reaparece todas as vezes em que a criança, fiel a uma regra que a favorece, é tentada a deixar na obscuridade tal artigo da lei ou tal ponto do processo, que favoreça o adversário. Mas o caráter próprio da cooperação é justamente levar a criança à prática da reciprocidade, portanto, da universalidade moral e da generosidade em suas relações com os companheiros.

Este último ponto nos conduz a um segundo indício de união da autonomia com o verdadeiro respeito à lei. Modificando as regras, isto é, tornando-se legisladora e soberana nessa democracia que sucede, por volta dos dez, onze anos, à gerontocracia anterior, a criança toma consciência da razão de ser das leis. A regra torna-se, para ela, condição necessária do entendimento. *Para não trapacear,* diz Ross, *é preciso aprender as regras e depois deve-se jogar como se manda* [= é preciso aceitá-las]." A regra mais justa, sustenta Gros, é aquela que reúne a opinião dos jogadores, "*porque* [então] *não podem trapacear*".

Em terceiro lugar, e principalmente, o que demonstra o quanto a autonomia conquistada durante esse estágio conduz melhor a um respeito à regra do que a heteronomia do estágio anterior, é o sentido verdadeiramente político e democrático com o qual as crianças de doze, treze anos distinguem a fantasia anárquica e a inovação introduzida por via constitucional. Tudo é permitido, toda proposição individual é, de direito, digna de exame. Não há mais delitos de opinião, no sentido de que não é mais contrário às leis o fato de se desejar mudá-las. Só que, e cada um dos nossos exemplos está perfeitamente esclarecido sobre esse ponto, só se tem o direito de introduzir uma inovação por via legal, isto é, convencendo-se preliminarmente os outros jogadores e submetendo, de antemão, as opiniões ao veredicto da maioria. Pode haver então delitos de procedimentos, mas tão-somente de procedimentos: só os procedimentos são obrigatórios, as opiniões permanecem sujeitas à discussão. Assim, Gros nos diz que, se uma mudança é proposta, *"há os que a desejam, outros não. Se os guris* [= as crianças, sem cunho pejorativo] *jogam assim* [= admitindo a mudança], *somos obrigados a jogar como eles"*. Como afirmou também Vua, a propósito da prática das regras (4), *"há ocasiões em que se joga de outra maneira. Então pergunta-se como se deve fazer... Discute-se um instante e, logo em seguida, chega-se a um acordo"*.

Em poucas palavras, a lei emana doravante do povo soberano e não da tradição imposta pelos antigos. Ora, em correlação com essa mudança, produz-se, no tocante aos valores respectivos do costume e do direito racional, uma verdadeira inversão de sentido.

Até aqui, em todos os domínios, era o costume que predominava sobre o direito. Só que, como em toda parte onde um ser humano está sujeito a um costume que não se incorpora à sua consciência, a criança considerava esse costume, imposto pelos mais velhos, como um Decálogo revelado pelos deuses (os adultos, e entre eles considerado o próprio Deus, que é, segundo Fal, o homem mais velho do Neuchâtel, depois de seu próprio pai). De tal forma que, para a criança, uma modificação no uso não pode em nada dispensar a pessoa de permancer fiel à lei eterna: mesmo que, como nos diz Ben, esqueçamos da regra do quadrado para adotar uma outra, esse novo jogo *"será falso na realidade"*. A criança distingue, então, uma regra verdadeira em si do simples costume, atual ou futuro, no momento em que, de fato, está exatamente sujeita ao costume e nunca a uma razão ou a uma realidade jurídico-moral distinta desse costume e superior a ele. Aliás, assim pensam também muitos adultos, cujo conservadorismo lhes dá a ilusão de fazer com que a razão eterna triunfe sobre o costume atual, quando, de fato, são escravos do costume transmitido às custas das regras permanentes da cooperação racional.

Daqui por diante, ao contrário, pelo próprio fato de a criança se restringir a certas regras de discussão e de colaboração, portanto, a cooperar com seus vizinhos com toda a reciprocidade (sem falso respeito pela

65

tradição, nem pela vontade singular de tal ou qual indivíduo), vai, precisamente, dissociar o costume do ideal racional. Faz parte, na realidade, da essência da cooperação, por oposição à coação social, comportar ao lado da situação de fato das opiniões recebidas provisoriamente, um ideal de direito funcionalmente implicado no próprio mecanismo da discussão e da reciprocidade. A coação da tradição impõe opiniões e usos, e termina por aí. A cooperação não impõe nada, a não ser os próprios processos do intercâmbio intelectual ou moral (o "sinônimo" de Baldwin[23] oposto ao "sindóxico"): desde então, é preciso distinguir, ao lado do acordo atual dos espíritos, um acordo ideal definido por uma aplicação sempre mais acelerada de processos de intercâmbio.[24] No que concerne às nossas crianças, voltamos a dizer que, ao lado das regras comumente admitidas num momento determinado e num grupo determinado (a moral ou o direito constituídos, no sentido em que Lalande fala de "razão constituída"[25]), a criança encara uma espécie de ideal ou de espírito do jogo não formulável em termos de regras (a moral ou o direito constituintes no sentido da "razão constituinte"). Para que, de fato, a reciprocidade dos jogadores na aplicação das regras estabelecidas ou na elaboração das novas regras se verifique, será preciso eliminar tudo o que possa comprometer essa mesma reciprocidade (as desigualdades devidas à sorte, às diferenças muito grandes entre os indivíduos em matéria de habilidade ou em força física etc.). Assim, os hábitos se apuram, pouco a pouco, em função de um ideal superior ao costume, porque resulta do próprio funcionamento da cooperação.

É por isso que a criança considera as inovações propostas como mais ou menos justas na medida em que não somente são suscetíveis de reunir a maioria dos jogadores, mas ainda estão conformes ao próprio espírito do jogo que não é outro senão o espírito de reciprocidade. Ross nos diz, por exemplo, a respeito de sua proposta pessoal: *"Talvez não seja muito justa, porque não é duro* [difícil] *pegar quatro 'marbes' assim"* ou ainda *"os guris* [= os meninos, sem cunho pejorativo] *poderiam dizer que não é muito justa, porque depende da sorte. Para que uma regra seja boa, é preciso que dependa da habilidade".* O "troyat", nos diz Vua, é menos justo que o quadrado (se bem que tão difundido e tão conhecido das gerações precedentes), porque o inventaram para *"ganharem todas as 'marbres'"*: Vua distingue, portanto, a demagogia da democracia sadia. Da mesma forma, Gros e Vua preferem os jogos difíceis aos fáceis, porque são mais "interessantes": aí, o mérito e a habilidade predominam sobre o ganho. A arte pela arte é mais desinteressada que o jogo lucrativo.

---

23. BALDWIN, *Teoria Genética da Realidade*, trad. de Philippi (Alcan).
24. Ver nosso artigo, Lógica Genética e Sociologia, *Revista filos.*, 1928.
25. A. LALANDE, Razão Constituinte e Razão Constituída, *Revista dos Cursos e Conferências*, 15 e 30 de abril de 1925.

Resumindo, desde que haja cooperação, as noções racionais do justo e do injusto tornam-se reguladoras do costume, porque estão implicadas no próprio funcionamento da vida social entre iguais (é o que veremos mais profundamente no terceiro capítulo desta obra). Durante os estágios anteriores, ao contrário, o costume predominava sobre o direito, na medida em que era divinizado e permanecia exterior às consciências individuais.

Agora, pesquisemos qual a filosofia da história que resulta para a criança de sua descoberta da democracia. É muito curioso, a esse respeito, constatar a existência do seguinte sincronismo: no mesmo instante em que a criança pode mudar as regras, deixa de acreditar em sua eternidade passada e em sua origem adulta. Em outras palavras, considera as regras como tendo constantemente variado e como tendo sido inventadas e modificadas pelas próprias crianças. Aqui, com certeza, certos fatos exteriores podem intervir de maneira contingente: cedo ou tarde, por exemplo, a criança pode aprender de seu pai que, em relação a gerações anteriores, o jogo era outro. Mas a relação parece tão nítida (em média, bem entendido), entre o aparecimento do novo tipo de consciência da regra e o desaparecimento das crenças na origem adulta do jogo, que deve equivaler a uma correspondência real. Então, é a perda da crença na origem divina ou adulta das regras que permite à criança imaginar inovações, ou é a consciência da autonomia que faz desaparecer o mito da Revelação?

Seria necessário não compreender nada sobre a natureza das crenças infantis para concluir que uma mudança nas idéias da criança relativa à origem das regras pudesse influenciar sua conduta social de uma maneira tão profunda. Bem ao contrário, a crença não é aqui, como acontece, aliás, freqüentemente, senão o reflexo da conduta. Sem dúvida alguma, é muito raro que as crianças meditem sobre a origem das instituições do jogo de bolinhas. No tocante às crianças que vimos, pudemos claramente constatar que tal problema nunca as perturbou, até que um psicólogo tivesse a idéia absurda de perguntar-lhes como se jogava bolinhas no tempo dos primeiros suíços ou do Antigo Testamento. Mesmo que a questão sobre a origem das regras tenha passado pela cabeça de algumas crianças durante os interrogatórios espontâneos, os quais, amiúde, tinham por objeto as regras, de uma maneira geral (*L.P.*, §§ 5 e 10), a resposta era dada pela criança sempre sem muita reflexão. Para a maioria, a questão apresentada era inteiramente nova, e a resposta dada, naquele momento, era ditada pelos sentimentos mais ou menos profundos que o jogo nelas provoca. Quando os pequenos nos dizem que as regras têm uma origem adulta e nunca variam, é preciso então evitar de ver nisso a expressão de uma crença sistemática: eles querem dizer, simplesmente, que não é absolutamente necessário mexer com as leis do jogo. Quando os maiores, ao contrário, nos dizem que as regras têm variado e foram inventadas pelas crianças, a crença é talvez mais refletida, pois emana de indivíduos mais desenvolvidos, mas não apresenta ainda senão um valor de indício: a criança quer apenas dizer que é livre para fazer a lei.

Desde então podemos, certamente, indagar se é válido interrogar a criança sobre crenças tão verbais, pois que tais crenças não correspondem a um pensamento propriamente dito, sendo que o verdadeiro pensamento da criança se situa mais profundamente, além do plano da formulação. Mas, a nosso ver, essas crenças têm interesse, porque reencontramos o fenômeno no adulto e existe em todas as transições entre as realidades psicológicas e os próprios sistemas metafísicos. O que Pareto[26] designou pelo nome de "derivações" e que estudou com tanto luxo de erudição, para chegar a conclusões relativamente simples, está em germe nas manifestações de nossas crianças relativas às origens do jogo. Essas manifestações não têm, de fato, nenhum valor intelectual, mas contêm um elemento afetivo e social resistente: o "resíduo", como diz ainda Pareto. Ao resíduo próprio da atitude conformista dos pequenos correspondem as derivações "origem divina ou adulta" e "permanência na história". Ao resíduo próprio da atitude democrática dos maiores correspondem as derivações "origem natural" (= infantil) e "progresso".

Resta discutir uma questão essencial. Como é que a prática da democracia está tão avançada no jogo de bolinhas dos meninos de onze a treze anos, enquanto é ainda tão pouco familiar ao adulto, em muitos campos? É evidente que o entendimento em certos terrenos é mais fácil que em outros, como é claro que as regras do "quadrado" não poderiam provocar opiniões apaixonadas, como se verifica numa discussão sobre o direito de propriedade ou a legitimidade da guerra. Mas, independentemente dessas razões (e, no final de contas, será tão evidente que as questões sociais sejam mais importantes, para nós do que o são as regras do jogo para a criança de doze anos?), há outras de grande interesse psicossociológico. De fato, não se deve esquecer que o interesse pelo jogo de bolinhas desaparece por volta dos quatorze ou quinze anos, no mais tardar. Os meninos de onze, treze anos, portanto, não encontram companheiros mais velhos no tocante a esse jogo. Há que se ressaltar um fato importante: não tendo mais que sofrer a pressão de parceiros que se impõem graças ao seu prestígio, os meninos cujas reações acabamos de estudar chegam, evidentemente, muito mais depressa a tomar consciência de sua autonomia, o que não se verificaria se o jogo de bolinhas fosse até os dezoito anos. Da mesma forma, os fenômenos característicos das sociedades adultas seriam completamente outros se a duração média da vida humana fosse sensivelmente diferente. Aliás, essa observação tem impressionado muito pouco os sociólogos, se bem que Augusto Comte tenha dito que a pressão das gerações, umas sobre as outras, era o fenômeno mais importante da vida social.

---

26. *Tratado de Sociologia Geral.*

Veremos, além disso, que a consciência da autonomia surge por volta dos onze anos em numerosos e variados campos. Tal fato seria uma repercussão dos jogos coletivos sobre o conjunto da vida moral da criança? Discutiremos isso mais tarde.

7. UM JOGO DE MENINAS: "PIQUE"

Antes de tirar dos fatos anteriores alguma conclusão geral, talvez seja útil pesquisar se esses fatos são peculiares ao jogo de bolinhas entre os meninos ou se podemos encontrar exemplos da mesma ordem em domínios diferentes. Com esse objetivo, estudamos, procedendo de acordo com o mesmo método, um jogo muito mais simples que o de bolinhas e limitando-nos ao interrogatório das meninas.

A observação mais superficial foi suficiente para mostrar que, em linhas gerais, as meninas têm o espírito jurídico muito menos desenvolvido que os meninos. Não conseguimos, de fato, descobrir entre elas um jogo coletivo que apresentasse tantas regras e, sobretudo, uma coerência tão bela na organização e na codificação dessas regras como acontece no jogo de bolinhas anteriormente estudado. Um exemplo bem significtivo a esse respeito é o jogo da "amarelinha" (ou da Semana, ou, ainda, do Céu) que consiste em fazer cair uma pedrinha achatada, pulando num pé só, através de casas sucessivas que representam os dias da semana ou tudo aquilo que se desejar. Algumas regras, estruturando esse jogo (não cair sobre os dois pés, fazer a pedra entrar com um só lance na casa visada, não deixar a pedra parar sobre uma linha divisória, permitir o descanso numa casa privilegiada chamada "Céu" etc.) mostram bem como seria possível complicar indefinidamente a partida, estabelecendo novas leis, partindo dos dados iniciais. Em lugar disso, as meninas, que, aliás, gostam muito desse jogo, praticando-o muito mais que os meninos, desenvolveram seu engenho, inventando figuras inéditas. Existe, de fato, uma infinidade de tipos de amarelinha: as casas, desenhadas a giz nas calçadas, se sucedem em linhas retas, em linhas paralelas, em hélice, em círculo, em forma oval, em forma de leque etc. Mas, cada jogo continua em si mesmo muito simples e é impossível encontrar a seu respeito as belas codificações e as complicadas jurisprudências que caracterizam o jogo de bolinhas. Quanto a este, as poucas meninas que por ele se interessam parecem se preocupar mais com a habilidade do que com a estrutura jurídica dessa instituição social.

O extremo polimorfismo do jogo da amarelinha, dificultando o interrogatório sobre a consciência das regras, nos levou a estudar um jogo muito simples, que apresenta o mínimo de regras, e a pesquisar até que ponto as meninas consideram essas regras como obrigatórias. Neste novo caso, assim como no precedente, o interesse está, naturalmente, em ver que tipos de obrigação se sucedem com a idade e se as menores são igualmente as mais hostis a qualquer alteração do patrimônio social. Sendo o jogo simples, e ocorrendo que as meninas apenas são interrogadas, deparamo-nos, portanto, com as mais diferentes condições do jogo de bolinhas dos meninos: conseqüentemente, as eventuais analogias terão mais valor para nós.

O jogo do "pique" é uma das formas mais primitivas do esconde-esconde. A menina que "pega" fica num lugar chamado "pique" (= o lugar em que se "bate") e as outras vão se esconder. Uma vez dado o sinal, a menina que "pega" se põe à procura das outras, enquanto estas se esforçam para bater no "pique", antes de se deixarem pegar. Aquela que for alcançada ficará no "pique" na partida seguinte. Quanto à menina que fica no "pique", durante a primeira partida, é sorteada por meio de fórmulas rituais bem conhecidas: "Lá em cima do piano — tem um copo de veneno — quem bebeu — morreu!" etc. É o que nossas jogadoras chamam "sortear": "a última sorteada é a que fica no pique".

Vemos como o jogo é simples. Assim não perderemos tempo descrevendo os estágios de aprendizagem e o da prática dessas regras. Basta-nos distinguir dois estágios, aquele que, em média, é anterior aos sete anos e aquele que se inicia por volta dos seis, sete anos para se prolongar até os onze, doze anos, mais ou menos.

Durante o primeiro desses estágios, que ainda podemos chamar de estágio do *egocentrismo*, a criança experimenta grande prazer em imitar os hábitos regulamentados das mais velhas, mas, na prática, não compreende sua razão de ser e joga essencialmente para si própria, isto é, corre ou se esconde, como, principalmente, fazem as maiores.

Jacqueline (cinco anos e sete meses) começa a aprender o jogo do "pique" através de uma companheira mais velha (dez anos) que, aos seus olhos, goza de um grande prestígio, e joga com essa amiguinha e com algumas crianças de oito a doze anos. Durante todo o jogo (aproximadamente 45 minutos), corre e se esconde, demonstrando o mais vivo prazer, mas sem compreender a razão de ser do "pique". Assim que uma criança atinge esse objetivo, gritando: *"Bati"*, Jacqueline corre para bater também ritualmente, mas sem relação com a conduta das outras. Dessa forma, faz seu joguinho pessoal, à margem da partida verdadeira, e não exige nada mais.

Nos dias seguintes, seu comportamento é o mesmo. Daí a alguns dias, joga, durante uma meia hora, sozinha com a amiga que a ensinou. Eis no que consiste sua atividade: 1º) Não compreende, absolutamente, porque se bate no "pique", mas continua a bater nele, desde que sua companheira o faça (o que não tem nenhum sentido, pois a menina mais velha bate no "pique" justamente para escapar à sua perseguição); 2º) enquanto espera, no "pique", que sua companheira se esconda, trapaceia em sã consciência (olha furtivamente por entre os dedos das mãos fingindo cobrir o rosto, pede ajuda a mim, simples espectador etc.); 3º) sente tanto prazer em perder como em ganhar, sendo que seu único objetivo é ser igual à mais velha, correndo, se escondendo e gritando por sua conta.

Vemos como essa conduta é parecida com as condutas contemporâneas dos jogadores de bolinhas: mistura de imitação dos maiores e de jogo egocêntrico, sem competição nem controle mútuo no tocante à observância das regras. A criança sabe que há regras e respeita suas manifestações exteriores: assim, Jacqueline procura bater no objetivo ritualmente, porque sente que tal rito é obrigatório à prática correta do jogo de "pique". Temos aí, porém, mais uma participação na vida das maiores do que um esforço de cooperação. Quanto à prática dessas regras, aceita toda fantasia individual (não há nem mesmo a consciência de trapacear), pois o objetivo do jogo não é ainda social no sentido da competição regulamentada.

Ao contrário, desde os seis, sete anos, em média, a criança muda de atitude e começa a observar as regras. O que lhe importa, doravante, não é tanto imitar as maiores, agindo por si, mas vencer as companheiras, fazendo exatamente como elas: daí o controle mútuo na prática da lei e o respeito efetivo pelas obrigações (não trapacear quando se está no "pique" etc.). É o que chamaremos o estágio da *cooperação*.

Isso posto, o que serão os sentimentos da criança pela regra? Quando propusermos às jogadoras uma modificação dos hábitos recebidos, assistiremos a uma oposição crescente com a idade, à medida que a criança respeita melhor esses hábitos durante a prática do jogo, ou ao contrário, as meninas, como os meninos, vão querer, pouco a pouco, subordinar a regra ao acordo mútuo e renunciar ao absoluto da tradição coatora?

Os fatos respondem da maneira mais nítida, se bem que com ligeiras diferenças em relação ao que observamos nos meninos. Analogamente, as meninas, também, começam por considerar a lei como intangível e as inovações como ilegítimas, para admitir, em seguida, que as novas regras adquirem força de lei na medida em que são ratificadas pela vontade coletiva. Ao contrário, e é isso que complica o interrogatório, relativamente ao que sabemos dos meninos, essa mudança de orientação se produz a partir da idade de oito anos em média, isto é, quase coincide com o aparecimento do estágio da cooperação. Essa tolerância precoce combina, evidentemente, com o caráter um pouco leve do jogo de "pique".

De uma maneira geral, podemos distinguir três estágios. O primeiro é contemporâneo do começo do próprio jogo, isto é, da primeira metado do estágio egocêntrico. A menina desse primeiro estágio parece disposta a mudar todas as regras, e em nada parece demonstrar um respeito interior pela tradição e pelo exemplo das maiores. Mas, como já vimos a propósito do jogo de bolinhas, isso não é mais que só aparência, e é quando acredita que as modificações propostas correspondem, elas próprias, a decretos anteriores, que a criança as aceita. Assim, Jacqueline bate no "pique" na medida em que vê a prática desse rito, mas, se omitimos esse dever, não vai, absolutamente, se perturbar, porque acha que "ele se cumpre" igualmente assim. É inútil voltarmos a esse período, aliás curto e muito difícil de ser analisado devido à falta de coerência nas respostas da criança.

Durante um segundo estágio, que se estende, em média, até quase o fim do sétimo ano, as meninas que interrogamos se mostram resolutamente ligadas ao hábito reinante. Além disso, como os meninos, acham que as regras do jogo têm uma origem adulta e quase divina:

MOL (seis anos e meio): "Nesse jogo, será que há coisas que devem ser feitas e coisas que não devem? — *Sim. As coisas que devem ser feitas são as regras do jogo.* — Será que você poderia inventar uma nova regra? — ... — E se dissermos que a terceira sorteada é a que ficará no "pique"? — *Sim.* — Isso seria aceito, ou não? — *Isso seria aceito.* — Seria uma regra justa, como as outras? — *Menos justa.* — Por quê? — *Porque é preciso que a última sorteada seja a que fique no pique.* — E se todas jogassem assim, tornar-se-ia uma regra justa? — *Não.* — Por quê? — *Porque o jogo não é assim.* — Como foi que as regras começaram? — ... — Como você conhece a maneira como se deve jogar? — *Aprendi, na primeira vez eu não sabia jogar. Jogava com uma menina que me ensinava.* — E esta menina como sabia? — *Ela aprendeu.* — E a sua mãe, jogava quando era pequena? — *Sim. Foi a professora que a ensinou.* — Mas como foi que o jogo começou? — *Aprendeu-se com a professora.* — Foram os homens ou as crianças que inventaram essas regras? — *Os homens.* — E se uma criança inventa uma nova regra, esta será aceita? — *Não.* — Por quê? — *Porque não seria conhecida direito".*

AGE (sete anos) admite que a menina sorteada em terceiro lugar poderia ficar no pique em lugar da primeira, mas se recusa a reconhecer como "justa" essa nova regrra: "Seria ela uma verdeira regra? — *Sim.* — Justa? — *Não. Porque não é assim que se joga."* (A conversa recomeça depois do recreio.) "Seria aceita essa nova regra? — *Não, porque a primeira sorteada é que deve ficar no pique.* — Por quê? — *Porque não é justa.* — Mas se todas jogassem assim? — *Não seria aceita, porque a terceira não deve ficar no pique."*

BON (sete anos) admite que suas companheiras ficariam contentes com tal inovação, mas *"não seria justa.* — Por quê? — *Porque é falsa, e isso perturba todo o jogo".*

ROS (oito anos e meio) inventa uma nova regra: *"Poderíamos dizer que só uma vai se esconder e depois as outras a procurariam.* — Isso é válido para jogar? — *Sim.* — Essa nova maneira é mais justa ou menos justa que a outra? — *Menos justa.* — Por quê? — *Porque não se joga dessa maneira.* — Mas, se todas jogassem assim? — *Seria um pouquinho mais justa.* — Por que um pouquinho? — *Porque é quase da mesma maneira.* — Mas não totalmente justa? — *Não.* — Por quê? — ... — E se todas concordassem em jogar assim, seria ou não a mesma coisa? — *Seria...* (em tom de concessão). — É melhor jogar sempre a mesma coisa ou é melhor mudar? — *É melhor mudar* (mesmo tom). — Por quê? — *Porque é mais verdadeiro esse jogo.* — Qual? — *Não o que eu inventei!* — Então é melhor mudar ou deixar como ele é? — *Deixar como ele é."* O jogo de pique foi inventado por "um senhor". "O jogo mudou ou é o mesmo desde a época em que foi inventado? — *Sim, não mudou.* — Mas, se quisermos, podemos mudá-lo? — *Sim.* — As crianças? — *Sim.* — Se elas inventam alguma coisa, será mais ou menos justa? — *Menos justa.* — Por quê? — *Porque não é o verdadeiro jogo.* — Qual é o verdadeiro jogo? — *O que aquele senhor inventou.* — Por quê? — *Porque é sempre esse que se joga."*

LIL (oito anos e dez meses): "Como foi que o jogo começou pela primeira vez? — *Creio que foi uma senhora que o inventou."* "Você acredita que, desde

72

então, o jogo tenha mudado? — *Pode ser que o tenham mudado.* — Quem foi que o mudou, os adultos ou as crianças? — *Os adultos.* — Mas você acredita que as crianças possam mudá-lo? — *Podem.* — Você, por exemplo, se quisesse? — *Se eu quisesse, sim!* — Seria aceito ou não? — *Seria assim, assim.* — Suas companheiras ficariam contentes? — *Também ficariam contentes.* — Seria tão justo ou menos justo? — *Menos justo.* — Justo como? — *Eu creio que a senhora que o inventou fez uma coisa melhor.* — Por quê? — *Porque as pessoas maiores são mais inteligentes, porque freqüentaram a escola há mais tempo que as crianças.''*

Vemos que, sem atingir talvez o conformismo dos meninos, as meninas mostram, todavia, durante o estágio agora considerado, um senso de tradição suficiente para confirmar o respeito à regra. Reencontramos, mesmo, a noção do direito divino das mães para estabelecer as leis do jogo do pique: *"Foi Deus que as ensinou"*, nos diz Buc, de seis anos.

Mas, já aos oito anos, uma boa metade das meninas interrogadas mudaram de opinião e declararam que a regra nova vale como a regra antiga, com a condição de ser prática e, principalmente, reunir as adesões. É nesse ponto que as meninas nos pareceram ligeiramente diferentes dos meninos, por serem mais tolerantes e mais facilmente satisfeitas com as inovações. Tomemos dois exemplos desse terceiro estágio:

BAG (dez anos e quatro meses) é chamada para julgar uma nova regra proposta por uma companheira e que consiste em não "se debater" quando se é apanhada (presa): "É tão justa ou menos justa? — *Tão justa.* — É uma verdadeira regra ou não? — *Uma verdadeira regra.* — O que é uma verdadeira regra? — *É uma coisa que se joga de verdade.* — Mas ainda não se jogou com a regra inventada por sua companheira. Mesmo assim ela é verdadeira ou não? — *Ela é verdadeira.* — Seria bem aceita? — *Sim.* — Suas companheiras ficariam contentes ou não? — *Contentes não, porque nunca desejariam ser 'pegas'* (como aquela). — E se elas concordassem, seria justa ou não? — *Sim.''*

CHO (nove anos): "Seria essa regra tão verdadeira como as outras? — *Não.* — Por quê? — *Porque nunca se joga assim.* — Será que se poderia jogar assim? — *Sim.* — Suas companheiras gostariam? — *Sim.* — Seria essa nova regra mais justa ou menos justa que a outra? — *É a mesma coisa.* — Qual é a mais verdadeira? — *É a mesma coisa.''* "Como começaram as regras? — *Alguém as inventou.* — Quem? — *Uma criança... Havia crianças que jogavam e as fizeram.* — essas regras das crianças eram justas? — *Sim.* — Quando uma regra é justa? — *Quando é fácil de fazer.* — Quando é verdadeira? — *Quando é fácil de jogar.''*

Vemos que essas reações, bem características, que obtivemos entre as meninas, são, ao mesmo tempo, semelhantes e diferentes das dos meninos. Assemelham-se no ponto em que a cooperação entre as jogadoras acarreta, pouco a pouco, o declínio da mística da regra: a regra não é mais um imperativo proveniente do adulto e que se impõe sem discussão, é um meio de acordo resultante da própria cooperação. Mas, sobre esse acordo, as meninas são menos explícitas que os meninos, e é nisso que podemos considerá-las como menos preocupadas com a elaboração jurídica. Contanto que o jogo seja possível, a regra é boa. A tolerância das jogadoras é assim muito grande e não lhes ocorre a idéia de introduzir os *distinguo*[27] e codificar os casos possíveis ou as próprias condições do acordo.

Essa diferença vincula-se ao caráter um tanto leve do jogo de "pique" ou à própria mentalidade das menininhas? Sem dúvida, isso vem a dar na mesma, já que constatamos que todos os jogos de meninas participam desse polimorfismo e dessa tolerância. Aliás, isso pouco importa, e não nos competiria estudar aqui essa oposição. O que é suficiente ressaltar, do ponto de vista da psicologia da regra, é que, apesar dessas diferenças na estrutura do jogo e, verdadeiramente, na mentalidade das jogadoras, reencontramos o mesmo processo existente na evolução do jogo de bolinhas: primeiramente, um respeito místico pela lei, tida como intocável e de origem transcendente, depois uma cooperação que liberta os indivíduos de seu egocentrismo prático e introduz uma noção nova e imanente da regra.

8. CONCLUSÕES: I. A REGRA MOTORA E OS DOIS RESPEITOS

É necessário, para que possamos prosseguir com proveito nossa análise, que procuremos tirar dos fatos anteriormente expostos algumas conclusões que nos servirão de hipóteses orientadoras no decorrer dos próximos capítulos. Em outras palavras, tentaremos destacar, da sucessão dos estágios estudados, alguns processos de evolução suscetíveis de serem encontrados a seguir.

Duas questões prévias se nos colocam. A primeira, a respeito das diferenças de estrutura e das diferenças de grau. A regra evolui com a idade: nem a prática, nem a consciência da regra são idênticas aos seis anos e aos doze. Temos aí uma mudança de natureza ou uma mudança de grau? Depois de termos feito tudo para apresentar o pensamento da criança como diferente do pensamento do adulto em natureza e não somente em grau, confessamos não mais saber ao certo o que essas palavras significam. Do ponto de vista metodológico, têm, é verdade, um sentido bem claro: desconfiar das analogias muito rápidas e procurar as diferenças, que são pouco visíveis, antes de encontrar as semelhanças que se imporão por si próprias. Mas, do ponto de vista teórico? No domínio psicológico, toda diferença de grau é uma diferença de qualidade, como bem o mostrou Bergson. Inversamente, não se concebe uma diferença de natureza sem uma continuidade pelo menos funcional, o que permite reencontrar entre duas estruturas, em que uma sucede à outra, uma gama de graus sucessivos. Depois de ter procurado descrever

---

27. Palavra latina; fórmula da antiga argumentação escolástica, que significa *eu distingo*. (N. da R.)

uma mentalidade infantil distinta da do adulto, fomos obrigados, por exemplo, a reencontrá-la entre os adultos na medida em que permanecem crianças. É um caso particular da psicologia moral, uma vez que certos traços da moral infantil nos aparecem, desde já, ligados a uma situação que predomina na criança (o egocentrismo resultante da desigualdade entre a criança e o ambiente adulto que exerce pressão sobre ela), mas que pode ser encontrada no adulto, em particular nas sociedades conformistas e gerontocráticas, ditas primitivas. Ao contrário, em certas circunstâncias, no decorrer das quais experimenta novas condutas, cooperando com seus semelhantes, a criança já é adulta. O adulto todo já está na criança, a criança toda também está no adulto. A diferença de natureza reduz-se então a isto: há, na criança, atitudes e crenças que o desenvolvimento intelectual eliminará, na medida do possível, há outras, que assumirão sempre maior importância; e, das primeiras às segundas, não há filiação simples, mas antagonismo parcial. Os dois grupos de fenômenos se encontram na criança e no adulto, mas os primeiros predominam nela, os outros, no adulto: é uma questão de dosagem, esclarecendo-se que toda diferença de dosagem é, ao mesmo tempo, uma diferença de qualidade global, visto que o espírito é um só.

Entre os diferentes tipos de regras, que iremos distinguir, haverá, então, ao mesmo tempo, continuidade e diferença qualitativa: continuidade funcional e diferença de estrutura. Todo corte da realidade psicológica em estágios é, então, arbitrário. Acresce-se a isso uma complicação oriunda da lei de tomada de consciência e dos desvios daí resultantes: o aparecimento de um novo tipo de regras no plano da prática nem conduz mais ao aparecimento de uma nova consciência da regra, devendo cada operação psicológica ser retomada nos diferentes planos da ação e do pensamento. Portanto, não há estágios globais que definam o conjunto da vida psicológica de um indivíduo, num dado momento de sua evolução: os estágios devem ser concebidos como as fases sucessivas de processos regulares, os quais se reproduzem como ritmos, nos planos superpostos do comportamento e da consciência. Um indivíduo estará, por exemplo, no estágio da autonomia no que se refere à prática de determinado grupo de regras, permanecendo a consciência dessas regras ainda mais eivada de heteronomia, da mesma forma que a prática de outras regras mais refinadas[28]: portanto, não poderíamos falar de estágios globais caracterizados pela autonomia ou pela heteronomia, mas apenas de fases de heteronomia e de autonomia, definindo um processo que se repete a propósito de cada novo conjunto de regras ou de cada novo plano de consciência ou de reflexão.

Uma segunda questão prévia se nos apresenta: a do social e do individual. Procuramos opor a criança ao adulto civilizado em nome de

---

28. Um menino de dez anos, por exemplo, dará prova de autonomia na prática das regras do jogo de bolinhas, porém de heteronomia na medida em que toma consciência dessas regras e observa as estipulações relativas à mentira ou à justiça.

suas respectivas atitudes sociais: o bebê (no estágio da inteligência motora) é associal, a criança egocêntrica é objeto de coações, mas pouco inclinada à cooperação, o adulto civilizado contemporâneo apresenta o caráter essencial de uma cooperação entre personalidades diferenciadas, considerando-se iguais entre si. Há, portanto, aí, três tipos de condutas: condutas motoras, egocêntricas (com coação exterior) e cooperação. A esses três tipos de comportamento social correspondem três tipos de regras: a regra motora, a regra devida ao respeito unilateral e a regra devida ao respeito mútuo. Mas, nesse ponto, ainda não convém sermos absolutos: tudo é motor, individual e social, ao mesmo tempo. Veremos que, sob certos aspectos, a regra de cooperação deriva da regra coercitiva e da regra motora. Além disso, coerção existe desde os primeiros dias de vida, e as primeiras relações sociais contêm os germes da cooperação. Aqui, de novo, trata-se de questão de dosagem como de qualidades sucessivas, e o jogo das tomadas de consciência e dos desvios impede de dispor os fenômenos em série, como se aparecessem numa única cena para desaparecerem, em seguida, de uma vez por todas.

Tomadas essas precauções, procuremos discriminar os processos de conjunto que comandam a evolução da noção de regra. Se a linguagem e o pensamento discursivo, obrigatoriamente cinematográficos, segundo uma célebre metáfora, nos impelem a descontinuidades muito acentuadas, que se entenda, de uma vez por todas, tratar-se de artifícios de análise e não de resultados objetivos.

Dito isso, o conjunto dos dados pesquisados sobre o jogo parece revelar a existência de três tipos de regras, cujo problema consistirá em determinar as relações exatas: a *regra motora*, oriunda da inteligência motora pré-verbal e relativamente independente de toda relação social, a *regra coercitiva*, oriunda do respeito unilateral, e a *regra racional*, oriunda do respeito mútuo. Examinemos essas três regras sucessivamente.

A regra motora. Em suas origens, a regra motora se confunde com o hábito. A maneira de pegar o seio, de colocar a cabeça no travesseiro etc., se cristaliza desde os primeiros meses em hábitos imperativos. Por isso é que a educação deve começar desde o berço: acostumar a criança a se desembaraçar sozinha ou acalmá-la, balançando-a, constitui o ponto de partida de um bom ou de um mau caráter. Mas não é todo hábito que dá nascimento a uma consciência da regra. É preciso, primeiramente, que o hábito seja contrariado e que o conflito daí resultante dê nascimento à procura ativa do habitual. É preciso, sobretudo, que se perceba que a sucessão é regular, isto é, que haja julgamento ou consciência da regularidade (*Regelbewusstsein*). A regra motora resulta, portanto, de uma espécie de sentimento da repetição, que nasce por ocasião da ritualização dos esquemas de adaptação motora. As regras primitivas do jogo de bolinhas (lançar do alto, amontoar as bolinhas, enterrá-las etc.) que observamos por volta dos dois, três anos, não são outra coisa. No ponto de partida dessas condutas está uma necessidade de exercício, levando-se em conta a natureza particular do objeto manipulado. A criança começa por fazer entrar as bolinhas que lhe damos neste ou naquele esquema de assimilação já conhecido: fazer um ninho, esconder na terra etc. Depois, acomoda seus esquemas à natureza do objeto: impedi-las de rolar, colocando-as numa cavidade, lançá-las do alto etc. Essa mistura de assimilação aos esquemas anteriores e de acomodação às condições atuais define a inteligência motora. Mas, e é aqui que as regras têm origem, assim que um equilíbrio se estabeleça entre a acomodação e a assimilação, as condutas adotadas se cristalizam e se ritualizam. Mesmo novos esquemas se estabelecem, os quais a criança investiga e conserva com cuidado, como se fossem obrigatórios ou plenos de eficácia.

Mas há, no decorrer desses primeiros comportamentos, consciência da obrigação ou percepção do caráter necessário da regra? Não acreditamos nisso. Sem dúvida, sem o sentimento da regularidade, que aparece como constitutivo de toda inteligência e que caracteriza já tão nitidamente a inteligência motora, a consciência da obrigação nunca apareceria. Porém, há algo mais, nessa última, do que a simples consciência da regularidade: há um sentimento de respeito e de autoridade, que não pode provir de um só indivíduo, como bem o demonstraram Durkheim e Bovet. Poderíamos até ser tentados a não situar o início da regra senão através dessa consciência da obrigação, portanto, através do social. Todavia, resulta dos fatos reunidos por nós que o caráter obrigatório e sagrado é apenas um episódio na evolução da noção de regra. Depois do respeito unilateral, surge o respeito mútuo; a regra torna-se, deste modo, racional, isto é, apresenta-se como o produto de um mútuo engajamento: ora, o que é essa regra racional, senão a regra motora primitiva, mas subtraída do capricho individual e submetida ao controle da reciprocidade?

Examinemos, agora, a influência das relações interindividuais sobre a constituição da regra. Primeiramente, repetimos que o social está por toda parte. Desde o nascimento, certas regularidades são impostas pelo adulto, e, como o mostramos em outra oportunidade[29], toda regularidade observada na natureza, toda "lei", aparece, durante muito tempo, à criança como física e moral ao mesmo tempo. Mesmo no que se refere ao período pré-verbal, caracterizado pela regra motora pura, pudemos falar de uma "sociologia" da criança. É por isso que a Sra. Ch. Bühler, em seus interessantes estudos sobre o primeiro ano, notou, com precisão, quanto o bebê se interessava mais pelas pessoas que pelas coisas. Só que, duas circunstâncias nos impedem de achar que esses fatos tenham uma grande importância no que concerne à elaboração das regras motoras. Em primeiro lugar, o bebê, assim como Sra. Bühler

---

29. *R.M.* e *C.P.*

argutamente o notou, interessa-se muito mais pelo adulto do que pelos seus semelhantes: é bem nesse ponto que o indício, ou melhor o interesse pelo que é grande, poderoso, misterioso (sem considerar os interesses alimentares e o conforto físico ligados às pessoas dos pais) predomina ainda sobre o social puro, ou — o que dará, talvez, no mesmo? — que as relações interindividuais, fundadas no respeito unilateral e na admiração, prevalecem sobre as relações de cooperação. Nos dois casos, um bebê de dez a doze meses, que elabora todas as espécies de rituais enquanto manipula os objetos, pode ser influenciado, indiretamente, por seus sentimentos em relação ao adulto, mas, nem ele nem o observador poderiam diferenciar essas influências no conjunto de seu universo. Ao contrário, a mesma criança, por volta dos dois anos, sabendo falar ou compreender a linguagem, tomará uma consciência muito acentuada das regras impostas (sentar-se à mesa ou ir para a cama, quando deseja brincar etc.) e as distinguirá, perfeitamente, das regras motoras ou rituais estabelecidas por ela mesma no decorrer de seus jogos. É essa coação progressiva do ambiente sobre criança que consideramos como a intervenção do social.

No caso das regras do jogo, a descontinuidade relativa desse processo e dos processos simplesmente motores é patente. Num dado momento, a criança vê os mais velhos que jogam bolinhas de acordo com um código. Imediatamente, tem o sentimento de que ela própria *deve* jogar desse modo. De uma só vez, assimila as regras assim adotadas ao conjunto de instruções que disciplinam sua vida, isto é, de imediato, situa o exemplo dos mais velhos no mesmo plano em que se encontram os mil hábitos e obrigações impostos pelo adulto. Aí não há raciocínio explícito. Por volta dos três ou quatro anos, a criança está saturada de regras adultas. Seu universo é dominado pela idéia de que as coisas são tais como devem ser, que os atos de cada um estão conformes às leis, ao mesmo tempo morais e físicas, em suma, que há uma ordem universal. A revelação das regras do jogo, do "verdadeiro jogo" praticado pelos mais velhos, é, logo à primeira vista, incorporada a esse universo. A regra assim imitada é, de imediato, sentida como obrigatória e sagrada.

Só que o resultado essencial de nossa pesquisa, resultado esse que a seqüência desta obra confirmará sem cessar, é que o social não é uno. Se há uma descontinuidade relativa entre a atividade motora e a intervenção do adulto, existe uma descontinuidade não menos perceptível entre o respeito unilateral, que caminha a par dessa intervenção, e o respeito mútuo, que se estabelece, pouco a pouco, em seguida. Insistamos uma vez mais: trata-se, nesse ponto, de uma questão de dosagem tanto como de qualidade. Entre o respeito unilateral do pequeno, que recebe uma ordem sem réplica possível, e o respeito mútuo de dois adolescentes, que trocam seus pontos de vista, há todos os intermediários. Nunca há coação pura, portanto, nunca há respeito puramente unilateral: a criança, por mais submissa que seja, tem a impressão de que pode ou poderia discutir, que uma simpatia mútua envolve as relações, por mais autoritárias que sejam. Inversamente, nunca há cooperação absolutamente pura: em toda discussão entre iguais, um dos interlocutores pode fazer pressão sobre o outro através de desafios, ocultos ou explícitos, ao hábito e à autoridade. Ainda mais, a cooperação aparece como o termo-limite, como o equilíbrio ideal para o qual tende toda relação de coação: à medida que a criança cresce, suas relações com o adulto se aproximam da igualdade, e, na medida em que as sociedades evoluem, as representações coletivas dão mais margem à livre discussão entre indivíduos. Todavia, a cada nova dosagem da cooperação e da coação, corresponde uma nova qualidade dos estados de consciência e das condutas, e, por mais artificial que seja a análise, importa distinguir esses dois processos, na medida em que conduzem a resultados diferentes.

Examinemos, primeiramente, o *respeito unilateral* e a *regra coercitiva* à qual ele conduz. O fato que a nós parece dominar a discussão e diferenciar melhor esse tipo de respeito do seguinte, é a união tão estreita que constatamos entre o respeito oriundo da coação dos mais velhos ou dos adultos e a conduta egocêntrica da criança de três e sete anos. Retomemos, portanto, essa questão, para apreender seu significado geral.

Recordando, os fatos são os seguintes: de um lado, a criança está persuadida de que há regras, "verdadeiras regras", e de que é preciso se conformar com elas, porque são sagradas e obrigatórias; mas, por outro lado, se ela observa vagamente o esquema geral dessas regras (fazer um quadrado, visá-lo etc.), joga, mais ou menos, tal como fazia no decorrer do estágio motor, isto é, para si, sem se incomodar com os companheiros, divertindo-se com seus próprios movimentos muito mais do que com as próprias regras, confundindo sua fantasia com a universalidade.

A interpretação desses fatos exige ser examinada de perto, tão fáceis são os equívocos ao se abordar o problema da socialização da criança. Lembremos, primeiramente, que o comportamento dos meninos de três a sete anos no tocante ao jogo de bolinhas é por completo comparável ao comportamento das crianças de mesma idade em suas conversações, ou, em geral, em sua vida social e intelectual. Só que o egocentrismo, comum a todas essas condutas, pode ser interpretado de duas maneiras pelo menos. Para uns — entre os quais acreditamos poder nos colocar, em decorrência de nossos trabalhos anteriores —, o egocentrismo é pré-social, no sentido em que marca uma transição entre o individual e o social, entre o estágio motor e quase solipsista do bebê e o estágio da cooperação propriamente dito: por mais estritamente combinado que esteja o egocentrismo com o respeito unilateral, essa mistura de coação e subjetividade, que caracteriza o estágio de dois a sete anos, nos parece, de fato, menos social que a cooperação (achando-se só esta em condições de constituir as realidades racionais em moral e em lógica). Para outros, ao contrário, as condutas egocêntricas não constituem, absolutamente, condutas pré-sociais — permanecendo o social idêntico a si próprio, no decorrer de todos os estágios —, mas comportamentos de alguma foma "parassociais", análogos ao que se produz no adulto quando o sentimento particular obnubila a objetividade, ou quando a incompetência de um indivíduo o deixa à margem de uma discussão da qual não pode participar.[30] Para os autores desse segundo grupo, não há diferença essencial entre a cooperação e a coação, donde a permanência do social em todo o decorrer da evolução psicológica.

Os fatos sobre os quais versa a presente discussão são de molde, parece-nos, a afastar tais equívocos: o egocentrismo é, ao mesmo tempo, pré-social, em relação à cooperação ulterior, e parassocial, ou social simplesmente, em relação à coação, da qual constitui, mesmo, o efeito mais direto.

Basta, para compreender isso, analisar as relações dos grandes e dos pequenos. Todos os observadores notaram que quanto mais nova é a criança, menor é sua percepção sobre o próprio eu. Do ponto de vista intelectual, não distingue o externo do interno, o subjetivo do objetivo. Sob o aspecto da ação, cede a todas as sugestões, e, se opõe à vontade de outrem um certo negativismo, que se denomina "espírito de contradição"[31], esse fato vem a ser, precisamente, o indício de sua falta efetiva de defesa contra o ambiente (os fortes não precisam dessa arma para manter sua personalidade). Desde então, o adulto ou o mais velho tem todo poder sobre ela: impõem suas opiniões e suas vontades. A criança as aceita sem se dar conta. Só que, e nesse ponto surge a contrapartida, não dissociando seu eu do mundo ambiente — físico ou social, pouco importa —, mistura a tudo o que pensa e a tudo o que faz noções ou práticas devidas à intervenção de seu eu, desconhecendo serem subjetivas, que paralisam a socialização completa. Sob o ponto de vista intelectual, assimila sua fantasia às opiniões recebidas, donde a pseudomentira (ou mentira sincera), o sincretismo e todos os aspectos do pensamento infantil. Do ponto de vista da ação, interpreta, à sua maneira, os modelos adotados, donde, por exemplo, o jogo egocêntrico que acabamos de estudar. O único meio de evitar estas refrações individuais implicaria numa verdadeira cooperação, de tal maneira que a criança e o mais velho executassem, cada um, a parte de sua individualidade e a parte das realidades comuns. Porém, justamente, para conseguir isso, são necessários espíritos que se interpenetrem e que se relacionem entre si, portanto, a igualdade e a reciprocidade, assim como realidades que não criem o respeito unilateral tal como ele é.

---

30. Ver BLONDEL, A Linguagem e o Pensamento na Criança, Segundo um Livro Recente, *Revista. Hist. Fil. Relig.* (Estrasburgo), vol. IV, 1924, págs. 474 e segs.
31. Ver Sra. REYNIER, O Espírito de Contradição na Criança, *A Nova Educação*, V, 1926, págs. 49-52.

O egocentrismo, na medida em que é confusão do eu com o mundo exterior, e o egocentrismo, na medida em que é falta de cooperação, constituem um único e mesmo fenômeno. Enquanto a criança não dissocia seu eu das sugestões do mundo físico e do mundo social, não pode cooperar, porque, para tanto, é preciso estar consciente de seu eu e situá-lo em relação ao pensamento comum. Ora, para tornar-se consciente de seu eu, é necessário, exatamente, libertar-se do pensamento e da vontade do outro. A coação exercida pelo adulto ou pelo mais velho e o egocentrismo inconsciente do pequeno são, assim, inseparáveis.

Se nos reportarmos, agora, às sociedades de crianças com menos de oito anos, observaremos, continuamente, tais fenômenos. Nenhum meio é mais propício ao contágio, à coação dos mais velhos: cada gesto dos menores é, por assim dizer, comandado ou sugerido. Portanto, não há, aí, individualidades autônomas, consciências que se impõem, porque obedecem, elas próprias, a uma lei interior. E, todavia, há infinitamente menos unidades, menos cooperação ral que numa sociedade de crianças de doze anos. Egocentrismo e imitação formam um só todo,[32] como, em seguida, autonomia e cooperação. Portanto, não é por acaso que quase todas as crianças assimilaram as regras aprendidas num tal meio às regras impostas pelos adultos e pelos próprios pais.

Talvez possamos ir mais longe ainda e pôr o egocentrismo em relação com as crenças na origem divina das instituições. O egocentrismo infantil é então, em sua essência, uma indiferenciação entre o eu e o meio social. Ora, decorre dessa indiferenciação que as próprias tendências dominam o espírito, sem que este o perceba, na medida em que não são reduzidas ou conscientizadas pela cooperação. Mas, da mesma forma, todas as opiniões, todas as instruções adotadas aparecem à consciência como sendo de origem transcendente. Já notamos (5) essa dificuldade, tão significativa, que sentem os bem pequenos em saber o que inventam por si próprios e o que lhes é imposto de fora. O conteúdo da consciência é sentido, ao mesmo tempo, como muito familiar e como suprapessoal, permanente e de alguma forma revelado. Nada é mais próprio às recordações da infância do que essa impressão complexa de atingir o que se possui de mais íntimo e, ao mesmo tempo, de ser dominado por algo superior, que aparece como uma fonte de inspiração. Absolutamente, não há misticismo sem transcendência. Inversamente, não há transcendência sem um certo egocentrismo. Talvez seja preciso procurar a gênese desses fatos na situação única da criança em relação aos adultos que a cercam. A doutrina da origem filial do sentimento religioso parece-nos, sobre tal ponto, singularmente forte.

Para os limitarmos à análise do jogo de bolinhas, é extremamente sintomático constatar que são precisamente os pequenos, e não os grandes, que acreditam na origem adulta das regras, se bem que não saibam

---

32. Ver *L.P.* pág. 57.

praticá-las realmente. É uma crença análoga à das sociedades conformistas, que remontam suas leis e costumes a uma vontade transcendente. A explicação é sempre a mesma: enquanto uma prática não é elaborada pela consciência autônoma, permanecendo, por assim dizer, exterior aos indivíduos, essa exterioridade se simboliza sob a forma de transcendência. Ora, na criança, a exterioridade e o egocentrismo formam um todo na medida em que o egocentrismo é mantido pela coação ambiente. Portanto, não é em virtude de aproximações casuais, que tenham as crianças dos estágios inferiores apresentado o máximo de respeito pelas regras, ao mesmo tempo, que as mais nítidas crenças numa origem transcendente dessas regras. É pelo fato de existir uma lógica interna, que vem a ser a do respeito unilateral.

Retomemos, agora, o *respeito mútuo* e as *regras racionais*. Parecenos que há, entre o respeito mútuo e a autonomia da consciência, a mesma relação existente entre o respeito unilateral e o egocentrismo. Acrescente-se a isso somente a circunstância essencial de que o respeito mútuo, bem mais que o respeito unilateral, encontra o elemento de racionalidade anunciado desde a inteligência motora inicial, ultrapassando, assim, o episódio marcado pela intervenção da coação e do egocentrismo.

Vimos, a respeito dos próprios fatos, a correlação evidente que liga a cooperação à consciência da autonomia. No momento em que as crianças começam a se submeter verdadeiramente às regras e a praticá-las segundo uma cooperação real, formam uma concepção nova da regra: pode-se mudá-las, com a condição de haver entendimento, porque a verdade da regra não está na tradição, mas no acordo mútuo e na reciprocidade. Como interpretar tais fatos? Basta, para compreendê-los, partir da equação funcional que une a coação ao egocentrismo, fazendo passar o primeiro membro da equação pelos valores sucessivos, ligando a coação à cooperação. No ponto de partida dessa progressão genética, a criança não tem, ainda, a noção do seu eu: sofre as coações do ambiente e as deforma em função da sua subjetividade, mas sem distinguir o que vem desta última e o que procede das pressões ambientais. A regra lhe parece, assim exterior e de origem transcendente, se bem que, de fato, a criança mal se submeta a ela. Agora, conforme a cooperação substitui a coação, a criança dissocia seu eu do pensamento de outro. Com efeito, quanto mais cresce, menos sofre o prestígio do mais velho, mais discute de igual para igual e mais oportunidade tem de livremente opor, além da obediência, da sugestão ou do negativismo, seu ponto de vista ao ponto de vista de qualquer outro: desde então, não só descobre a fronteira ente o eu e o outro, como aprende a compreender o outro e a se fazer compreender por ele. Logo, cooperação é fator de personalidade, se entendermos por personalidade não o eu inconsciente do egocentrismo infantil, nem o eu anárquico do egoísmo em geral, mas o eu que se situa e se submete, para se fazer respeitar, às normas da reciprocidade e da discussão objetiva. A personalidade é, deste modo, o contrário do eu,[33] o que explica porque o respeito mútuo de duas personalidades, uma pela outra, é um respeito verdadeiro, em lugar de se confundir com o mútuo consentimento de dois "eu" individuais, suscetíveis de ligar parte do mal e parte do bem. Sendo a cooperação fonte de personalidade, na mesma ocasião as regras deixam de ser exteriores. Tornam-se, ao mesmo tempo, fatores e produtos da personalidade, segundo um processo circular tão freqüente no decorrer do desenvolvimento mental. A autonomia sucede assim à heteronomia.

Vemos, por essa análise, quanto o respeito mútuo atinge resultados quantitativamente novos em relação aos do respeito unilateral. E, no entanto, aquele procede deste. O respeito mútuo é, por assim dizer, a forma de equilíbrio para a qual tende o respeito unilateral, quando as diferenças desaparecem entre a criança e o adulto, o menor e o maior, como a cooperação constitui a forma de equilíbrio para a qual tende a coação, nas mesmas circunstâncias. Apesar dessa continuidade de fato, é preciso, então, distinguir os dois respeitos, porque seus resultados são tão diferentes, quanto a autonomia o é do egocentrismo.

Além disso, podemos dizer que o respeito mútuo ou a cooperação nunca se verificam completamente. São formas de equilíbrio não só limitadas, mas ideais. Sempre e por toda parte, o contingente das regras e das opiniões ambientes pesa sobre o espírito individual, em virtude de uma coação mesmo ínfima, e só em princípio é que a criança de doze a quatorze anos pode submeter todas as regras a seu exame crítico. No próprio adulto, o homem, por mais racional que seja, não submete, verdadeiramente, à sua "experiência moral" senão uma parte ínfima das regras que o cercam: por mais desejoso que estivesse de sair de sua "moral provisória", Descartes, porém, permaneceu fiel a ela a vida toda.

Mas, que a cooperação seja, de fato, inteiramente realizada ou que permaneça, em parte, um ideal de direito, essa não é a questão. Do ponto de vista psicológico, a mesma regra constitui, totalmente, uma outra realidade para a criança de sete anos, que a considera como sagrada e intocável, e para a criança de doze anos, a qual, sem chegar a isso, só a considera como válida, depois do mútuo consentimento. A grande diferença entre a coação e a cooperação, ou entre o respeito unilateral e o respeito mútuo, é que a primeira impõe crenças ou regras completamente feitas, para serem adotadas em bloco, e a segunda apenas propõe um método de controle recíproco e de verificação no campo intelectual, de discussão e de justificação no domínio moral. Que esse método se adapte, de imediato, ao conjunto das regras ambientes ou a determinado aspecto da conduta, pouco importa: uma vez constituído, aplica-se, de direito, a tudo.

Essa diferença essencial entre a coação e a cooperação, uma impondo regras totalmente elaboradas e outra, um método de elaboração

---

33. Ver Ramón FERNÁNDEZ, *Da personalidade*, Au Sans-Pareil (Paris), 1928.

das próprias regras, nos permite responder, desde já, a uma objeção que não deixará de surgir no decorrer de nossa análise dos resultados do respeito mútuo. Supondo que o respeito mútuo constitua o fator essencial da conduta das crianças de doze, treze anos ou mais, como atribuir-lhe um efeito propriamente moral? Vimos bem como o mútuo consentimento basta para explicar a constituição das regras do jogo, pois que o interesse e o prazer da criança a impelem a jogar. Mas, no que se refere às próprias regras morais (não mentir, não roubar etc.), por que o respeito mútuo não impele as crianças a concordar com o que os adultos consideram como um mal? O mútuo consentimento de um bando de vagabundos, cuja atividade coletiva consiste em pilhar ou pregar peças em pessoas honestas, não é comparável, psicologicamente, ao respeito mútuo dos jogadores de bolinhas? Mas, sem mencionar que, mesmo numa sociedade de assaltantes, pode existir um certo altruísmo e uma certa honra entre os indivíduos do grupo, podemos resolver facilmente essa dificuldade. Primeiro, é preciso distinguir, como vimos há pouco, o mútuo consentimento em geral e o respeito mútuo. Pode haver mútuo consentimento no vício, porque nada impede que as tendências anárquicas de um indivíduo convirjam para as de outro. Ao contrário, quem diz "respeito" (isso é verdadeiro, pelo menos no tocante ao respeito mútuo) diz admiração por uma personalidade, enquanto, justamente, essa personalidade se submete a regras. Portanto, só poderá haver respeito mútuo por aquilo que os próprios indivíduos considerarem como moralidade.

Em seguida, desde que haja cooperação (em todos os campos, tanto morais como intelectuais), é preciso então distinguir o método e seus resultados, em outras palavras, segundo as expressões tão profundas de um lógico contemporâneo, a "razão (prática ou teórica) constituinte" e a "razão constituída". Existem, assim duas espécies de regras, as regras de constituição, que tornam possível o exercício da cooperação, e as regras constituídas, que resultam desse mesmo exercício. Já fomos levados a essa distinção no que se refere às regras do jogo. As regras do quadrado, da "coche" etc., observadas pelas crianças de onze a treze anos, são regras "constituídas", devidas ao mútuo consentimento, as quais poderiam ser transformadas pela opinião. Ao contrário, a primazia da justiça sobre a sorte, ou do esforço sobre o ganho fácil, entra nas regras "constituintes", porque sem esse "espírito do jogo" nenhuma cooperação seria possível. Da mesma forma, em geral, as regras ditas morais podem ser divididas em regras constituídas ou hábitos, dependendo do consentimento mútuo, e em regras constituintes ou princípios funcionais, que tornem possíveis a cooperação e a reciprocidade. Poderiam as próprias regras constituintes ser consideradas como resultado do respeito mútuo, visto serem necessárias à sua constituição? Existe aí apenas uma dificuldade formal: entre o respeito mútuo e as regras que o tornam possível, há um liame análogo ao do órgão e da função.

Sendo a cooperação um método, não vemos como se constituiria senão pelo seu próprio exercício. Nenhuma coação poderia determinar-lhe o aparecimento: se o respeito mútuo deriva do respeito unilateral, é porque, efetivamente, se opõe a ele.

Portanto, estamos em presença de três tipos de regras: a regra motora, a regra coercitiva, que deriva do respeito unilateral, e a regra racional (constituída ou constituinte), devida ao respeito mútuo. Acabamos de ver quais são as relações dos dois últimos tipos entre si. Sabemos, por outro lado, como os dois primeiros tipos se sucedem. Resta-nos verificar as relações da regra racional com a regra motora.

De um modo geral, podemos dizer que a inteligência motora anuncia toda a razão. Mas anuncia mais que a razão tão-somente. A criança não nasce nem boa nem má, tanto do ponto de vista intelectual, como do ponto de vista moral, mas dona de seu destino. Ora, se há inteligência nos esquemas de adaptação motora, há também jogo. A intencionalidade própria da atividade motora não é a procura de uma verdade, mas a busca de um resultado objetivo ou subjetivo. Ora, ter sucesso não é atingir uma verdade.

A regra motora é, portanto, ao mesmo tempo, uma espécie de legalidade experimental ou de regularidade racional e um ritual lúdico. Dirigir-se-á para uma ou outra dessas duas direções, segundo as circunstâncias. Ora, no momento em que a linguagem e a imaginação se adicionam ao movimento, o egocentrismo orienta a atividade da criança para a satisfação subjetiva, enquanto a pressão adulta impõe à consciência um conjunto de realidades primeiramente opacas e que permanecem exteriores. Coação e egocentrismo intercalam assim, entre a inteligência motora e a razão, um complexo de realidades, que parecem interromper a continuidade da evolução. É então que à regra motora sucede a regra coercitiva, produto social cristalizado, que decide completamente, em primeiro lugar, sobre os produtos frágeis e hesitantes da inteligência motora inicial — se bem que, como já vimos, o jogo egocêntrico prolongue, em certo sentido, as tentativas motoras anteriores.

Mas, à medida que a coação é eliminada pela cooperação e o eu dominado pela personalidade, a regra racional, que assim se constitui, encontra o benefício da regra motora. O jogo das crianças de onze anos está, em certos aspectos, mais próximo da acomodação motora da criança de um ano, em tudo o que ela tem de fecundo e de realmente experimental, que o jogo das crianças de sete anos. O menino de onze anos combina seus lances como geômetra e artista do movimento, como o bebê faz mecânica em relação aos objetos que manipula e inventa suas regras como experimentador. Aos seis ou sete anos, ao contrário, chega a negligenciar esse elemento de invenção, para se limitar a imitar e conservar ritos. Todavia, a imensa superioridade do jogador de onze anos sobre o jogador de um ano — e talvez fosse necessário passar pelo período intermediário para chegar lá —, é que suas criações motoras estão, daqui por diante, a salvo da fantasia individual. O jogador de onze anos encontrou o esquema da legalidade experimental e da regularidade racional praticado pelo bebê. Mas neste, a regra motora degenera, sem cessar, em ritual lúdico. Aquele, ao contrário, não inventa mais nada sem a colaboração de seus semelhantes. É livre para criar, mas com a condição de se submeter às normas da reciprocidade. O ser motor forma um só todo com o ser social. A harmonia é encontrada pela união do racional e da natureza, enquanto a coação moral e o respeito unilateral opõem uma sobrenatureza à natureza e uma mística à experiência lógica. Tudo isso talvez seja um pouco forte a propósito do simples jogo de bolinhas. Mas a história do jogo de bolinhas vale tanto, aos olhos da criança, quanto a história das religiões e das formas de governo. Além do mais, é uma admirável história de espontaneidade. Portanto, não seria inútil esclarecer o juízo do valor moral, na criança, por um estudo preliminar da conduta social das crianças entre si.

9. CONCLUSÕES: II. RESPEITO PELO GRUPO OU RESPEITO PELAS PESSOAS. PROCURA DE UMA HIPÓTESE DIRETRIZ.

Antes de prosseguir nossa análise, convém confrontar os resultados obtidos até agora com as duas hipóteses principais que apresentamos, referentes à natureza psicológica do respeito e das regras morais. Se nos recusamos a considerar, com Kant[34], o respeito como inexplicável do ponto de vista da experiência, só restam duas soluções: o respeito se dirige ao grupo e resulta da pressão do grupo sobre o indivíduo, ou, o respeito se encaminha às pessoas e provém das relações dos indivíduos entre si. Uma dessas teses foi sustentada por Durkheim, a outra por Bovet. O momento ainda não é propício para discutirmos tais doutrinas em si próprias, mas, sem antecipar nosso exame crítico ulterior, precisamos, para nos orientarmos no labirinto dos fatos, elaborar uma hipótese de trabalho que leve em conta todos os pontos de vista possíveis. Isso é tão mais indispensável, como o veremos, que a divergência entre os resultados obtidos por esses autores, visto que ela, antes de tudo, é devida a diferenças de métodos: ora, é precisamente um método que procuramos agora, para passar do estudo das regras do jogo para a análise das realidades morais impostas pelo adulto à criança. Portanto, é só do ponto de vista do método a seguir que abordaremos aqui, em algumas palavras, a irritante questão do indivíduo e do social.

Podemos, em primeiro lugar, analisar e explicar as regras em termos objetivos, enquanto estão ligadas a agrupamentos sociais definidos por sua morfologia. Durkheim, por esse método, projetou sobre a na-

---

34. KANT, *Fundamentos da Metafísica dos Costumes*, trad. de Lachelier, págs. 116-119. Citado por BOVET, *Anuário psicol.*, 1912, pág. 103.

tureza e a evolução das realidades morais uma luz que ninguém pensa contestar. Basta que os indivíduos vivam em grupo, para que, do próprio agrupamento, surjam novas características de obrigação e de regularidade. A pressão do grupo sobre o indivíduo explicaria, dessa forma, o aparecimento desse sentimento *sui generis* que é o respeito, origem de toda religião e de toda moralidade. O grupo não poderia, de fato, impor-se ao indivíduo, sem se cobrir com a auréola do sagrado e sem provocar o sentimento da obrigação moral. Logo, a regra outra coisa não é que a condição de existência do grupo social, e, se aparece como obrigatória à consciência, é porque a vida comum transforma esta consciência em sua própria estrutura, inculcando-lhe o sentimento do respeito.

É notável, sob esse aspecto, verificar que mesmo agrupamentos tão flutuantes, como as sociedades de crianças, e agrupamentos, cuja atividade essencial é o jogo, elaboram suas regras, que impõem o respeito às consciências individuais. É surpreendente, além disso, notar quanto essas regras permanecem estáveis, em linhas gerais ou em seu espírito, no decorrer de gerações sucessivas e a que grau de delicadeza e estilização chegaram.

Contudo, como acabamos de ver, as regras, na proporção do desenvolvimento da vida social infantil, não permanecem idênticas a si próprias, do ponto de vista da natureza do respeito, ainda que seu conteúdo material possa permanecer constante: para os pequenos, a regra é uma realidade sagrada por ser tradicional; para os maiores, depende do acordo mútuo. Heteronomia e autonomia, tais são os dois pólos dessa evolução. O método durkheimiano permite a explicação de tais fatos?

Ninguém sentiu e analisou mais profundamente que Durkheim a evolução e o desaparecimento do conformismo obrigatório. Nas sociedades de tipo segmentário, diz Durkheim, o conformismo chega ao máximo: cada unidade social é fechada sobre si mesma, todos os indivíduos são idênticos, salvo as diferenças devidas à idade, e, assim, a tradição pressiona com todo seu peso a consciência de cada um. Ao contrário, à medida que as sociedades aumentam de volume e de densidade, as barreiras entre clãs são rompidas, os conformismos locais desaparecem depois dessa fusão, os indivíduos escapam à vigilância dos seus; sobretudo, a divisão do trabalho social, que resulta necessariamente desse aumento de densidade, diferencia psicologicamente os indivíduos, donde a formação de personalidades propriamente ditas e do individualismo. A heteronomia e a autonomia das consciências estão, assim, em correlação com a morfologia e o funcionamento do conjunto do grupo.

Essa análise se aplica às nossas sociedades de crianças? Sob muitos aspectos, sem dúvida. Existe um parentesco entre a solidariedade segmentária ou mecânica e as sociedades de crianças de cinco a oito anos. Nesses agrupamentos temporários e isolados, uns em relação aos outros, como nos clãs organizados, o indivíduo não é diferenciado. A vida social e a vida individual são uma coisa só. A sugestão e a imitação são onipotentes. Os indivíduos permanecem semelhantes entre si, salvo as diferenças de prestígio devidas à idade. A regra tradicional é coercitiva, o conformismo obrigatório.

Quanto ao desaparecimento progressivo do conformismo, com a idade, podemos igualmente invocar, para explicá-lo, alguns dos fatores definidos por Durkheim. Podemos comparar ao aumento de volume e de densidade dos grupos sociais, e à libertação dos indivíduos que resulta desse fenômeno, o fato de que nossas crianças, crescendo, participam de um número cada vez maior de tradições locais. O jogador de bolinhas de dez ou doze anos descobre, com efeito, que há outros costumes além daqueles com os quais está habituado, trava conhecimento com crianças de outras escolas, que o libertam de seu conformismo estreito, e, deste modo, se estabelece uma fusão entre clãs até então mais ou menos isolados. Por outro lado, crescendo, a criança escapa, progressivamente, de seu círculo familiar e, como assimila, no início, as regras do jogo aos deveres prescritos pelos adultos, quanto mais escapar ao conformismo familiar, tanto mais sua consciência da regra será transformada.

Só que, se podemos comparar todos esses fatos ao aumento de densidade e de volume das sociedades, é unicamente sob o ponto de vista da diminuição gradual de vigilância de que os indivíduos são objeto. Em outras palavras, o fato capital, na evolução das regras do jogo, é que a criança é cada vez menos dominada pelos mais velhos e pela sociedade dos "antigos". Não há ou quase não há, entre crianças, divisão progressiva do trabalho social: as diferenciações que podem surgir são apenas psicológicas e não econômicas ou políticas. Se há, portanto, em certo sentido, evolução das sociedades de crianças do tipo segmentário para o tipo organizado, e evolução correlativa do conformismo para a cooperação individualista ou de heteronomia para a autonomia, tal processo, embora podendo ser descrito em termos objetivos e sociológicos, deve ser, antes de tudo, atribuído à morfologia e à atividade das classes de idade da população.

Em outras palavras, o fator principal do conformismo obrigatório entre os pequenos não é outro senão o respeito pela idade: respeito aos mais velhos e, sobretudo, respeito pelos adultos. E se, num dado momento, a cooperação sucede à coação ou a autonomia ao conformismo, é por que, crescendo, a criança escapa, progressivamente, à vigilância dos mais velhos. No que se refere ao jogo de bolinhas, podemos notar este fato claramente: os meninos de onze a treze anos não têm companheiros mais velhos no jogo, pois este cessa ao término da escola primária. Todavia, independentemente mesmo desse fato particular, o menino dessa idade sente-se cada vez mais igual aos adolescentes e se liberta interiormente da coação adulta, daí resultando as transformações de sua consciência moral. Que esse fenômeno seja próprio à nossa civilização, e, por conseguinte, conforme ao esquema durkheimiano, não há dúvida alguma: em nossas sociedades, a criança de treze anos escapa ao círculo familiar e entra em contato com um número sempre maior de círculos sociais, que alargam sua consciência, enquanto, nas sociedades ditas primitivas, o adolescente está na idade da iniciação, portanto, da coação moral mais poderosa, e, envelhecendo, o indivíduo será cada vez mais dependente. Só que, considerando apenas nossas sociedades de crianças, percebemos que a cooperação constitui, em definitivo, o fenômeno social mais profundo, o mais bem fundado psicologicamente: desde que o indivíduo escapa à coação da idade, tende para a cooperação, como a forma normal do equilíbrio social.

Em poucas palavras e sem procurar outra coisa, no momento, senão uma hipótese de trabalho, a dificuldade metodológica do durkheimismo nos parece ser a seguinte, no tocante à questão das variedades de respeito: Durkheim raciocina como se as diferenças de idade ou de gerações não tenham importância. Supõe indivíduos homogêneos e examina a repercussão dos diferentes modos possíveis de agrupamento sobre a consciência deles. Tudo o que descobre, assim, é profundamente justo, mas fica incompleto: basta conceber, o que é impossível, uma sociedade em que todos os indivíduos tivessem a mesma idade, uma sociedade formada de uma única geração indefinidamente prolongada, para vislumbrar a imensa significação das relações de idade e, em particular, das relações de adultos com crianças. Uma tal sociedade teria alguma vez conhecido o conformismo obrigatório? Conheceria a religião ou, pelo menos, as religiões de crença na transcendência? Observaríamos em tais grupos um respeito unilateral e suas repercussões sobre a consciência moral? Limitar-nos-emos, apenas, a levantar essas questões. Para que sejam resolvidas, num sentido ou noutro, não há dúvida de que seria preciso opor, mais do que geralmente se faz, a cooperação à coação social, esta resultando, simplesmente, talvez da pressão das gerações umas sobre as outras, e a outra constituindo a relação social mais profunda e mais importante para a elaboração das normas racionais.

Essa influência da idade nos leva a um segundo ponto de vista possível sobre a psicologia das regras, ou seja, o de Bovet. Por princípio e por método, Bovet conhece apenas os indivíduos. Só que, em lugar de se empenhar, como outros, numa discussão estéril sobre os limites do social e do individual, reconhece que o respeito, a consciência da obrigação e a constituição das regras supõem a interação de dois indivíduos, pelo menos. É nisso, acreditamos, que o método de Bovet é paralelo e de modo algum oposto ao de Durkheim: o verdadeiro conflito deve ser situado, com efeito, entre aqueles que querem explicar a consciência moral pelos processos puramente individuais (hábito, adaptação biológica etc.) e aqueles que admitem a necessidade do interindividual. Admitindo-se que pelo menos dois indivíduos devem ser considerados para que uma realidade moral se desenvolva, pouco importa que se descrevam os fatos em termos objetivos, com o durkheimismo (pelo menos tal como ele desejava), ou que sejam descritos em termos de consciência[35]. Como então, se pergunta Bovet, aparece a consciência do dever? Duas condições são necessárias, e sua união é suficiente. 1º) É preciso que um indivíduo receba instruções de outro indivíduo; a regra obrigatória é, então, psicologicamente diferente do hábito individual ou do que chamamos regra motora. 2º) É preciso que o indivíduo recebendo a instrução, a aceite, isto é, respeite aquele que a comunicou. Nesse ponto, Bovet opõe-se à doutrina kantiana, considerando o respeito como um sentimento que se dirige a pessoas e não à regra como tal: não é o caráter obrigatório da regra prescrita por um indivíduo que nos incita a respeitar esse indivíduo, é o respeito que temos por esse indivíduo que nos faz considerar como obrigatória a regra fixada por ele. No que se refere à criança, o aparecimento do sentimento do dever se explica, portanto, da maneira mais simples, pelo fato de que os mais velhos (no jogo) ou os adultos (na vida) impõem instruções e a criança respeita os mais velhos e os pais.

É claro que nossos resultados confirmam absolutamente essa maneira de ver. Antes da intervenção dos adultos ou dos mais velhos, existem, na criança, certas regras que chamamos regras motrizes, mas não imperativas: não constituem deveres, mas somente regularidades espontâneas. Ao contrário, a partir do momento em que a criança recebeu de seus pais um sistema de instruções, as regras e, em geral, a própria ordem do mundo lhe aparecem como moralmente necessárias. Por outro lado, desde que sofre o exemplo dos mais velhos, jogando bolinhas, o pequeno adota essas sugestões e considera as regras novas, assim descobertas, como sagradas e obrigatórias.

Mas o problema que se apresenta, e que o próprio Bovet claramente enunciou e discutiu, é saber como essa moral do dever permitirá o aparecimento da moral do bem.

O problema é duplo. Em primeiro lugar, a consciência primitiva do dever é essencialmente heterônoma, pois que o dever não é senão a aceitação das instruções recebidas do exterior. Como então, pergunta Bovet, a criança conseguirá discernir um ''bom'' e um ''mau'' respeito, e, depois de ter admitido sem distinção todos os preceitos devidos ao ambiente, fazer uma escolha e construir uma hierarquia dos valores? Numa linguagem exatamente paralela à de Durkheim, quando este descreve o efeito dos aumentos de densidade social sobre a consciência dos indivíduos, Bovet invoca, aqui, os entrecruzamentos de influências e mesmo as contradições das instruções impostas: a criança, repartida entre diversas correntes divergentes, apela necessariamente para sua razão para unificar a matéria moral. Aí já há autonomia, mas, como a razão não cria deveres novos e se limita a escolher entre as instruções recebidas, essa autonomia permanece relativa. Em segundo lugar, ao lado da cons-

---

35. Ver as observações decisivas de R. LACOMBE (*O Método Sociológico de Durkheim*, de ESSERTIER (*Psicologia e Sociologia*, Paris, Alcan) e muitos outros.

ciência do dever, é preciso distinguir, segundo Bovet, uma consciência plenamente autônoma. Ao contrário de Durkheim, que, embora reconhecendo o mesmo dualismo entre o bem e o dever, se esforçou, porém, por reduzir ambos à mesma causa eficiente (a pressão do grupo sobre a consciência individual), Bovet deixa a questão em aberto — intencionalmente em aberto.

É aqui que deve intervir, parece-nos, o papel do respeito mútuo. Sem sair da hipótese tão fecunda de Bovet, segundo a qual os sentimentos morais estão todos ligados ao respeito que os indivíduos sentem uns pelos outros, é possível distinguir diferentes tipos de respeito. Parece-nos incontestável que, no decorrer do desenvolvimento mental da criança, o respeito unilateral ou o respeito do menor pelo maior desempenha um papel essencial: leva a criança a aceitar todas as instruções transmitidas pelos pais e é assim o grande fator de continuidade entre as gerações. Mas, parece-nos também evidente, em nome dos resultados obtidos até aqui e em nome dos fatos que analisaremos na seqüência deste volume, que, com a idade, o respeito muda de natureza. Na medida em que os indivíduos decidem com igualdade — objetivamente ou subjetivamente, pouco importa —, as pressões que exercem uns sobre os outros tornam-se colaterais. E as intervenções da razão, que Bovet tão justamente observou, para explicar a autonomia adquirida pela moral, dependem, precisamente, dessa cooperação progressiva. De fato, nossos estudos anteriores nos têm levado a admitir que as normas racionais e, em particular, essa norma tão importante que é a reciprocidade, origem da lógica das relações, não podem se desenvolver senão na e pela cooperação. Que a cooperação seja um resultado ou uma causa da razão, ou ambos ao mesmo tempo, a razão tem necessidade da cooperação, na medida em que ser racional consiste em "se situar" para submeter o individual ao universal. O respeito mútuo aparece, portanto, como a condição necessária da autonomia, sob seu duplo aspecto intelectual e moral. Do ponto de vista intelectual, liberta as crianças das opiniões impostas, em proveito da coerência interna e do controle recíproco. Do ponto de vista moral, substitui as normas da autoridade pela norma imanente à própria ação e à própria consciência, que é a reciprocidade na simpatia.

Em suma, quer nos coloquemos num ou noutro dos dois pontos de vista de Durkheim e de Bovet, é preciso distinguir, para compreender os fatos, dois grupos de realidades sociais e morais: coação e respeito unilateral, de um lado, cooperação e respeito mútuo, de outro. Essa é a hipótese diretriz da qual nós nos serviremos daqui por diante e que nos conduzirá a dissociar, nos juízos morais da criança, dois sistemas de origem diferente. Que os fatos sejam descritos em linguagem de morfologia social ou sob o ponto de vista da consciência — o que constitui, repitamos, duas linguagens paralelas e não contraditórias —, não podemos, sem mais, reduzir os efeitos da cooperação aos da coação ou do respeito unilateral.

2

A COAÇÃO ADULTA E O REALISMO MORAL*

Pudemos perceber, no decorrer de nossa análise das regras do jogo, que a criança começa por considerar as regras não só como obrigatórias, mas ainda como intangíveis e devendo ser conservadas literalmente. Além disso, vimos que essa atitude resulta da coação exercida pelos mais velhos sobre os menores e da pressão devida aos próprios adultos, sendo, dessa forma, as regras do jogo assimiladas a deveres propriamente ditos.

É o problema do respeito unilateral ou dos efeitos da coação adulta que precisa ser retomado agora, estudando diretamente a maneira pela qual a criança concebe seus deveres e os valores morais em geral. Mas, diante da imensidade do assunto, procuraremos restringir o mais possível nosso campo e nos limitaremos ao aspecto da questão que talvez tenha chamado menos a atenção: o juízo moral em si. Até aqui pudemos observar os fatos de fora e de dentro, conjuntamente: analisamos, assim, a prática da regra e a consciência da regra. Daqui em frente, diante das dificuldades técnicas muito mais consideráveis, apresentadas pelo estudo das relações entre crianças e adultos, será preciso que nos limitemos à consciência da regra e mesmo ao elemento mais cristalizado e menos vivo dessa consciência: o juízo moral, por assim dizer teórico, em oposição aos juízos que intervêm na própria experiência. Mas, se podemos nos restringir a esse problema especial, é porque numerosos trabalhos já nos ensinaram o que é a prática das regras morais e o que são os conflitos de consciência na criança. O estudo da mentira foi, por exemplo, particularmente desenvolvido. Essas pesquisas equivalem, portanto, à descrição que fizemos da prática das regras, no domínio do jogo, e é natural que nos limitemos, desde então, a estudar os juízos da criança referentes a tais condutas: juízos referentes à mentira, à verdade etc.

---

* Com a colaboração de M. N. MASO.

Comparando assim os juízos morais da criança com o que sabemos de seu comportamento nos domínios correspondentes, procuraremos mostrar que, de acordo com as conclusões adotadas a propósito das regras do jogo, as primeiras formas da consciência do dever na criança são essencialmente formas de heteronomia. A esse propósito, retomaremos nossas hipóteses referentes às relações da heteronomia com o egocentrismo. Vimos, com efeito, que a heteronomia não bastava absolutamente para transformar a consciência e que entre a coação e o egocentrismo o compromisso era fácil. É o resultado que encontraremos, numa certa medida, pelo estudo dos efeitos da coação adulta. Enfim, vimos que a cooperação era necessária à conquista da autonomia moral. Ora, tal hipótese só poderia ser demonstrada analisando, de perto, a maneira pela qual as regras morais são, num dado momento, assimiladas e livremente adotadas pela criança.

No decorrer deste capítulo, são principalmente os efeitos da coação moral que estudaremos, dando já alguns pontos de referência do nosso esboço ulterior da cooperação. Ora, a coação moral é parente muito próximo da coação intelectual, e o absoluto literal que a criança mais ou menos atribui às regras recebidas de fora, assemelha-se, de perto, como veremos, às atitudes que adota a respeito da linguagem ou das realidades intelectuais impostas pelo adulto. Portanto, podemos utilizar essa analogia para fixar nosso vocabulário e falar de um *realismo moral* para designar, no plano dos julgamentos de valor, o análogo daquilo que são o "realismo nominal" e mesmo o verbalismo ou realismo conceptual, no plano da razão teórica. Além disso, da mesma forma que o realismo em geral (no sentido em que tomamos esse termo no decorrer de nossas pesquisas anteriores: ver *R.M.*, 1ª Parte) resulta, ao mesmo tempo, de uma confusão entre o subjetivo e o objetivo (portanto, do egocentrismo) e da coação intelectual do adulto, da mesma forma o realismo moral resulta da interferência dessas duas espécies de causas.

Logo, chamaremos de *realismo moral* a tendência da criança em considerar os deveres e os valores a eles relacionados como subsistentes em si, independentemente da consciência e se impondo obrigatoriamente, quaisquer que sejam as circunstâncias às quais o indivíduo está preso. O realismo moral comporta, assim, pelo menos três características.

Em primeiro lugar, para o realismo moral, o dever é essencialmente heterônomo. É bom todo ato que testemunhe uma obediência à regra ou mesmo uma obediência aos adultos, quaisquer que sejam as instruções que prescrevam; é mau todo ato não conforme às regras. Portanto, a regra não é absolutamente uma realidade elaborada pela consciência, nem mesmo julgada ou interpretada pela consciência: é dada tal e qual, já pronta, exteriormente à consciência; além disso, é concebida como revelada pelo adulto e imposta por ele. Então, o bem se define rigorosamente pela obediência.

Em segundo lugar, para o realismo moral, é ao pé da letra e não no espírito que a regra deve ser observada. Esse caráter deriva do precedente. Entretanto, podemos conceber uma moral da heteronomia, que insiste sobre o espírito das regras e não sobre seu conteúdo mais material. Tal atitude já não é mais realista: tende para a racionalidade e para a interioridade. No ponto de partida da evolução moral da criança, a coação adulta produz, ao contrário, uma espécie de realismo do texto, do qual veremos muitos exemplos.

Em terceiro lugar, o realismo moral acarreta uma concepção objetiva da responsabilidade. É mesmo a esse critério que reconheceremos o realismo, porque tal atitude em presença das questões de responsabilidade é mais fácil de ser distinguida que as duas anteriores. Concebendo as regras ao pé da letra e definindo o bem apenas pela obediência, a criança começará, com efeito por avaliar os atos não em função da intenção que os desencadeou, mas em função de sua conformidade material com as regras estabelecidas. Daí a responsabilidade objetiva, cujas mais nítidas manifestações veremos no juízo moral da criança.

1. DO MÉTODO

Antes de passar à análise dos próprios fatos, convém discutir, em algumas palavras, o método empregado. O único bom método no estudo dos fatos morais consiste, seguramente, em seguir de perto o maior número possível de casos individuais. É a propósito das crianças-problema que os pais ou os professores enviam ou deveriam enviar às consultas médico-pedagógicas, que as mais proveitosas análises são possíveis. Além disso, e principalmente, a educação na família apresenta, a cada instante, os mais inquietantes problemas práticos. Ora, sua solução, infelizmente para as crianças, não depende sempre só do "bom senso" dos pais, e a técnica pedagógica, necessária para resolvê-los, constitui, sob certos aspectos, o melhor instrumento de análise do psicólogo. Assim, procuraremos, no que se segue, considerar como válidos apenas os resultados não contraditórios com aquilo que fornece a observação em família.

Só que aqui, como em relação às representações de ordem intelectual, se a observação pura é o único método seguro, apenas permite a aquisição de fatos fragmentários e pouco numerosos. Também achamos necessário completá-la com interrogatórios dos estudantes. É a respeito desses interrogatórios que falaremos agora, com o risco de deixar para mais tarde a publicação das observações feitas sobre nossas próprias crianças. Mas, se no domínio intelectual o interrogatório é relativamente fácil, apesar das numerosas dificuldades de método que ele representa, no domínio moral deveria se dirigir apenas a realidades de alguma forma indiretas. Podemos fazer uma criança raciocinar a respeito de um problema físico ou lógico. Estamos assim em presença, não por certo do pensamento espontâneo da criança, mas de um pensamento em ação.

Não podemos, ao contrário, proceder com a criança como se fosse num laboratório, com o fim de dissecar sua conduta moral. Um problema moral submetido à criança está muito mais afastado de sua prática moral que um problema intelectual de sua prática lógica. É apenas no domínio das regras do jogo que o laboratório permite — como se fosse possível — a análise de uma realidade que se produz. No que se refere às regras morais que a criança recebe do adulto, nenhuma investigação direta é concebível através de interrogatório. Decidamos, e procuremos estudar não o ato, mas simplesmente o julgamento do valor moral. Em outras palavras, analisemos não as decisões da criança nem mesmo as lembranças de suas ações, mas a maneira pela qual ela avalia esta ou aquela conduta.

Aqui aliás, uma nova dificuldade. As condutas que apresentaremos à criança para que as julgue, não poderemos fazer com que ela as apreenda concretamente, como se colocássemos em suas mãos um punhado de bolinhas ou um material mecânico. Só poderemos apresentá-las à criança por meio de uma narração. Assim, vemos quanto é indireto o método que vamos empregar. Fazer a criança dizer o que pensa a respeito de ações que simplesmente lhe narramos, teria ainda a menor relação com a moral infantil? De um lado, é possível que o que pensa a criança sobre moral não tenha relação precisa com o que faz e sente em concreto, no tocante às suas experiêcias: é assim que, nas crianças de cinco a sete anos, o interrogatório referente ao jogo de bolinhas nos permitiu descobrir uma estranha discordância entre a prática real das regras e a reflexão a respeito da regra. Por outro lado, é possível que aquilo que a criança compreende das histórias relatadas não tenha nenhuma relação com o que pensaria se fosse a testemunha direta das mesmas cenas.

Não procuremos resolver essas dificuldades de método por considerações *a priori*. Procuremos somente sublinhá-las e apreender o interesse teórico dos próprios problemas que levantam. Encontramo-nos, com efeito, em presença de questões completamente gerais, referentes às relações que o julgamento verbal mantém com a prática efetiva do pensamento — seja este moral ou intelectual, pouco importa. É verdade que as pesquisas sobre a inteligência são mais fáceis que as pesquisas sobre a moral: mas isso só é verdadeiro quanto ao funcionamento do pensamento e não quanto ao conteúdo. Quando somos obrigados, para estudar o conteúdo, como o fizemos no decorrer de trabalhos anteriores, a interrogar a criança a respeito de suas próprias crenças, o problema é o mesmo. Portanto, a questão pode-se enunciar sob a seguinte forma: o pensamento verbal, isto é, o pensamento que trabalha sobre representações evocadas por meio da linguagem, e não sobre coisas percebidas no decorrer da ação, consistiria numa tomada de consciência (com, naturalmente, possibilidade de deformações sistemáticas diversas) do pensamento real e espontâneo, ou não mantém, absolutamente, relações definidas com ela? Qualquer que seja a solução, o problema é essencial para a psicologia humana inteira: que o homem seja um fazedor de discursos, cujas palavras não têm relações com suas verdadeiras ações, ou que se lhe seja necessário formular para existir, eis aí, convenhamos, uma questão de importância. Ora, para resolvê-la, é preciso, entre outras, estudá-la na criança. Esta tem, como nós, um pensamento verbal sobreposto ao pensamento ativo. Não é somente no decorrer dos interrogatórios que inventa histórias. Conta-as constantemente a si própria, e é relativamente fácil provar que as histórias inventadas durante as experiências psicológicas são análogas, em suas grandes linhas, às histórias espontâneas (pudemos mostrar, por exemplo, que os resultados obtidos, interrogando a criança a respeito dos diferentes aspectos de sua representação do mundo, correspondem, sumariamente, àquilo que revela a observação direta e, em particular, a análise dos "porquês"). Mas subsiste o problema de saber o que é o pensamento verbal da criança em relação ao seu pensamento concreto e ativo.

Em moral, o problema apresenta um interesse especial. Também as dificuldades do método que vamos empregar devem dar lugar a um exame sistemático, não para chegar à rejeição ou à justificação desse método (todo método que atinge resultados constantes é interessante, e só a significação desses resultados deve ser discutida), mas para contribuir para o enunciado preciso do problema das "teorias morais".

Partamos do adulto. De um lado, há autores que julgam indispensável condificar as normas ou, pelo menos, refletir sobre a natureza da ação moral. Tais elementos admitem então, com ou sem discussão, o postulado de que haja alguma relação entre a reflexão moral e a prática, quer a primeira sirva de origem a esta, quer a reflexão constitua uma tomada de consciência da ação. Por outro lado, há homens, cuja atividade pessoal pode estar, aliás, ao abrigo de qualquer crítica, mas que não acreditam na "moral". Kant ou Durkheim constituem os representantes típicos da primeira tendência, Pareto é o autor contemporâneo mais representativo da segunda.[1] Para este último, existem apenas ações, das quais umas são lógicas e outras não-lógicas, isto é, instintivas ou tingidas de afetividade, num plano completamente diferente, acrescenta-se a isso uma espécie de palavreado oco, destinado em sua função a reforçar a ação, mas cujo conteúdo pode estar desprovido de qualquer significação inteligível. Esse palavreado — "derivações" multiformes e arbitrárias baseadas nos "resíduos" afetivos das ações não-lógicas — são as teorias morais!

Portanto, a questão é saber se o que nos dirão as crianças comparado, à sua conduta real, constitui uma tomada de consciência ou uma "derivação": reflexão (no sentido etimológico) ou psitacismo... Não resolveremos inteiramente o problema. Cabe à observação direta resolvê-lo. Mas, para que a observação possa assim servir de última instância,

---

1. *Tratado de Sociologia Geral*, 2 vols.

é preciso, preliminarmente, saber o que são as idéias verbais da criança a respeito da moral. É por isso que achamos útil nossa inquirição, qualquer que seja o significado futuro de seus resultados. De resto, o estudo das regras do jogo, ao qual nos dedicamos no decorrer do capítulo precedente, fornece já a mais preciosa das indicações: em linhas gerais, podemos dizer que, em tal domínio, encontramos uma certa correspondência — de nenhum modo simples, mas definível — entre os julgamentos das crianças a respeito da regra e da própria prática das regras. Prossigamos, então, nossa análise do problema.

Em primeiro lugar, podemos perguntar que relações existem entre o julgamento de valor e o ato moral em si próprio. Um menino acha perfeitamente legítimo o fato de contar a seu pai as travessuras de seu irmão. Outro menino, ao contrário, responde, que, mesmo que o pai pergunte, é "vilão"[2] contar: é melhor "mentir" a fazer com o irmão seja punido. O problema que se apresenta é saber se, na prática, esses dois meninos teriam considerado como válidas as condutas que preconizaram verbalmente.

Aqui é preciso evitar um equívoco. Alguns entrevistadores tentaram medir o valor moral de uma criança por meio de um teste de julgamento moral. A Srta. Descœudres[3], por exemplo, sustentou o ponto de vista de que uma criança, julgando corretamente o valor das ações que se lhe contaram, está, em linhas gerais, melhor do que uma criança cujo juízo moral é pouco aguçado. Isso é possível. Só que podemos entender também que a inteligência é suficiente para melhorar a avaliação dos atos, sem que a criança seja, por isso, levada à boa ação. A esse respeito, uma vagabundo inteligente responderá talvez melhor que um bom rapaz, pouco dotado. Além disso, como o psicólogo agirá para classificar as crianças segundo seu valor moral, mesmo se servindo da escala do senso comum? Tal classificação, possível nos casos extremos, corre o risco de ser imprecisa nos casos intermediários, os únicos justamente em que seria interessante saber se podemos utilizar, para conhecer a criança, os testes de julgamento moral.

Mas, ao lado dessa questão que não nos interessa aqui, podemos perguntar se o julgamento de valor enunciado pela criança no decorrer do interrogatório corresponde ao julgamento de valor que a mesma criança teria na ação, independentemente da decisão efetiva da qual é capaz. Uma criança, por exemplo, julga no decorrer do interrogatório a mentira *a* mais grave que a mentira *b*. Quer seja ou não mentirosa no dia-a-dia, isto é, quer pratique ou não aquilo que chama o bem, nós nos perguntamos simplesmente se, na ação, continuará a considerar a mentira *a* como mais grave que a mentira *b*. Não nos perguntamos então como

---

2. O termo "vilão" é o que empregam mais especialmente os pequenos genebrinos para dizer "mau", "imoral" etc.

3. A. DESCŒUDRES, sobre o julgamento moral, *A Intervenção dos Educadores*, II, pág. 54 (1914).

a criança pratica sua moral (vimos, a propósito do jogo de bolinhas, que um respeito místico pela regra pode estar a par de uma aplicação totalmente egocêntrica dessa mesma regra), mas como julga o bem e o mal na própria prática dos atos. É sob esse ponto de vista somente que nos colocamos o problema de saber se os julgamentos de valor enunciados no decorrer dos interrogatórios correspondem ou não às avaliações do pensamento moral real.

É possível, a esse respeito, que exista uma correlação entre o julgamento de valor verbal ou teórico e as avaliações concretas que se operam na ação (independentemente, portanto, da questão de saber se essas avaliações são seguidas ou não de decisões adequadas). Observamos freqüentemente, no domínio intelectual, que o pensamento verbal da criança consiste numa tomada de consciência progressiva dos esquemas construídos pela ação. O pensamento verbal está simplesmente em atraso, em tais casos, em relação ao pensamento concreto, pois trata-se de reconstruir simbolicamente, num novo plano, as operações já executadas no plano precedente. Desde então, antigas dificuldades, já vencidas no plano da ação, reaparecem, ou simplesmente subsistem, no plano verbal: há "discrepância" entre as fases verbais e as fases concretas do mesmo processo. Então é possível que, no domínio moral, haja simplesmente desvio entre o julgamento de valor teórico e as avaliações concretas da criança, e que o primeiro consista numa tomada de consciência adequada e progressiva das segundas. Veremos, por exemplo, crianças que, no plano verbal, não levam em conta as intenções para avaliar os atos (responsabilidade objetiva). Mas, quando lhes perguntamos assuntos pessoais, percebemos que, nessas circunstâncias vividas, consideram perfeitamente as intenções em jogo. É possível, em tal caso, que o juízo moral teórico esteja simplesmente atrasado em relação ao juízo moral prático e represente, de maneira adequada, um estágio atualmente ultrapassado no plano da própria ação.

Mas é possível também que não haja nenhuma relação. A teoria moral da criança seria, assim, apenas um simples palavreado, sem relação com suas avaliações concretas. Além disso, — e essa eventualidade é mais importante ainda no domínio moral que no domínio intelectual — é, talvez, para agradar o adulto que a criança interrogada dá esta ou aquela resposta e não para satisfazer a si mesma. Esclareçamos: é certo que, na grande maioria dos casos, a criança é sincera durante a realização da experiência. Unicamente, pode pensar que esperamos dela uma lição de moral mais do que uma reflexão original a respeito da maneira pela qual ela mesma concebe as coisas. Aconteceu-nos, por exemplo, encontrar crianças de dez anos que nos confirmam o valor moral da "delação"; mas, desde que se deram conta de que não estávamos inteiramente convencidos, mudaram imediatamente sua posição! Seu pensamento real estava assim disfarçado, aliás, a seus próprios olhos, pelo desejo momentâneo de enunciar preceitos morais satisfatórios para o adulto. É verdade que só os maiores apresentaram tais reações. Mas não será isso indício de que os pequenos simplesmente não dissociam seu pensamento próprio daquilo que procuram dizer constantemente a seus pais e seus mestres? O pensamento verbal da criança, até dez, onze anos, não é, então, essencialmente uma repetição ou uma deformação do pensamento adulto, sem relação com as avaliações morais reais da criança na prática de sua conduta?

Para resolver essa questão, podemos recorrer ao que resultou de nossa pesquisa a respeito do jogo de bolinhas. De um lado, pudemos observar como os meninos praticavam as regras e avaliavam seus deveres de jogadores no próprio decurso da ação. De outro, conseguimos recolher, a propósito dessas mesmas regras, algumas teorias morais manifestamente inventadas na hora pela criança e, dessa forma, repousando em juízos morais inteiramente teóricos. Ora, repetimos, encontrou-se entre a ação e a teoria da criança, uma correspondência, senão simples, pelo menos bastante definível. À prática egocêntrica da regra, que segue paralela a um sentimento de respeito pelo mais velho e pelo adulto, corresponde um juízo teórico que faz da regra uma realidade mística e transcendente. Nesse primeiro caso, o juízo teórico não corresponde à própria ação, porém aos juízos que acompanham a ação: mas isso é muito natural, visto que o egocentrismo é inconsciente, enquanto o respeito ao qual a criança se acredita submissa durante sua ação é apenas consciente. À prática racional da regra, que segue paralela ao respeito mútuo, corresponde um juízo teórico que atribui à regra uma característica de inteira autonomia. Vemos assim que, pelo menos no domínio do jogo, o juízo teórico corresponde ao juízo prático, o que não significa que o juízo teórico represente a ação real da criança, mas que corresponda, em linhas gerais, aos juízos que ele faz no próprio decurso da ação. No máximo, é preciso admitir que o juízo verbal está em atraso em relação ao juízo efetivo: a noção de autonomia aparece, assim, na criança com um ano de atraso, aproximadamente, em relação ao exercício da cooperação e à consciência da autonomia.

No que se refere aos domínios que vamos abordar agora (a mentira, a justiça etc.), podemos, então, considerar a hipótese de que o juízo verbal e teórico da criança correspondem, em linhas gerais, aos juízos concretos e práticos que ela pôde fazer, no decorrer de suas ações, durante os anos precedentes ao interrogatório. Sem dúvida alguma, o pensamento verbal está, assim, em atraso em relação ao pensamento ativo, mas não nos parece que não se relacione com os estágios já ultrapassados desse pensamento ativo. O futuro nos mostrará se essa hipótese é arriscada. Seja como for, o pensamento verbal, quer moral ou intelectual, merece um estudo mais atento. Não é, com efeito, peculiar à criança, e, no adulto, é de uma importância considerável no mecanismo da vida social: a obra de Pareto é suficiente para atestá-lo.

Enfim, é preciso considerar, no tocante às nossas crianças, o fato de suas avaliações verbais não se basearem sobre atos dos quais foram as autoras ou as testemunhas, mas sobre narrações que lhes fizemos. Portanto, a avaliação da criança será, por assim dizer, verbal de segundo grau. O psicólogo Fernald[4] procurou prevenir este inconveniente por meio do seguinte processo: conta às crianças duas ou várias histórias e pede-lhes, simplesmente, para classificá-las. A Srta. Descœudres, aplicando esse método, submete, por exemplo, cinco mentiras às crianças para ordená-las pelo grau de gravidade. É, aproximadamente, o processo que vamos empregar, sem, naturalmente, nos proibir, assim que a classificação tenha sido feita, de conversar com a criança para conhecer as razões de suas avaliações.

Só que a máxima prudência deve ser tomada para afastar as complicações acidentais. Parece-nos impossível, por exemplo, contar à criança mais de duas histórias ao mesmo tempo. Desde que esteja em presença de uma série, a classificação supõe um esforço de inteligência e de memória que nada tem a ver com a avaliação moral: o indivíduo esquece três histórias em cinco, compara assim as histórias duas a duas ao acaso, e o resultado final não apresenta muito interesse. Além disso, rapidamente nós nos demos conta, ao utilizarmos as histórias habituais, que seu estilo escapava em muito à compreensão completa da criança. Quando empregamos a psicologia, é preciso falar às crianças como elas falam entre si, senão a prova de avaliação moral se transforma numa prova de inteligência ou de compreensão verbal.

Mas, apesar de tomadas as precauções, um problema subsiste: se a criança fosse testemunha das cenas que lhe contamos, julga-las-ia da mesma maneira? Não acreditamos. Nos fatos concretos, a criança está em presença não mais de atos isolados, mas de personalidades globais que a atraem ou a afastam. Apreende as intenções por intuição direta e não poderia assim fazer abstração. Leva em conta, com mais ou menos justiça, as circunstâncias agravantes ou atenuantes. É por isso que as narrações pessoais da criança freqüentemente dão lugar a outras avaliações que não as narrações propostas pelo entrevistador. Só que, repetimos, as avaliações obtidas das narrações estão, talvez, simplesmente em atraso em relação às avaliações diretas.

Em conclusão, os resultados do método não nos parecem desprovidos de interesse. São, com efeito, relativamente constantes e, principalmente, evoluem, segundo a idade, com uma certa regularidade. Tudo o que dissemos anteriormente dos critérios do bom interrogatório clínico (*R.M.*, Introd.) aplica-se aqui. Além disso, pensamos que na vida quotidiana a criança se encontra com muita freqüência, como durante o interrogatório, em presença não apenas de atos concretos, mas ainda de narrações de ações e avaliações verbais. Convém, assim, conhecer sua

---

4. FERNALD, *Amer. Journ. of Insanity*, abril de 1912.

atitude em tais circunstâncias. Em suma, aqui como em toda parte, o verdadeiro problema não é aceitar ou repetir os resultados da experiência, mas saber como situá-los no conjunto da vida real da criança. É o que não poderíamos ter feito no início de nossas pesquisas nesse campo difícil.

2. A RESPONSABILIDADE OBJETIVA: I. OS DESAJEITAMENTOS E O ROUBO

Verificamos, a propósito das regras do jogo, que a criança parece passar por um estágio no decorrer do qual a regra é como uma realidade obrigatória e intocável. Portanto, convém procurar agora até onde chega esse realismo moral e, em particular, se a coação adulta, que é, sem dúvida, sua origem, chega também a desencadear na criança o fenômeno da responsabilidade objetiva. Tudo o que dissemos das dificuldades de interpretação, no estudo do juízo do valor verbal na criança, não é, de fato, obstáculo para nos deter nessa pesquisa: pouco importa que a responsabilidade objetiva, da qual veremos os exemplos, esteja ligada a todo comportamento da criança ou somente aos aspectos mais exteriores e mais verbais de seu pensamento moral. O problema consistirá pelo menos em saber de onde ela provém e por que evolui.

As questões propostas às crianças sobre esse assunto, cujos resultados estudaremos em primeiro lugar, foram, com efeito, as últimas sobre as quais tínhamos cogitado. Começamos, a título de introdução, por estudar o problema dos julgamentos relativos às mentiras. No decorrer dessa análise, da qual falaremos nos parágrafos seguintes, percebemos, de imediato, que os pequenos avaliavam freqüentemente a gravidade da mentira não em função das intenções do mentiroso, mas em função da falsidade de suas afirmações. Foi para verificar a existência e a generalidade dessa tendência para a responsabilidade objetiva que imaginamos as questões seguintes.

As primeiras dessas questões dizem respeito às conseqüências do desajeitamento. Os desajeitamentos da criança desempenham, de fato, um papel importante, se bem que perfeitamente desproporcionado de direito, nos conflitos com o ambiente adulto. A cada instante, a criança provoca a cólera dos seus parentes por ter quebrado, manchado ou danificado algum objeto; cólera injustificada, na maioria das vezes, mas à qual a criança é levada naturalmente a atribuir uma significação. Outras vezes, o desajeitamento é, mais ou menos, a conseqüência de negligências ou de desobediência, e aí, então, a criança mistura aos sentimentos experimentados alguma idéia mística de justiça imanente. Procuramos então fazer as crianças compararem as narrações de dois desajeitamentos, um totalmente fortuito ou até constituindo a conseqüência de uma ação bem intencionada, mas que acarretou um prejuízo material apreciável,

101

e outro, sem grande importância material, mas sendo conseqüência de uma ação mal-intencionada.

Eis as histórias:

I. *a*) Um menino, que se chama Jean, está em seu quarto. É chamado para jantar. Entra na sala para comer. Mas atrás da porta há uma cadeira. Sobre a cadeira há uma bandeja com quinze xícaras. Jean não pode saber que há tudo isso atrás da porta. Entra: a porta bate na bandeja, e, bumba!, as quinze xícaras se quebram.

b) Era uma vez um menino chamado Henri. Um dia em que sua mãe estava ausente, foi pegar doces no armário. Subiu numa cadeira e estendeu o braço. Mas os doces estavam muito no alto e ele não pôde alcançá-los para comer. Entretanto, tentando apanhá-los, esbarrou numa xícara. A xícara caiu e se quebrou.

II. *a*) Havia um menino que se chamava Jules. Seu pai saíra. Jules teve então a idéia de brincar com o tinteiro dele. Brincou um pouco com a caneta, e depois deixou formar uma pequena mancha na toalha da mesa.

b) Um menino, chamado Auguste, viu que o tinteiro de seu pai estava vazio. Um dia em que o seu pai saiu, teve a idéia, para lhe prestar um favor, de encher o tinteiro, para que, quando ele voltasse, o encontrasse com a tinta. Só que, ao abrir o vidro de tinta, fez uma grande mancha na toalha da mesa.

III. *a*) Era uma vez uma menina chamada Marie. Ela queria fazer uma surpresa agradável à sua mãe, e cortou-lhe um vestido. Mas, como não sabia mexer com tesoura, fez um grande buraco na fazenda.

b) Uma menina chamada Marguerite foi procurar a tesoura de sua mãe, num dia em que ela saíra. Brincou um pouco com a tesoura e, como não sabia utilizar-se bem dela, fez um pequeno buraco em seu vestido.

Após a análise das respostas obtidas por meio dessas histórias duplas, estudaremos ainda dois problemas relativos ao roubo. Em vista de nosso objetivo, que é, no momento, verificar principalmente se a criança leva em conta a intenção ou o resultado material, nos limitaremos, no que se refere ao roubo, a fazer com que ela compare os roubos com intenções egoísticas aos roubos bem-intencionados:

IV. *a*) Alfred encontra um amigo muito pobre. Esse menino lhe diz que não havia almoçado naquele dia, porque em sua casa não havia nada para comer. Então, Alfred entra numa padaria, mas, como não tem dinheiro, aproveita o momento em que o padeiro está de costas para roubar um pãozinho. Sai depressa e dá o pão ao amigo.

b) Henriette entra numa loja. Vê sobre um balcão uma linda fita e acha que ficaria bem em sua roupa. Então, enquanto a vendedora está de costas, rouba a fita e foge logo em seguida.

V. *a*) Albertine tinha uma amiga que criava um passarinho numa gaiola. Albertine achava que o pássaro era infeliz e pedia sempre à sua amiga que o soltasse. Mas a menina não queria. Então, um dia em que a amiga não estava presente, Albertine foi libertar o passarinho. Soltou-o e escondeu a gaiola no celeiro para que ninguém mais prendesse pássaros nela.

b) Juliette roubou bombons de sua mãe, num dia em que ela não estava, e os comeu às escondidas.

A propósito de cada um desses pares de histórias, colocamos duas questões: 1ª) As crianças são igualmente culpadas (ou, como dizem os pequenos genebreses, "são todas vilãs"), ou então uma é mais culpada que a outra? 2ª) Qual das duas é mais vilã e por quê? — É claro que essas duas questões dão lugar, cada uma, a uma conversação mais ou menos desenvolvida, segundo a reação da criança. Além disso, é prudente fazer com que a criança repita as duas histórias, antes de interrogá-la: a maneira pela qual as reproduz é a única forma de se saber se as compreendeu bem.

O resultado obtido mostrou o seguinte. Até os dez anos coexistem dois tipos de respostas. Segundo umas, os atos são avaliados em função do resultado material e independentemente das intenções em jogo. Segundo outras, só importa a intenção. Acontece mesmo de uma só criança julgar ora de acordo com um tipo, ora de acordo com outro. Além disso, uma história leva mais à responsabilidade objetiva que outra. Assim, no pormenor dos fatos, não poderíamos falar de estágios propriamente ditos. Mas, em linhas gerais, é incontestável que a responsabilidade objetiva diminui com a idade. Com efeito, não encontramos mais um único caso nítido depois dos dez anos. Em seguida, se classificamos as respostas obtidas até os dez anos em dois grupos, um definido pela responsabilidade objetiva, outro pela responsabilidade subjetiva (fazendo o cálculo por respostas dadas a propósito de cada uma das histórias e não por crianças, uma vez que cada criança é suscetível de variar de uma história para outra), obtemos uma média de sete anos para a responsabilidade objetiva e de nove anos para a responsabilidade subjetiva. Ora, não pudemos interrogar com êxito as crianças abaixo de seis anos, devido à dificuldade intelectual das comparações: a média de sete anos representa então muito bem os menores. Se as duas atitudes consideradas fossem simplesmente questão de tipos individuais ou de tipos de educação familiar, as duas médias de idade deveriam coincidir. Como não é esse o caso, há, apesar disso, um elemento de desenvolvimento a ser considerado aqui. Podemos pelo menos dizer, para sermos prudentes, que, se a noção objetiva da responsabilidade e a noção subjetiva não caracterizam, propriamente falando, dois estágios sucessivos, definem dois processos distintos, em que um precede em média o outro, no decorrer da evolução moral da criança, se bem que entre elas haja sincronismo parcial.

Dito isso, passemos aos fatos e estudemos, primeiramente, as histórias relativas ao desajeitamento. Eis respostas típicas, testemunhando uma noção totalmente objetiva da responsabilidade:

I — HISTÓRIA DAS XÍCARAS QUEBRADAS. — GEO (seis anos): "Você compreendeu bem essas histórias? — *Sim.* — O que foi que o primeiro fez? — *Quebrou onze xícaras.* — E o segundo? — *Quebrou uma xícara com um movimento brusco.* — Por que o primeiro quebrou as xícaras? — *Porque a porta bateu.* — E o segundo? — *Ele fez um movimento em falso. Quando procurava os do-*

ces, a xícara caiu. — Será que temos aí um mais vilão que o outro? — *O primeiro, porque fez cair doze xícaras.* — Se você fosse o pai, qual puniria mais? — *Aquele que quebrou doze xícaras.* — Por que as quebrou? — *Foi a porta que fechou muito forte, que bateu. Ele não o fez de propósito.* — E o segundo, por que quebrou uma xícara? — *Ele queria apanhar um doce. Fez um movimento muito forte. A xícara se quebrou.* — Por que ele queria pegar o doce? — *Porque estava só. Aproveitou enquanto sua mãe não estava lá.* — Você tem um irmão? — *Não, uma irmãzinha.* — Muito bem! Se fosse você quem tivesse quebrado as doze xícaras, entrando na sala, e sua irmãzinha, uma xícara, procurando o doce, quem seria mais punido? — *Eu, porque quebrei mais de uma xícara.''*

SCHMA (seis anos): ''Você compreendeu bem as histórias? Repita-as para ver! — *Um menino é chamado para jantar. Há quinze pratos sobre uma bandeja. Ele não sabia. Abre a porta. Quebra quinze pratos.* — Muito bem. E a segunda história? — *Havia um menino, e depois esse menino quis comer doces. Subiu numa cadeira, esbarrou numa xícara, e ela se quebrou.* — Esses meninos, são os dois igualmente vilões ou não? — *Os dois são igualmente vilões.* — Você os castigaria da mesma forma? — *Não. Mais aquele que quebrou quinze pratos.* — Ele é mais vilão ou menos que o outro? — *Um pouco mais. Quebrou quinze pratos.* — Por que os quebrou? — *Porque não sabia que ali havia quinze pratos.* — E o outro, você o castigaria mais ou menos? — *O primeiro quebrou muitas coisas, o outro menos.* — Como você os castigaria? — *Àquele que quebrou as quinze xícaras: duas bofetadas. Ao outro: uma!''*

CONST (sete anos. F[5]). ''Repita-me essas duas histórias. — *Havia uma cadeira na sala de jantar, com xícaras. Um menino abre a porta. Todas as xícaras são quebradas.* — E a outra história? — *Um menino quer pegar doces. Quer pegar uma xícara, que se quebra.* — Se você fosse a mãe deles, qual você castigaria mais? — *Aquele que quebrou as xícaras.* — É o mais vilão? — *Sim.* — Por que as quebrou? — *Porque queria entrar na sala.* — E o outro? — *Porque queria pegar os doces.* — Digamos que você seja mãe. Você tem duas filhinhas. Uma quebra quinze xícaras, entrando na sala para jantar, a outra quebra uma xícara, procurando doces, quando você não estava presente. Qual você puniria mais? — *Aquela que quebrou as quinze xícaras.''* Mas Const, que é tão clara no que se refere às nossas histórias, conta em seguida recordações pessoais nas quais é completamente a responsabilidade subjetiva que intervém: ''Você já quebrou alguma coisa? — *Uma xícara.* — Como? — *Eu queria enxugá-la e a deixei cair.* — Que mais você quebrou? — *Outra vez, um prato.* — Como? — *Eu o peguei para brincar.* — Qual dos dois atos é o mais vilão? *O prato, porque eu não devia pegá-lo.* E a xícara? *Menos errado, porque eu queria enxugá-la.* — Você foi mais castigada pela xícara ou pelo prato? — *Pelo prato.* — Escute, vou lhe contar ainda duas histórias. Uma menina enxugava xícaras. Ela as arrumava, enxugando-as com a toalha, mas quebrou cinco xícaras. Outra menina brincava com pratos. Qual é a mais vilã? — *Aquela que quebrou as cinco xícaras.* — Qual você puniria mais? — *Aquela que quebrou as cinco xícaras.''* Portanto, vemos que, quando se trata de suas próprias recordações (onde aliás não intervém a quantidade de objetos quebrados), somente a responsabilidade subjetiva é encarada. Desde que voltemos às histórias, mesmo inspirando-nos diretamente nas recordações da criança, a responsabilidade objetiva reaparece em estado puro.

---

5. F = menina. (Do francês = fille.) (N. do T.)

II — HISTÓRIA DAS MANCHAS — CONST (sete anos. F), cujas respostas acabamos de ver, repete-nos corretamente a história das manchas de tinta: *"Um menino vê o tinteiro do seu pai vazio. Pega o vidro de tinta. Mas é desajeitado e deixa formar uma mancha grande.* — E a outra? — *Um menino mexia em tudo. Pegou o tinteiro e deixou formar uma pequena mancha.* — Eles são igualmente vilões? — *Não.* — Qual é o mais vilão? — *Aquele que deixou formar a mancha grande.* — Por quê? — *Por que ela era grande.* — Por que ele deixou formar uma grande mancha? — *Para prestar um favor.* E o segundo, por que fez uma pequena mancha? — *Porque mexia em tudo. Deixou formar uma pequena mancha.* — Então qual é o mais vilão? — *Aquele que fez a mancha grande."*

GEO (seis anos), da mesma forma, compreende bem as histórias e sabe que a intenção dos dois meninos era completamente diferente. Mas acha que o mais vilão é *"aquele que fez uma mancha grande.* — Por quê? — *Porque a mancha é maior que a outra."*

III — HISTÓRIA DOS BURACOS. — GEO (seis anos) continua a compreender bem as duas histórias: *"A primeira quis prestar um favor à sua mãe e fez um grande buraco na fazenda. A outra brincava e fez um pequeno buraco.* — Entre essas meninas há uma mais levada que a outra? — *Aquela que quis prestar um pequeno favor é mais levada, por que fez um grande buraco. A mãe dela a repreendeu."*

CONST (sete anos) repete-nos as histórias da maneira seguinte: *"Uma menina queria fazer um lenço para sua mãe. Ela é desajeitada. Fez um grande buraco na fazenda.* — E a outra? — *Uma menina mexia em tudo. Pegou uma tesoura para brincar. Fez um pequeno buraco na sua roupa.* — Qual é a mais levada? — *Aquela que fez o buraco grande.* — Por que fez esse buraco? — *Queria fazer uma surpresa para sua mãe.* — Muito bem. E a outra? — *Pegou a tesoura, porque mexia em tudo e fez um pequeno buraco.* — Muito bem. Então qual é a mais boazinha das duas? — ... (hesitação). — Diga o que você pensa. — *Aquela que fez um pequeno buraco é a mais boazinha.* — Se você fosse a mãe e visse tudo o que elas fizeram, qual você puniria mais? — *Aquela que fez um grande buraco.* — Qual você puniria menos? — *Aquela que fez um pequeno buraco.* — E aquela que fez o buraco maior o que diria, quando você a punisse mais? — *Ela diria: 'Eu queria fazer uma surpresa'.* E a outra? — *Ela brincava.* — Quem é preciso ser mais punida? — *Aquela que fez o buraco grande.* — Digamos que foi você quem fez o buraco maior, porque queria fazer uma surpresa à sua mãe. Sua irmã brincava e fez o buraco pequeno. Qual é preciso castigar mais? — *Eu.* — Você está inteiramente segura ou não? — *Segura.* — Você já fez buracos? — *Nunca.* — É fácil o que eu lhe perguntei? — *Sim.* — Você está segura do que afirmou? — *Sim."*

Vê-se quanto as respostas são resistentes às sugestões contrárias tentadas por nós e quanto as crianças, se bem que compreendendo perfeitamente as histórias contadas e, por conseguinte, as intenções dos personagens em jogo nas histórias, só levam em conta, em suas avaliações, fatos materiais e não as intenções que foram a causa indireta desses fatos materiais.

Seguramente, por si sós, tais fatos não são convincentes. Antes de falar de responsabilidade objetiva, é preciso se perguntar se a criança não faz implicitamente uma distinção análoga àquela da moral e de cer-

105

tas sanções jurídicas no adulto. Pode-se ser condenado pela prática de infrações em virtude de se ter violado preceitos legais sem que a própria honra esteja em jogo. Pode-se ser objeto de uma sanção civil sem nenhum elemento penal (cf. as sanções restitutivas e retributivas de Durkheim). Do mesmo modo, quando a criança chama de "vilã" a uma menina que fez um grande buraco na roupa, se bem que saiba perfeitamente que suas intenções eram não só inocentes, mas excelentes, não deseja significar simplesmente que a menina causou um prejuízo a seus pais e merece, assim, uma sanção puramente legal, sem que essa sanção tenha sentido moral? A questão se colocará nos mesmos termos a propósito do roubo, como o veremos daqui a pouco. Ao contrário, no tocante à mentira, podendo ser afastada toda consideração de prejuízo material, tentaremos provar que os julgamentos das crianças implicam, realmente, a responsabilidade objetiva. No concernente aos exemplos presentes, portanto, permite-se formular uma conclusão análoga. Certamente, a preocupação pelo prejuízo material prevalece aqui sobre a questão de obediência ou de não-obediência às regras. Mas está aí uma forma de responsabilidade objetiva na medida em que a criança não dissocia o elemento de responsabilidade civil, por assim dizer, e o elemento penal. Ora, pelo menos no plano verbal em que estamos colocados, parece-nos claro que essa diferenciação não aflora absolutamente ao espírito do indivíduo: a responsabilidade permanece assim objetiva, do próprio ponto de vista moral.

Antes de prosseguir nossa análise, examinaremos agora, para situar as atitudes precedentes em sua verdadeira perspectiva, as respostas inversas àquelas que acabamos de analisar, e relativas às mesmas duplas de histórias:

I — HISTÓRIA DAS XÍCARAS QUEBRADAS. — Inicialmente, examinemos um caso excepcional de seis anos (a maioria das crianças de seis anos nos deu respostas do tipo da responsabilidade objetiva): SCHMA (seis anos e meio, menina adiantada do ponto de vista intelectual e que tem o comportamento de uma menina de oito anos) começa por nos dizer que os dois meninos da história são *"igualmente vilões"* e que é preciso castigar *"os dois igualmente"*. "Eu acho que um dos dois é mais vilão que o outro. Qual é? — *São iguais.* — Você nunca quebrou nada? — *Não, eu não. Foi meu irmão.* — O que ele quebrou? — *Uma xícara e um balde.* — Como? — *Ele queria pescar. Quebrou a metade do meu balde. Depois disso, ele o quebrou mais de propósito, para me aborrecer.* — Ele quebrou também uma xícara? — *Ele a enxugou e colocou a xícara na borda da mesa. A xícara caiu.* — Em que dia ele foi mais maldoso, no dia em que quebrou o balde ou naquele em que quebrou a xícara? — *No do balde.* — Por quê? — *Ele quebrou meu balde de propósito.* — E a xícara? — *Não fez de propósito. Ela a colocou na beirada e a quebrou.* — E nas histórias que lhe contei, qual é o mais vilão, aquele que quebrou as quinze xícaras ou aquele que quebrou uma xícara? — *Aquele que queria pegar os doces, porque queria comer."*
Portanto, vemos que é o apelo às suas próprias lembranças que leva a Schma a julgar segundo a responsabilidade subjetiva.

MOL (sete anos): "Qual é o mais vilão? — *É o segundo, aquele que apanhou o vidro de doces, porque queria pegar alguma coisa sem permissão.* — Ele o alcançou? — *Não.* — É mesmo o mais vilão? — *Sim.* — E o primeiro? — *Não foi culpa sua. Não fez de propósito.*"

CORM (nove anos): "*Bem, aquele que quebrou ao entrar, não é vilão, porque não sabia que havia xícaras. O outro queria pegar os doces e esbarrou em uma xícara.* — Qual é o mais vilão? — *Aquele que queria pegar os doces.* — Ele quebrou quantas xícaras? — *Uma.* — E o outro? — *Quinze.* — Qual você puniria mais? — *O menino que queria pegar os doces. Ele sabia* [= ele fez de propósito]."

GROS (nove anos): "Que fez o primeiro? — *Quebrou quinze xícaras, abrindo uma porta.* — E o segundo? — *Quebrou uma xícara, pegando doces.* — O que você pensa dessas tolices? Qual é a pior? — *Aquela na qual ele queria apanhar a xícara é a maior* [tolice], *porque o outro não viu* [que havia xícaras atrás da porta]. *O primeiro, viu o que fazia.* Quantas quebrou? — *Uma xícara.* — E o outro? — *Quinze.* — Então, qual você puniria mais? — *Aquele que quebrou uma xícara.* — Por quê? — *Ele fez de propósito. Se não tivesse ido pegar os doces, isso não teria acontecido.*"

NUSS (dez anos). O mais vilão é "*aquele que quis pegar os doces.* — Tem alguma importância que o outro quebrasse mais xícaras? — *Não, porque aquele que quebrou quinze xícaras não fez de propósito*".

II — HISTÓRIA DAS MANCHAS DE TINTA. — SCI (seis anos): "O que foi que o primeiro fez? — *Queria agradar seu pai. Viu que o tinteiro estava vazio. Quis enchê-lo. Fez uma mancha na roupa.* — E o segundo? — *Queria brincar com a tinta de seu pais, e fez uma pequena mancha na roupa.* — Qual é o mais vilão? — *Aquele que brincou com o tinteiro. Ele brincou com ele. O outro queria agradar.* — Aquele que queria agradar fez uma pequena ou grande mancha? — *Fez uma mancha grande. O outro, uma pequena.* — Tem importância que o primeiro tenha feito uma mancha grande? — *Dá na mesma. O outro, antes quis fazer uma coisa má. Aquele que fez uma mancha pequena quis ser pior que o outro.*"

GROS (nove anos): "*Aquele que quis prestar um favor, mesmo que a mancha tenha sido maior, não deve ser punido.*"

NUSS (dez anos). O mais vilão é "*aquele que fez a mancha pequena, porque o outro quis prestar um favor*".

III — HISTÓRIA DOS BURACOS — SCI (seis anos) repete as histórias como segue: "*A primeira queria fazer uma surpresa à sua mãe. Ela se feriu e fez um grande buraco na roupa. A segunda gostava de mexer em tudo. Pegou a tesoura e fez um pequeno buraco na roupa.* — Qual é a mais arteira? — *Aquela que quis pegar a tesoura. Ela fez um pequeno buraco no seu vestido. É a mais levada.* — Qual você castigaria mais, aquela que fez um pequeno buraco, ou a outra? — *Não aquela que fez o grande buraco, ela queria fazer uma surpresa.*"

CORM (nove anos). — "*A mais vilã é a segunda. Ela não deveria pegar a tesoura para brincar. A primeira não fez de propósito. Não podemos dizer que ela seja vilã*".

Vemos, por essas respostas, como as crianças, mesmo as menores que interrogamos, são capazes de apreender as nuanças morais exatas e de considerar as intenções. Portanto, podemos, desde já, formular a hipótese de que as avaliações baseadas apenas no prejuízo material são um produto da coação adulta refratada através do respeito infantil, mais do que um fenômeno espontâneo da psicologia da criança. De modo geral, o adulto usa de muito rigor contra os desajeitamentos. À medida que os pais não sabem compreender as situações e se deixam levar pelo mau humor em função da materialidade do ato, a criança começa por adotar essa maneira de ver e aplica ao pé da letra as regras, mesmo implícitas, assim impostas. Na proporção em que os pais sabem ser justos, e, principalmente, ao mesmo tempo que, com a idade, a criança opõe às reações adultas seu próprio sentimento, a responsabilidade objetiva diminui de importância.

No que se refere ao roubo, obtivemos, igualmente, dois grupos de respostas, e, aqui novamente, são encontradas em qualquer idade, entre seis e dez anos, a responsabilidade objetiva e a responsabilidade subjetiva, esta predomina cada vez mais na proporção do desenvolvimento. Eis exemplos de responsabilidade objetiva:

IV — HISTÓRIA DO PÃOZINHO E DA FITA. — SCI (seis anos), que demonstrou uma noção subjetiva da responsabilidade no que se refere aos desajeitamentos, agora muda de atitude. Assim ele repete as histórias: *"Um menino estava com seu amigo. Roubou um pãozinho para dá-lo ao amigo. Uma menina quis uma fita e a colocou ao redor de seu vestido para ficar bonita.* — Há um mais vilão que o outro? — *Sim ... não, é a mesma coisa.* — Por que o primeiro roubou o pãozinho? — *Porque o seu amigo queria* [o pãozinho]. — A menina, por que roubou a fita? — *Porque essa lhe despertou a vontade.* — Qual você puniria mais? — *O menino, que roubou e deu ao irmão o pãozinho em lugar de guardá-lo para si.* — Foi desonesto por tê-lo dado? — *Não. Ele tem bom coração. Deu-o ao irmão.* — É preciso castigar um mais do que o outro? — *Sim. O menino roubou o pãozinho para dá-lo ao irmão. É preciso puni-lo mais. Os pãezinhos, eles devem ser mais caros."*

SCHMA (seis anos) assim repete as histórias: *"Havia um menino. Como seu amigo não tinha jantado, ele pegou um pãozinho, colocou-o no bolso, entregou-o ao amigo. Uma menina entra numa loja, vê uma fita. 'Isso seria bom para colocar no meu vestido', pensou! Ela a pegou.* — Há um mais culpado que o outro? — *O menino, porque pegou um pãozinho. É alguma coisa maior.* — É preciso puni-los? — *Sim. Quatro bofetadas para o primeiro.* — E a menina? — *Duas bofetadas.* — Por que ele pegou o pãozinho? — *Porque o seu amigo não tinha jantado.* — E a outra? — *Para se enfeitar."*

GEO (seis anos): "Qual é o mais culpado? — *Aquele do pãozinho, porque o pãozinho é maior que a fita."* Entretanto, Geo, como os últimos, compreendeu bem as intenções.

V — HISTÓRIA DA GAIOLA E DOS BOMBONS. — DESA (seis anos): "*A menina tinha uma amiga que possuía uma gaiola e um pássaro. Ela achou que isso era muito mau. Pegou a gaiola e soltou o pássaro.* — E a outra? — *Um menina rouba um bombom e come.* — Elas são igualmente culpadas ou uma é mais que a outra? — *Aquela que roubou a gaiola é a mais culpada.* —

Por quê? — *Porque roubou a gaiola.* — E a outra? — *Roubou um bombom.* — Ela é mais culpada que a primeira? — *Menos, o bombom é menor que gaiola.* — Se você fosse o pai, qual puniria mais? — *Aquela que roubou a gaiola.* — Por que a roubou? — *Porque o pássaro era infeliz.* — E a outra, por que roubou o bombom? — *Para comê-lo.*"

Vemos que esses casos de responsabilidade objetiva são os três de seis anos. Não os encontramos além dos sete anos, para tais histórias. Examinaremos agora casos nítidos de responsabilidade subjetiva, tiradas a propósito das mesmas narrações. São quase todos de nove e dez anos. A dissociação dos tipos em função da idade é assim melhor que no caso dos desajeitamentos:

IV — HISTÓRIA DO PÃOZINHO E DA FITA. — CORM (nove anos) conta corretamente as duas histórias. "O que você achou? — *O menino, de um lado, não deveria roubar. Não deveria roubá-lo, mas pagá-lo. A menina não deveria absolutamente roubar a fita.* — Qual é o mais culpado? — *A menina queria pegar para si própria. O menino queria pegar também, mas para dá-lo ao amigo que não tinha almoçado.* — Se você fosse a professora da escola, qual você puniria mais? — *A menina.*"
NUSS (dez anos): "Qual é o mais culpado? — *É a menina, porque pegou para si própria.*"

V — HISTÓRIA DA GAIOLA E DOS BOMBONS — SCT (seis anos): "Qual é a mais culpada? — *Aquela que roubou o bombom. Ela roubou. A primeira foi para pôr o passarinho em liberdade, que ela pegou a gaiola.*"
CORM (nove anos): "*A menina, que quis deixar que o passarinho escapasse, estava certa. A outra não devia comer o bombom.*"
GROS (nove anos): "*Aquela que roubou o bombom é a mais culpada.* — Por quê? — *Porque a outra devolveu a liberdade ao pássaro.*"

Essas respostas nos colocam, assim, em presença de dois tipos diferentes de atitudes morais: julgar os atos segundo seu resultado material ou levar em conta apenas as intenções. Essas duas atitudes podem coexistir nas mesmas idades e até na mesma criança, mas, em média, não podem ser sincronizadas. A responsabilidade objetiva diminuiu, em geral, com a idade, enquanto a responsabilidade subjetiva aumenta em importância, correlativamente. Portanto, trata-se, em suma, de dois processos que se interferem em parte; mas o segundo chega, pouco a pouco, a dominar o primeiro.

Que explicações dar a esses fatos? A noção objetiva da responsabilidade aparece, sem dúvida alguma, como um produto da coação moral exercida pelo adulto. Mas resta precisar o sentido dessa coação, porque, no caso dos desajeitamentos e do roubo, ela se exerce de uma forma bastante diferente do que observaremos no caso da mentira. Nos exemplos que acabamos de observar, é certo, com efeito, que os adultos ou certos adultos aplicam, eles próprios, suas sanções, "difusas" (repreensão) ou "organizadas" (punições), em conformidade com as regras da responsabilidade objetiva. Uma dona de casa (quase todas as crianças examinadas são de um meio muito popular) fica, em média, muito mais encolerizada, quando lhe quebram quinze xícaras, que quando lhe quebram uma, e isso independentemente, até certo ponto, das intenções do culpado. Portanto, sumariamente, podemos dizer que é só a exterioridade das instruções adultas, em relação à consciência infantil, que produz tais efeitos, mas o próprio exemplo do adulto. No caso da mentira, ao contrário, veremos que é quase inteiramente contra a intenção adulta que a responsabilidade objetiva se impõe à consciência da criança. Mas, por mais restrita que seja a questão que consideraremos agora, ela não apresenta menos interesse. Quando o adulto se deixa levar a avaliar os atos de desajeitamento ou os roubos, em função do resultado material, não há dúvida, mesmo para a consciência comum, que ele é injusto. Por outro lado, aqueles pais que procuram educar os filhos de acordo com uma moral da intenção, conseguem seu objetivo bastante depressa, como demonstram a observação corrente e alguns exemplos de responsabilidade subjetiva, que destacamos aos seis e sete anos. Na maioria dos casos anteriores de nove e dez anos, como acontece de a criança admitir plenamente o critério da responsabilidade objetiva e de ultrapassar até o adulto médio? A criança, certamente, é muito mais objetivista, por assim dizer, que os menos argutos dos pais. Além disso, é preciso ressaltar aqui que os pais, em geral, fazem uma distinção que, precisamente, nossas crianças não parecem fazer: repreendem-nas, é verdade, na medida em que o desajeitamento acarreta prejuízos materiais apreciáveis, mas não vêem nisso uma falta propriamente moral. A criança, ao contrário, parece, como observamos, não diferenciar o aspecto jurídico, por assim dizer, ou de simples polícia, e o aspecto moral da questão: é mais "culpado" aquele que faz uma grande mancha na roupa do que aquele cuja mancha é pequena, ainda que reconheça perfeitamente que as intenções podiam ser boas. Portanto, há, nesse aspecto, uma espécie de culpa em si ao se cometer este ou aquele ato, independentemente do contexto psicológico. No que se refere ao roubo, que é unanimemente explicado à criança como uma grave falta moral, o fenômeno é ainda mais nítido. Quase todas as crianças com menos de nove, dez anos consideram o roubo do pãozinho ou da gaiola como um ato mais culpável, não apenas do ponto de vista da polícia, mas do ponto de vista moral (embora respeitando as intenções dos ladrões), que o roubo da fita ou dos bombons. Ora, é compreensível que se condene o roubo, qualquer que seja o objetivo visado, mas é muito curioso verificar, quando os fazemos comparar, dois a dois, atos tão diferentes como os constantes de nossas histórias, que o único critério observado por elas é o material.

Logo, tudo isso cria um problema. De onde vem essa predominância inicial dos juízos de responsabilidade objetiva, que ultrapassam em extensão e em intensidade o que os adultos puderam fazem ou dizer às crianças? Para tanto, vemos apenas uma explicação. As regras impostas pelo adulto, verbalmente (proibição de roubar, de pegar sem cuidado objetos frágeis etc.) ou materialmente (repreensões ásperas e castigos), constituem, antes de ser assimiladas espiritualmente, obrigações categóricas para a criança — pouco importando que tais regras sejam aplicadas ou não. Adquirem assim o valor de necessidades rituais, e as coisas proibidas ficam constituindo tabus. O realismo moral aparece, deste modo, como o produto da coação e das formas primitivas do respeito unilateral. Produto fatal ou produto contingente e indireto? É o que procuraremos desvendar a propósito da mentira.

Mas, antes de generalizar demais, lembremo-nos que as respostas da criança são dadas sobre histórias que lhe contamos e não sobre fatos realmente vividos. Do mesmo modo, como já vimos em relação ao método, podemos indagar se essas avaliações verbais correspondem ou não ao pensamento real da criança. Constatamos, é verdade, que evoluem com a idade e parecem assim resultar de uma influência sistemática qualquer. Mas constituiriam um simples derivado teórico, uma simples dedução verbal, e por conseqüência ineficaz, das palavras do adulto, ou então corresponderiam a uma atitude real, moldada pelo respeito unilateral, e condicionando o comportamento da criança antes de inspirar suas expressões?

Em alguns casos particulares, como percebemos, a criança leva muito mais em consideração as intenções no que concerne às suas próprias lembranças, do que o relato desenvolvido no decurso de nossos interrogatórios. Seguramente tal fato mostra-nos que, se a atitude objetivista da criança, bem clara teoricamente, corresponde a alguma realidade no pensamento concreto e ativo, deve haver uma discrepância entre essas duas espécies de manifestações: a atitude teórica está certamente atrasada em relação à atitude prática. Mas o problema é mais grave, e podemos perguntar se, em algum momento de suas experiências morais diretamente vividas, a criança foi verdadeiramente dominada pela noção objetiva da responsabilidade, pelo menos em relação aos desajeitamentos e ao roubo.

Nesse ponto, a observação imediata — único juiz na matéria — parece-nos responder de maneira suficientemente explícita para resolver a questão. É fácil verificar, não mais entre crianças de seis ou sete anos, mas talvez entre pequeninos, como o sentimento da falta, no caso de desajeitamento, é freqüentemente proporcional à extensão do desastre material, em lugar de ficar subordinado às intenções em jogo. Amiúde, notamos em nossos próprios filhos — que jamais foram repreendidos pela prática involuntária de um desajeitamento — com que dificuldade lutamos para tirar-lhes toda a idéia de responsabilidade, quando, por casualidade, hajam quebrado um objeto ou manchado uma toalha. Quem não se lembra do caráter acusador, surgindo bruscamente, como sob o efeito de um choque, do ato desastrado cometido, e do sentimento de culpabilidade muito mais agudo que a imprevisibilidade e a fatalidade desse mesmo ato? Seguramente, toda espécie de elementos interfere nisso (sentimento de justiça "imanente", associações afetivas com negligências anteriores, medo de causar algum mal etc.). Mas, por que o estrago material seria visto como uma falta, se a criança não aplicou nesse caso de maneira literal e realista um conjunto de regras (implícitas ou explícitas) pelas quais tem respeito?

Portanto, podemos admitir, a título de hipótese, que os juízos de responsabilidade objetiva observados no decorrer de nossos interrogatórios repousam sobre um resíduo de experiências efetivamente vividas. Ainda que novas realidades tenham, desde então, enriquecido a consciência moral da criança, tornando-se esta apta a discernir a responsabilidade subjetiva, as experiências anteriores teriam bastado para constituir um fundo permanente de realismo moral que reapareceria em cada nova ocasião. Ora, estando o pensamento na criança sempre atrasado em relação à ação, é natural que a solução de problemas teóricos, como esses de que nos servimos, recorra aos esquemas mais habituais e mais antigos, e não aos esquemas mais sutis e menos resistentes em via de construção atual. É assim que um adulto em pleno período de revisão dos valores e vivendo sentimentos cuja novidade o surpreende, talvez recorra a noções morais caducas para ele em direito, se se encontrar repentinamente em presença de uma dificuldade a ser resolvida para outrem: por exemplo, se não se lhe der tempo para uma reflexão suficiente, julgará os atos de uma pessoa com uma severidade incompreensível, tendo em vista suas atuais tendências profundas, mas que corresponde, efetivamente, ao seu sistema anterior de avaliações. Da mesma forma, nossas crianças já podem muito bem levar em conta as intenções na avaliação de seus próprios comportamentos e se ater à materialidade dos atos, quando se tratar de personagens indiferentes, evocados em nossas histórias.

Podemos perguntar, a esta altura, como aparece e se desenvolve a responsabilidade subjetiva, no domínio restrito agora analisado. Não há dúvida que, com uma certa técnica, os pais conseguem fazer predominar na criança a consideração da intenção sobre a das regras, concebida como um sistema de proibições rituais. Só que, a dificuldade é saber se essa técnica não implica justamente um cuidado constante de não impor às crianças deveres propriamente ditos e pôr acima de tudo a simpatia mútua. É quando a criança está habituada a agir de acordo com os pais e quando procura mais agradar-lhes que obedecer-lhes, que consegue julgar em função das intenções. A consideração das intenções supõe, assim, a cooperação e o respeito mútuo. Ora, é preciso ter filhos para compreender quanto isso é difícil de se conseguir. Mesmo nada impondo como dever geral, os pais são dotados de um tal prestígio para o filho que seus desejos têm força de lei e dão dessa forma, automaticamente, nascimento ao realismo moral (independentemente, é evidente, da maneira pela qual a criança consegue de fato realizar estes desejos).

Para apagar qualquer traço de realismo moral, é preciso colocar-se ao nível da criança e dar-lhe um sentimento de igualdade, insistindo sobre suas próprias obrigações e suas próprias insuficiências. No domínio dos desajeitamentos, da desordem em geral (brinquedos a pôr no lugar, asseio consigo própria etc.), em suma, nas múltiplas obrigações tão secundárias para a teoria moral, mas tão importantes na vida de todos os dias (nove décimos das instruções e ordens dadas à criança talvez digam respeito a essas questões materiais), é fácil destacar suas próprias necessidades, suas próprias dificuldades e mesmo seus próprios erros, fazendo-lhe perceber as conseqüências, e criar assim uma atmosfera de ajuda e compreensão recíproca: a criança se encontrará, desde então, não em presença de um sistema de instruções que exigem uma obediência ritual e exterior, mas de um sistema de relações sociais tal, que cada um obedece como pode às mesmas obrigações e isso por respeito mútuo. A passagem da obediência para a cooperação marca, deste modo, um progresso análogo àquele cujos efeitos já vimos no decorrer da evolução das regras do jogo de bolinhas: ora, apenas o último estágio é de natureza a levar o triunfo da moral da intenção sobre a da responsabilidade objetiva.

Quando os pais não têm tais cuidados e distribuem, a torto e a direito, ordens e punições, é claro, *a fortiori*, que não é devido à coação moral, mas apesar dela própria e em reação contra ela, que se desenvolve na criança o cuidado da intenção. Temos então uma criança que, no desejo de ser agradável, age desajeitadamente e se faz repreender, ou que, em geral, vê todos os seus atos julgados de outra forma pela qual ela própria os julga. É evidente que após uma fase mais ou menos curta de submissão no decorrer da qual ela aceita todos os veredictos, mesmo injustos, sentirá a injustiça. Tais situações podem levar à revolta. Se a criança, ao contrário, encontra com os irmãos ou irmãs ou com seus amigos de brinquedo uma sociedade que desenvolve sua necessidade de cooperação e de simpatia mútua, criará em si uma moral de um novo tipo, moral da reciprocidade e não da obediência. Essa é a verdadeira moral da intenção e da responsabilidade subjetiva.

Em suma, quer os pais consigam realizá-la em família ou quer ela exista apesar deles ou contra eles, é sempre a cooperação que fará predominar a intenção sobre a letra e o respeito unilateral que suscitará o realismo moral. Aliás, é evidente que, de fato, existem todos os intermediários entre as duas atitudes da obediência e da colaboração. Mas é útil, para a análise, acentuar sua oposição real.

3. A RESPONSABILIDADE OBJETIVA: II. A MENTIRA

Com os julgamentos da criança relativos à mentira, penetramos mais a fundo na intimidade das avaliações infantis. Com efeito, não há dúvi-

113

da que a mentira cria para a consciência da criança um problema muito mais grave e mais inoportuno que o desajeitamento ou mesmo que os atos anormais, como os roubos. Isso se deve ao fato de que a tendência à mentira é uma tendência natural, cuja espontaneidade e generalidade mostram quanto ela faz parte do pensamento egocêntrico da criança. O problema da mentira, na criança, é então o problema do encontro das atitudes egocêntricas com a coação moral do adulto. Tal circunstância nos permitirá continuar a respeito desse ponto a análise esboçada em relação aos estágios primitivos da prática e da consciência das regras do jogo.

Conhecemos bem a natureza e a diversidade das mentiras infantis, em particular, graças aos belos trabalhos de W. Stern[6] e a todos os que daí se seguiram. Outrossim, não é esse estudo que nós nos propomos a prolongar. Nosso objetivo é fazer a análise da consciência da mentira na criança, ou, mais precisamente, a análise da maneira pela qual a criança julga e avalia a mentira. Sabemos por que a criança mente. Sabemos das dificuldades pedagógicas que a questão provoca. Portanto, existe nisso um exemplo privilegiado para o estudo do julgamento moral na criança. Vendo como as crianças representam e avaliam as mentiras no decorrer do interrogatório, nos será relativamente fácil determinar se as respostas dadas correspondem àquilo que sabemos através da prática da mentira e da verdade.

Antes de tudo, as noções de responsabilidade objetiva e de intencionalidade nos pareceram dominar as avaliações infantis. Também é ao redor desse problema que dispomos nossos exames. Nosso interrogatório versou essencialmente sobre os três pontos seguintes: definição da mentira, responsabilidade em função do conteúdo das mentiras e responsabilidade em função das conseqüências materiais. Além disso, estudamos dois pontos, que reservamos para (4): pode-se mentir entre crianças e por que não se deve mentir?

A primeira questão (definição da mentira) está naturalmente ligada ao problema da responsabilidade objetiva e do realismo moral. Trata-se, com efeito, de saber se a criança compreendeu que mentir é trair consciente e intencionalmente a verdade. Ora, a partir dessa questão preliminar de pura definição, respostas das mais sugestivas nos foram dadas, que atestam a profundidade das tendências realistas da criança.

A definição mais primitiva que encontramos, e que é, ao mesmo tempo, a mais característica do ponto de vista que ora estudamos, é uma definição puramente realista: uma mentira é "um nome feio". A criança, reconhecendo perfeitamente a mentira, quando ela aparece, assimila-a tanto às blasfêmias ou aos palavrões que está proibida de pronunciá-la. Eis os exemplos:

WEB (seis anos): "O que é uma mentira? — *Isso quer dizer quando se dizem coisas feias que não deveriam ser ditas.* — O que quer dizer 'coisas feias'?

---

6. W. e C. STERN, *Erinnerung, Aussage u. Lüge*, 3ª ed., 1922.

— *Quando se dizem palavras feias*. — Diga-me palavras feias. Você as conhece? — *Nojento*[7]. — É uma mentira? — *Sim*. — Por que é uma mentira? — *Porque é um nome feio*. — Quando digo 'imbecil', é uma mentira? — *Sim*. — Um garoto derrubou uma xícara, mas disse que não foi ele. É uma mentira? — *Sim*. — Por quê? — *Porque foi ele quem derrubou*. — Olhe aquele moço [um estudante]. Acho que ele tem trinta e nove anos. O senhor tem trinta e nove anos? — [O estudante responde: Não, tenho trinta e seis.] — [A Web:] é mentira eu ter dito que ele tem trinta e nove anos, quando tem trinta e seis? — *Sim, é uma mentira*. — Por quê? — *Porque ele tem trinta e seis*. — É uma mentira feia ou não? — *Não é feia*. — Por quê? — *Porque não é uma palavra feia*. — Dizer que 2 + 2 = 5 é mentira ou não? — *Sim*. — Feia ou não? — *Não é feia*. — Por quê? — *Porque não é um nome feio.*"

LUD (seis anos): "Você sabe o que é uma mentira? — *É quando se dizem palavras feias*. — Diga-me uma palavra feia que seja uma mentira. — ... [Lud hesita]. — Vamos lá! — M... — É uma mentira? — *Sim*. — Por quê? — *Porque é uma palavra feia*. — Eu vou lhe contar uma história. Uma vez um menino quebrou uma xícara, depois disse que não foi ele. É uma mentira? — *Sim*. — Por quê? — *Porque ele disse que não foi ele*. — É uma palavra feia? — *Sim*. — Por quê? — *Porque foi ele quem quebrou a xícara.*"

NUS (seis anos): "O que é uma mentira? — *É quando dizemos palavras feias*. — Você conhece palavras feias? — *Sim*. — Diga-me uma. — *Nojento*. — É uma mentira? — *Sim*. — Por quê? — *Porque é proibido dizer palavras feias*. — Quando digo 'imbecil', é uma mentira? — *Sim*." Nus, igualmente, acha que a história da xícara quebrada encerra uma mentira.

RAD (seis anos): Mentiras "*são palavras que não devem ser ditas, palavras feias*".

TUL (seis anos): Mesmas respostas. "Se chamo alguém de imbecil, é uma mentira? — *Sim*. — Por quê? — *Porque é uma palavra feia*. — É uma mentira mesmo que ele seja um imbecil ou não? — *Sim*. — Por quê? — *Porque é uma palavra feia.*"

Vejamos, enfim, uma criança que hesita entre essa definição e a certa:

RIB (sete anos): "Você sabe o que é uma mentira? — *É mentir*. — O que é mentir? — *É dizer palavras feias*. — Quando é que dizemos mentiras? — *Quando dizemos alguma coisa que não é verdade*. — É a mesma coisa uma palavra feia e uma mentira? — *Não, não é a mesma coisa*. — Por que não? — *Elas não são parecidas*. — Por que você me disse que uma mentira é uma palavra feia? — *Eu pensei que fosse a mesma coisa.*"

Essa definição da mentira, sobre a qual vimos um grande número de casos entre os pequenos, ainda que não tenha nada de geral e não caracterize um estágio propriamente dito, parece-nos de grande interesse para fixar, antes de tudo, a atitude da criança em relação à mentira. De fato, nada é mais exterior à consciência moral, nada se assemelha mais a um *tabu* imotivado do que as proibições relativas à linguagem.

---

7. Em francês: *charogne*. (Essa palavra é muito usada na Suíça como blasfêmia ou como injúria, a ponto de muitos ignorarem seu sentido real.)

Por que uma palavra é de bom-tom e outra provoca indignação? A criança não sabe absolutamente nada. Sofre a coação lingüística e a admite sem se indagar sobre esse mistério, mas há seguramente nesse caso um tipo dentre as obrigações que permanecem estranhas à sua comprrensão efetiva. De que maneira ela consegue então identificar a mentira às "palavras feias"?

Esclareçamos, antes de mais nada, que não se trata de confusões verbais. A criança que define a mentira como sendo "uma palavra feia" sabe muito bem que mentir consiste em não dizer a verdade. Não toma então uma coisa por outra, assemelha simplesmente duas coisas, estendendo, de uma maneira estranha para nós, o sentido comum da palavra "mentira". Além disso, a freqüência relativa dessas definições e o fato de que essa parte de nosso interrogatório sempre precedeu as demais parecem deixar bem claro que não se trata de sugestões verbais devidas ao ambiente social da criança ou ao próprio interrogatório. Portanto, vemos apenas uma explicação para esses fatos. A mentira é uma falta moral que cometemos por meio da linguagem. Dizer palavras feias constitui igualmente uma falta cometida por meio da linguagem. Para a criança, que não sente realmente nenhum obstáculo interior à prática da mentira, e que mente, ainda aos seis anos, mais ou menos como inventa ou brinca, as duas espécies de comportamento estão assim no mesmo plano. Quando diz algumas frases não conformes à verdade (e que seus pais consideram como mentiras propriamente ditas), vê com admiração seu ambiente social indignar-se e repreendê-las como faltas. Quando traz da rua alguns nomes expressivos, passa pela mesma experiência. Conclui que há coisas que podem ser ditas e coisas que não podem ser ditas, e chama estas últimas de mentiras, quer se trate de frases não conformes à verdade, quer se trate de palavrões.

Portanto, essa assimilação das mentiras às blasfêmias nos parece indicar, em primeiro lugar, como a proibição de mentir permanece, no ponto de partida, exterior à consciência da criança. Essa hipótese está, aliás, de acordo com tudo o que sabemos do pensamento da criança antes dos sete, oito anos. Dessa maneira, estamos preparados para achar completamente naturais as avaliações "objetivistas" ou realistas que encontraremos daqui a pouco entre os pequenos no tocante às nossas histórias de comparação.

Uma definição mais adiantada da mentira, e que permanece como definição comum até muito tarde (entre seis e dez anos aproximadamente), consiste em dizer simplesmente: "Uma mentira é alguma coisa que não é verdade". Mas aqui convém separar as noções implícitas e não se deixar levar pelas palavras. Vimos em outra parte (*J.R.*) como as dificuldades de tomada de consciência impedem a criança de dar definições adequadas às noções que conhece. Portanto, para conhecer o significado da definição que acabamos de ressaltar, trata-se de saber se, de fato, a criança confunde a mentira com toda espécie de falsidade (com os erros, em particular) ou se, implicitamente, acha que há mentira só do momento em que o indivíduo faz questão de trair a verdade. Para solucionar a questão, bastará apresentar à criança um certo número de histórias, perguntando-lhe, cada vez, se há mentira ou não (e por quê), se há erro ou não (e por quê) e se pode haver simultaneamente erro e mentira.

O interrogatório mostra, a esse respeito, que os pequenos, de cinco a sete anos, percebendo claramente a diferença que separa o ato intencional do erro involuntário, são pouco inclinados a acentuar essa distinção e ao contrário, agrupam, freqüentemente, as duas realidades sob o mesmo termo de mentira. Examinemos exemplos dessa definição, que constitui, então, o segundo tipo, se considerarmos como primeiro tipo a assimilação da mentira e das palavras feias:

CLAI (seis anos): "Você sabe o que é uma mentira? — *É quando dizemos algo que não é verdade.* — "Dois mais dois são cinco", é uma mentira? — *Sim, é uma mentira.* — Por quê? — *Porque não está certo.* — O menino que disse que "2 + 2 = 5" sabia que estava errado ou será que se enganou? — *Ele se enganou.* — Então, se ele se enganou, será que disse uma mentira ou não? — *Sim, disse uma mentira.* — Isso é feio ou não? — *Não é muito feio.* — Você vê aquele moço [um estudante]? — *Sim.* — Que idade você acha que ele tem? — *Trinta anos.* — Eu acho que ele tem vinte e oito [o estudante diz, então, que tem trinta e seis anos]. Foi uma mentira o que nós dois dissemos? — *Sim, foi uma mentira.* — Somos culpados? — *Não muito.* — Qual é o mais culpado, você ou eu, ou o somos igualmente? — *Você é o mais culpado, por que a diferença é maior* (cf. o realismo moral). — Foi uma mentira ou um engano [= nós nos enganamos]? — *Nós nos enganamos.* — É uma mentira assim mesmo, ou não? — *Sim, é uma mentira.*"

WEB (seis anos), que já vimos a propósito das "palavras feias", responde, quase no fim do interrogatório, como a criança precedente: "É a mesma coisa enganar-se ou dizer mentiras? — *Não é a mesma coisa.* — Vou lhe contar uma história. Havia um garoto que não sabia onde ficava a rua das Acácias (onde mora Web). Um senhor pergunta-lhe onde ela fica. O garoto responde: "Eu acho que é por ali mas não tenho certeza." E depois não era! Será que ele se enganou ou disse uma mentira? — *Foi uma mentira.* — Ele se enganou ou não? — *Ele se enganou.* — Então não foi uma mentira? — *Ele se enganou e foi uma mentira.*" Observemos esta última resposta, que demonstra bem como as duas coisas se mesclam para algumas crianças.

MAR (seis anos): "O que é uma mentira? — *Quando dizemos tolices.* — Conte-me uma mentira. — *Um garoto dizia que ele era um anjinho, e não era verdade.* — Por que ele dizia isso? — *Para brincar.* — É permitido dizer mentiras? — *Não.* — Por quê? — *Porque a gente comete um pecado, e Deus não quer que façamos isso.* — Um garoto me disse 2 + 2 são 5. Isto é verdade? — *Não, são 4.* — É uma mentira ou ele se enganou? — *Ele se enganou.* — É a mesma coisa enganar-se ou dizer uma mentira, ou não é a mesma coisa? — *É a mesma coisa.* — Olhe para mim. Tenho 30 anos. Um garoto me disse que eu tinha 60. É uma mentira ou ele se enganou? — *É uma mentira.* Por quê? —

117

Porque ele disse um pecado. — O que é mais feio, enganar-se, ou dizer uma mentira? — Os dois, a mesma coisa." CHAP (sete anos): "O que é uma mentira? *— O que não é verdade, o que eles dizem que fizeram e não fizeram.* — Adivinhe minha idade. — *Vinte anos.* — Não, tenho trinta anos. É uma mentira que você me disse ou não? — *Eu não fiz de propósito.* — É verdade. Apesar disso é uma mentira, ou não? — *Sim, porque eu não disse a verdade.* — É preciso castigá-lo? — *Não.* — Você é culpado ou não? — *Não muito culpado.* — Por quê? — *Porque depois eu disse a verdade!"*

Duas conclusões se tiram dessas observações. A primeira é que as crianças distinguem mais ou menos na prática um ato intencional de um erro involuntário. Geralmente, a noção de intenção (não o ato intencional, mas a noção do ato intencional, o que é diferente) aparece com os primeiros "porquês" (ver. *L.P.*, cap. V), portanto, por volta dos três anos aproximadamente. Todavia, durante alguns anos seguintes, a criança não diferencia os atos intencionais dos outros de um modo tão claro como nós. A prova está em que é finalista, animista e artificialista a um grau que o adulto médio ignora, e isso precisamente porque não dissocia os movimentos involuntários, inconscientes e mecânicos da ação psicológica consciente (ver *R.M.*). Podemos então perguntar se, por volta dos seis, sete anos, a criança distingue bem o erro involuntário da mentira intencional. As respostas que acabamos de transcrever parecem mostrar que essa distinção está, pelo menos, em via de se operar.

Só que — segunda conclusão — as duas realidades ainda estão mal dissociadas no plano da reflexão moral. O erro, sendo já diferençado da mentira propriamente dita, é concebido como constituindo ele próprio uma mentira. Mais exatamente, a mentira é definida de um modo inteiramente objetivo, como uma afirmação não conforme à realidade, e, se a criança sabe reconhecer bem dois tipos de afirmações em que umas são intencionalmente falsas e outras não, elas as inclui, ambas, na mentira. Portanto, há nisso uma assimilação análoga àquela que vimos há pouco entre as "palavras feias" e as mentiras. Mas, nesse caso particular, essa assimilação é, provavelmente, facilitada por um resto de indissociação entre as noções de ato intencional e de ato involuntário. Com efeito, pode ser muito bem que essas noções permaneçam indiferençadas mais tarde no plano da reflexão e não no da prática. Deparararíamos, então, com um novo exemplo desses numerosos fatos de discrepância entre o pensamento e a ação, sobre os quais já falamos. Confirmando essa maneira de ver, notemos que a assimilação entre o erro e a mentira desaparece por volta dos oito anos, isto é, ao mesmo tempo em que desaparece a maioria dos fenômenos de animismo, de artificialismo etc., ou seja, ao mesmo tempo em que desaparecem os outros fatos de indissociação entre a noção do intencional e a noção do involuntário.

Qualquer que seja a interpretação, está claro que as respostas sobre as quais acabamos de falar revelam na criança, tanto quanto as definições do primeiro tipo, uma tendência para considerar a mentira de um modo inteiramente realista, independentemente das intenções em jogo. É o que a seqüência de nossa análise confirmará suficientemente. Passemos, agora, às definições do terceiro tipo ou definições corretas da mentira: é mentirosa toda afirmação intencionalmente falsa. Essa definição só se encontra explícita por volta dos dez, onze anos. Mas, entre as crianças que começam por dizer: "a mentira é o que não é verdade", a maioria pensa de fato no embuste, isto é, no ato intencional. Vejamos os exemplos, começando pelos casos de definições implicitamente exatas:

ZER (seis anos. F): "O que é uma mentira? — ... — Você conhece essa palavra? — *Sim.* — O que é uma mentira? — ... — Um garoto derrubou uma cadeira e depois disse que não foi ele. É uma mentira? — *Sim.* — Por quê? — *Porque foi ele.* — Eu digo que você se chama Helena. É verdade? — *Não, eu me chamo Madalena.* — É uma mentira? — *Não.* — Por quê? — ... — Um garoto me disse que 2 + 2 são 5. É uma mentira ou ele se enganou? — *Ele se enganou.* — Apesar disso, é uma mentira? — *Não, ele se enganou.*"
CAR (seis anos): "O que é uma mentira? — *É desobedecer.* — Se você não vai ao jardim quando o mandam ir, é uma mentira? — *Não, senhor.* — Então o que é uma mentira? — *Quando a gente pratica o mal e depois não reconhece.* — Se um garoto quebra uma xícara e depois diz que foi o gato, é uma mentira? — *Sim, senhor.* — Um garoto me disse que 2 + 2 = 5. É uma mentira? — *Não é uma mentira.* — Então, o que foi que ele fez? — *Ele não pensou.*"
BEC (sete anos): "O que é uma mentira? — *Quando dizemos alguma coisa e depois não é verdade.* — Um menino não sabe o nome das ruas. Um senhor lhe pergunta onde é a rua das Bananeiras. Ele indica errado. É uma mentira ou ele se enganou? — *Ele não disse mentira.* — Por que não? — *Porque ele se enganou* [cf. o "porque"]. — Por que ele se enganou? — *Porque, quando nos enganamos, é porque não sabemos* [= não compreendemos nada], *enquanto uma mentira, nós sabemos que é uma mentira mas dizemos o que não é verdade* [= não dizemos o que sabemos]."
KE (sete anos): "O que é uma mentira? — *Quando não dizemos o que é certo.* — 2 + 2 = 5, é uma mentira? — *Não é.* — Por que um garoto me disse que 2 + 2 = 5? — *Pode ser que ele tenha se enganado.* — O que é se enganar? — *É quando não respondemos certo.* — Enganar-se ou dizer uma mentira é a mesma coisa? — *Não.* — Qual é a diferença? — *Enganar-se é quando não respondemos certo: uma mentira é verdade, somente não a dizemos* [= sabemos a verdade, mas não a dizemos]. — E uma lorota? — *É quando dizemos alguma coisa por brincadeira.*"
PUI (oito anos): Uma mentira é *"quando dizemos o que não é verdade"*. Mas, quando Pui não acerta a minha idade, diz que não se trata de uma mentira. "Por quê? — *Porque eu não sabia.*"

Vejamos, agora, algumas boas definições explícitas:

LAU (oito anos): *"Aquele que diz uma mentira sabe o que faz, mas não quer dizê-lo. O outro* [que se engana] não sabe."

119

ARL (dez anos): *"Quando mentimos, fazemos de propósito. Quando nos enganamos, não sabemos."*
KEI (dez anos): *"Uma mentira é quando enganamos alguém. Engano é quando nos enganamos* [a nós mesmos]."

Essa análise preliminar das definições parece assim destacar primeiramente a dificuldade da criança, com menos de oito anos, em compreender a verdadeira natureza da mentira. Levada, naturalmente, a pensar por si antes que pelos outros, a criança não vê o alcance real do engano. Mente como inventa. A obrigação de não mentir, imposta pela coação adulta, aparece-lhe, por conseqüência, sob seu aspecto mais exterior: uma mentira é o que não está de acordo com a verdade, independentemente das intenções do indivíduo.

Passemos, agora, à segunda e à terceira partes de nosso interrogatório, isto é, à avaliação das narrações em função do conteúdo das mentiras e em função de suas conseqüências. Para resolver essas duas questões, servimo-nos, como anteriormente, de histórias para comparação, cujo significado é preciso que discutamos antes de examinar as respostas obtidas.

A questão da avaliação das mentiras do ponto de vista de seu conteúdo vem a ser problema da responsabilidade, subjetiva ou objetiva, avaliada em função seja do fim da mentira, seja do grau de falsidade da afirmação mentirosa. A dificuldade é, desde então, encontrar histórias nas quais a mentira não atinja nenhum resultado material, nem seja acompanhada de nenhuma circunstância material. A experiência mostrou-nos, de fato, que toda mentira dita por ocasião de um desajeitamento ou de um ato análogo (quebrar uma xícara e dizer que foi o gato, perder a tesoura e dizer que não sabe de nada etc.) é infalivelmente considerada como mais grave que a mentira não concomitante a essas espécies de ações. A criança não consegue, em tais casos, dissociar a própria mentira do ato que a acompanha e assim julga apenas em função das próprias conseqüências do ato. Aliás, encontraremos daqui a pouco esses fatos, que confirmam o que observamos no parágrafo anterior. Mas, no momento, eles não nos interessam, porque é a mentira em si mesma, em seu conteúdo, que fazemos com que a criança avalie.

Limitamo-nos assim, depois de muitas tentativas, aos três seguintes pares de histórias. Cada par comporta uma mentira ou uma simples inexatidão sem nenhuma intenção maldosa, mas marcando uma grave distorção da realidade, e uma mentira qualquer, de conteúdo verossímil, mas devido a uma intenção visível de enganar:

I. *a)* "Um garoto [ou garota] passeava na rua e encontrou um grande cachorro que lhe despertou muito medo. Voltou então para casa e contou à mãe que vira um cachorro tão grande como um vaca."[8]

---

8. Esta história se deve à Srta. Descœudres (*artigo citado*).

b) "Uma criança voltou da escola e contou à mãe que a professora lhe dera boas notas. Mas isto não era verdade: a professora não lhe dera nenhuma nota, nem boa nem má.[9] Então sua mãe ficou muito contente e a recompensou."

II. *a*) "Um garoto brincava em seu quarto. Sua mãe veio lhe pedir para dar um recado. Mas sair o aborrecia, e então respondeu-lhe que não podia andar, porque lhe doíam os pés. Mas não era verdade: não tinha nenhuma dor nos pés."

b) "Um garoto tinha muita vontade de passear uma vez num carro, mas ninguém jamais o convidara. Um dia viu um belo automóvel na rua e desejou muito estar dentro. Então, voltando para casa, contou que o dono do automóvel parara e o levara a um pequeno passeio de carro. Mas isto não era verdade: unicamente inventara esta história."

III. *a*) "Um menino não sabia desenhar bem, mas desejava muito saber desenhar. Um dia em que olhava um belo desenho que um outro fizera, disse: 'Fui eu que fiz este desenho!'"

b) "Um menino brincava com a tesoura quando a mãe não estava, e a perdeu. Quando ela voltou, disse-lhe que não a tinha visto nem a tocara."

Eis enfim as histórias das quais nos servimos para a análise das avaliações em função do resultado material das mentiras:

IV. *a*) "Um menino conhecia mal os nomes das ruas e não sabia bem onde era a rua das Bananeiras [uma rua perto da escola onde trabalhamos]. Um dia um senhor o deteve na rua e lhe perguntou: 'Onde é a rua das Bananeiras?' Então o menino respondeu: 'Eu penso que é lá'. Mas não era lá. O senhor se perdeu completamente e não conseguiu encontrar a casa que procurava."

b) "Um menino conhecia bem o nome das ruas. Um dia um senhor lhe perguntou: 'Onde é a rua das Bananeiras?' Mas o menino resolveu pregar-lhe uma peça e lhe disse: 'É lá', indicando-lhe uma rua errada. Só que o senhor não se perdeu e, depois, conseguiu encontrar seu caminho."

V. Servimo-nos, além disso, de diversas histórias nas quais a mentira é acompanhada de um desajeitamento (quebra de objeto, xícara etc.).

Contamos simplesmente às crianças estas histórias, duas a duas. Antes de interrogar o indivíduo, convém fazê-lo contar de memória as histórias que acabou de ouvir, de modo a assegurar-se que as compreendeu bem e percebeu, em particular, as intenções em jogo. Para ter certeza, basta perguntar à criança, após cada história: "Por que o menino contou isto?" Em geral, nossos indivíduos compreenderam de imediato que a história I *a*) comportava um simples exagero devido ao medo, as histórias II *b*) e III *a*), simples invenções devidas ao desejo etc., enquanto as histórias I*b*), II *a*) e III *b*) eram relativas a verdadeiros embustes

---

9. Não é preciso dizer que a criança teve uma nota má, senão o indivíduo interrogado a considerará, por este fato, como a mais "culpada", independentemente da mentira que se sobrepõe a isto.

devidos ao desejo de ter bombons, à preguiça ou ao medo da punição merecida. Uma vez garantido que a criança compreendeu, pedimos-lhe então para comparar as duas histórias, para dizer qual das duas mentiras ou das duas crianças em causa é a mais "vilã" e por quê.

Os resultados obtidos com esta técnica revelaram-se claros e sugestivos. Vimos, a propósito dos desajeitamentos e do roubo, que a criança parecia antes julgar os atos em função do seu aspecto mais exterior (de seu resultado) do que levar em conta as intenções. A análise das avaliações relativas às mentiras permite não somente confirmar esta conclusão, mas ainda ultrapassá-la e estabelecer que, mesmo deixando de lado qualquer consideração pela conseqüência material dos atos, a criança continua orientada para a responsabilidade objetiva.

Com efeito, nossas histórias I a III reduzem ao mínimo a intervenção das circunstâncias materiais. Portanto, não é pensando nos atos em relação aos quais a mentira teve lugar, mas na própria mentira e nas intenções do mentiroso que a criança responderá. Ora, coisa notável, grande número das crianças que interrogamos avaliaram estas mentiras em função, não das intenções do mentiroso, mas da maior ou menor verossimilhança da afirmação mentirosa. De fato, conforme os dois primeiros tipos de definições que estudamos há pouco, podíamos esperar que uma afirmação pareça tanto mais mentirosa à criança quanto mais se afasta da realidade. É justamente o que vamos ver agora. Mas, o que é extraordinário é que o julgamento do próprio valor (o fato de avaliar as mentiras ou os mentirosos em "culpados" ou "pouco culpados") obedeça ao mesmo princípio. Todavia esta é a realidade, pelo menos no plano verbal e abstrato no qual se situam, infelizmente, nossos interrogatórios.

Eis os exemplos no que se refere aos nossos três primeiros pares de histórias:

I. HISTÓRIA DO CACHORRO E DA VACA, E DA CRIANÇA QUE DIZIA TER RECEBIDO BOAS NOTAS. — FEL (seis anos) repete corretamente as duas histórias: "Qual das duas crianças é a mais vilã? — *A menina que disse ter visto um cachorro tão grande como uma vaca.* — Por que é a mais vilã? — *Porque isso não pode ser.* — A mãe acreditou nela? — *Não, porque não existem* [cachorros tão grandes como as vacas] — Por que ela disse isto? — *Para exagerar.* — E a outra, por que mentiu? — *Porque queria fazer crer que tinha uma boa caderneta.* — A mãe dela acreditou? — *Sim.* — Qual você puniria mais, se você fosse a mãe? — *Aquela do cachorro, porque era a mais mentirosa e a mais maldosa.*"

BUG (seis anos): "Qual é o mais vilão? — *Aquele da vaca.* — Por que é o mais vilão? — *Porque não é verdade.* — E aquele das boas notas? — *É menos vilão.* — Por quê? — *Porque a mãe acreditou. Porque quis acreditar na mentira.* [Isto não é um lapso. Vimos numerosos casos de crianças de seis, sete anos, como Fel e Bug, que consideram uma mentira como vilã na medida em que o adulto percebe que é inacreditável: por conseguinte, a mentira da boa nota não é tão vilã quanto aquela, pois a própria mãe será facilmente lograda!].

— E o outro, aquele da vaca, por que disse isso? — *Porque dizia uma mentira à mãe.* — Qual você puniria mais? — *Aquele que disse que viu um cachorro grande como uma vaca.''* MAE (seis anos): "Qual das duas é a mentira mais vilã? — *O cachorro que era grande como uma vaca.* — E se você tivesse de punir as crianças, qual você puniria mais? — *A que disse que viu um cachorro grande como uma vaca.* — Por que o outro disse que a professora lhe dera boas notas? — *Por que foi maldoso e não ousou dizê-lo.''* KE (sete anos): "Qual é a mentira mais vilã? — *Aquela que diz ter visto um cachorro grande como uma vaca.* — Por que á mais vilã? — *Porque isto não existe!* [observar esta fórmula que exprime excelentemente o ponto de vista da responsabilidade objetiva no caso das mentiras]. — Qual das duas crianças é preciso punir mais? — *Aquela que viu um cachorro grande como uma vaca.* — Por quê? — *Porque isto não é verdade. Não é bonito!* — Por que não é bonito? — *Porque não é verdade.* — Porque a outra disse que sua professora lhe deu boas notas? — *Para que a mãe lhe compre alguma coisa.* — Por que a outra disse ter visto um cachorro grande como uma vaca? — *Assim! Porque ela queria dizer alguma coisa assim.* [= para se gabar de ter visto alguma coisa extraordinária]. — Por que ela disse alguma coisa assim? — *Porque viu um vaca, talvez. Não viu bem.''* Ke compreende, então, bem as intenções respectivas das duas crianças; não mantêm menos sua avaliação "objetiva" das responsabilidades.

ROC (sete anos): "O que você pensa destas duas mentiras: São igualmente vilãs ou há uma mais vilã que a outra? — *Há uma mais vilã do que a outra.* — Qual? — *Aquela que viu um cachorro grande como uma vaca.* — Por quê? — *Nunca se viram cachorros grandes como as vacas.* — Se você fosse a mamãe, qual você puniria mais? — *Quem disse a mentira da vaca.''*

BURD (sete anos): O mais vilão *"é aquele que dizia ter visto um cachorro como uma vaca. É mais vilão, porque sua mãe sabia* [que era falso, ou impossível], *enquanto o outro, a mãe não sabia. Se dizemos alguma coisa que mamãe não sabe somos menos vilões, porque a mamãe poderia acreditar. Se a mamãe sabe que não é verdade, a mentira é maior''.* Não poderíamos exprimir com mais clareza esta idéia de que a gravidade moral da mentira se mede unicamente pela inverossimilhança da afirmação mentirosa: o que a mãe acredita não é vilão, enquanto a mentira imediatamente aparente à "vilã"!

DRI (sete anos): "Qual é o mais vilão destes dois meninos? — *Aquele que disse que tinha visto um cachorro grande como uma vaca.* — É o mais vilão? — *É o mais vilão, porque disse a maior mentira.* — Por que é a maior mentira? — *Porque ele a dissera bem maior que na outra história.* — Por quê? — *Porque isto não pode ser!''*

SAV (sete anos) diz que a mais culpada é a mentira do cachorro *"porque isto não pode ser.* — E aquela da professora? — *Sim, isto pode ser, mas não é verdade.* — Qual destes dois meninos você puniria mais? — *O do cachorro.* — Por quê? — *Porque isto não pode ser.* — A mamãe acreditou na mentira do cachorro? — *Não.* — E naquela da professora, ela acreditou? — *Talvez.* — Quando se é mais culpado, quando a mãe acredita na mentira, ou quando não pode acreditar? — *Quando não se pode acreditar.''*

TROT (sete anos): "Qual é preciso punir mais? — *O que viu um cachorro grande como uma vaca.* — Por que é o mais culpado? — *Porque um cachorro nunca é grande como uma vaca.* — A mãe acreditou? — *Não, ela não acredi-*

tou. — E na mentira da professora, a mãe acreditou? — *Sim. Às vezes pode-se ser gentil; às vezes não.* — Qual dos dois meninos você puniria mais? — *O do cachorro.* — Por quê? — *Porque isto não existe* [um cachorro grande como uma vaca] *e na escola podemos, às vezes, fazer-nos punir, às vezes não* [então a segunda mentira é mais verossímil e, portanto, menos culpada]."

BOH (nove anos): "Qual é o mais vilão? — *Os dois, a mesma coisa.* — Se você fosse o pai, qual puniria mais? — *O que disse ter visto um cachorro grande como uma vaca.* — Por quê? — *Porque isto não pode ser.*"

II. MENTIRAS DO MENINO QUE SE QUEIXA DE TER DOR NOS PÉS PARA NÃO DAR RECADOS E DO MENINO QUE SE GABA DE TER PASSEADO DE AUTOMÓVEL. — WID (seis anos): "Qual é o mais vilão? — *O do carro.* — Por quê? — *É uma mentira maior que a outra.* — Por quê? — *Ele disse mais mentira que o outro.*" Observar esta expressão quantitativa (cujo sentido é: "o que ele disse é mais falso que..."), que põe em evidência o ponto de vista da responsabilidade objetiva.

ROC (sete anos): "Qual é o mais vilão? — *O do auto.* — Por quê? — *Porque não podemos levar meninas nos carros.*"

PIE (sete anos): A história da dor no pé "*é uma mentira.* — Por quê? — *Porque ele queria ficar em casa.* — E a história do carro? — *É também uma mentira.* — Por quê? — *Porque ele quis dizer assim.* — Por que quis dizer assim? — *Ele disse para bancar o esperto.* — Qual é o mais culpado? — *O do carro.* — Por quê? — *Porque é antes uma grande mentira.* — Por quê? — *Porque é uma frase mais longa. É maior. É mais vilão.* — Por quê? — *Porque contou muitas coisas à sua mãe. Não apenas uma frase, mas uma grande* [= toda uma narração organizada]. — Se você tivesse de puni-los, qual puniria mais? — *O do carro.*" Vemos a concepção totalmente quantitativa de Pie: uma mentira é tanto mais culpada quanto mais longa a narração!

BURD (sete anos e dez meses): "Qual é o mais vilão? — *Aquele do carro.* — Por quê? — *Porque a mãe sabia bem que ele não podia ir tão depressa* [= passear de automóvel durante sua curta ausência]".

DRIV (sete anos e seis meses): "Qual é o mais vilão dos dois garotos? — *Aquele que disse ter passeado de carro.* Por quê? — *É a maior mentira.* — Por que você acha que é a maior mentira? — *Porque ele disse que fora de carro, e não era verdade.* — E o outro que dissera ter dor nos pés, seria tão vilão ou menos vilão? — *Menos vilão.* — Por quê? — *Porque disse que tinha dor nos pés.* — E era verdade? — *Não, senhor.* — Então por que você acha que é uma maneira menos vilã? — ... — Por que ele contou que tinha dor nos pés? — *Para não ir* [aos trabalhos]. — E o outro, por que contou que fora de carro? — *Para fazer sua mãe acreditar nisto.* — Qual é o mais culpado? — *Aquele que disse que fora de carro.*"

III. HISTÓRIAS DO DESENHO E DA TESOURA. — DEPR (oito anos): "Qual é o mais vilão? — *Aquele que disse que fez o desenho.* — Por que é o mais vilão? — *Porque todos pensavam que não era ele, e ele disse que era.* — Por que o disse? — *Para que todos pensassem que era ele.* — E aquele da tesoura, por que disse a mentira? — *Para que sua mãe não o punisse.* — Se você tivesse que punir estes meninos, qual puniria mais? — *Aquele que disse que fizera os desenhos.* — Por que você o puniria mais? — *Por que disse uma mentira mais feia.*"

GREM (oito anos e dez meses): "Qual é o mais vilão? — *Aquele que disse ter feito o desenho.* — Por quê? — *Porque não sabia desenhar e disse que fora ele.* — Por que ele disse esta mentira? — *Para se gabar.* — E o outro, por que a disse? — *Ele gostava mais de brincar em lugar de ir procurar a tesoura.* — Qual você puniria mais? — *Aquele que disse ter feito o desenho.* PIT (nove anos): "Qual é o mais vilão? — *É o do desenho, porque não sabia desenhar e disse que fora ele.* — Por que disse isso? — *Porque quis dizer que fora ele, como se os outros não soubessem que não sabia desenhar!* — E o outro, por que disse sua mentira? — *Ele queria acusar outra pessoa.* — Então qual você puniria mais? — *O do desenho.*"

Vemos o princípio geral ao qual obedecem estas respostas: a mentira é tanto mais grave quando mais inverossímil e mais seu conteúdo se afasta da realidade. A mentira do cachorro que era tão grande como uma vaca é particularmente vilã, "porque isto não pode ser", "porque isto não existe", "porque nunca se viu um cachorro grande como uma vaca", porque é uma mentira "bem maior". E principalmente, ponto essencial, é uma mentira vilã, porque "não se pode acreditar"; as mães vêem de imediato que é falso e a mentira salta aos olhos de todos. Ao contrário, dizer que recebemos boas notas na escola não tem nada de extraordinário. É verossímil e os pais podem acreditar. Então esta é apenas uma pequena mentira, tanto mais inocente quanto mais as mães são enganadas. Do mesmo modo, a mentira do automóvel é grave, porque "não podemos levar meninas no carro" e porque "é uma frase mais longa", portanto uma narração de importância, enquanto queixar-se falsamente de ter dor nos pés, para não dar recados, é "quase nada para a mamãe", na medida em que esta é logada. Enfim, gabar-se de saber fazer um desenho, quando não se sabe desenhar, é tanto mais vilão quanto todos podem verificar a inverossimilhança de tal afirmação.

Portanto, estamos em presença de julgamentos de responsabilidades objetiva que se oferecem em estado puro, por assim dizer, ou pelo menos sob uma forma muito mais simples do que aqueles cujo conteúdo analisamos em relação aos desajeitamentos e ao roubo. Nestes últimos casos, podemos sempre perguntar-nos se a criança não está fascinada pelo aspecto material dos atos, pelo prejuízo puramente físico causado aos adultos, enquanto, agora, o elemento material é reduzido ao mínimo. Temos, de um lado, mentiras, cuja intenção é visivelmente interesseira, "embustes" propriamente ditos, como o constata a própria criança. Por outro lado, temos apenas fantasia, "lorota" ou exagero, como a criança bem o percebe. Todavia, os indivíduos citados fazem abstração da intenção dos mentirosos e só julgam as mentiras do ponto de vista mais exterior e mais objetivista, referindo-se apenas à inverossimilhança da afirmação mentirosa.

Então não poderia ser o caso de explicar estes fatos pela incompreensão das histórias. Como é imediatamente visível, os indivíduos cujas respostas citamos, compreenderam todos as intenções em jogo. Não é por falta de psicologia que avaliaram as mentiras de acordo com os critérios da responsabilidade objetiva: é porque não lhes parece dever levar em conta a intenção, do ponto de vista da própria moral.

Unicamente, dizemos logo em seguida que, mesmo no plano da reflexão verbal no qual se situam nossos interrogatórios, a responsabilidade objetiva não se apresenta em estado puro no espírito de nenhuma criança particular. Está sempre misturada à outra. Tal criança que não leva em conta as intenções, no que se refere à história do cachorro, julgará, ao contrário, as histórias do desenho e da tesoura segundo o contexto psicológico etc. Portanto, não poderia ser questão de opor um ao outro dois estágios propriamente ditos. A responsabilidade objetiva é, simplesmente, um fenômeno freqüente entre os pequenos e diminui de importância com a idade.

A este respeito, e qualquer desconfiança que possamos ter a responsabilidade das estatísticas em psicologia, um pequeno cálculo nos mostrará a evolução da responsabilidade objetiva da idade. Se considerarmos como unidade não cada criança examinada (pois que uma mesma criança pode responder alternadamente segundo os dois tipos diferentes de responsabilidade), mas a resposta que cada criança dá a propósito de cada história, e se tirarmos a média destas unidades, segundo os dois tipos objetivos e subjetivos de responsabilidade, encontraremos uma idade média de sete anos para o tipo objetivo e de dez anos para o outro. Como esta estatística baseia-se apenas em crianças de seis a doze anos, vemos que, em linhas gerais, a responsabilidade objetiva tende a desaparecer com a idade, em benefício da responsabilidade subjetiva.

Para apreender o verdadeiro sentido das respostas que precedem, examinemos, agora, as reações das crianças orientadas para a noção subjetiva da responsabilidade e retomemos, sob este novo ponto de vista, nossos mesmos três pares da história:

I. HISTÓRIAS DO CACHORRO E DAS BOAS NOTAS. — DUR (sete anos): "Qual é o mais vilão? — *Os dois igualmente* — Completamente a mesma coisa? — *Há um, um pouco mais vilão.* — Qual? — *Aquele que disse que a professora o achava muito gentil.* — Por que ele disse isto? — *Para que se lhe desse alguma coisa.* — E o outro? — ... — Se você fosse o pai, qual puniria mais? — *O da professora.* — Por quê? — *Porque é o mais vilão.*"

LOUR (oito anos): "Qual é o mais vilão? — *O que dissera da professora.* — Por que é o mais vilão? — *Porque um cachorro assim não existe e é mais vilão por dizer uma mentira* [Lour inverte, portanto, a argumentação dos indivíduos precedentes e, do fato de que um cachorro nunca é grande como uma vaca, conclui que não é mentir, mas exagerar]. — Por que disse uma mentira, aquele da professora? — *Para que a mãe o recompensasse.* — E o outro? — *Para fazer uma brincadeira* — Qual você puniria mais? — *O que disse que a professora não dissera.*"

CHRA (oito anos): Aquele que disse ter visto um cachorro tão grande como uma vaca é menos vilão, "*porque era para brincar*". O "*da professora é mais culpado, porque mentiu para que a mãe o repreendesse*".

DEP (oito anos e nove meses): "Qual é o mais vilão? — *É o da mentira da professora.* — Por quê? — *Porque a história do cachorro não é nada, en-*

126

quanto a história da professora desgostou a mãe. — Por que o primeiro disse que vira um cachorro grande como uma vaca? — *Para fazer-se de pequeno corajoso* [= para gabar-se de sua coragem]. — E o outro? — *Para que a mãe não o punisse.* — Destes dois meninos, qual você puniria mais? — *O da professora.* — Por quê? — *Porque é completamente o contrário* [da verdade]. *Aquele do cachorro é uma farsa que o pequeno fez aos pais.* — Por que ele a disse? — *Porque era um bezerrinho, talvez.*"

PIT (nove anos e três meses): O mais vilão é o da professora, *"porque disse que era muito gentil para que a mãe lhe desse dinheiro e chocolate.* — E o outro, por que disse que viu um cachorro grande como uma vaca? — *Porque tomou uma vaca por um cachorro e sua imaginação trabalhou mal".*

DÉLÉ (nove anos): O mais vilão é o da professora. "Por que é mais culpado que o outro? — *Porque o outro, isso não pode ser.* — Por que ele o afirmou? — *Porque o cachorro era muito grande.* — E o outro, por que disse que a professora lhe dera uma boa nota? — *Para que a mãe o mimasse.*"

ARL (dez anos): O mais culpado é *"aquele que logrou sua mãe dizendo que a professora estava contente.* — Por que é o mais culpado? — *Porque a mãe sabia muito bem que não existe um cachorro grande como uma vaca. Mas ela acreditou no menino que dizia que a professora estava contente.* — Por que o menino disse que o cachorro era tão grande como a vaca? — *Para fazê-la acreditar. Ele brincou.* — E por que o outro disse que a professora estava contente? — *Porque ele trabalhara mal.* — É uma brincadeira? — *Não, é uma mentira.* — É a mesma coisa uma lorota ou uma mentira? — *Uma mentira é mais grave, porque é maior".*

KEI (dez anos): "Qual é mais vilão? — *O da mentira da professora.* — Por quê? — *Porque ele enganara a mãe.* — Mas o outro também? — *Mas* [aquele da professora] *dissera alguma coisa que a professora não tinha dito.* — O outro também disse alguma coisa que não era verdade [vemos que nossas contestações, por mais enérgicas que sejam, mostram-se ineficazes]. — *Ele dissera uma grande mentira: a professora não lhe dissera que era bem comportado.* — Por que é mais culpado que o do cachorro? — *Porque* [aquele do cachorro] *podemos ver melhor que não é verdade. Aquele da professora não podemos saber.* — Por que ele disse que viu um cachorro grande como uma vaca? — *Para fazer crer que tinha visto uma coisa extraordinária."*

ROS (onze anos): A mentira da professora *"é uma mentira maior, porque é uma maldade".*

II. HISTÓRIAS DO CARRO E DA DOR NO PÉ. — SAV (sete anos e meio): "Qual é o mais vilão? — *Aquele da dor no pé, creio.* — Por que ele disse isto? — *Para não sair.* — E o outro? — *Para fazer acreditar* [para fanfarronar]."

FER (oito anos): O mais culpado é aquele que finge ter dor no pé, *"porque recusou sair e desobedeceu à mãe".*

LOURD (oito anos) começa por dizer que o vilão é o do carro. Depois acrescenta espontaneamente: *"Eu me enganei. Puniria aquele que não quis sair.* — E outro, por que o fez? — *Para rir."*

SCI (nove anos e sete meses): "Qual é o mais vilão? — *O da dor no pé.* — Por quê? — *Porque não é verdade.* — Por que ele disse isso? — *Para não sair.* — E o outro? — *Para fazer acreditar que tinha andado uma vez de carro.* — Qual é o mais culpado? — *O da dor no pé."*

III. HISTÓRIAS DO DESENHO E DA TESOURA. — FER (oito anos): "Qual é o mais vilão? — *O primeiro* [desenho], *foi para se gabar que ele o afirmou, e o segundo* [tesoura] *para não ser castigado.* — Muito bem. Qual é o mais vilão? — *O segundo.*"
LOURD (oito anos): "Qual é o mais vilão? — *O das tesouras, porque disse isso para guardá-las.* — E o outro? — *Ele o disse para receber cumprimentos.* — Qual você puniria mais? — *O da tesoura.* — Por que não o outro? — *Porque os colegas de sua classe sabem muito bem como ele desenha.*" Lourd acha, então, que uma mentira é tanto mais grave quanto menos aparente. É o contrário do que admitiam os protagonistas da responsabilidade objetiva.
DELA (nove anos): *O mais vilão é o da tesoura.* "Por que ele disse isto? — *Para que a mãe não o castigasse.* — E o outro, por que disse ser o autor do desenho? — *Para fazer crer aos garotos que desenha bem.*"

É surpreendente, ao ler estas respostas, constatar que os próprios argumentos invocados pelos partidários da responsabilidade objetiva reaparecem aqui, mas em favor da tese inversa. Para os indivíduos precedentes, a mentira do cachorro e da vaca, por exemplo, era considerada como grave, porque inverossímil, e a prova indicada pela criança era que "a mamãe não acreditou" e "viu imediatamente que era uma mentira". Ao contrário, para os atuais indivíduos, as mesmas circunstâncias constituem um índice de não gravidade: se vemos logo que uma afirmação é falsa, é porque não há embuste, mas exagero ou erro. Assim, para Arl, não há mentira na história do cachorro, porque a mamãe sabe muito bem que não existem cachorros grandes como vacas. Uma mentira é tanto mais grave, quanto menos aparente, contrariamente ao que pensam os pequenos.

Passemos, agora, ao último ponto que convém examinar aqui, isto é, o da responsabilidade objetiva em função do resultado material das mentiras. Por ocasião de histórias inventadas para servir às experiências anteriores, apercebemo-nos que a criança considerava, mais ou menos sistematicamente, uma mentira tanto mais grave quando acompanhada de atos de resultado material lamentável. O resultado, portanto, predomina sobre a intenção, como vimos em relação aos desajeitamentos ou ao roubo. Por exemplo:

QUEL (sete anos): "Um menino derrubou um tinteiro sobre a mesa. Quando seu pai voltou, o menino lhe contou que não foi ele quem derrubou o tinteiro. Disse que foi o gato! É uma mentira? — *Sim.* — Vilã ou não vilã? — *Vilã.* — Por quê? — *Porque fez uma grande mancha.*"
DUB (oito anos): "Dois meninos foram comprar ovos para mãe. Mas voltando, brincaram e quebraram os ovos. O primeiro quebrou doze e o segundo, um. Quando entraram em casa, contaram à mãe que um grande cachorro lhes saltara em cima e quebrara os ovos. São mentiras? — *Sim.* — Será que estas duas mentiras são igualmente vilãs? — *Não. Há uma mais vilão que a outra.* — Qual? — *A do primeiro, porque quebrou mais.* — Mas não lhe falo do primeiro menino. Falo da primeira mentira. Qual foi a primeira mentira? — *Ele dis-*

*se que foi o cachorro — E a segunda? — Ele disse que foi o cachorro. — Então
são igualmente vilãs estas duas mentiras? — Não, a primeira é mais vilã, porque
o menino quebrou mais ovos.''*

Em outras palavras, quando um ato material acompanha a mentira muito de perto, a criança demonstra alguma dificuldade em dissociar a mentira enquanto ação psicológica dos próprios resultados do ato exterior concomitante. O único interesse destes exemplos é, aliás, pôr em evidência tal dissociação. Seria difícil levar mais adiante, por meio destas histórias, a análise das avaliações da criança, porque os dados presentes não são em número de dois, mas de três: a mentira, o ato material concomitante e os resultados deste ato. Assim, renunciamos a este gênero de questões.

Pelo contrário, procuramos resolver sistematicamente o problema, apresentando às crianças um par de histórias, das quais uma comporta um embuste nitidamente intencional, mas sem conseqüências materiais apreciáveis, e a outra um simples erro, mas de resultados desagradáveis. São as histórias IV *a*) e *b*), descritas no início do parágrafo: 1ª Um menino, de propósito, indicou erradamente a um senhor o caminho; mas ele não se perdeu. 2ª Um menino enganou-se ao indicar o caminho a um senhor, e ele se perdeu. Resultou do interrogatório, como a propósito dos desajeitamentos e do roubo, que algumas crianças pensam no resultado material e avaliam a mentira ou o erro sob este único ponto de vista; outras pensam somente na intenção. A média de idades das primeiras é de sete anos, a das segundas, nove anos. Portanto, surgem aqui duas atitudes distintas, sendo que a segunda parece mais evoluída. Porém encontramos exemplos de uma e de outra em qualquer época, entre seis e doze anos.

Eis exemplos de responsabilidade objetiva:

THE (seis anos): "Qual é o mais vilão dos dois? — *O que não sabia onde era a rua das Bananeiras.* — Por que é o mais vilão? — *Porque o senhor se perdeu.* — O outro sabia onde era? — *Sim.* — Por que não lhe disse? — *Para brincar.*''

VALS (sete anos): repete muito corretamente as duas histórias. "Qual é o mais vilão? — *O que se perdeu* [que fez o senhor se perder]. — O menino sabia o caminho, ou não sabia direito? — *Não muito bem.* — Qual é o mais vilão, aquele que não sabia o caminho, e depois o senhor se perdeu, ou aquele que sabia o caminho, mas não o disse ao senhor, e o senhor, assim mesmo, não se perdeu? — *Aquele que se perdeu.*''

FER (oito anos): "Qual é o mais vilão? — *O primeiro, porque fez o senhor se perder. O segundo, o senhor não se perdeu.*''

CAR (oito anos): O mais vilão "*é aquele que fez o senhor se perder, e o menos culpado é o que não fez o senhor se perder.* — Se você tivesse que puni-los, qual puniria mais? — *O que não sabia onde era. Ele se enganou.* — Mas o outro, será que não enganou o senhor? — Sim, mas o senhor não se perdeu. — E se o senhor se perdesse? — Eles seriam igualmente vilões.''

129

Eis agora exemplos da outra atitude, a começar por um caso intermediário:

CHAP (sete anos e meio): "Será que há um garoto mais vilão que o outro? — *Não, os dois igualmente.* — Será que os senhores ficaram zangados? — *Sim. Um mais que o outro.* — Qual? — *Aquele que não encontrou o caminho.* — E se os senhores encontrassem novamente os dois garotos, o que aconteceria? — *Haveria um senhor que repreenderia severamente o garoto* [mais que o outro]. — Que senhor? — *Aquele que não encontrou o caminho.* — Será que ele teria razão? — *Ele não teria razão, porque o garoto não sabia o caminho.*"
DUR (sete anos): "Será que são a mesma coisa, ou um é mais vilão que o outro? — *Um é mais vilão que o outro.* — Qual? — *Aquele que o fizera para brincar.* — O senhor se perdeu ou não se perdeu? — *Não se perdeu.* — E o outro, quando o garoto se enganou? — *Ele se perdeu.* — Qual você puniria mais? — *Aquele que o fizera para brincar.*"
CLAI (sete anos): "Qual é o mais vilão? — *O que sabia onde era a rua* [portanto, quem enganou]*, e depois o senhor não se perdeu.*"
QUEM (oito anos e meio): "Qual é o mais vilão? — *Aquele que sabia, mas que não disse onde era.* — O senhor se perdeu? — *O senhor não se perdeu, porque perguntou a um outro senhor.* — E o outro, que fez o senhor? — *Ele se perdeu.*"
LOURD (oito anos e três meses): O mais vilão *"era a mentira daquele que sabia que não era lá. O outro ensinou sem saber o que dizia.* — É preciso puni-los? — *Aquele que disse errado, que deveria dizer, uma vez que sabia.*"
KEI (dez anos): O mais vilão é aquele que *"o fizera de propósito. O primeiro enganou alguém, mas não sabia.*"

Logo, estas respostas confirmam o que vimos a propósito dos desajeitamentos e do roubo. Os pequenos são levados a desprezar a intenção para se ocupar apenas do próprio resultado dos atos. Os grandes, ao contrário, sempre levam mais em conta as intenções. Observar, a este respeito, a resposta interessante de Chap (sete anos), que sabe bem que até o adulto corre risco de só considerar as conseqüências dos atos, mas que pensa que o adulto não tem razão e que a intenção vale mais que a ação material.

Todos estes dados convergem, portanto. Convém, agora, discutir como a criança conseguirá ultrapassar este realismo moral, para avaliar as condutas em função das intenções. Sobre este ponto, uma análise mais aprofundada dos resultados precedentes e algumas questões suplementares sobre as razões que impelem a nunca mentir vão nos ensinar em linhas gerais.

4. A MENTIRA E OS DOIS RESPEITOS

Por que, durante os primeiros anos, a mentira parece dar lugar a um realismo moral tão paradoxal, que testemunha uma compreensão bastante fraca do que constitui a gravidade real do engano? Como, partindo da responsabilidade objetiva, a criança chegará a uma avaliação psicológica da mentira? As duas questões estão intimamente ligadas uma à outra.

As coisas se explicam da maneira mais simples, se compararmos nossos presentes resultados com aqueles — muito mais seguros — que obtivemos pela observação do desenvolvimento das regras do jogo. No que se refere a este último ponto, pudemos, de fato, estabelecer a existência de dois processos distintos em relação à gênese dos juízos morais infantis. De um lado, a coação do mais velho ou do adulto, longe de abolir a mentalidade e a conduta egocêntricas, pareceu-nos combinar-se facilmente com elas, para resultar numa noção completamente exterior e realista da regra, sem ação eficaz sobre a prática em si mesma. Por outro lado, a cooperação pareceu-nos reprimir, ao mesmo tempo, o egocentrismo prático e a mística da coação, para resultar numa aplicação efetiva, assim como numa noção interiorizada e compreensiva da regra. Podemos então, no que se refere à mentira, supor o que segue. Em primeiro lugar, o realismo moral nasce do encontro da coação com o egocentrismo. A criança, em virtude de seu egocentrismo inconsciente, é levada espontaneamente a transformar a verdade em função de seus desejos e a ignorar o valor da veracidade. A regra de não mentir, imposta pela coação adulta, lhe parecerá, desde então, tanto mais sagrada e exigirá, a seus olhos, uma interpretação tanto mais "objetiva" quanto, de fato, não corresponde a uma necessidade real e inferior de seu espírito. Daí o realismo moral e a responsabilidade objetiva, indícios de uma colocação em prática inadequada da regra. Em segundo lugar, é na medida em que os hábitos de cooperação tiverem convencido a criança da necessidade de não mentir que a regra lhe parecerá compreensível, que ela se interiorizará e dará origem apenas a julgamentos de responsabilidade subjetiva.

Vamos examinar sucessivamente estes dois pontos, o primeiro, tirando simplesmente as conseqüências do que precede, o segundo, analisando alguns fatos novos referentes às razões invocadas pela criança a favor ou contra a mentira.

Todos sabem, depois dos belos trabalhos de Stern e de seus continuadores, que a criança, até sete e oito anos, mais ou menos, experimenta uma dificuldade sistemática em se sujeitar à veracidade. Sem mentir por mentir, isto é, sem procurar o embuste nem mesmo tomar consciência clara dele, altera a realidade em função de seus desejos e de sua fantasia. Uma proposição, para ela, tem menos valor de afirmação, que valor de desejo. Assim, as narrações, testemunhos e explicações da criança devem ser considerados como a expressão de seus sentimentos mais do que crenças suscetíveis de verdade ou de falsidade. Há, como diz Stern, *pseudomentira* ou mentira aparente (*Pseudo-oder Scheinlüge*). Tem-se, desde então, estudado, sob todos os pontos de vista, a mentira infantil, e, por todos os lados, se confirmou a conclusão da espontaneidade da pseudomentira antes dos sete, oito anos.

Talvez o que permanece menos compreendido, geralmente, é que este traço da psicologia da criança é tanto de ordem intelectual quanto moral e está ligado às leis do pensamento infantil, em seu conjunto, e, em particular, ao fenômeno do egocentrismo intelectual. A necessidade de dizer a verdade e mesmo de procurá-la por si mesma não são, de fato, concebíveis, senão na medida em que o indivíduo pensa e age em função de uma sociedade, e não de toda sociedade (porque, precisamente, as relações de coação entre superiores e inferiores impelem, muitas vezes, estes à mentira), mas de uma sociedade fundada nos princípios da reciprocidade e do respeito mútuo, portanto, na cooperação.

Qual é, de fato, a atitude espontânea do pensamento individual? Desde antes da linguagem, no plano motor, ao qual já fizemos alusão a propósito das regras do jogo, constatamos que, se a atividade da criança é continuamente condicionada por uma acomodação sempre mais precisa às coisas, ela tende todavia, sobretudo a utilizar as coisas em vista do exercício orgânico ou da satisfação psicobiológica. As coisas são assim assimiladas a esquemas motores mais ou menos regulados. Esta assimilação contínua das coisas à atividade própria está no ponto de partida do jogo. Além disso, quando ao movimento puro se sobrepõem a imaginação e a linguagem, a assimilação é reforçada, e, sempre que o pensamento não experimenta a necessidade efetiva de uma acomodação à realidade, sua tendência natural o impelirá a deformar as coisas em função do desejo e da fantasia, em suma a se satisfazer por meio das coisas. Tal é o egocentrismo intelectual que caracteriza as formas iniciais do pensamento da criança.

É a estas circunstâncias que é devido, primeiramente, este aspecto tão admirável das primeiras crenças infantis, de serem imediatas e não controladas (serem, como diz Pierre Janet, simplesmente "assertivas" e não "refletidas"). Toda idéia que passa pelo espírito de uma criança de dois-três anos aparece, repentinamente, sob forma de crença, e não sob a forma de uma hipótese a verificar. Donde, em seguida, a fantasia quase sistemática da criança pequena, jogo do pensamento que faz consigo própria como também com os outros, e que não pode ainda levar o epíteto de pseudomentira, tão estreitas são as relações da fantasia elementar com a crença assertiva. Donde, enfim, a pseudomentira, espécie de fantasia reservada aos outros, e destinada a tirar a criança de uma situação difícil, devida às circunstâncias, da qual lhe parece perfeitamente natural sair-se inventando uma história. Do mesmo modo do ponto de vista intelectual, como uma questão difícil é evitada pela criança, por meio de um mito, imaginado no momento, no qual ela quer acreditar um instante, assim também, do ponto de vista moral, uma situação embaraçosa dá origem à pseudomentira, sem que haja aí outra coisa que uma aplicação das leis gerais do pensamento infantil primitivo, a qual tende à satisfação mais que à verdade objetiva. É na proporção dos encontros do pensamento próprio com o de outro que a verdade tomará valor aos olhos da criança, e, por conseqüência, se tornará uma exigência moral. Enquanto a criança permanece egocêntrica, a verdade como tal não pode interessá-la, e ela não pode ver nenhum mal em transpor a realidade em função de seus desejos.

Vemos assim que a criança é quase conduzida à mentira — ou ao que nos aparece do exterior e do nosso ponto de vista como mentira — por força da própria estrutura de seu pensamento espontâneo. Qual será então, dada esta situação, o resultado das ordens adultas relativas à veracidade? Por ocasião das primeiras mentiras, particularmente aparentes, da criança, ou das mentiras ligadas a alguma falta e destinadas a evitar uma punição ou uma repreensão, os pais mostram à criança que ela acaba de cometer uma falta grave e lhe inculcam o respeito da verdade. Como temos admitido com M. Bovet, tais instruções, impostas à criança por pessoas para com as quais ela tem respeito, freqüentemente em situações particulamente emotivas, bastam para desencadear no seu espírito obrigações de consciência, isto é, o sentimento de deveres precisos, como o de não mais mentir. Além disso, como vimos a propósito do jogo de bolinhas, uma regra pode ser sentida como sagrada e obrigatória, sem que sua aplicação seja efetiva. Podemos mesmo dizer, em certos casos, que, quanto mais a colocação em prática for defeituosa, mais a regra será sentida como obrigatória, em vista dos conflitos contínuos (e, por conseqüência, dos sentimentos de culpabilidade) aos quais conduzem as infrações a esta regra. Seja como for, podemos admitir que, até por volta dos sete-oito anos, a criança é, espontaneamente, levada a alterar a verdade, o que lhe parece completamente natural e inteiramente inofensivo, mas considera, na presença do adulto, como um dever não mentir e reconhece na mentira uma ação "vilã". O realismo moral e a responsabilidade objetiva são o produto necessário de uma situação tão paradoxal.

Para este resultado concorrem, é verdade, dois grupos de causas. As primeiras são de ordem geral, e deixaremos seu estudo para a conclusão desse capítulo: a criança é realista em todos os domínios, e assim é natural que, no domínio moral, insista mais sobre o elemento exterior e palpável que sobre a intenção oculta. Somente as segundas são especiais à situação que acabamos de descrever. É claro que, se a necessidade da verdade não corresponde, no espírito da criança, a qualquer coisa de profundo, a ordem do adulto, apesar de toda a auréola que a cerque, só poderá permanecer exterior, "colada", por assim dizer, num pensamento cuja estrutura é outra. O espírito de tal ordem não poderia ser compreendido, de fato, senão pela experiência. É preciso experimentar o desejo real de uma troca de pensamento entre indivíduos, para descobrir tudo o que a mentira acarreta; e esta troca de pensamento não é possível de repente entre adultos e crianças, porque a desigualdade é muito grande no início, e porque a criança procura imitar o adulto, e, ao mesmo tempo, proteger-se contra ele, mais do que trocar propriamente pensamento com ele. A situação que acabamos de descrever resulta, assim, quase necessariamente do respeito unilateral, e não poderá ser transformada senão pelo respeito mútuo. Não podendo então o espírito da ordem ser assimilado, só o sentido literal permanece. Donde os fenômenos que observamos. A criança concebe a mentira como "o que não é verdade", independentemente da intenção que teve o indivíduo. Chega mesmo a comparar a mentira a estes tabus lingüísticos que constituem as "palavras feias". Em relação ao juízo de responsabilidade, quanto mais a mentira está afastada do real, mais é grave. A responsabilidade objetiva é, deste modo, a conseqüência quase fatal do respeito unilateral em seus inícios.

Passemos, agora, ao segundo problema que nos colocamos e perguntemo-nos como a criança vai adquirir a compreensão real da mentira e o juízo de responsabilidade subjetiva. Decorre, naturalmente, das observações que precedem, que é a passagem do respeito unilateral ao respeito mútuo que vai liberar a criança de seu realismo moral. Mas, antes de prosseguir a discussão, analisemos ainda um certo número de fatos interessantes a este respeito.

Duas questões se colocam, de fato, necessariamente, se admitimos as observações que acabamos de fazer: conhecer primeiramente, como a criança se representa a utilidade moral que há em nunca mentir, e, em seguida, saber a partir de que momento e sob a influência de que circunstâncias considera que há uma falta moral em mentir aos seus semelhantes. Ora, veremos como as respostas dadas a estas duas espécies de questões parecem indicar que o respeito mútuo e a cooperação constituem o verdadeiro fator da compreensão progressiva da regras da veracidade.

Indaguemos, em primeiro lugar, por que não se deve mentir. A razão mais comumente invocada, e a primeira na ordem cronológica, é que não se deve mentir porque "seremos punidos". Eis alguns exemplos:

ZAMB (seis anos): "Por que não se deve dizer mentiras? — *Porque Deus castiga.* — E se Deus não castigasse? — *Poderíamos dizê-las.*"

ROC (sete anos): "O que acontece quando dizemos mentiras? — *Nos punem.* — Se não nos punissem, seria vilão dizê-las? — *Não.* — Eu vou lhe contar duas histórias. Dois garotos quebraram, cada um, uma xícara. O primeiro disse que não foi ele. Sua mãe acreditou e não o castigou. O segundo disse também que não foi ele. Mas sua mãe não acreditou e o castigou. Será que são igualmente vilãs estas duas mentiras? — *Não.* — Qual é a mais vilã? — *A que foi castigada.*"

BURD (sete anos), a propósito das histórias do cachorro e da professora, nos diz, como vimos no parágrafo anterior, que a mentira que a mãe sabe não ser verdade é a mais grave. Mas acrescenta, espontaneamente, uma razão muito curiosa: "*A que ela sabe é mais grave.* — Por quê? — *Porque, quando ela sabe, pode repreender logo em seguida. Quando não sabe, não pode repreender logo. A criança, não sabe por que é repreendida depois, ela não se lembra mais.* — Mas, quando é que a criança é mais vilã, quando a repreendemos logo em seguida, ou não? Ou é a mesma coisa? — *É mais vilã quando repreendida logo em seguida.*"

134

DELE (nove anos): "Por que é vilã? — *Porque somos punidos.* — Se não fôssemos punidos por dizer mentiras, elas seriam vilãs? — *Ah, não!*" Citemos ainda esta observação feita recentemente, na Casa da Criança, pela Srta. Lafendel. A uma menina de 6 anos que disse uma mentira, a Srta. L. perguntou se aquilo estava certo. Resposta: "*Isto não é nada, minha mãe não ouviu!*"

Vemos como a situação descrita por Burd é finalmente observada. Mas percebemos também, a que moral extraordinária chega a educação comum: a criança é tanto mais culpada, quando a repreendemos imediatamente! Em suma, para os pequenos, a mentira é grave porque a punimos, e, se não a puníssemos, não seria culpável. É a responsabilidade objetiva no estudo profundo. Não é preciso, aliás, interpretar estes fatos no sentido de um amoralismo mesmo relativo: a criança não quer dizer que basta escapar à punição para ser inocente. O que pensam estas crianças é, simplesmente, que a punição é o critério da gravidade da mentira. A mentira é proibida, não se sabe bem por quê. A prova é que a punimos: se não a puníssemos, ela já não seria "vilã". Estas respostas significam que a mentira é uma falta, na medida em que é proibida por Deus ou pelo adulto. É a heteronomia em sua forma mais simples e a confirmação de nossa interpretação do realismo em suas origens.

Eis, agora as respostas um pouco mais avançadas: a mentira é uma falta em si, e, mesmo que não a puníssemos, permaneceria como tal:

DUR (sete anos): "É permitido dizer mentiras? — *Não, é vilão.* — Por quê? — *Porque nos punem.* — Se pudéssemos dizê-las sem que nos punissem, seria vilão ou não? — *Vilão.* — Num lugar onde só houvesse crianças e nenhum adulto, e onde ninguém soubesse que dizemos mentiras, assim mesmo seria vilão dizê-las, ou não? *Assim mesmo seria vilão.*"

GIR (nove anos): "Por que é vilão? — *Porque nos punem.* — Se não soubéssemos. que se disse uma mentira, assim mesmo seria vilão? — *Seria vilão, mas menos vilão* [há aí um resíduo interessante do último tipo de respostas]. — Por que seria vilão? — *Porque, apesar disso, é uma mentira.*"

AUF (nove anos): "Se não puníssemos a mentira, ela ainda seria vilã? — *Apesar disso, seria vilã para o menino que a disse.*"

ARL (dez anos): "Se não puníssemos a mentira, ela seria vilã ou não? — *É claro, seria vilã!*"

Portanto, num certo estágio, a regra torna-se obrigatória independentemente das sanções, isto é, do controle de quem emana. É este fenômeno sobre o qual P. Bovet insistiu: as ordens, inicialmente ligadas à pessoa que as dá, são, em seguida, elaboradas pela razão da criança e, desta forma, tornam-se universais. É um processo da mesma ordem que P. Janet descreveu por ocasião de seu estágio "racional": as leis da conduta, como as da reflexão, acabam por se situar acima do contexto mesmo das experiências, para tornar-se, assim, universais e absolutas.

135

Mas, mesmo nesta generalização, a regra não fica menos heterônoma. A criança transforma, é verdade, em regra universal a ordem particular que recebeu, e este processo racional de extensão já é, sem dúvida, devido à cooperação. Porém a regra pode persistir ainda sob sua forma de imperativo exterior à consciência da criança. Veremos, agora, como este estado de coisas é ultrapassado, num dado momento, graças à compreensão progressiva da própria criança.

Com efeito, os maiores, por volta dos dez-doze anos, invocam, em geral, contra a mentira, razões que se reduzem a isto: a veracidade é necessária à reciprocidade e ao acordo mútuo. Certamente, entre os motivos alegados, encontra-se toda uma fraseologia inspirada seguramente pelas palavras adultas. "Não devemos mentir, porque não serve para nada" (Arl, dez anos), "é preciso dizer a verdade... é nossa consciência que nos diz" (Hoff, onze anos). Mas, ao lado destas fórmulas respeitáveis, se bem que muito freqüentemente vazias de sentido, observamos uma reação que parece, senão inteiramente espontânea, pelo menos realmente vivida: a veracidade é necessária, porque enganar alguém suprime a confiança mútua. A este respeito, é notável constatar que, se os pequenos consideram as mentiras tanto mais vilãs quando menos se pode acreditar nelas, os grandes, ao contrário, julgam que a mentira é feia na medida em que o embuste teve bom êxito.

Eis, sobre este ponto, novos exemplos da atitude dos pequenos. Aliás, observamos isto muitas vezes, de passagem, no decorrer do parágrafo anterior:

BUG (seis anos): A mentira do cachorro é mais vilã que a das boas notas, *"porque sua mãe acreditara"* nesta última.

ROC (sete anos): As mentiras *"não são bonitas. — Por quê? — Porque às vezes se acredita e às vezes não se acredita. —* Qual é a mais vilã, aquela em que se acredita ou aquela em que não se acredita? *— Aquela em que não se acredita. —* Dois meninos dizem que têm dor no pé para não dar um recado. Uma vez acreditamos. A outra, não acreditamos. Qual é a mais vilã? *— Aquela em que você não acreditou. —* Por quê? *— Porque podemos nos enganar de vista* [= porque, no caso daquele que acreditamos, a aparência podia fazer admitir que ele tinha dor no pé: portanto, a mentira era verossímil, e, por conseqüência, menos vilã que aquela na qual as aparências eram muito contrárias]".

SAV (sete anos): "Quando é mais grave a mentira, quando não se acredita ou quando se acredita? *— Quando não se pode acreditar."*

Ao contrário, os grandes acham que uma mentira é vilã na medida, precisamente, em que atinge seus objetivos e consegue enganar o interlocutor. Assim, as crianças que compreenderam realmente o caráter anti-social da mentira não dizem mais simplesmente que não é preciso mentir "porque nos punem", mas porque isto é contrário à reciprocidade e ao respeito mútuo:

DIN (oito anos, adiantado): "Por que não se deve mentir? *— Porque, se todos mentissem, ninguém saberia onde se está."*

AUF (nove anos): "Por que é vilão dizer uma mentira? — *Porque nossa mãe acredita nela.*" É, portanto, o critério exatamente inverso àquele dos pequenos.

LOC (dez anos): "Por que é vilão dizer uma mentira? — *Porque* [não] *podemos mais ter confiança.*"

KEI (dez anos): A mentira da professora é mais vilã do que a do cachorro, porque *"a da professora, não podemos saber"* [que é uma mentira].

Parece assim que a evolução das respostas, com a idade, marca um progresso no sentido da reciprocidade: o respeito unilateral, fonte da ordem absoluta tomada ao pé da letra, cede terreno diante do respeito mútuo, fonte da compreensão moral. Podemos, de fato, distinguir três etapas nesta evolução. A mentira é, inicialmente, vilã, porque é objeto de punição, e, se suprimíssemos as punições, seria permitida. Em seguida, a mentira é vilã em si, e, se suprimíssemos as punições, permaneceria como tal. Finalmente, a mentira é vilã, porque se opõe à confiança e a afeição mútuas. A consciência da mentira interioriza-se então pouco a pouco, e podemos apresentar a hipótese de que isto sucede sob influência da cooperação. Invocar simplesmente a inteligência da criança, que compreende cada vez melhor o que coloca primeiramente sob forma realista, seria apenas deslocar a questão: de onde vem o progresso da inteligência psicológica, com a idade, senão precisamente da cooperação crescente? Resta, é verdade, que a cooperação supõe a inteligência, mas não há nada mais natural num tal círculo: a inteligência, que anima a cooperação, necessita deste instrumento social para constituir-se ela própria.

Se nossa hipótese é exata, devemos agora encontrar — e aí está a segunda questão que devemos examinar — que a mentira, inicialmente admitida como legítima entre crianças, acaba por ser proscrita nas relações entre as próprias crianças. É exatamente isto que iremos constatar.

Eis, primeiramente, as respostas dos pequenos que julgam permitida a mentira entre crianças:

FEL (seis anos): "Será que é a mesma coisa dizer mentiras às pessoas grandes e às crianças? — *Não.* — Qual é a mais vilã? — *Às pessoas grandes.* — Por quê? — *Porque elas sabem que não é verdade.* [cf. o aparecimento espontâneo deste critério realista: a mentira é tanto mais grave quanto mais aparente]. — E as crianças? — *É permitido, porque são menores.*"

BLI (seis anos); "*A uma pessoa maior não é a mesma coisa que às crianças.* — Qual é a mais vilã? — *A das pessoas maiores.*"

IRI (sete anos): "E às crianças, podemos dizer mentiras ou não? — *Sim, senhor.* — É vilão ou não? — *É também um pouco vilão.* — Mais às pessoas grandes ou às crianças, ou a mesma coisa? — *É menos vilão às crianças.* — Por quê? — *Porque elas não são grandes.*"

DRUS (sete anos): "*É mais vilão a uma pessoa grande. Elas são maiores que as crianças, e as crianças pequenas ainda estão para se dizer palavras vilãs* [cf. a definição da mentira]."

CARN (oito anos): Podemos dizer mentiras às crianças, mas não aos adultos, "*porque um senhor vale mais que uma criança*".

EM (oito anos e cinco meses): "*Uma criança não sabe se é verdade. Uma pessoa grande sabe, é mais vilão!*" [Cf. o critério realista, surgindo espontaneamente numa criança que nunca fora antes por nós interrogada.]

PI (nove anos e três meses): "*É mais vilão a uma pessoa grande, porque é mais idosa.*"

ER (nove anos e oito meses): "*A uma criança, não tem importância, podemos dizer. A uma pessoa grande não devemos.*"

Ao contrário, quase todos os maiores, afirmando sempre que é vilão enganar os adultos, julgam que não é permitido e que é mesmo mais grave enganar os colegas. Podem-se dizer lorotas, mas a mentira séria é tão repreensível entre crianças como em relação ao adulto.

Eis os exemplos:

BÖH (sete anos e dez meses): "Podemos mentir às crianças ou é tão vilão quanto às pessoas grandes? — *Os dois são a mesma coisa.*"

DI (oito anos e seis meses): "*É também vilão a uma criança, porque uma criança, não pode ver se mentimos ou não. Ela não fica contente.*" Vemos que o raciocínio é inverso àquele de Em.

AUD (nove anos e meio: "*É mais vilão a uma criança, porque a criança é menor.*"

DEN (onze anos): "*É mais vilão a uma criança, porque ela acreditará.*"

COTT (doze anos e oito meses): "*A uma pessoa grande somos mais punidos, mas é vilão nos dois casos.*"

CAL (doze anos): "*A uma pessoa grande, somos algumas vezes quase forçados, mas a um companheiro, não é bonito.*"

Vemos, por estas respostas,[10] quanto o progresso da solidariedade entre crianças ajuda a compreender a verdadeira natureza da mentira. Comparemos, por exemplo, as respostas de Em com as de Di: para Em, que é dominado pela autoridade, a mentira é vilã na medida em que é aparente, enquanto, para Di, que compreendeu a solidariedade entre companheiros, a mentira é vilã na medida em que engana.

Em conclusão, podemos resolver, como segue, as duas questões que nos propusemos. Se os pequenos apresentam um realismo moral quase sistemático, conduzindo, em certos casos, a uma predominância da responsabilidade objetiva sobre a responsabilidade subjetiva, é por causa das relações *sui generis* da coação adulta com o egocentrismo infantil: o respeito unilateral da criança pelo adulto obriga o primeiro a aceitar as ordens do segundo, mesmo quando estas não são suscetíveis de uma

---

10. Ver estatística, pág. 227.

colocação em prática imediata, donde a exterioridade atribuída à regra e o caráter literal do julgamento moral que daí decorre. Se, inversamente, a criança se desenvolve no sentido da interiorização das ordens e da responsabilidade subjetiva, é porque a cooperação e o respeito mútuo lhe dão uma compreensão sempre mais elevada da realidade psicológica e moral. A veracidade deixa assim, pouco a pouco, de ser um dever imposto pela heteronomia para tornar-se um bem encarado como tal pela consciência pessoal autônoma.

Em suma, o estudo de uma regra imposta à criança pelo adulto confirma, em linhas gerais, o que nos ensinou o estudo das regras que os menores recebem dos mais velhos: por mais intimamente unidos, na continuidade dos fenômenos mentais, que estejam o respeito mútuo e o respeito unilateral, destes dois processos não resultam menos conseqüências qualitativamente diferentes.

5. CONCLUSÃO. O REALISMO MORAL

É preciso que procuremos agora situar nossos resultados no conjunto da vida moral da criança, restabelecendo as perspectivas que o método do interrogatório necessariamente distorceu.

É necessário, com efeito, distinguir dois planos no pensamento moral. Há, inicialmente, o pensamento moral efetivo, a "experiência moral", que se constrói, pouco a pouco, na ação, em contato com os fatos, por ocasião dos choques e dos conflitos, e que conduz a julgamentos de valor que permitem ao indivíduo orientar-se a si próprio em cada caso particular e avaliar os atos de outrem quando lhe interessam mais ou menos diretamente. Há, por outro lado, um pensamento moral teórico ou verbal, ligado ao precedente por todas as espécies de cadeias, mas afastando-se tanto quanto a reflexão pode se afastar da ação imediata: este pensamento verbal aparece todas as vezes que a criança é conduzida a julgar os atos de outrem, que não lhe interessam diretamente, ou a enunciar princípios gerais, relacionados à sua própria conduta, independentemente da ação atual.

A análise que pudemos fazer dos julgamentos de responsabilidade versa unicamente sobre o pensamento moral teórico da criança. Não se refere, de forma alguma ao seu pensamento efetivo e concreto (ao contrário de nossa pesquisa sobre as regras do jogo, que pôde levar em conta, simultaneamente, os dois aspectos da questão). Ora, mantendo-se neste plano verbal, os resultados obtidos mostraram-se relativamente coerentes. Sem encontrar estágios propriamente ditos, desenrolando-se segundo uma ordem necessária, pudemos definir processos de resultados muito diferentes, processos que, embora interferindo mais ou menos em cada criança, caracterizam as grandes etapas de desenvolvimento moral: vimos, por exemplo, que o pensamento moral teórico da criança

139

podia obedecer a princípios provenientes do respeito unilateral (moral da heteronomia e da responsabilidade objetiva) e a princípios provenientes do respeito mútuo (moral da interiorização e da responsabilidade subjetiva).

Mas o problema que agora se coloca, e que tínhamos indicado no decorrer de nossas observações metodológicas do início deste capítulo, é saber a que correspondem estes resultados verbais em relação ao pensamento moral efetivo da criança. Duas soluções são, de fato, possíveis. Em primeiro lugar, consideraríamos o pensamento verbal como constituinte de uma tomada de consciência progressiva do pensamento concreto. Neste caso, o realismo moral, que encontramos e estudamos, corresponderia a um realismo moral efetivamente influindo na ação, realismo, sem dúvida, ultrapassado já na prática, no momento em que as criança nos falaram em teoria, mas dando lugar a reações espontâneas e vividas no concreto dos atos. Mas poderíamos também considerar que o pensamento verbal, cujas manifestações observamos, não correspondesse a nada no pensamento efetivo. Nunca, por conseqüência, as crianças teriam apresentado realismo moral em suas decisões ou em seus julgamentos concretos. Encontrando, na vida, mentiras análogas àquelas do cão grande como uma vaca ou do menino que se atribui falsamente boas notas para fazer-se recompensar, jamais teriam hesitado em considerar a segunda mentira como mais grave que a primeira. Neste caso, a reflexão verbal bastaria para engendrar um psitacismo puro, sem nenhuma relação com os atos nem presentes nem passados.

Dissipemos, antes de mais nada, um equívoco. Esta segunda solução não equivaleria a dizer que é o interrogatório a causa de todo o mal. Vemos, com efeito, que, na vida, a criança tem sem cessar a ocasião de se encontrar em situações análogas às do interrogatório: ouve contar as más ações de seus companheiros, tem ocasião de julgá-las por ouvir dizer, e fenômenos análogos àqueles que observamos podem se apresentar com toda espontaneidade. Da mesma forma, os resultados referentes ao animismo ou ao artificialismo da criança, que obtivemos anteriormente (ver *R.M.*), correspondem a palavras que podemos ouvir freqüentemente na boca das crianças. Deste modo, o problema foi apenas afastado: estas reflexões verbais espontâneas constituem ou não a tomada de consciência de algum pensamento efetivo?

Na realidade, acreditamos que, mesmo na criança, a reflexão moral teórica consiste numa tomada de consciência progressiva da atividade moral propriamente dita. Em conseqüência, cremos que os resultados precedentes expostos correspondem, numa certa medida, a fatos morais reais. Mas as relações do pensamento com a ação estão longe de serem tão simples quanto se crê habitualmente. Assim, convém insistir um pouco sobre este ponto, para compreender a verdadeira perspectiva na qual convém situar nossos resultados.

Em primeiro lugar, como o mostrou bem Claparède, toda tomada de consciência inverte a ordem de aparecimento das noções: o que é

140

primeiro na ordem da ação está em último na ordem da tomada de consciência. Por conseqüência, se o realismo moral parece um fenômeno primitivo sobre o plano verbal, não está provado que assim seja no plano da própria atividade. A noção do bem, que aparece em geral, e em particular na criança, ulterior à noção do puro dever, constitui talvez a última tomada de consciência do que é a condição primeira da vida moral: a necessidade de afeição recíproca. Resultando, ao contrário, o realismo moral da coação exercida pelo adulto sobre a criança, poderia ser que fosse de formação secundária, com relação à simples aspiração do bem, embora constituindo a primeira noção da qual toma consciência o pensamento moral quando de seus ensaios de reflexão e de formulação.

Em segundo lugar, tomar consciência não consiste simplesmente em projetar luz sobre noções já completamente elaboradas. A tomada de consciência é uma reconstrução, e, portanto, uma construção original sobrepondo-se às construções devidas à ação. Como tal, está necessariamente em atraso sobre a atividade propriamente dita. Donde as "defasagens", já notadas por Stern e que temos reencontrado em todos os domínios do pensamento da criança.[11] Em conseqüência, se o realismo moral, que temos notado entre seis e oito aproximadamente (não podíamos, aliás, descobri-lo antes dos seis anos, porque os pequenos não compreendem suficientemente as histórias empregadas), corresponde a alguma realidade na própria atividade moral, não é no decorrer destes mesmos anos que será necessário procurá-lo, mas bem antes: a responsabilidade objetiva pode muito bem, de fato, estar ultrapassada há muito tempo no plano da ação e subsistir, todavia, no plano do pensamento teórico. Aliás, vimos exemplos de crianças que julgavam as histórias que lhes contávamos de acordo com os princípios da responsabilidade objetiva, mas que nos comunicavam, ao mesmo tempo, recordações pessoais avaliadas muito corretamente segundo os critérios da responsabilidade subjetiva. Isto posto, encontraremos, no decorrer dos primeiros anos do desenvolvimento moral, fatos de realismo e de responsabilidade objetiva correspondendo aos fenômenos que temos observado no plano verbal? Acreditamos que sim.

É preciso notar, primeiramente, que, por mais adversários que sejamos de qualquer coação, mesmo moral, em educação, não é possível evitar, completamente, dar à criança ordens incompreensíveis para ela. Em tais casos — que constituem quase a regra na educação autoritária habitual — a aceitação da ordem provoca, mais ou menos infalivelmente, o aparecimento do realismo moral. Eis alguns exemplos observados num dos nossos próprios filhos, isto é, numa criança cujos pais, naturalmente, tudo fizeram para evitar a responsabilidade objetiva. As observações que seguem valerão então *a fortiori* para as crianças cujo ambiente não dedique uma atenção especial a este problema tão complexo da autonomia e da heteronomia morais.

---

11. Ver Bol. Soc. francesa de Filos., 1928, págs. 97 e segs., em particular pág. 105.

Jacqueline nunca foi punida, no sentido exato exato da palavra. Quando muito, em caso de cenas de sua parte, deixamo-la sozinha um instante, dizendo-lhe que voltaríamos quando ela novamente pudesse falar tranqüilamente. Nunca, por outro lado, lhe apresentamos deveres como tais, reclamando dela aquela espécie de obediência passiva e sem discussão que constitui, para tantos pais, a mais bela das virtudes: sempre procuramos fazê-la compreender o porquê das ordens, em lugar de impor-lhe regras "categóricas". Principalmente, apresentamos-lhe, constantemente, as coisas sob a luz da cooperação: "ajudar a mamãe", "agradar" aos pais, "ensinar a irmã" etc. são, para ela, a razão de ser das ordens que não se compreendem por si próprias. Quanto às regras ininteligíveis para os pequenos, como a regra da veracidade, nunca ouviu falar.

Mas, na rotina da vida, não é possível evitar certas ordens cujo conteúdo não tem sentido imediato do ponto de vista da criança: deitar-se e comer a tais horas, não estragar os objetos, não tocar nos aparelhos nem na mesa do pai etc. Ora, estas ordens, recebidas e aplicadas antes de serem realmente compreendidas, dão, naturalmente, lugar a toda uma moral da heteronomia, com sentimento de pura obrigação, remorsos em caso de violação da lei etc.

Por exemplo, aos dois anos, seis meses e quinze dias, encontro J. em seu leito, à noite, quando está prestes a estragar uma toalha, tirando, um a um, os fios entrelaçados. A mãe já lhe dissera freqüentemente que isto era desagradável, que fazia grandes buracos, que não poderiam ser remendados etc. Eu disse então a J.: "Oh! mas mamãe ficará triste!". J. respondeu-me com calma e mesmo com um sorriso mal dissimulado: "*Sim. Isto faz buracos. Não se pode remendar...*" etc. Continuo a discorrer, mas ela, decididamente, não me leva a sério. Tendo dificuldade em esconder seu sorriso, diz-me bruscamente "*Ria!*", com uma entonação tão cômica que começo a falar de outra coisa, para não perder completamente a compostura. J., muito consciente de seu poder de sedução, diz então "*Meu querido paizinho*", e a história termina aí. Isto não impede que, na manhã seguinte desperte muito impressionada. Suas primeiras palavras são para o incidente da véspera: pensa na toalha, pergunta à mãe se não está triste etc. Apesar da primeira reação de uma falta de respeito encantadora, minhas reflexões a impressionaram e a ordem provocara as conseqüências habituais.

Na noite deste mesmo dia, J. recomeça a tirar os fios da toalha. A mãe repete-lhe que é desagradável. J. parece ouvir atentamente, mas não responde nada. Um instante depois, chama e chora até que cheguemos: queria simplesmente rever os pais e assegurar-se que não estávamos zangados com ela.

Portanto, temos aí o exemplo de uma ordem que provoca, com ou sem respeito aparente, os sentimentos de dever e de culpa bem caracterizados. Ora, parece-nos evidente que tais sentimentos se constituem na criança antes da consciência clara da intenção moral, ou, pelo menos, antes da diferenciação entre o "feito de propósito" (o ato executado, com conhecimento e consentimento, contrário à ordem) e o "feito não de propósito". Uma criança de dois anos e meio que estraga uma toalha não tem, evidentemente, nenhuma intenção de fazê-lo por mal: estabelece uma experiência de física. Mesmo se lhe pedimos para não continuar, pode recomeçar, esquecendo a ordem, ou lembrar-se muito tarde da regra para resistir ao primeiro impulso. Portanto, não classificaríamos as condutas precedentes de J. nas desobediências (as quais são, por definição, conscientes), nem, *a fortiori*, nos atos cometidos com intenção de danificar. Todavia, o sentimento de culpa está claro. Foi só depois dos três anos que notamos em J. reações que implicam a noção de que o ato não "feito de propósito" não poderia ser culpável. Eu lhe disse, por exemplo: "Você me incomoda um pouquinho, você sabe." Resposta: "*Eu não pensei*" (em outras palavras: "Eu não fazia de propósito"[12]). Desde os dois anos e quatro meses, é verdade, J. emprega expressões tais como "*Mas isto é errado*". Aplicam-se somente aos resultados materiais e de nenhum modo à intenção mesma. Ora, é justamente nesta idade, a partir dos princípios da linguagem, até os três anos mais ou menos, que é mais fácil observar, no estado puro e espontâneo, o realismo moral e a responsabilidade objetiva.

Vamos então aos casos francos de responsabilidade objetiva. Primeiramente, a aprendizagem do asseio é ocasião para contínuos julgamentos de responsabilidade. Ora, é evidente que, num tal domínio, o elemento da intencionalidade está quase totalmente ausente dos atos da criança. Os freudianos mais ortodoxos não poderão negar que, na grande maioria dos casos, a criança de um ou dois anos que não sabe conter suas necessidades naturais, brincando ou dormindo, não tem, simplesmente, o controle suficientemente adquirido. Bem raros nesta idade são os exemplos de resistência intencionais ou simplesmente "inconscientes" às regras de asseio. Ora, apesar do caráter essencialmente automático das reações em questão, os pais são obrigados a pedir à criança para que se vigie. Em caso de fracasso, é natural que demonstrem sua decepção. Em suma, por mais delicadamente que apresentemos a coisa à criança, há ordem e, conseqüentemente, dever. Ora, o que é notável é que o sentimento de culpa é proporcional não mais às negligências eventuais (quando a criança esquece de chamar etc.), mas aos próprios atos materiais.

Por exemplo, J., com um ano, onze meses e vinte e oito dias, está acamada e tomou purgante, cujos efeitos lhe avisamos. Apesar das precauções de sua mãe, destinadas precisamente a evitar qualquer reação de vergonha ou de culpa, J. ficou muito impressionada quando o purgante fez efeito. Ficou com uma expressão sentida (lágrimas nos olhos, boca caída) e demonstrou manifestamente os mesmos sentimentos que teria se o fato lhe tivesse acontecido em circunstâncias normais e por causa de sua negligência.

Mas não devemos acreditar que este campo especial seja o único propício ao desenvolvimento espontâneo da responsabilidade objetiva.

---

12. É interessante notar que o momento em que a noção de intenção aparece na linguagem moral da criança coincide mais ou menos com a idade dos primeiros "porquês". De fato, como o tentarmos mostrar antes (*L.P.*, cap. V), os primeiros "porquês" respondem, precisamente, a uma necessidade de motivação que resulta da tomada de consciência da intencionalidade dos atos.

Toda regra que comportar uma aplicação material é suscetível dos mesmos desvios. Outro bom exemplo é o das prescrições alimentares.

J. teve, por vários anos, pouco apetite. Deste modo, as regras essenciais de seu universo eram, nessa época, relativas à alimentação: a Ordem do Mundo exigia que se tomasse uma xícara de chocolate às quatro horas, uma boa tigela de legumes ao meio-dia, pequenas gotas (de ácido clorídrico) na água antes de almoçar etc. Ora, estas instruções uma vez aceitas, o bem e o mal encontram-se definidos pela conformidade ou pela não-conformidade dos atos em relação a elas, e isto independentemente de todas as intenções e circunstâncias possíveis. Por exemplo, aos dois anos, dez meses e sete dias, J. não está bem, e sua mãe tem a impressão de que a tigela de legumes habitual é demais para ela. Efetivamente, após alguns bocados, J. manifesta um enfado visível. Mas procura terminar a tigela, porque esta é a regra. Acham melhor dispensá-la, mas ela persiste em seu pensamento, se bem que não tenham nenhuma vontade de comer. Quando lhe é dado um bocado, não pode engoli-lo, porém, quando se lhe retira a tigela, reclama-a de novo, como se houvesse culpa em não terminá-la. Retiramna definitivamente, tranqüilizando-a (afirmando-lhe que isto não é culpa sua, que em certos dias temos menos fome que em outros etc.). Apesar destas precauções da mãe, J. põe-se a chorar. Uma vez consolada, continua a apresentar sinais de remorso: promete dormir bem etc.

Outro exemplo: aos dois anos, dez meses e vinte três dias, J. toma, como de costume, seu ácido clorídrico. Mas colocaram gotas demais na água e avisaram J. de que ela não precisaria beber tudo. Efetivamente, desde os primeiros goles, J. queixa-se de que a bebida pica sua língua: toma um ar de desgosto e tem mesmo náuseas. Todavia, quer beber tudo. A mãe lhe repete que não é necessário e tira-a de sua cadeira. J. começa a soluçar como se tivesse cometido uma falta. Volta ao copo e quer a todo custo terminá-lo.

Estes dois últimos exemplos parecem-nos demonstrar quanto é vivaz e espontânea na criança a avaliação objetiva da responsabilidade. É mesmo surpreendente que numa menina, cujo ambiente familiar nada tem de autoritário e que cultiva por princípio a autonomia da consciência infantil, as ordens recebidas possam conduzir a um realismo moral tão residente. A regra, emanando dos pais, provoca uma consciência do dever contra a qual as atenuações ulteriores dos próprios pais nada conseguem momentaneamente. É verdade que, nos três casos citados (asseio e prescrições alimentares), o amor-próprio pode desempenhar um papel importante: a criança não quer admitir que possa ser vencida. Mas, precisamente, este amor-próprio supõe, previamente, uma consciência realista da regra: se a criança não considerasse como uma espécie de derrota "em si" o fato de não tomar o remédio, a tigela de legumes ou a xícara de chocolate até o fim, não sentiria como uma humilhação o fato de ser dispensada.[13]

---

13. Acrescentemos, para informar ao leitor, que Joaninha está longe de ser importunada diariamente com as ordens que ela respeita.

Um terceiro grupo de exemplos, que convém citar, está relacionado com os desajeitamentos. Isto nos leva aos fatos estudados no decorrer deste capítulo, uma vez que procuramos, precisamente, analisar como a criança avalia os desajeitamentos que lhe contamos no decorrer de histórias apropriadas. Ora, acontece que, nos primeiros anos, a criança considera freqüentemente seus próprios desajeitamentos de um ponto de vista inteiramente objetivo, e isto em seu prejuízo.

J., aos dois anos e meio, brinca com uma concha que lhe emprestei. Sendo a concha muito frágil, quebra-se na primeira queda. J. fica consternada, e encontro uma dificuldade enorme para persuadi-la que não foi culpa sua.

É inútil insistir sobre este exemplo banal, do qual todos poderiam ver o equivalente em cada criança. É só mais tarde, ainda a este respeito, que a criança diferenciará o desajeitamento involuntário (o puro acidente) do desajeitamento acompanhado de negligência ou de imprudência. No início, é só o resultado que interessa.

Em suma, cremos que, durante os primeiros anos, a coação inevitável do adulto — por mais atenuada que seja, como no caso de J. — provoca necessariamente um certo realismo moral, mais ou menos acentuado, naturalmente, segundo o ambiente e o caráter combinado dos pais e da criança. O realismo moral, que observamos mais tarde no plano verbal, seria, assim, o resultado indireto destes fenômenos primitivos.

Mas, entre o realismo moral espontâneo dos primeiros anos e o realismo moral teórico que analisamos anteriormente, há um intermediário essencial a considerar: é o julgamento que a criança faz não mais a respeito de seus próprios atos, mas a respeito da conduta de seus semelhantes. No que se refere a si mesma, consegue muito depressa (aproximadamente por volta de três, quatro anos, no momento do desenvolvimento dos "porquês" e do interesse pela motivação) diferenciar as faltas intencionais e as infrações involuntárias ao código das regras morais. E, logo depois, aprende a se desculpar invocando o "feito não de propósito". Mas, no que se refere aos atos de seus semelhantes, as coisas se apresentam sob um prisma completamente diferente. De um modo geral, não é imprudente admitir que a criança — como nós — é mais severa para com os outros do que para consigo própria. A razão é simples: a conduta alheia aparece-nos em sua materialidade, muito antes de ser compreendida em sua intencionalidade; assim, somos levados a confrontar imediatamente esta materialidade com a regra estabelecida e julgar os atos segundo este critério essencialmente objetivo. É somente por um esforço contínuo de simpatia e de generosidade que resistimos a tal tendência e procuramos compreender as reações de outrem em função da intenção. Que a criança seja capaz, muito cedo, desta "intropatia", é evidente. Mas é evidente também que, nesta fase em que o respeito da regra predomina sobre a cooperação (o estágio que chamamos "egocêntrico", no que se refere às regras do jogo de bolinhas, e onde o misticismo da regra se combina tão estreitamente com a prática egocêntrica), o esforço será maior para julgar psicologicamente os atos alheios que os próprios. Em outras palavras, o realismo moral durará mais tempo no que se refere à avaliação da conduta alhia do que na avaliação da própria conduta. É justamente isto que os fatos parecem nos indicar.

Eis, entre tantas outras, uma observação que uma de nossas estudantes fez questão de nos comunicar. Encontraríamos a analogia em todas as crianças:

MAD (quatro anos) diz à mãe: *"Mamãe, eu enxuguei a baixela, você sabe."*. JA (dois anos e meio) acrescenta: *"Eu também."* Mad: *"Não, não é verdade.* — Sim. — *Não, você não enxugou a baixela. Então é feio dizer isso."* Mamãe: "Pode ser que Ja se engane: ela pensa que também enxugou." Mad: *"Não, não ela não enxugou. Não é bonito dizer isto. Fui eu sozinha."*
II. (Ja). *"Você está cheia de verrugas* — (Mad) — *Não, não é verdade, não é verdade.* — *Sim, é verdade.* — (Mad, num tom furioso:) *Não é verdade. São lorotas... Mamãe, Ja diz lorotas!"*
III. Ja, involuntariamente, magoou Mad. Mad chora: *"Mamãe, Ja é má, ela me bateu.* — Mas ela não quis fazer de propósito, não quis machucá-la. — *Sim, sim, ela fez de propósito. Ela me bateu com força. Ela me machucou muito.*

Com a avaliação da conduta alheia, aproximamo-nos da situação um pouco artificial na qual a criança considera atos, não observados diretamente, mas descritos por meio de uma história. Se o realismo moral dura muito mais tempo no que se refere aos julgamentos a respeito dos outros do que no domínio puramente individual, é evidente que ele se prolongará ainda mais no que se refere aos exemplos inteiramente verbais contidos em nossas narrações. Um terceiro fenômeno vem aqui complicar as coisas.

É certo, com efeito, que o realismo moral da criança é muito mais sistemático no plano da teoria do que no plano da ação, e, por conseqüência, trata-se de um fenômeno, de qualquer forma, novo e diferente. É que a tomada de consciência implicada por toda reflexão teórica não repete somente, com um atraso mais ou menos prolongado, o que se passou efetivamente na prática dos atos. Há, além dos atrasos, deformações inerentes ao próprio mecanismo da reflexão. De fato, desde que, à ação direta, sucede ou se sobrepõe um pensamento destacado do real e libertado, assim, pelo poder da palavra ou da imaginação, o espírito deixa-se dominar por um conjunto de ilusões de perspectiva e, em particular, pela perspectiva inconsciente do egocentrismo. Deste modo, no domínio intelectual, a criança que raciocina no plano verbal enfrenta uma série de dificuldades vencidas, há muito tempo, pela inteligência prática. Da mesma forma, no domínio moral, deixar-se-á conduzir, em relação às narrações simplesmente ouvidas, a uma série de julgamentos, sem compaixão e sem compreensão psicológica suficiente, demonstrando, dessa forma, um realismo moral mais ou menos sistemático, quando, na vida real, simpatizaria, sem dúvida nenhuma, com aqueles que, de longe, considera como grandes culpados.

Vemos assim como o realismo moral espontâneo dos primeiros anos, embora se atenuando progressivamente no que se refere à própria conduta, pode muito bem desenvolver-se, por outro lado, primeiramente na avaliação dos atos alheios e, enfim, na reflexão relativa aos casos inteiramente teóricos evocados pelas narrações, pelas histórias e pelos muitos sociais, em geral. Se tivéssemos que tratar das sociedades ditas primitivas, seria necessário acrescentar que os últimos produtos do realismo moral, uma vez consolidados pela coação social do grupo inteiro (por oposição à coação elementar dos adultos sobre as crianças), são capazes de reagir, por um contrachoque fácil de compreender, sobre a própria consciência dos indivíduos. Mas, como falamos aqui apenas da criança, podemos limitar-nos a concluir que o realismo moral corresponde bem a algo de efetivo e de espontâneo no pensamento infantil. Quanto ao mais, este resultado concorda perfeitamente com o que vimos sobre as regras do jogo de bolinhas: toda regra, quer seja imposta pelo mais velho ao caçula ou pelo adulto à criança, começa por ficar exterior à consciência antes de interiorizar-se realmente. Durante esta fase de exterioridade, o realismo moral mais rigoroso pode muito bem aliar-se com a prática aparentemente mais moderada e mais egocêntrica.

Dito isto, procuramos resolver o problema da natureza deste realismo moral, encarado em seu dinamismo e logo reduzido às justas proporções, que acabamos de entrever no decorrer das reflexões precedentes. Em outras palavras, não consideramos mais os resultados de nossos interrogatórios como suficientes por si próprios, mas sim como constituindo o resultado final e bastante indireto de uma tendência elementar e muito mais difusa. É deste realismo moral espontâneo — do qual as reflexões verbais e teóricas das crianças interrogadas são apenas o reflexo — que se trata agora de abstrair as condições e a origem.

O realismo moral parece-nos resultar da conjunção de duas séries de causas: umas próprias ao pensamento espontâneo da criança (o "realismo" infantil), e outras, à coação exercida pelo adulto. Mas esta conjunção, longe de construir um fenômeno acidental, parece-nos representativa dos processos mais gerais da psicologia da criança, isto tanto no domínio intelectual como no domínio moral. O acontecimento capital da psicologia humana, com efeito, é que a sociedde, em lugar de permanecer quase exclusivamente interior ao organismo individual, como ocorre com o animal conduzido por seus instintos, cristaliza-se quase inteiramente no exterior dos indivíduos. Em outras palavras, como o estabeleceu tão vigorosamente Durkheim, as regras sociais, quer sejam lingüísticas, morais, religiosas, jurídicas etc., não podem constituir-se, transmitir-se e conservar-se através da hereditariedade biológica interna, mas sim por meio da presão externa dos indivíduos uns sobre os outros. Em outras palavras, como o demonstrou Bovet em psicologia moral, as regras não aparecem na consciência da criança como realidades inatas, mas como realidades transmitidas pelos mais velhos e às quais, desde a mais tenra idade, ela deve se conformar graças a uma adaptação *sui generis*. Estas circunstâncias não impedem, naturalmente, que certas regras possam conter, mais que outras, um elemento racional, correspondendo, deste modo, às invariantes funcionais mais profundas da natureza humana. Mas, quer sejam racionais ou simplesmente questão de consenso e de costume, as regras impostas pela coação adulta ao espírito infantil apresentam, primeiramente, um caráter mais ou menos uniforme de exterioridade e de autoridade rude. Em conseqüência, em vez de passar sem choque de um estado primitivamente individual (o "social" que podemos descrever nos primeiros meses de existência é apenas o social biológico, por assim dizer, portanto interior ao indivíduo e ainda individual) para um estado de cooperação progressiva, a criança encontra-se às voltas, desde seu primeiro ano, com uma educação coercitiva que queima as etapas e acaba por provocar um verdadeiro "curto-circuito", segundo a feliz expressão de Claparède[14]. Donde três fenômenos a considerar: o egocentrismo espontâneo e inconsciente, próprio ao indivíduo como tal, a coação adulta e a cooperação. Mas, e isto é o essencial, o egocentrismo espontâneo da criança e a coação adulta, longe de constituírem, sob todos os pontos, a exata antítese um do outro, ao contrário, combinam-se, em alguns domínios, até darem nascimento a compromissos paradoxais e singularmente estabelecidos. De fato, somente a cooperação pode fazer a criança sair de seu estado inicial de egocentrismo inconsciente. Ora, a coação age de uma maneira completamente diferente que a cooperação e reforça, por conseqüência, os traços próprios ao egocentrismo, em certos pontos pelo menos, até que a cooperação liberte a criança, ao mesmo tempo, do egocentrismo e do resultado da coação. Tentaremos verificar estas afirmações no que se refere ao realismo moral. Depois compararemos este fenômeno aos processos exatamente paralelos que se apresentam no domínio da inteligência infantil.

O primeiro grupo de fatores tendentes a explicar o realismo moral está ligado, portanto, a um dos caracteres mais espontâneos do pensamento da criança: o realismo em geral. De fato, a criança é realista, o que significa que, em quase todos os domínios, é levada a considerar como coisas (como objetos exteriores), a "reificar", como o dizia muito bem Sully, os conteúdos de sua consciência. Em particular, apresenta uma propensão sistemática à "reificação" dos conteúdos de consciência comuns a todos os espíritos, donde a materialização e a projeção no universo externo das realidades sociais.

---

14. CLAPARÈDE, *Psicologia da Criança*, 7ª ed., pág. 502.

Sem remontar até o estágio "projetivo" de Baldwin, que se define precisamente pelo realismo integral ou indissociação entre o subjetivo e o objetivo, poderíamos citar um grande número de fenômenos contemporâneos do próprio realismo moral.

É preciso lembrar aqui, antes de tudo, a atitude tão clara das crianças no que se refere aos produtos ou aos instrumentos do pensamento (ver *R.M.*, seção I). O sonho, por exemplo, mesmo quando a criança já sabe bem que é enganoso em seu conteúdo, é sistematicamente considerado, até sete-oito anos mais ou menos, como uma realidade objetiva, uma espécie de imagem etérea flutuando no ar e fixando-se diante dos olhos. Os nomes (e este exemplo é muito comparável ao das regras morais, uma vez que se trata, igualmente, de realidades transmitidas e impostas pelo ambiente adulto) constituem um aspecto dos próprios objetos: cada coisa tem um nome, consubstancial à sua natureza, existente desde as origens e nela localizado. Enfim, o próprio pensamento, em lugar de consistir numa atividade interna, é concebido como uma espécie de poder material.

No domínio do desenho, M. Luquet analisou admiravelmente o conhecido fenômeno do "realismo intelectual". A criança desenha as coisas assim como as conhece e não como as vê. Seguramente, tal hábito é, antes de tudo, prova da existência e da extensão do racionalismo próprio a todo pensamento e somente ele está em condições de explicar eficazmente a natureza da percepção. Perceber é construir intelectualmente, e se a criança desenha as coisas como as concebe, é claro que não pode percebê-las sem concebê-las. Apenas, é de um racionalismo superior renunciar, pouco a pouco, as falsos absolutos que se situam fora do contexto das relações construídas no próprio decorrer da experiência. Depois que renunciou aos objetos isolados e colocados "em si", para construir verdadeiros sistemas de relações, considerando as perspectivas e as conexões das coisas entre si, a criança desenha as coisas tal como as vê. Assim o "realismo intelectual", por mais anunciador que seja de um racionalismo autêntico, implica também um desvio, que consiste em isolar muito cedo e, assim, a "reificar" os primeiros produtos da construção racional. Portanto, é ainda um "realismo" no sentido em que tomamos este termo, isto é, uma exteriorização ilegítima dos processos intelectuais, uma fixação ilegítima de cada um dos momentos do movimento construtor.

Sendo assim realista em todos os domínios, nada há de surpreendente quando a criança "entifica" repentinamente e mesmo "reifica" as leis morais às quais obedece. É proibido mentir, roubar, estragar os objetos etc. Eis outras tantas leis que serão concebidas como subsistentes em si, independentemente da consciência e, por conseqüência, das circunstâncias individuais e das intenções. É preciso, com efeito, lembrar a circunstância essencial de que, precisamente por causa do realismo geral de seu pensamento espontâneo, a criança concebe sempre a noção de lei, até sete-oito anos mais ou menos, como sendo simultaneamente física e moral. De fato, tentamos demonstrar (ver *R.M.* e *C.F.*) que não existe, para a criança, nenhuma lei natural puramente mecânica antes dos sete-oito anos. Se as nuvens caminham depressa, quando há vento, não é somente por causa de uma ligação necessária entre o movimento do vento e o das nuvens, mas, também, principalmente porque as nuvens "devem" avançar depressa para trazer-nos a chuva, a noite etc. Se a lua só brilha à noite e o sol de dia, não é unicamente devido aos dispositivos materiais que asseguram esta regularidade: é principalmente porque "não é permitido" ao sol passear à noite, porque os astros não são senhores de seu destino, mas estão submetidos como todos os seres vivos, a regras de conduta que se impõem à sua vontade. Se os barcos flutuam enquanto as pedras afundam, não é somente por razões relativas ao seu peso: é porque as coisas devem ser assim em virtude da ordem do mundo. Logo, o universo está impregnado de leis morais: a regularidade física não se dissocia da obrigação de consciência e da regra social. Aliás, seria preciso evitar concluir, disto que estas predominam sobre aquela. Há simplesmente indiferenciação entre as duas noções. A noção da regularidade física é tão primitiva quanto a da regularidade psíquica ou moral, mas nenhuma das duas é concebida independentemente da outra. Em conseqüência, é evidente que a regra moral conserva algo de físico. Como os nomes, para a criança, ela faz parte das coisas. É uma espécie de característica e mesmo de condição necessária do universo. Em conseqüência, pouco importam as intenções. O problema da responsabilidade consiste simplesmente em saber se a lei é respeitada ou violada. Do mesmo modo que um passo em falso, mesmo independentemente de qualquer negligência, provoca o tombo em virtude da lei da queda dos corpos, uma alteração da verdade, alteração mesmo involuntária, chama-se mentira e leva à punição. As próprias coisas se encarregam de nos punir (ver cap. seguinte, 3), quando a falta passou despercebida.

Em suma, neste primeiro ponto de vista, o realismo moral parece-nos como um produto natural e espontâneo do pensamento da criança. A consideração das intenções pessoais não é, de fato, tão natural, como parece, ao pensamento primitivo: a criança interessa-se, primeiramente, mais pelo resultado do que pela motivação de seus próprios atos. É a cooperação que, coagindo o indivíduo a se ocupar, sem cessar, do ponto de vista de outrem, para compará-lo ao seu, conduz à primazia da intencionalidade. É surpreendente, com efeito, constatar quanto o pensamento egocêntrico dos pequenos é inconsciente de si mesmo e pouco levado à introspecção (*J.R.*, cap. IV, 1 e 2). Objetar-se-á a isto que o pensamento primitivo parece, ao contrário, inteiramente orientado para uma espécie de intencionalismo universal: o animismo infantil consiste em dar intenções a todas as coisas, os "porquês" igualmente, o artificialismo chega à noção de que nada existe sem motivo etc. Mas isto nada tem

150

de contraditório com o que adiantamos aqui: uma coisa é, de fato, dar a tudo intenções estereotipadas, outra coisa é subordinar os atos às intenções que os inspiraram. O intencionalismo que caracteriza o animismo, o artificialismo e os "porquês", antes dos seis-sete anos, procede de uma confusão entre o psíquico e o físico, enquanto a primazia da intencionalidade sobre a regra exterior supõe, bem ao contrário, uma diferenciação cada vez mais refinada entre o espiritual e o material. Mas estas considerações não bastam para explicar os fenômenos que observamos, e precisamos, agora, passar ao exame do segundo aspecto do realismo moral. O realismo é, de fato, também um produto da coação adulta. Esta dupla origem não tem, aliás, — já o dissemos — nada de misterioso: o adulto faz parte do universo da criança e as condutas ou os imperativos adultos constituem, assim, o elemento mais importante desta "ordem do mundo" que está na origem do realismo infantil.

Apenas, há mais. Parece, em muitos pontos, que o adulto faz tudo o que está ao seu alcance para encorajar a criança a perseverar em suas tendências específicas, e isto enquanto são precisamente importunas do ponto de vista do desenvolvimento social. Enquanto a criança, dotada de uma liberdade de ação suficiente, sai espontaneamente de seu egocentrismo para dirigir inteiramente seu ser para a cooperação, o adulto age, a maior parte do tempo, de modo a reforçar o egocentrismo infantil sob seu duplo aspecto intelectual e moral. Aqui, há duas coisas a distinguir, cujo interesse teórico difere regularmente, mas cuja importância prática é igual: a exterioridade das ordens adultas e a falta de psicologia do adulto médio.

As ordens morais, inicialmente, permanecem quase necessariamente exteriores à criança, pelo menos durante os primeiros anos. A maioria dos pais impõem à criança um grande número de deveres, cuja razão é, por muito tempo, incompreensível para ela: não dizer mentiras, quaisquer que sejam etc. Na educação mais liberal, somos, por muito tempo, obrigados a sujeitar a criança a uma série de hábitos de asseio e de higiene alimentar, dos quais ela não pode de imediato saber o porquê. Todas estas regras são, naturalmente, colocadas pela criança no mesmo plano que os próprios fenômenos físicos. Deve-se comer depois de um passeio, deitar quando chega a noite, tomar banho antes de deitar etc., exatamente como o sol brilha de dia e a lua de noite ou como as pedras afundam na água, enquanto os barcos flutuam: tudo isto é e deve ser, tudo isto se impõe como a ordem do mundo, e deve haver uma razão. Mas nada disso tudo é sentido do interior como são sentidos um movimento de simpatia ou um movimento de piedade. Há, portanto, desde o início, uma moral da regra exterior e uma moral da reciprocidade — ou, mais justamente, os elementos que utilizará mais tarde a moral da reciprocidade — e, enquanto estas duas morais não conseguirem realizar sua unidade, a primeira conduz quase fatalmente a um certo realismo.

Mas, em segundo lugar, e isto infelizmente não é menos importante, a maioria dos pais são medíocres psicólogos e praticam a mais con-

151

testável das pedagogias morais. É talvez neste domínio que destacaríamos com mais acuidade quanto pode ser amoral acreditar demais na moral e quanto um pouco de humanidade vale mais que todas as regras.

O adulto induz assim, por sua vez, a criança à noção objetiva da responsabilidade e, em conseqüência, consolida uma tendência que já é natural na psicologia espontânea dos pequenos.

É seguramente difícil, sobre tais pontos, instituir um inquérito objetivo. Na falta de investigação sistemática, porém, algumas fontes de informação permitem sondagens, cuja profundidade revela, freqüentemente, mais que a acumulação de observações incompletas. A literatura, além disso, aí está para suprir a psicologia científica: a narração autobiográfica que Ed. Grosse intitulou *Pai e Filho*, sem falar dos romances que ressuscitam lembranças da infância apenas transpostas, diz mais que qualquer estudo especializado. A análise individual dos jovens delinqüentes ou das "crianças-problema" é igualmente reveladora. Enfim, é impossível fazer a psicanálise de um adolescente ou de um adulto sem que no decorrer da anamnese espontânea, sempre tão cheia de interesse, à qual se entrega o indivíduo, as recordações mais nítidas relativas às faltas pedagógicas dos pais não reapareçam em grande número.

Sem poder compreender, porém, de outra forma que por tais processos, os casos excepcionalmente reveladores, talvez fosse possível fazer um inquérito sobre a mentalidade dos "pais médios", acumulando observações tomadas em certas situações homogêneas e comparáveis entre si, apenas nos trens e, em particular, ao voltar dos divertimentos do domingo! Como não ficar impressionado por uma série de contra-sensos psicológicos: o esforço dos pais para apanhar a criança em falta, em lugar de prevenir as catástrofes e impedi-la, com derivativos quaisquer, de empenhar-se a entrar num caminho onde seu amor-próprio a fará perseverar; a multiplicidade das ordens (os "pais médios" são como os governantes sem inteligência que se limitam a acumular as leis, com desprezo mesmo das contradições e da confusão de espírito crescente que resulta desta acumulação); o prazer de aplicar sanções; o prazer de usar sua autoridade e esta espécie de sadismo que observamos tão freqüentemente mesmo entre muita gente educada, cuja máxima é que é necessário "quebrar a vontade da criança" ou "fazer sentir à criança que há uma vontade superior à dela".

Uma tal pedagogia chega àquele perpétuo estado de tensão, que é o apanágio de tantas famílias e que os pais responsáveis lançam, evidentemente, à conta da maldade inata da criança e do pecado original. Mas, por mais correntes e legítimas que sejam, em muitos casos, a defesa e a revolta da criança contra tais processos, é, entretanto, na maioria dos casos, vencida interiormente. Não podendo fazer exatamente a separação entre o que é certo e o que é criticável na atitude dos pais, não podendo julgar objetivamente os pais, dada a "ambivalência" de seus sentimentos a respeito deles, a criança, em seus momentos de afeto, acaba interiormente por dar razão à sua autoridade. Tornando-se adulta, só

152

muito excepcionalmente conseguirá desfazer-se dos esquemas afetivos assim adquiridos e será tão estúpida com seus próprios filhos quanto o foram com ela.

É nesta coação das gerações umas sobre as outras que é preciso, evidentemente, procurar a razão do desenvolvimento e da persistência do realismo moral. O realismo moral, enraizado em todo o realismo espontâneo da psicologia infantil, é, dessa forma, consolidado e estilizado de mil maneiras pela coação adulta. Tal encontro entre os produtos da pressão adulta e os da mentalidade infantil não é um acidente, mas o comum da psicologia da criança. Isto é facilmente explicável, uma vez que é por longa ação das gerações umas sobre as outras e através das apalpadelas multisseculares que se constituiu, por acomodação mútua das duas mentalidades em presença, o essencial dos preceitos da pedagogia e da moral comuns.

Para mostrar quanto é natural este duplo aspecto do realismo moral, comparemo-lo a um fenômeno que constitui seu exato modelo do ponto de vista intelectual: o realismo verbal ou verbalismo, que resulta da união do sincretismo lingüístico espontâneo da criança com a coação verbal do adulto.

Um dos traços mais notáveis da mentalidade egocêntrica, do ponto de vista intelectual, é o sincretismo, isto é, a percepção, a concepção ou o raciocínio por esquemas globais e inanalisáveis. Descrito por Decroly e Claparède no domínio da percepção, este fenômeno se encontra no pensamento da criança sob todos os aspectos: explicação, compreensão, raciocínio etc. (ver. *L.P.*, cap. IV). Encontramo-lo em particular no domínio da compreensão verbal: uma frase qualquer, uma narração, um provérbio dão à criança a impressão de serem inteiramente compreendidos desde que tenha conseguido construir-se uma espécie de esquema de conjunto ou de significação global, mesmo que o detalhe das palavras ou dos grupos de palavras permaneça, de fato, incompreensível. Tal atitude depende intimamente do egocentrismo: é, com efeito, a discussão e a crítica mútua que nos levam à análise, enquanto, em nosso íntimo, logo nos achamos satisfeitos com uma interpretação global e, por conseqüência, subjetiva. Ora, este sincretismo verbal conduz, naturalmente, a criança ao verbalismo: tomando toda palavra um sentido em função dos esquemas sincréticos, a palavra acaba por adquirir uma consistência própria, independentemente da realidade. Ora, quais são os efeitos da coação adulta em relação a este verbalismo? Reduz progressivamente este produto do egocentrismo ou faz com que se consolide? À medida que o adulto saiba cooperar com a criança, isto é, discutir em pé de igualdade e colaborar na procura, é claro que sua influência conduz à análise. Mas, ao mesmo tempo em que sua palavra se reveste de autoridade, conforme, em particular, o ensinamento verbal predomina sobre a experiência em comum, é claro também que o adulto consolida o verbalismo infantil. Infelizmente, é esta segunda eventuali-

153

dade que se realiza mais freqüentemente no comum da pedagogia escolar e mesmo familiar: o prestígio da palavra predomina sobre qualquer experiência ativa e qualquer discussão livre. Acusaram a escola de ser responsável pelo verbalismo infantil. Isto não é de todo exato, uma vez que o verbalismo é proveniente de certas tendências espontâneas da criança: a escola, porém, em lugar de criar um meio favorável à redução destas tendências, apóia-se nelas e as consolida, utilizando-as.

Vemos, pois, quanto são paralelos os fatos intelectuais e os fatos morais no domínio do realismo: o realismo moral e o verbalismo constituem assim as duas manifestações mais claras da combinação da coação adulta com o egocentrismo infantil.

CONCLUSÃO GERAL

Os resultados obtidos no decorrer de nosso estudo do realismo moral confirmam aqueles de nossa análise das regras do jogo de bolinhas: parecem existir na criança duas morais distintas, das quais podemos, aliás, distinguir os contragolpes sobre a moral adulta. Estas duas morais são devidas a processos formadores que, geralmente, se sucedem, sem todavia constituir estágios propriamente ditos. É possível, além disso, notar a existência de uma fase intermediária. O primeiro destes processos é a coação moral do adulto, coação que resulta na heteronomia e, conseqüentemente, no realismo moral. O segundo é a cooperação, que resulta na autonomia. Entre os dois, podemos distinguir uma fase de interiorização e de generalização das regras e das ordens.

A coação moral é caracterizada pelo respeito unilateral. Ora, como M. Bovet o demonstrou claramente, este respeito é a origem da obrigação moral e do sentimento do dever: toda ordem, partindo de uma pessoa respeitada, é o ponto de partida de uma regra obrigatória. É o que nosso inquérito confirma abundantemente. A obrigação de dizer a verdade, de não roubar etc., tantos deveres que a criança sente profundamene, sem que emanem de sua própria consciência: são ordens devidas ao adulto e aceitas pela criança. Por conseqüência, esta moral do dever, sob sua forma original, é essencialmente heterônoma. O bem, é obedecer à vontade do adulto. O mal, é agir pela própria opinião. Não há lugar, numa tal moral, para o que os moralistas chamaram o "bem", por oposição ao "dever" puro, o bem sendo um ideal mais espontâneo da consciência e mais atraente que coercitivo. Certamente, as relações da criança com os pais não são apenas relações de coação. Há uma afeição mútua espontânea que impele a criança, desde o princípio, a atos de generosidade e mesmo de sacrifício, a demonstrações comoventes que não estão absolutamente prescritas. Aí está, sem dúvida nenhuma, o ponto de partida daquela moral do bem que veremos desenvolver-se à margem daquela do dever e que triunfará completamente em alguns indivíduos. O bem é um produto da cooperação. Mas a relação de coação moral, que é geradora do dever, só poderia conduzir por si própria à heteronomia. Em suas conseqüências extremas, ela resulta no realismo moral. Depois vem uma fase intermediária, que M. Bovet sutilmente notou[15]. A criança não obedece mais somente às ordens do adulto, mas à regra em si própria, generalizada e aplicada de maneira original. Observamos este fenômeno a propósito da mentira. Num dado momento, a criança acha que a mentira é má em si, e, mesmo que não a puníssemos, não deveria mentir. Existe aí, seguramente, um efeito de inteligência, que trabalha por meio das regras morais como de todos os dados, generalizando-os e diferenciando-os. Mas, se tendemos assim para a autonomia da consciência, o que ainda é apenas uma semi-autonomia: há sempre uma regra que se impõe de fora sem aparecer como o produto necessário da própria consciência.

Como a criança chegará à autonomia propriamente dita? Vemos surgir o sinal quando ela descobre que a veracidade é necessária nas relações de simpatia e de respeito mútuos. A reciprocidade parece, neste caso, ser fato de autonomia. Com efeito, há autonomia moral, quando a consciência considera como necessário um ideal, independente de qualquer pressão exterior. Ora, sem relação com outrem, não há necessidade moral: o indivíduo como tal conhece apenas a anomia e não a autonomia. Inversamente, toda relação com outrem, na qual intervém o respeito unilateral, conduz à heteronomia. A autonomia só aparece com a reciprocidade, quando o respeito mútuo é bastante forte, para que o indivíduo experimente interiormente a necessidade de tratar os outros como gostaria de ser tratado.

É o que procuraremos analisar no decorrer do próximo capítulo.

---

15. Ver também BALDWIN, *Interpretação Social e Moral do Desenvolvimento Mental*, trad. G. L. Duprat, Paris, 1899.

3

A cooperação e o desenvolvimento da noção de justiça*

Nosso estudo das regras do jogo conduziu-nos à hipótese de que há dois tipos de respeito e, conseqüentemente, duas morais, uma moral da coação ou da heteronomia e uma moral da cooperação ou da autonomia. Entrevimos, no decorrer do capítulo anterior, alguns aspectos da primeira destas morais. Convém, agora, passar à segunda. Infelizmente, esta é mais difícil de estudar, porque, se a primeira se formula em regras e dá, por isso, ensejo ao interrogatório, a segunda deve ser procurada sobretudo nos movimentos íntimos da consciência ou nas atitudes sociais pouco fáceis de definir nas conversações com a criança. Abstraímos seu aspecto, por assim dizer, jurídico, estudando o jogo social das crianças de dez a doze anos. Seria preciso, agora, ir além, penetrar na própria consciência da criança. Mas aí as coisas se complicam.

No entanto, se o aspecto afetivo da cooperação e da reciprocidade escapa ao interrogatório, há uma noção, a mais racional sem dúvida das noções morais, que parece resultar diretamente da cooperação, cuja análise psicológica pode ser tentada sem muitas dificuldades: a noção de justiça. Portanto, é principalmente sobre este ponto que versará nosso esforço.

Chegaremos à conclusão de que o sentimento de justiça — embora podendo, naturalmente ser reforçado pelos preceitos e exemplo prático do adulto —, é, em boa parte, independente destas influências e não requer, para se desenvolver, senão o respeito mútuo e a solidariedade entre crianças. É quase sempre à custa e não por causa do adulto que se impõem à consciência infantil as noções do justo e do injusto. Contrariamente a essa regra, imposta primeiramente do exterior e por muito tempo não compreendida pela criança, como não mentir, a regra de jus-

---

* Com a colaboração das Srtas. M. RAMBERT, N. BAECHLER e A. M. FELDWEG.

tiça é uma espécie de condição imanente ou de lei de equilíbrio das relações sociais; assim, vê-la-emos destacar-se quase em total autonomia, na medida em que cresce a solidariedade entre crianças.

Foram estas circunstâncias que nos levaram a reunir neste capítulo o estudo de uma questão que não se refere diretamente à noção de justiça: a da solidariedade infantil e de seus conflitos com a autoridade adulta no caso da denúncia. Esta análise nos permitirá determinar a partir de que idade a solidariedade se torna eficaz: ora, veremos que é precisamente a partir desta idade que a noção igualitária da justiça se impõe até prevalecer sobre a autoridade adulta.

Finalmente, é evidente que é preciso ligar ao estudo da noção de justiça uma análise pelo menos sumária dos julgamentos das crianças referentes às sanções. À justiça distributiva, que se define pela igualdade, a consciência comum sempre ligou a justiça retributiva, que se define pela proporcionalidade entre o ato e a sanção. Se bem que este segundo aspecto da noção de justiça apresente relações menos estreitas com o problema da cooperação, importa examiná-lo também. Começaremos mesmo por aí, de modo a livrar nossa análise ulterior desta preocupação.

Portanto, o plano que seguiremos é este. Estudaremos primeiramente o problema das punições, depois o da responsabilidade coletiva e o da justiça dita "imanente" (a sanção considerada como emanando das próprias coisas). Em seguida, a título de transição, examinaremos os conflitos da justiça restritiva e da justiça distributiva. Uma vez chegados a este ponto, procederemos à análise das relações entre a justiça distributiva e a autoridade (também entre a solidariedade infantil e a autoridade), depois ao estudo da justiça entre crianças, e, enfim, procuraremos concluir com uma discussão geral das relações da justiça e da cooperação.

1. O PROBLEMA DA SANÇÃO E DA JUSTIÇA RETRIBUTIVA

Há duas noções distintas de justiça. Dizemos que uma sanção é injusta quando pune um inocente, recompensa um culpado ou, em geral, não é dosada na proporção exata do mérito ou da falta. Dizemos, por outro lado, que uma repartição é injusta quando favorece uns à custa de outros. Nesta segunda acepção, a idéia de justiça implica apenas a idéia de igualdade. Na primeira acepção, a noção de justiça é inseparável daquela de sanção e define-se pela correlação entre os atos e sua retribuição.

Destas duas noções, parece-nos útil começar pelo estudo da primeira, porque é a que se liga mais diretamente à coação adulta e aos problemas que examinamos no decorrer do capítulo anterior. É também, sem dúvida, a mais primitiva das duas noções de justiça, se entendermos por primitiva não necessariamente a primeira em data, mas a mais carregada de elementos que serão eliminados no decorrer do desenvolvimento mental. Há, de fato, em certas noções da retribuição, um fator de transcendência e de obediência, que a moral da autonomia tende a eliminar. O problema é, em todo caso, saber se as duas noções de justiça desenvolvem-se paralelamente ou se a segunda noção tende a dominar a primeira.

Mas é evidente que todo interrogatório a respeito das punições se choca com dificuldades técnicas bastante consideráveis, porque, em tal assunto, a criança é muito mais levada a dar à pessoa que a interroga uma pequena lição de moral usual e familiar, que abrir-lhe seu sentimento íntimo — tendo este na vida apenas raramente ocasião de ser formulado e não sendo, talvez inteiramente formulável. Assim, procuramos apanhar as coisas indiretamente.

Para saber até que ponto as crianças consideram as sanções como justas, de fato, decompusemos a dificuldade. Em primeiro lugar, podemos, sem pôr em dúvida o fundamento da própria noção de retribuição, apresentar à criança diferentes tipos de sanções e perguntar qual é a mais justa. Desta forma, é possível opor à sanção expiatória — que é verdadeira sanção para aqueles que acreditam na primazia da justiça retributiva[1] — uma sanção, por reciprocidade, que deriva, sem mais, da idéia de igualdade. É evidente que as reações da criança a tais problemas serão muito instrutivas do ponto de vista da evolução da noção de retribuição. Em segundo lugar, uma vez atingido este ponto, será possível indagar se a criança considera a sanção como justa e eficaz, fazendo-a comparar, duas a duas, histórias nas quais as crianças são punidas e histórias nas quais os pais se contentam em repreender e explicar aos filhos o alcance de seus atos: perguntamos então ao indivíduo quais destas crianças estarão mais levadas a recomeçar, aquelas que foram objeto de sanção ou aquelas que não o foram.

Uma vez esclarecidos estes pontos — mas só então —, será possível estender um pouco a conversação com a criança e conduzi-la a questões gerais, como o porquê das punições, o fundamento da retribuição etc. Esta discussão, que permaneceria completamente verbal, se a começássemos por aí, pode ser mantida num terreno concreto, à medida que soubermos inspirar-nos julgamentos enunciados pela criança a propósito das histórias precedentes.

Em duas palavras, o resultado que atingiremos é o seguinte. Encontraremos dois tipos de reações com respeito à sanção. Para uns, a sanção é justa e necessária; é tanto mais justa quanto mais severa; é eficaz no sentido de que a criança devidamente castigada saberá, melhor que outra, cumprir seu dever. Para outros, a expiação não constitui uma

---

1. Ver como DURKHEIM (*Educação Moral*, pág. 188-192) retoma e moderniza a noção de expiação para apoiar sua doutrina da penalidade.

158

necessidade moral: entre as sanções possíveis, as únicas justas são aquelas que exigem uma restituição, ou que fazem o culpado suportar as conseqüências de sua falta, ou ainda que consistem num tratamento de simples reciprocidade; enfim, além destas sanções não expiatórias, a punição, como tal, é inútil, sendo a simples repreensão e explicação mais proveitosas que o castigo. Em média, este segundo modo de reação é observado mais entre os maiores, sendo que o primeiro, mais entre os pequenos. O primeiro, porém, subsiste em qualquer idade, mesmo entre muitos adultos, favorecido por certos tipos de relações familiares ou sociais.

No que se refere aos diversos tipos de sanção, eis as questões das quais nos servimos. Começamos por dizer ao indivíduo: "Será que as punições que se dão às crianças são sempre muito justas, ou então, será que há umas menos justas que outras?" Em geral, a criança é desta última opinião. Todavia, qualquer que seja sua resposta, continuamos: "É que não absolutamente fácil saber que punições é preciso dar às crianças para que sejam inteiramente justas. Há muitos pais e mães que não sabem como fazer. Então eu pensei que poderia perguntar às próprias crianças, a você e a seus companheiros. Vou contar-lhe as tolices que crianças pequenas cometeram e você me dirá como acha que seria preciso puni-las." Contamos então o início da história, a narração da falta cometida. A criança inventa uma punição, que anotamos, e continuamos: "Sim, isto seria possível. Mas o papai não pensou nisto, ele pensou em três punições e está em dúvida sobre qual seria a mais justa. Vou contá-las, você mesmo escolherá." Tomamos cuidado, uma vez que a criança escolheu a punição, de perguntar-lhe por que é a mais justa. Perguntamos, em seguida, qual é a mais severa (ou a mais "salgada", ou a mais "aborrecida" etc., segundo a terminologia da criança), e nos asseguramos se a criança avalia a punição em função de sua severidade ou segundo outro critério de retribuição. Eis as histórias:

HISTÓRIA I. Um menino brinca em seu quarto. Sua mãe pede-lhe para ir comprar pão para o jantar, porque não há mais em casa. Mas, ao invés de ir logo em seguida, o menino responde que isto o aborrece, que irá daí a pouco etc. Uma hora depois, ainda não foi. Finalmente, chega o jantar e não há pão na mesa. O pai não está contente e pensa como punir o menino da forma mais justa. Pensa em três punições. No dia seguinte, haverá uma festa, e o menino devia, justamente, ir brincar no carrossel: A primeira punição seria, pois, proibir-lhe esse divertimento. Uma vez que não quis ir comprar o pão, não irá ao parque. A segunda punição, na qual pensa o pai, é privar de pão o menino. Resta no armário um pouco de pão do almoço que os pais comerão, mas uma vez que o menino não foi comprar mais pão, não há o suficiente para todos. Neste caso, o menino não tem quase nada para jantar. A terceira punição, na qual pensa o pai, é fazer ao menino a mesma coisa que ele. O pai lhe diria isto: "Você não quis prestar um favor à sua mãe. Muito bem! Não o punirei, mas quando você pedir um favor, não o farei, e você verá quanto é desagradável não se prestar favor uns aos outros." O menino diz que está bem, mas, alguns dias depois, precisa de um boneco que está muito alto em seu armário. Tenta alcançá-lo, mas é muito pequeno. Sobe numa cadeira, mas ainda assim não o alcança. Vai procurar o pai e pede-lhe para ajudá-lo. Este responde então: "Meu filho, lembra-se que eu lhe disse 'Você não quis fazer um favor à sua mãe'? Agora, eu não quero prestar-lhe um favor. Quando você prestar um favor, eu o farei também de boa vontade, mas antes não." — Qual é a mais justa destas três punições?

HISTÓRIA II. Um menino não fez o problema que deveria fazer para a escola. No dia seguinte, disse à professora que não pôde fazer o problema porque estava doente. Mas, como tinha belas faces rosadas, a professora percebeu que era uma lorota e contou aos pais do menino. O pai quer, então, punir o menino, mas hesita entre três punições. Primeira punição: copiar cinqüenta vezes uma poesia. Segunda punição: o pai diria ao menino: "Você disse que estava doente. Muito bem. Vamos tratá-lo. Você ficará de cama um dia inteiro e vamos dar-lhe um pequeno purgante para curá-lo." Terceira punição: "Você disse uma mentira. Então não posso mais acreditar em você, e mesmo que você diga a verdade, não poderei mais ter confiança." No dia seguinte, o menino obtém uma boa nota na escola. Quando consegue uma boa nota, o pai lhe dá sempre duas moedas para pôr em seu cofre. Entretanto, neste dia, quando o menino conta que tirou uma boa nota, o pai lhe responde: "Meu filho, pode ser verdade, mas como ontem você disse uma mentira, não posso mais crer em você. Não lhe darei moedas hoje, porque não sei se é verdade o que você me conta. Quando você deixar de dizer mentiras por alguns dias, então acreditarei novamente em você e tudo irá bem." Qual é a mais justa destas três punições?

HISTÓRIA III. Um menino brincava uma tarde em seu quarto. Seu pai somente lhe pedira para não jogar bola para não quebrar as janelas. Apenas saiu, o menino tirou a bola do armário e pôs-se a jogar. Mas eis que, de repente, a bola atingiu o vidro e o arrebentou completamente. Quando o pai voltou, e viu o que se passara, pensou em três punições: 1ª Deixar o vidro quebrado alguns dias (e então, como era inverno, o menino não poderia brincar em seu quarto). 2ª Fazê-lo pagar. 3ª Privá-lo de todos os seus brinquedos por uma semana.

HISTÓRIA IV. Um menino quebrou um brinquedo pertencente ao irmãozinho. Que seria preciso fazer: 1? Dar ao pequeno um dos seus próprios brinquedos? 2? Consertá-lo à sua custa? 3? Privá-lo de todos os seus brinquedos por uma semana?

HISTÓRIA V. Jogando bola no corredor (o que era proibido), um menino derrubou e quebrou um vaso de flores. Como puni-lo? 1? Que ele fosse ao bosque procurar uma nova planta e a transplantasse ele mesmo? 2? Dar-lhe umas palmadas? 3? Quebrar-lhe de propósito um dos seus brinquedos?

HISTÓRIA VI. Um menino olha um livro de gravuras que pertence ao pai. Um dia, em vez de prestar atenção, mancha diversas páginas. Que fará seu pai? 1? O menino não irá ao cinema à noite. 2? O pai não emprestará mais o livro. 3? O menino empresta freqüentemente seu álbum de selos ao pai. O pai não tomará mais cuidado com ele, como sempre o fizera até então.

HISTÓRIA VII. O chefe de um bando de ladrões morreu. Dois candidatos se apresentaram: Carlos e Leão. Carlos foi eleito. Leão, furioso, denunciou-o à

160

polícia por meio de uma carta anônima, como culpado de um roubo no qual todo o bando havia colaborado. Indicou onde e quando se poderia encontrar Carlos, que foi detido. Os ladrões decidiram punir Leão. Como seria preciso fazê-lo: 1º Não lhe dar dinheiro durante um mês? 2º Excluir Leão do bando? 3º Acusá-lo, também, como culpado do roubo, por meio de uma carta anônima?

É evidente que não se apresenta a cada criança o conjunto destas questões, mas que nos limitamos àquelas que lhe interessam. É óbvio, igualmente, que estas histórias são bem simples e que, na vida, diversas sanções aqui propostas deveriam ser aplicadas de maneira completamente diferente! Mas o essencial, no decorrer dos interrogatórios, é esquematizar as narrações, com o risco de exagerar e apresentar os tipos de sanção dos quais o princípio é claramente distinto. É sobre o princípio que deve, com efeito, versar a conversação com o indivíduo, e não, de modo algum, sobre as modalidades de aplicação.

Ora, parece-nos que as sanções descritas nestas histórias, do mesmo modo que as sanções em geral, podem ser classificadas segundo dois princípios bem distintos. Todo ato julgado culpado por um dado grupo social consiste numa violação das regras reconhecidas pelo grupo, portanto, numa espécie de ruptura do próprio elo social. A sanção, como bem o mostrou Durkheim, consiste, em conseqüência, numa recolocação em ordem, num restabelecimento do elo social e da autoridade da regra. Somente, como reconhecemos a existência de dois tipos de regras correspondentes aos dois tipos fundamentais de relações sociais, é preciso esperarmos encontrar no domínio da justiça retributiva dois modos de reação e dois tipos de sanção.

Em primeiro lugar, há o que chamaremos as *sanções expiatórias*, as quais nos parecem ir a par com a coação e com as regras de autoridade. Seja, com efeito, uma regra imposta de fora à consciência do indivíduo, a qual ele transgride: independentemente, mesmo, dos movimentos de indignação e cólera, que se produzem no grupo ou entre os detentores da autoridade, e que recaem fatalmente sobre o culpado, o único meio de recolocar as coisas em ordem é reconduzir o indivíduo à obediência, por meio de uma repressão suficiente, e tornar sensível a repreensão, acompanhando-a de um castigo doloroso. A sanção expiatória apresenta, pois, o caráter de ser "arbitrária" (no sentido que os lingüistas dão a esta palavra, para dizer que a escolha do símbolo é arbitrária em relação à coisa significada), isto é, de não haver nenhuma relação entre o conteúdo da sanção e a natureza do ato sancionado. Pouco importa que, para punir uma mentira, se inflija ao culpado um castigo corporal, ou que o privemos de seus brinquedos ou que o condenemos a uma tarefa escolar: a única coisa necessária é que haja proporcionalidade entre o sofrimento imposto e a gravidade da falta.

Em segundo lugar, está o que denominaremos *sanções de reciprocidade*, enquanto vão a par com a cooperação e as regras de igualdade. Seja uma regra que a criança admite do interior, isto é, que compreendeu que a liga a seus semelhantes por um elo de reciprocidade (por exemplo, não mentir, porque a mentira torna impossível a confiança mútua etc.). Se a regra for violada, não há absolutamente necessidade, para recolocar as coisas em ordem, de uma repressão dolorosa que imponha, de fora, o respeito pelo lei: basta que a ruptura do elo social, provocada pelo culpado, faça sentir seus efeitos; em outras palavras, basta pôr a funcionar a reciprocidade. Não sendo mais a regra, como anteriormente, uma realidade imposta de fora, da qual o indivíduo poderia se furtar mas constituindo uma relação necessária entre o indivíduo e os seus próximos, basta tirar as conseqüências da violação desta regra, para que o indivíduo se sinta isolado e deseje, ele próprio, o restabelecimento das relações normais. A repreensão então, não precisa mais de um castigo doloroso para ser reforçada: reveste toda sua intensidade na proporção em que as medidas de reciprocidade fazem compreender ao culpado o significado de sua falta.[2] Contrariamente às sanções expiatórias, as sanções por reciprocidade são, portanto, necessariamente "motivadas", para retomar a terminologia dos lingüistas, isto é, há relação de conteúdo e de natureza entre a falta e a punição, sem falar da proporcionalidade entre a gravidade daquela e o rigor desta. Também é evidente que, segundo as faltas possíveis, podemos distinguir um certo número de variedades de sanções por reciprocidade, variedades mais ou menos indicadas e justas, segundo a natureza do ato repreensível.

Para classificar estas variedades, voltemos às nossas histórias.

Primeiramente, reconhecemos sem dificuldade quais são as sanções que consideramos como expiatórias: não ir ao parque nem ao cinema (I e VI), copiar cinqüenta vezes uma poesia (II), privar a criança de seus brinquedos (III e IV), dar-lhe umas palmadas (V) ou submetê-la à condenação (VII). Mas é evidente que toda sanção, mesmo entre as outras punições previstas, pode revestir o caráter expiatório, segundo o espírito com que é aplicada. Freqüentemente, a criança escolhe tal sanção, obedecendo, aparentemente, a princípios totalmente diversos, mas, quando lhe perguntamos suas razões, responde que é porque é mais severa: neste caso, é evidente que se trata sempre de uma sanção expiatória.

Quanto às sanções por reciprocidade, eis como podemos classificá-las, indo das mais para as menos severas.

Há, em primeiro lugar, a exclusão, momentânea ou definitiva, do próprio grupo social (hist. VII). É a punição que as crianças praticam com freqüência entre si, quando renunciam, por exemplo, a brincar com um trapaceiro impenitente. É a que utilizamos na vida, quando recusamos à criança um jogo ou um passeio, no curso dos quais a experiência

---

2. Evidentemente, estas medidas de reciprocidade comportam também um elemento de sofrimento. Mas não se trata mais aqui de um sofrimento procurado por si próprio e destinado a implantar na consciência do indivíduo o respeito à lei; apenas, é mais uma questão de sofrimento inevitável, acompanhada, às vezes, de aborrecimentos materiais, que resulta da ruptura do elo de solidariedade.

mostrou que ela não sabe se comportar: o elo social está momentaneamente rompido.

Em segundo lugar, podemos reunir num grupo as sanções que só apelam à conseqüência direta e material dos atos: não ter pão para jantar, quando se recusou a ir comprá-lo e não há o suficiente (hist. I), ficar de cama, quando fingiu estar doente (II), ter um quarto frio, quando quebrou os vidros (III). Foi neste tipo de sanções que pensaram Rousseau. Spencer e muitos outros, pretendendo educar a criança apenas pela experiência natural. É verdade que, como bem o mostrou Durkheim, a conseqüência "natural" de uma falta é, necessariamente, uma conseqüência social: é a repreensão que ela provoca. Mas Durkheim parece acreditar que uma repreensão deve, para ser eficaz, ser acompanhada de uma sanção expiatória, enquanto a conseqüência direta e material dos atos quase sempre basta plenamente para preencher este papel. Importa somente que o culpado compreenda que esta conseqüência, por mais "natural" que seja, é aprovada pelo grupo social. É por isso que classificamos este tipo de sanções nas sanções por reciprocidade: quando a criança da história I não tem pão para jantar e a da história III não tem mais vidros em seu quarto, considerando-se que a primeira negligenciou comprar o pão e a segunda quebrou a vidraça, é, na realidade, porque os pais destas crianças se recusam a recolocar eles próprios as coisas em ordem e respondem à negligência dos culpados com vontade de não ajudá-los. Na expressão "deixar ou fazer suportar a alguém a conseqüência de seus atos", há sempre a idéia de que o elo de solidariedade está rompido. Trata-se então de fato de uma sanção por reciprocidade. Da mesma forma, quando o pai da história II finge acreditar no filho que mente, colocando-o na cama uma vez que se diz doente, ou quando, ao contrário, se recusa a acreditar nele daqui por diante, mesmo quando disser a verdade (punição 3), age, na realidade, por reciprocidade. A sanção é, de fato, uma "conseqüência natural" do ato, uma vez que a conseqüência da mentira é acreditarmos inteiramente no mentiroso ou então não acreditarmos mais nele. Mas junta-se a isto que o pai simula a credulidade ou simula a desconfiança sistemática, para mostrar à criança que o elo de confiança mútua está rompido: portanto, existe aí um elemento de reciprocidade. Daí, cremos que, continuamente e por toda parte, a sanção dita natural implica a reciprocidade, porque sempre existe a vontade do grupo ou do educador de fazer o culpado compreender que o elo de solidariedade está rompido.

Em terceiro lugar, há a sanção, que consiste em privar o culpado de uma coisa da qual abusa. Por exemplo, não mais emprestar à criança um livro que ela manchou (hist. VI). Há aqui uma mistura de elementos análogos àqueles que caracterizam as duas variedades anteriores: é uma espécie de ruptura de contrato decorrente do fato de que as condições do contrato não foram observadas.

Em quarto lugar, podemos agrupar sob o nome de reciprocidade simples ou propriamente dita as sanções que consistem em fazer à criança exatamente o que ela própria fez. Por exemplo, não fazer favores (hist. I), quebrar-lhe um de seus brinquedos (hist. V), não tomar cuidado com seu álbum de selos (hist. VI), responder à delação com a delação (hist. VII). É evidente que este tipo de sanção, perfeitamente legítimo quando se trata de fazer compreender à criança o alcance do seu ato (não prestar favor, por exemplo), torna-se vexatório e absurdo, quando é apenas questão de devolver o mal com o mal e de responder a uma destruição irreparável com outra destruição irreparável (hists. I e VI).

Em quinto lugar, há a sanção simplesmente "restitutiva": pagar ou substituir o objeto quebrado ou roubado etc. Durkheim opôs, com razão, as sanções restitutivas às sanções retributivas. Mas, se repartirmos estas últimas mesmo em dois tipos, segundo sejam expiatórias ou simplesmente devidas à reciprocidade, podemos considerar as sanções restitutivas puras como o termo limite das sanções por reciprocidade: aquele em que a repreensão não tem mais razão de ser, uma simples reposição em ordem material, satisfazendo a justiça. Importa, de fato, notar que as sanções restitutivas podem não ser absolutamente puras, e comportar um resto de elemento retributivo. Por isso, nós as classificamos aqui.

Haveria, finalmente, a distinguir, uma sexta categoria que seria a simples repreensão, sem nenhuma punição, e a repreensão que não se impõe autoritariamente, mas que se limita a fazer compreender ao culpado em que rompeu o elo de solidariedade. Mas, para não complicar as coisas, encerramos a questão por aqui mesmo.

Logo, a conclusão desta análise é que há, em geral, dois tipos de sanção ou de justiça retributiva: a sanção expiatória, inerente às relações de coação, e sanção por reciprocidade. Voltemos à experiência e indaguemos se a criança, segundo o nível de seu desenvolvimento, está orientada para um ou outro tipo.

A srta. Baechler aceitou interrogar, sobre estes pontos, sessenta e cinco crianças de seis a doze anos e verifiquei, eu mesmo, umas trinta. Portanto, a estatística seguinte informará sobre uma centena de crianças, mais ou menos. Mas, como cada criança pode dar respostas diferentes segundo as histórias e oscilar, assim, entre a sanção expiatória e a sanção por reciprocidade, fizemos nossos cálculos por histórias e não por crianças, contando, deste modo, como uma unidade, cada resposta de cada uma das crianças. Como não podemos, absolutamente, interrogar as crianças em mais de quatro histórias ao mesmo tempo, isto totaliza, aproximadamente, quatrocentas unidades.

É evidente que, em tal domínio, não encontraremos evolução insensível com a idade: muitos fatores interferem aqui. Mas, em linhas gerais, fomos surpreendidos pela nitidez da evolução. Repartindo as crianças em três grupos, os de seis-sete anos, os de oito-dez anos e os de onze-doze anos (mais dois elementos retardados de treze anos), encontramos os seguintes números, indicando a porcentagem das sanções por reciprocidade em relação ao conjunto de respostas:

	6-7 anos	8-10 anos	11-12 anos
Crianças vistas pela Srta. B	30%	44%	78%
TOTAL	28–	49–	82–

É evidente, porém, que não podemos atribuir um grande valor a estes números. Primeiramente, eles se referem apenas às crianças de um certo grupo étnico e de um certo meio social (meio muito popular de Genebra e algumas crianças de uma escola primária de Neuchâtel). Em seguida, apesar de todas as precauções que se podem tomar (ver *R.M.*, Introd.), é inegável que a maneira de interrogar desempenha um papel importante. É um pouco inquietante, a este respeito, constatar que as crianças que nós próprios interrogamos responderam mais freqüentemente conforme à sua própria teoria do que as crianças interrogadas por outros! Existe aí um coeficiente pessoal impossível de desprezar e que torna este tipo de estatística um tanto suspeito. A única coisa que manteremos destes números é que, geralmente, parece haver evolução, com a idade, nos julgamentos de justiça restributiva: os pequenos são mais levados para a sanção expiatória e os maiores para a sanção por reciprocidade.

Entretanto, convém fazer de imediato duas ressalvas. A primeira é que, ao lado do problema dos estágios, há aí um problema de tipologia: há mentalidades individuais irredutivelmente ligadas à idéia da expiação (Joseph de Maistre oposto a Guyau...). Que estas mentalidades sejam o produto de uma certa educação familiar, social e religiosa, é evidente. Subsistem, porém, independentemente da idade. Também não ficaríamos surpresos se, em outros meios, os resultados do interrogatório fossem completamente diferentes.

Em segundo lugar, quando as próprias crianças imaginam a punição a dar, em lugar de escolher entre várias punições propostas, é quase sempre à sanção expiatória que recorrem, e sua escolha é mesmo de uma severidade surpreendente. Mas isto não é contraditório com nossos atuais resultados. É evidente, de fato, que, se não chamarmos a atenção da criança para os diferentes tipos de sanções possíveis — e isto, mesmo sem defini-las e limitando-nos, como o fizemos aqui, a apresentá-las, sem mais —, o indivíduo limitar-se-á a pensar nas punições às quais está habituado, isto é, às sanções "arbitrárias" e expiatórias.

Dito isto, passemos à análise dos casos. Eis, primeiramente, exemplos de crianças achando mais "justas" as sanções arbitrárias:

ANG (seis anos) repete corretamente a história I: "Como seria preciso puni-lo? — *Fechá-lo num quarto.* — O que isto lhe faria? — *Isto o faria chorar.* — Seria justo? — *Sim.*" Contamos-lhe, então, as três punições possíveis: "Qual é a mais justa? — *Eu não lhe daria o brinquedo.* — Por quê? — *Porque ele foi maldoso.* — É a melhor punição das três? — *Sim.* — Por quê? — *Porque ele gosta muito do seu brinquedo.* — É a mais justa? — *Sim.''* Portanto, não é a reciprocidade que predomina: é a idéia da punição mais severa.

FIL (seis anos). Hist. I: *"Meu pai é mau. Há uma cadeia. Ah! então, se eu tivesse uma cadeia, eu o meteria dentro até à noite, e lhe mandaria uma boa bofetada. E se eu tivesse uma palmatória, bateria nele.''* Das três punições, escolheu a terceira *"porque queria muito ir ao parque. Então, isto o enerva.''*

ZIM (seis anos). Hist. I: Zim não gostou das duas primeiras punições. A terceira *"não é severa.* — Por quê? — *Para o menino.* — Porque não é severa? — *Não é muito.''* A segunda, igualmente, *"não é muito''.* Então a mais justa é a primeira *"porque ele não foi ao parque''.*

MORD (sete anos). Hist. VI: A punição mais justa é privá-lo do cinema. "Por quê? — *Porque se aplica melhor que as outras duas. É mais punitiva. É agradável ir ao cinema. Além disso, dar-lhe o álbum não é bonito.* — Por quê? — *Ir ao cinema é agradável. Enquanto, uma vez que viu cinco ou seis vezes o livro, ele diz: 'Já cansei de vê-lo, se não me emprestar mais, tanto melhor!'''*

SYL (sete anos e meio). Hist. II: "A mais justa? — *Fazer copiar cinqüenta vezes. É a punição que pune mais, porque não deixa saída.''*

MAY (sete anos e meio). Hist. I: A punição mais justa é *"não dar-lhe pão. Isto pune mais. Isto o fará ir procurar pão de outra vez''.* Hist. VI; *"Eu não a levaria ao cinema, porque é do cinema que ela gostaria mais.* — O que você acha da segunda punição? — *Eu não daria atenção ao seu álbum. Ela gosta muito de colecionar selos.* — Isto serviria? *Isto não a puniria bastante. Não a faria bastante* [tornar-se] *ajuizada.''* — Qual é a punição mais severa? — *Não levá-la ao cinema.''*

ALI (sete anos e meio). Hist. II: *"Eu o faria escrever cinqüenta vezes em seu caderno. Isto seria uma punição. Depois ele não recomeçaria, porque deveria novamente escrever cinqüenta vezes.* — É a mais justa? — *É bem feito para o menino. Não havia necessidade de dizer mentiras;* [é a mais justa], *porque é uma punição severa.* — Qual é a mais justa? — *Escrever cinqüenta vezes, porque é enfadonha. Ele não pode se divertir.''*

BLA (sete anos e meio). Hist. I: *"Eu não o teria deixado ir ao parque.* — Por quê? — *Porque são belos os carrosséis!''*

PEL (sete anos e meio, F.). Hist. I: "Qual você acha a mais justa? — *Não ir ao carrossel.* — Por quê? — *Porque não fez um favor à sua mãe.* — Qual é a mais 'salgada' das três? — *Não ir ao carrossel.''* Hist. II: "Qual é a mais justa destas três punições? — *Copiar cinqüenta vezes uma poesia.* — Por que é a mais justa? — *Porque é a mais severa.''*

JEAN (oito anos). Hist. I: "Qual das três punições era a mais justa? — *Não ir ao carrossel.* — Por que é a mais justa? — *Porque a criança tem vontade de montar* [no carrossel] *e não a deixamos.* Qual a aborrece mais, destas três punições? — *Não deixá-la ir ao carrossel.''*

SUT (oito anos). Mesma reação para a primeira história. Hist. II: "Qual é a mais justa destas três punições? — *É a que o fez copiar cinqüenta vezes sua poesia.* — Por que é a mais justa? — *Porque ele deveria fazer o problema e não o fizera.* — Qual é a mais enfadonha das três? — *Copiar cinqüenta vezes a poesia.''* Hist. IV: "Qual você acha a mais justa destas punições? — *A terceira* [= privá-lo de todos os brinquedos]. Por quê? — *Porque ele não deveria quebrar o brinquedo do irmãozinho.* — E as outras duas, também são justas? — *Sim, senhor.* — Vamos tomar a segunda e a terceira. O que é mais justo, fazê-lo pagar o brinquedo que quebrou ou privá-lo de todos os seus brinquedos? — *Privá-lo de seus brinquedos.* — Por que é justo? — ... — O que o aborrece mais? — *Ser privado de seus brinquedos.''* Hist. V: "Qual é a mais justa? —

166

Quebrar-lhe um brinquedo. — Por que é a mais justa? — ... — "Qual destas três punições o teria aborrecido mais? — *A de quebrar-lhe um brinquedo.*" Portanto, não é a reciprocidade que predomina, mesmo nesse último caso: é a idéia de que uma punição é justa na medida em que é severa.

KEC (oito anos). Hist. I: "Qual é a mais justa? — *Não ir ao carrossel.* — É a mais justa? — *Sim.* — Por quê? — *Porque ele gosta muito de ir no carrossel.*" Quanto às outras duas, a mais justa seria a de privá-lo do pão: "*Se ele gosta muito de pão, é preciso não dar-lhe.*"

BAD (nove anos). Hist. VI: "*Eu acho melhor aquela do cinema, porque é mais justa, porque ele ficaria privado de alguma coisa que desejaria muito.*"

BAU (dez anos). Hist. I: "*O carrossel é a melhor.* — Por quê? — *Pois ele gosta muito. É preciso tirar-lhe aquilo de que ele gosta mais.*"

Percebemos, sem dificuldade, o sentido geral destas respostas. É claro, para estas crianças, que a sanção consiste em castigar, em infligir ao culpado uma dor bastante aguda, para fazer-lhe sentir a gravidade de sua falta. Daí, a punição mais justa é a mais severa. Cada um dos indivíduos interrogados nota, à sua maneira, esta ligação da idéia de justiça retributiva com a severidade da punição. Mas as expressões mais características são: "É punir mais" (Mord, Syl etc.), "Isto o pune mais" (May) e "É uma punição severa" (Ali).

Portanto, está claro que estas crianças não pensam absolutamente em manifestar, pela sanção, a ruptura do elo de solidariedade, ou em fazer sentir a necessidade da reciprocidade: há predominância nítida da sanção-expiação. É verdade que a este respeito um equívoco subsiste. Para muitos educadores, a punição, mesmo quando consiste em infligir um sofrimento qualquer e "arbitrário", é apenas um meio preventivo destinado a evitar a reincidência. Somente para uma minoria a sanção é estritamente expiatória, isto é, serve para apagar, por compensação ou por meio da dor, a própria falta cometida. E com as crianças? Como o confirmam as reflexões de nossos indivíduos, referentes à punição em geral, podemos supor, segundo os interrogatórios precedentes, que as duas atitudes coexistem em cada uma das crianças deste grupo, aliás de maneira confusa e não diferenciada. Com efeito, ora a criança insiste no aspecto de vingança superior e de puro castigo que a punição comporta (ver Fil, por exemplo), ora faz, por si própria, a teoria da punição preventiva: assim, segundo Maria, tal punição não é suficiente, porque "não a faria bastante [tornar-se] ajuizada". Mas, mesmo neste caso, a idéia de uma compensação necessária subsiste no espírito da criança, e esta acha contrária à justiça a proposição de não punir completamente o culpado. Como se trata aqui de sanções escolhidas em função de seu caráter penoso, esta compensação necessária equivale, portanto, à noção de expiação.

Passemos agora às crianças que consideram como mais justa a sanção por reciprocidade:

GEO (sete anos). Hist. I: "Qual das três punições é a mais justa? — *Não ajudá-lo.* — Por quê? — *Ele não ajudou mais em casa, então é quase a mesma coisa.* — E se o pai dele não tivesse pensado nesta punição, qual seria a mais justa? — *Não ir ao carrossel... Ah, não! É que ele não jante: porque ele não quis prestar um favor à sua mãe, então não irá jantar.* — Qual das três é a punição menos justa? — *Aquela do carrossel.* — Por quê? — *Porque ele se divertiria em ir.*" Hist. III: "Qual é a mais justa? — *Pagar o vidro.* — Por que é a mais justa? — *Porque seria como se ele o tivesse pago uma vez* [= porque isto consiste em recolocar as coisas em ordem]. — E, sem esta, qual é a mais justa? — *Deixar-lhe o vidro quebrado. Isto lhe ensinará a não quebrar as vidraças.* — Qual é a menos justa? — *Privá-lo dos brinquedos alguns dias.* — Qual é a mais enfadonha? — *Não brincar.*"

DESAR (sete anos e meio). Hist. I: "Qual é a mais justa destas punições? — *Não lhe darem pão.* — Por que é a mais justa? — *Porque ele não foi comprálo.* — Qual é a mais 'salgada' destas três punições, a que ele menos desejaria? — *Não ir ao carrossel.* — E então qual é a mais justa? — *Não dar-lhe pão.* — Por que você acha esta mais justa? — *Porque ele não foi comprar pão.*" Portanto, Desar sente vivamente a relação de causa e efeito em jogo nesta sanção, mas não consegue explicitá-la. Hist. II: A mais justa é não acreditar mais nele. "Por que? — *Porque não acreditar mais nele, seria coisa certa, porque disse uma mentira à professora.*" Hist. III: "Qual é a que você acha mais justa? — *A de pagar o vidro.* — Por quê? — *Porque, se os pais pagassem, isto não seria justo.* — Qual é a punição que aborrece mais o menino, é pagar a vidraça ou ter frio em seu quarto? — *Ter a vidraça quebrada* [= ter frio]." Hist. V: "Qual é mais justa? — *Quebrar um de seus brinquedos.* — Por que é a mais justa? — *Seria quebrar-lhe um de seus brinquedos, porque ele quebrou o vaso.* — Qual das três o teria aborrecido mais? — *Ir procurar uma planta no bosque.* — E na qual é mais justa? — *Quebrar um de seus brinquedos.*" Vemos que, do início até o fim, Desar pende para a reciprocidade, mesmo no caso paradoxal da hist. V.

BERG (oito anos). Hist. I: "*Seria preciso não deixá-lo ir ao carrossel.* — É a mais justa? — *Não, não é justa.* — Por quê? — *Deveria ser o brinquedo que precisaríamos impedi-lo* [de alcançar no armário = que não deveríamos darlhe]; *porque não prestou um favor, não deveríamos também prestar-lhe um favor.* — É a melhor solução? — *Sim; ele não prestou um favor, não devemos mais prestar-lhe favor.*"

BAUM (nove anos). Hist. I: "*A última é a melhor: uma vez que ele não quer prestar favor, o menino, sua mãe não mais deseja prestar-lhe favor.* — E das outras duas, qual é a mais justa? — *Não dar o pão. Ao jantar, ele nada teria para comer, porque não quis fazer um favor à sua mãe.* — E a primeira? — *É a que ele menos mereceria. Isto não lhe faria nada. Ele poderia mesmo brincar com seus brinquedos* [= teríamos mesmo feito um favor procurandolhe o brinquedo], *e ele teria o pão à noite.*" Hist. VI: "*Eu lhe sujaria o álbum, porque é a mais justo: faríamos a mesma coisa que ele fez.* — E das outras duas, qual é a mais justa? — *Não lhe emprestaria mais o livro, porque ele o mancharia novamente.* — E a primeira* [privá-lo do cinema]? *Esta é a menos justa. Nada tem a ver com o álbum, não muda nada em relação ao álbum, ao livro: nada tem a ver com o livro.*"

DEC (nove anos e meio). Hist. I: *A mais justa é do brinquedo.* "Por quê? — *Ele não quis fazer um favor à sua mãe. Por que ela lhe faria um favor?*"

RID (dez anos). Hist. I: A melhor é "*a do brinquedo, porque é para ele aprender como é desagradável quando não se presta um favor.* — Qual é a mais

168

justa? — *A do brinquedo, porque a mãe lhe fez a mesma coisa que ele".* Hist. II: "Qual é a mais justa? — *Aquela quando ele estava doente* [= quando foi posto de cama], *porque, uma vez que ele dizia* [que estava doente], *era preciso acreditar nele.* — E das outras duas, qual é a mais justa? — *Aquela das quatro moedas, porque, uma vez que ele recebia suas quatro moedas e disse uma mentira, era preciso não acreditar mais nele.* — E a primeira [= copiar cinqüenta vezes]? — *É um tanto exagerada...* — Qual é a mais justa das três? — *Há duas que são bastante justas: a do doente fingido e aquela em que não podemos acreditar nele".* Hist. VI: "Qual é a mais justa? — *A do cinema não, porque, para as manchas, é muito pesada.* — E das outras duas? — *A de fazer-lhe manchas no seu... é preciso fazer-lhe como ele fez."*

NUS (onze anos). Hist. I: *"Eu lhe teria dado uma surra."* O pai pensou em três punições (eu as conto novamente). "Qual é a que você acha a mais justa? — *Não lhe prestar favor nunca mais.* — Você acha esta mais justa que a surra, ou menos justa? — *Mais justa.* — Por quê? — (Hesitação)... *Porque lhe fizemos mais ou menos a mesma coisa que ele fez.* — E das outras duas, qual é a mais justa? — *Privá-lo de pão.* — Por quê? — *Porque ele não foi comprá-lo."*

ROY (onze anos). Hist. I: "Qual você acha a mais justa? — *Não fazer-lhe favor, porque é mais justo.* — Por que é mais justo? — *Fazemos a mesma coisa."* Hist. II: a mais justa é *"não acreditar mais no filho, porque ele disse mentiras: disse uma mentira uma vez, e julgamos sempre que as dirá".* Hist. VI: *"Não dar atenção ao seu álbum. É o mais justo, uma vez que ele não prestou atenção."* Hist. VII: *"Eu escreveria uma carta. É o mais justo, uma vez que ele também escreveu uma carta."*

BUH (doze anos e meio). Hist. I: "Qual é a mais justa? — *Aquela de não ter pão para o jantar.* — Por quê? — *Porque ele não quis comprá-lo.* — Qual é a punição mais aborrecida? — *Não ir ao carrossel.* — E a mais justa? — *Não ter pão.* — Aquela de não ir ao carrossel, é tão justa quanto a outra, ou menos justa? — *Menos justa.* — Por quê? — *Porque é preciso não fazer-lhe um favor,* [aquela do carrossel é menos justa] *porque não há relação entre o pão e o carrossel".* Hist. II: "Qual é que você acha a mais justa? — *Que o façamos ir à cama.* — Por quê? — *Porque ele quis fazer acreditar que estava doente.* — E das outras duas, qual é a mais justa? — *Que não acreditemos nele mais.* — Por quê? — *Porque ele disse uma mentira.* — Qual é a punição que não tem relação? — *A de copiar um problema cinqüenta vezes.* — E a que tem mais relação? — *Colocá-lo na cama.* — E uma quarta, que seria não puni-lo totalmente, estaria certa? — *É preciso mesmo puni-lo."* Hist. IV: A punição mais justa é *"que ele dê um de seus brinquedos ao pequeno.* — Você escolheu esta para alegrar o pequeno, ou isto lhe pareceu mais justo? — *Ele privou o pequeno de um brinquedo: é bom que lhe devolva um".*

Vemos como a reação destas crianças é diferente daquela das anteriores. O valor de uma punição não é mais medido pela sua severidade. O essencial é fazer ao culpado alguma coisa análoga à que ele mesmo fez, de maneira que compreenda o alcance dos seus atos; ou, ainda, puni-lo pela conseqüência material direta de sua falta, onde isto é possível. A reciprocidade simples tem um prestígio tão grande aos olhos da criança que a aplica mesmo nos casos em que nos parece raiar pela vingança grosseira: quebrar um brinquedo (hist. V), etc. A razão disto é, o com-

169

preendemos em seguida, que, de sete a dez anos, a igualdade pura e brutal ainda tem primazia sobre a eqüidade.

Um problema de interpretação, contudo, se coloca: as respostas citadas têm verdadeiramente uma significação moral, ou só interessam à inteligência infantil? Poderíamos, de fato, supor o que segue: a criança, considerando a questão colocada como uma espécie de prova de inteligência, procuraria simplesmente, entre as punições sugeridas, aquelas que têm uma relação com o ato executado e isto precisamente porque lhe pedimos uma escolha. Em outras palavras, a criança pensaria mais ou menos isto: "Apresentam-me três punições. Portanto, há uma cilada. Ora, há as que têm uma relação com o ato e outras, nenhuma relação. Escolherei aquela que se assemelha mais com a própria falta, e logo verei o que é preciso responder." A escolha seria assim ditada apenas pela inteligência e não pelo sentimento de justiça.

Mas, sem poder excluir naturalmente a intervenção deste fator, acreditamos que a ênfase das respostas é antes de tudo moral. Quando Geo opõe (hist. I) as punições por reciprocidade à sanção expiatória, acentua bem claramente que as primeiras são eqüitativas, enquanto a última é cruel. Ver também o raciocínio de Dec baseado no princípio da razão suficiente! De resto, não somente tudo o que seguirá nos convencerá da importância crescente das idéias de reciprocidade e de igualdade entre a criança de sete a doze anos, mas ainda a experiência pedagógica aí está para nos ensinar como a criança reage na vida diária. Ora, sem querer tentar impor uma pedagogia moral de preferência à outra — falamos aqui como psicólogos e não como pedagogos — parece-nos demonstrado que os educadores cujo ideal é que a cooperação tenha primazia sobre a coação, conseguem cumprir sua tarefa sem usar sanções expiatórias e provam, assim, que a sanção por reciprocidade é profundamente compreendida pela criança. Pelo menos, se, entre os bem pequenos, a repreensão e as medidas preventivas (tomar um objeto que a criança vai quebrar etc.) são quase necessariamente interpretadas como sanções expiatórias, quanto mais a criança se desenvolve, mais está apta a apreender o valor das medidas de reciprocidade. A este respeito, acreditamos, sem que haja necessidade de insistir, que as respostas obtidas no decorrer de nossos interrogatórios correspondem a sentimentos realmente vividos pela criança, quer ela própria tenha experimentado antes o fundamento de certas sanções por reciprocidade, quer tenha sentido o caráter discutível de muitas sanções expiatórias e se ache, assim, levada a aprovar as sanções por reciprocidade propostas em nossas histórias.

Isto nos conduz ao segundo ponto anunciado no início deste parágrado: a eficiência das sanções expiatórias. É surpreendente constatar que, no início do interrogatório, as crianças são quase unânimes em defender a legitimidade e a utilidade pedagógicas das punições severas. Tornam-se, deste modo, com ardor e sinceridade, os porta-vozes da moral usual. Mas, considerando a nitidez com a qual muitas escolhem, em seguida, a sanção por reciprocidade, para opô-la à sanção "arbitrária", podemos ir mais longe: está a criança verdadeiramente convencida da utilidade da punição? Não acha ela muitas vezes que, apelando no momento oportuno para sua generosidade, conseguiríamos melhores resultados? Façamos, então, a experiência seguinte, para tentar analisar seu julgamento a esse respeito. Contemos à criança uma falta qualquer, escolhida no comum das faltas infantis. Depois lhe descrevamos estas duas eventualidades: de um lado, sanção expiatória severa, de outro lado, simples explicação, apelando para a reciprocidade, mas não acompanhada de qualquer punição. Perguntemos depois ao indivíduo, em qual destes dois casos a reincidência é mais provável. Eis as histórias empregadas para isto:

HISTÓRIA I. *a*) "Um menino brincava em seu quarto, enquanto seu pai trabalhava na cidade. Depois de algum tempo, teve vontade de desenhar. Mas não tinha papel. Lembrou-se então que na escrivaninha de seu pai havia belas folhas brancas numa gaveta. Foi sorrateiramente procurá-las, encontrou-as e tirou todas. Quando o pai voltou, verificou que a gaveta estava em desordem e acabou por descobrir que haviam roubado o papel. Foi, logo em seguida, ao quarto do menino e viu no chão todas as folhas rabiscadas com lápis de cor. Então, muito zangado, deu uma boa surra no menino."

b) "Eu vou lhe contar agora uma história, que é quase a mesma, mas não totalmente (repetimo-la em traços gerais, salvo a última frase), pois, aqui, acaba de outra maneira. O pai não o puniu. Explicou-lhe apenas que não estava certo. Disse-lhe: "Quando você não está, quando vai à escola, se eu lhe roubasse brinquedos de seu armário, você não gostaria. Então, quando eu não estiver, você não deve nunca mais roubar o meu papel. Isto não me agrada. Não é bonito fazer isso.""

"Agora, estes dois meninos, depois de alguns dias, brincavam cada um em seu jardim. Aquele que fora punido estava em seu próprio jardim e aquele que não fora punido brincava também em seu próprio jardim. Então, cada um encontrou um lápis de cor. Era o lápis de cor do pai deles. Lembraram-se imediatamente de que o pai dissera, ao meio-dia, que perdera o lápis de cor na rua e estava aborrecido, porque não poderia mais achá-lo. Pensaram então que, se escondessem o lápis de cor, ninguém saberia de nada e não haveria punição."

"Muito bem! Um dos dois guardou para si o lápis de cor e o outro o levou ao pai. Adivinhe qual foi que o devolveu: será que foi aquele que fora bem punido devido ao papel ou aquele ao qual apenas foi explicado?"

HISTÓRIA II. *a*) "Era uma vez um menino que brincava na cozinha, enquanto sua mãe não estava. Ele quebrou uma xícara. Quando sua mãe voltou, ele disse: "Não fui eu. Foi o gato. Ele pulou... etc." Sua mãe logo percebeu que era uma mentira. Estava muito zangada e o puniu. Como?" (Deixamos à criança o cuidado de fixar, ela mesma, a sanção.)

b) IDEM. "Mas desta vez sua mãe não o puniu. Apenas explicou-lhe que não era certo dizer mentiras. "Se eu lhe dissesse mentiras, você não acharia bonito. Se você me pedisse o doce que está no armário e eu lhe respondesse que não há mais, quando ainda há, você não acharia certo. É a mesma coisa, quando você me diz mentiras. Isso me aborrece.""

"Alguns dias depois, os dois meninos brincavam novamente sozinhos em suas cozinhas. Desta vez brincavam com fósforos. Quando a mãe deles voltou, um dos dois mentiu, mais uma vez, e disse que não brincou com os fósforos. O outro disse logo o que fez. Qual não mentiu mais, aquele que foi punido por causa da xícara ou aquele ao qual somente foi explicado?''

Estas histórias são, certamente, muito ingênuas. Mas são suficientes, parece-nos, para permitir revelar a orientação de espírito da criança. Se acredita verdadeiramente nas punições, o mostrará. Se quer nos agradar, ao invés de abrir seu pensamento, responderá, igualmente, em favor da punição (uma vez que, aos olhos da criança, todas as oportunidades são para que um senhor que interroga escolares acredite na punição!). Se a criança responde claramente a favor da mera explicação, é, parece-nos, que alguma coisa a impele a considerar a generosidade recíproca como superior a qualquer sanção.

Ora, numas trinta crianças interrogadas unicamente sobre este assunto (sem contar as questões suplementares propostas a quase uma centena de crianças das quais falamos mais acima), a quase unanimidade dos casos de sete anos e abaixo declararam-se a favor da punição, enquanto que mais da metade dos casos de oito a dez anos responderam no sentido inverso.

Eis exemplos do primeiro tipo:

QUIN (seis anos) repete corretamente a história I. "Quem devolveu o lápis? — *Aquele que foi punido.* — Então o que foi que ele fez, recomeçou ou não? — *Não recomeçou.* — E aquele que o pai não puniu? — *Roubou novamente.* — "Se você fosse o pai, quando eles roubaram o papel, teria punido ou explicado? — *Punido.* — Qual é o mais justo? — *Punir.* — Qual é o mais gentil, aquele que pune ou aquele que explica? — *Aquele que explica.* — Qual é o mais justo, aquele que... etc.? — *Aquele que pune.* — Se você fosse o garoto, o que teria achado mais justo, que o punissem ou que lhe explicassem? — *Que me explicassem.* — Se lhe tivessem explicado, você teria recomeçado? — *Não.* — E se o tivessem punido? — *Nunca mais.* — Qual dos dois garotos não recomeçou? — *Aquele que foi punido.* — Para que serve punir? — *Porque se procede mal.*

KAL (seis anos). Hist. II: "Quem disse a mentira dos fósforos? — *Aquele que a mãe puniu bem* [Karl escolheu a prisão como sanção!] *disse a verdade.* — E aquele que não foi punido? — *Disse novamente uma mentira.* — Por quê? — *Para que não o punissem.* — Por que é que o outro não disse mentira? — *Porque foi bem punido.*"

SCHMEI (sete anos). Hist. I: "Adivinhe o que ele fez, aquele que o pai puniu. — *Ele o entregou, porque tinha medo que seu pai o surrasse mais uma vez.* — E o outro? — *Ele o guardou, porque sabia que seu pai* [acreditava que ele] *o perdera na rua.*— Qual dos dois pais foi o mais justo? — *Aquele que puniu bem.* — Qual dos dois pais foi o tipo mais elegante? — *Aquele que não surrou, aquele que explicou.* — Qual dos dois garotos gostava mais de seu pai? — *Aquele cujo pai era do tipo mais elegante.* — Qual foi mais gentil com seu pai? — *Aquele que entregou o lápis de cor ao pai.* — É aquele que foi punido ou não punido? — *Punido.*"

BOL (oito anos). Hist. I: "Quem o entregou, aquele que foi punido ou aquele que não foi punido? — *Aquele que foi punido.* — O que foi que ele pensou? — *Ele pensou: eu não quero mais ser punido.* — E o outro, o que foi que ele pensou? — *Ele pensou: uma vez que não me puniu antes, não quero ser punido desta vez.* — Qual dos dois pais foi o mais justo? — *Aquele que puniu.* — Se você fosse o pai, puniria? — *Eu puniria.* — Você o teria surrado? — *Eu o teria posto na cama.* — Qual dos dois pais foi o tipo mais elegante? — *Aquele que não puniu.* — Qual dos dois garotos foi o mais gentil, aquele que tinha um pai justo ou aquele que tinha um pai do tipo elegante? — *Aquele que tinha um pai justo.* — Você, se tivesse roubado, desejaria que o punissem ou que lhe explicassem? — *Que me punissem.* — É preciso punir? — *Sim.* — É melhor, quanto mais se pune? — *Isto corrige.*"

Eis enfim, um caso intermediário que nos permite presenciar um abalo interessante das crenças precedentes:

FAR (oito anos). Hist. I: "Quem entregou? — *Aquele que foi punido.* — Por quê? — *Porque apanhou.* — E o outro? — *Ele guardou, porque não foi punido.* — Qual dos dois pais é o mais justo? — *Aquele que puniu.* — Qual era o de tipo mais elegante? — *Aquele que não bateu.* — Por que é o tipo mais elegante? — *Porque explicou.* — Qual dos dois meninos foi o mais gentil? — *Aquele que foi punido.* — Qual dos dois pais agiu melhor? — *Aquele que não bateu.* — A qual dos dois pais você teria entregue o lápis de cor? — *Ao pai que não puniu.* — Por quê? — *Porque foi o mais gentil.* — Se você fosse o pai, o que teria feito? — *Eu não o teria punido. Eu teria explicado.* — Por quê? — *Para que ele não roubasse mais.* — Qual dos pais foi o mais justo? — *Aquele que puniu.* — Eu lhe contei uma história: agora você quer me contar uma de verdade, na qual você foi punido? — *Sim, eu tinha corrido no campo.* — Onde? — *Em nosso campo, na forragem. Apanhei.* — E depois? — *Não o fiz mais.* — E se você não tivesse apanhado? — *Eu o teria feito novamente.* — É preciso sempre punir? — *Sempre que procedemos mal.*"

Vemos como todas estas crianças estão ligadas à concepção clássica da sanção: a punição é moralmente necessária a título de expiação e pedagogicamente útil para prevenir a reincidência. Certamente, para os últimos casos citados, é mais "elegante" limitar-se a explicar e a repreender sem castigar, mas isto não é nem justo nem sábio. Somente Far hesita um instante, na metade do interrogatório, mas é refreado pela tradição dos pais e volta à moral usual.

Eis, ao contrário, opiniões diferentes, que podemos considerar como características de um segundo tipo de atitude moral e, até certo ponto, de um segundo estágio no desenvolvimento social da criança:

BRIC (oito anos). Hist. I: "O que foi que eles fizeram? — *Um entregou. O outro guardou.* — Quem entregou? — *Aquele que não foi punido.* — O que foi que ele pensou? — *Que era preciso entregar, porque não foi punido.* — E o outro? — *Que era preciso guardar.* — Por quê? — *Porque foi punido*". — Toca o sinal, Beto sai um quarto de hora para o recreio. Prosseguimos: "O que foi feito antes do recreio? — *Contada uma história.* — Você sabe qual? — *Sim, dos meninos que roubaram. Depois eles encontraram um lápis de cor e um o entregou e o outro não.* — Quem o entregou? — *Aquele que não fora punido.* — O que foi que ele pensou? — *Que era preciso entregar, porque isto agradaria ao seu pai.* — E o outro? — *Ele o guardou.* — Por quê? — *Porque não queria agradar ao seu pai.''* ''Qual dos dois pais você gostaria de ser? — *Aquele que explica.* — E dos dois meninos? — *Aquele que não foi punido.* — Por quê? — *Porque ele saberá que não é preciso roubar* [uma vez que lhe explicamos]. — E se o punimos, o que ele fará? — *Talvez ele tentará ainda uma vez e então será punido.''*

SCHU (oito anos). Hist. I: O menino que entrega o lápis de cor é o que não foi punido. ''Por que ele o entregou? — *Porque lhe explicaram* [a propósito do primeiro roubo]. Por quê? — *Porque isto corrige mais.* — Qual dos dois pais é do tipo mais elegante? — *Aquele que explicou.* — E o que é o mais justo, explicar ou punir? — *Explicar.* — Por que ele recomeçou, aquele que foi punido? — ... — E se lhe tivessem explicado, ele teria recomeçado? — *Não.* — Por quê? — *Porque teria compreendido.* — E, punindo-o, ele não teria compreendido que não se deve roubar? — *Ele não teria compreendido muito bem.* — Agora, ouça-me bem. Eu vou mudar um pouco a história. Diremos que explicamos bem aos dos meninos, a ambos. Somente que, a um, também punimos, enquanto, ao outro, apenas explicamos, sem puni-lo. Qual dos dois entregou, em seguida, o lápis de cor? — *Aquele que não foi punido.* — Por quê? — *Porque compreendeu melhor que o outro.* — Por que o outro recomeçou? — *Porque não tinha compreendido muito bem.* — Por quê? — *Porque não foi, ao mesmo etmpo, surrado e esclarecido!* — Será que seu pai nunca o puniu? — *Ele me explica.* — Você acha justo que o punam? — *Não justo.* — Por quê? — *Porque eu compreendo melhor quando me explicam.* — Conte-me uma vez que o puniram. — *Foi uma vez na casa de minha avó. Em nossa casa, não me puniram. Em casa de minha avó, fui punido.* — O que você fez? — *Quebrei um copo.* — Como o puniram? — *Deram-me bofetadas.* — E seu pai não lhe dá bofetadas? — *Quase nunca.''* Hist. II: Mesmas respostas. ''Qual não recomeçou? — *Aquele a quem o pai explicou bem.* — E o outro, que recomeçou, o que ele pensou? — *Papai me punirá, mas não pode fazer mais nada depois! Eu vou dizer uma mentira.* — Qual dos dois pais é do tipo mais elegante? — *Aquele que explicou.* — Qual é o mais justo? — *Aquele que explicou.''*

CLA (nove anos). Hist. I: ''Quem entregou? — *Aquele a quem o pai explicou.* — Por quê? — *Porque não foi punido.* — E o outro o que foi que pensou? — *Eu bem posso guardar. Papai nada vai ver.''* — Qual dos dois pais foi o mais justo? — *Aquele que não puniu.* — O que é mais justo, punir ou não punir? — *Não punir.''* — Se você fosse o garoto, o que teria feito? — *Eu teria entregue.* — E se o tivessem punido? — *Eu teria entregue assim mesmo* [!].'' ''Qual foi mais gentil com o pai? — *Aquele que entregou o lápis de cor.* — Mas, em geral, todos os dias, qual é o mais gentil com o pai, aquele que é punido freqüentemente ou não? — *Aquele a quem explicam.* — Vale mais punir as crianças ou explicar? — *Explicar.* — Por quê? — *Porque não fazem mais depois.* — O que vale mais, explicar e depois punir ou explicar e depois perdoar? — *Explicar e depois perdoar.''*

Percebemos quanto a atitude destas crianças é diferente daquela das anteriores. Ora, esta reação nova não parece somente verbal. Certamente as generalizações extremas às quais conduz o interrogatório dão a impressão de que, levados por sua dedução, estes indivíduos imaginam uma espécie de moral cor-de-rosa em uso no paraíso das criança ajuizadas. Mas, ao lado disto, que psicologia em algumas observações ocasionais! Quando Schu, por exemplo, quer demonstrar que a criança punida é mais levada a recomeçar que a outra, pensa, evidentemente, naqueles casos tão freqüentes em que a acumulação das sanções torna o culpado insensível e friamente calculador: "Papai me punirá, mas não pode me fazer mais nada depois!" Quantas crianças vemos, de fato, suportar estoicamente o castigo, porque estão decididas, de antemão, a suportar para não ceder à vontade superior! E ainda, quando o mesmo Schu põe em paralelo a punição recebida em casa de sua avó com as reações comuns de seu pai, é difícil não se lembrar das comparações que cada um fez em sua própria infância entre a atitude compreensiva de tal de seus parentes e a severidade antipsicológica de tal outro.

Portanto, acreditamos que as respostas examinadas, no momento, correspondem, até certo ponto, a experiências vividas, o que marcaria, assim, a existência de uma certa evolução, com a idade, nos julgamentos da criança referentes às punições. Ao contrário, o interrogatório, girando sobre a questão geral e abstrata de saber para que servem as sanções (e se elas são justas etc.), nada forneceu de muito interessante: em todas as idades, as respostas refletem mais as idéias do ambiente do que o sentimento pessoal da criança. Entretanto, é preciso notar uma diferença de atitude entre os maiores e os menores no que se refere à justificação da punição. Para os pequenos, a idéia de expiação combina-se, necessariamente, com a idéia de prevenir a reincidência:

TRAP (seis anos): "É preciso punir as crianças?" — *Sim, quando são maldosas, punem-se as crianças.* — O que quer dizer "maldosas"? — *Quer dizer que são maldosas as crianças quando punidas.* — É justo punir? — *Sim, a não ser quando não se fez nada, não é justo, mas quando se fez alguma coisa* [é justo]. — É útil punir? Para que serve? — *Sim, porque elas não tinham que desobedecer: porque elas foram maldosas."*

ZIM (seis anos): "É justo punir? — *Sim, é inteiramente justo.* — É útil punir, para que serve? — *Sim, é útil, quando se é tolo; é sempre útil para alguma coisa. "*

MAIL (seis anos): "É justo punir? — *Sim, porque é sempre justo.* — É útil? — *Sim, quando se é maldoso.* — O que representa? — *Representa mais punição* [= isto castiga]."

Ao contrário, os maiores insistem principalmente e quase unicamente na utilidade preventiva, com diminuição da idéia de expiação:

RAI (onze anos): "É justo? — *Sim, porque lhe fazemos compreender que ele não devia fazer uma coisa.* — É útil? — *Sim, porque se punimos uma vez, ele não recomeça."*

DUP (onze anos): "É justo? — *Sim.* — É útil? — *Sim, porque depois queremos fazer favores. Sabemos que se não o fazemos, somos punidos."*

CUI (doze anos): "É justo? — *Sim, se cometemos uma ação má; as punições nem sempre são justas: elas devem ser proporcionais à falta.* — É útil? — *Oh! sim, para não mais recomeçar outra vez.*"

Procuremos agora concluir. Por mais difícil que seja o interrogatório sobre estes assuntos delicados, e por mais viciadas que sejam as respostas com toda uma fraseologia devida às teorias morais do adulto, os resultados obtidos parecem convergir em suas linhas gerais. Falam a favor da existência de uma espécie de lei de evolução no desenvolvimento moral da criança. É preciso distinguir, no domínio da justiça retributiva, dois tipos de reação, um baseado na noção de expiação, outro na reciprocidade. E, embora encontremos quase em qualquer idade representantes destes dois tipos, o segundo tenderia, entretanto, a predominar sobre o primeiro.

É o que nos mostra, primeiramente, a escolha das punições: enquanto os pequenos preferem as mais severas, de maneira a ressaltar a necessidade do castigo em si mesmo, os maiores optam mais pelas medidas de reciprocidade, que indicam simplesmente ao culpado a ruptura do elo de solidariedade e a obrigação de uma reposição em ordem. É o que indica, também, a reação dos indivíduos interrogados na questão da reincidência: para os pequenos, a criança bem punida não poderia reincidir, porque compreendeu a autoridade exterior e coercitiva da regra, enquanto, para muitos dos maiores, a criança à qual fizemos compreender, mesmo sem punição, o alcance dos seus atos, é menos levada a reincidir do que se nos limitássemos a castigá-la. É o que parece confirmar, finalmente, o breve interrogatório abstrato a respeito da utilidade e o fundamento das punições em geral: enquanto os menores misturam em todas as respostas uma idéia de expiação, os mais velhos limitam-se a legitimar as sanções, invocando sua utilidade preventiva. Além disso, colocam-se, neste ponto, em contradição mais ou menos clara com as reações observadas no decorrer do interrogatório precedente; é que se trata aqui, para os maiores, de defender à sua maneira o que sustentamos em geral ao redor deles, enquanto, nas histórias referentes à reincidência, as respostas são mais pessoais e mais espontâneas.

Estes dois tipos de atitudes, que acreditamos ter conseguido dissociar, se prendem naturalmente, na medida em que correspondem a fatos reais, às duas morais reconhecidas, até aqui, na conduta e no julgamento da criança. À moral de heteronomia e do dever puro corresponde, naturalmente, a noção de expiação para aquele cuja lei moral consiste, unicamente, em regras impostas pela vontade superior dos adultos e dos mais velhos, é claro que a desobediência dos pequenos provoca a cólera dos grandes, e esta irritação se concretiza sob a forma de um sofrimento qualquer e "arbitrário" infligido ao culpado. Esta reação de adulto aparece como legítima à criança, na medida em que houve ruptura da relação de obediência e em que o sofrimento imposto é proporcional à falta cometida. Qualquer outra sanção, na moral de autoridade, é ininteligível: como não houve reciprocidade entre aquele que manda e aquele que obedece, produzir-se-á necessariamente ainda que o primeiro puna o segundo, apelando somente para as sanções "motivadas" (reciprocidade simples, conseqüência do ato etc.), que a criança verá nestas sanções apenas um castigo expiatório[3] — À moral da autonomia e da cooperação corresponde, ao contrário, a sanção por reciprocidade. Não vemos absolutamente, com efeito, como a relação de respeito mútuo sobre a qual está baseada toda cooperação, daria nascimento à idéia de expiação ou a legitimaria: entre iguais, a punição tornar-se-ia pura vingança. Vemos muito bem, ao contrário, como a repreensão (que é o ponto de partida de toda sanção, qualquer que seja) pode ser acompanhada, no caso da cooperação, de medidas materiais destinadas a marcar a ruptura do elo de reciprocidade ou a fazer compreender a conseqüência dos atos.

Se admitimos este parentesco dos dois tipos de atitude relativos à justiça retributiva com as duas morais reconhecidas até aqui, que explicação é preciso dar da gênese e do destino de cada um deles?

No que concerne ao primeiro tipo, acreditamos que, embora mergulhando algumas de suas raízes nas reações instintivas da criança, seja, antes de tudo, moldado pela coação moral do adulto. Convém analisar de perto esta superposição das influências sociais sobre as atitudes individuais espontâneas, se quisermos compreender exatamente a noção de expiação.

Entre as tendências instintivas, é preciso mencionar essencialmente as tendências vingativas e a compaixão. Ambas se desenvolvem, de fato, independentemente da pressão adulta. As reações de defesa e de luta bastam para explicar como o indivíduo, impondo sofrimento ao seu adversário, para proteger-se a si próprio, consegue fazê-lo sofrer para responder a todas as ofensas. A vingança é, assim, contemporânea das primeiras manifestações de defesa: é muito difícil, por exemplo, dizer se os acessos de raiva de um bebê de alguns meses exprimem simplesmente a necessidade de resistir aos tratamentos que ele não quer, ou se já há vingança. Em todo caso, desde que as mudanças de gestos apareçam (e elas surgem singularmente cedo e independentemente de qualquer influência adulta), não poderíamos dizer onde termina a luta e onde começa a vingança. Ora, como o mostrou muito bem a Sra. Antipoff numa breve nota a respeito da compaixão[4], as tendências vingativas são suscetíveis de serem "polarizadas" muito cedo sob a influência da simpatia: sofrendo com aquele que sofre, em virtude de suas admiráveis faculdades

---

3. Devemos ao obséquio das diretoras da Casa das Crianças uma confirmação muito clara destas afirmações: os alunos menores (quatro-seis anos) vêem nas medidas de reciprocidade apenas sanções expiatórias. É preciso esperar, em média, os sete-oito anos para que sua significação seja compreendida.
4. H. ANTIPOFF, Observações sobre a compaixão e o sentido de justiça na criança, *Arq. de Psicol.*, t. XXI, pág. 208 (1928).

de introjeção e de identificação afetiva, a criança tem necessidade de vingar o infeliz como vingar-se a si própria, e experimenta uma alegria "vingativa" de qualquer sofrimento infligido ao autor dos sofrimentos de outrem.

Apenas é, a nosso ver, um pouco apressado basear, sem mais, o sentido da justiça sobre tais reações e invocar, com a Sra. Antipoff (pág. 213), uma "manifestação moral inata, instintiva, e que, para se desenvolver, não precisa, em suma, nem de experiências anteriores nem da socialização da criança entre seus semelhantes". A Sra. Antipoff insiste, para demonstrar sua tese, no fato de que as tendências vingativas se polarizam diretamente sobre o "culpado": "Trata-se aqui, conclui ela (pág. 212), de uma percepção afetiva de conjunto, de uma 'estrutura' moral elementar, que a criança parece possuir muito cedo e que lhe permite apreender, de uma só vez, o mal e o causa deste mal, a inocência e a culpabilidade. Diremos que está aí uma *percepção afetiva da justiça*." Dizemos, primeiramente, que nada, nas interessantíssimas observações citadas pela Sra. Antipoff, demonstra este inatismo: trata-se de condutas notadas entre três e nove anos e é evidente que aos três anos uma criança já sofreu toda espécie de influências adultas suscetíveis de explicar por que a "polarização" não se orienta mais que em função do bem e do mal. Prova disto é que a criança fala, diz "é bem feito", "o mau" etc.: como teria aprendido estas palavras sem sofrer a influência moral daquele que as ensinou a ela, e sem aceitar, ao mesmo tempo, um conjunto de ordens explícitas ou implícitas? De modo geral, o problema se coloca da seguinte forma: como as tendências vingativas, mesmo polarizadas sob a influência da compaixão, podem dar origem à necessidade de sanções e à justiça retributiva, se as relações dos indivíduos entre si não vêm "regulamentar" esta polarização e reduzir o arbitrário individual em nome de um elemento normativo de autoridade ou de reciprocidade?

Em nosso ponto de vista, quando um criança se limita a vingar um infeliz pelo qual sente uma compaixão imediata, não há aí, ainda, o sentimento de justiça nem noção de sanção. Há simples extensão da tendência vingativa. Mas, se esta espécie de vingança desinteressada é condição necessária do desenvolvimento da justiça, não constitui a condição suficiente: a vingança desinteressada só se tornará sanção "justa", quando as *regras* vierem precisar o que está bem e o que está mal. Enquanto não existirem regras, a vingança, mesmo desinteressada, só dependerá das simpatias e antipatias individuais, e permanecerá, assim, arbitrária: a criança não experimentará o sentimento de punir um culpado e de defender um inocente, mas simplesmente de vencer um inimigo e de defender um amigo. Desde que haja regra, ao contrário (e a regra surge muito cedo, assim como o vimos sem cessar: o menino de três anos, observado pela Sra. Antipoff, já estava completamente compenetrado), há julgamento de culpabilidade, de inocência e "estrutura" moral de justiça retributiva. Portanto, donde vêm estas regras?

Se o adulto não interviesse, as relações sociais das crianças entre si bastariam talvez para constituí-las: o jogo das simpatias e das antipatias é ocasião suficiente, para a razão prática, de tomar consciência da reciprocidade. Que a lei de reciprocidade conduza a um certo tipo de sanções, é o que acreditamos poder estabelecer no decorrer das análises precedentes. Mas então, nunca apareceria a noção de expiação: a simples vingança permaneceria assunto privado até o dia em que fosse considerada como imoral e as sanções por reciprocidade fossem unicamente tidas por justas.

Mas o adulto intervém. Impõe ordens que dão nascimento a regras consideradas como sagradas. A vingança desinteressada, uma vez "polarizada" por estas regras, torna-se sanção expiatória, e o primeiro tipo de justiça retributiva está assim constituído. Quando o adulto se irrita, porque as leis que edita não são observadas, sua irritação é tida como "justa" devido ao respeito unilateral do qual os grandes são objeto e do caráter sagrada da lei editada. Quando a cólera adulta se expande em castigos, esta vingança vinda de cima surge como uma sanção legítima, e o sofrimento que dela resulta, como uma "justa" expiação. A noção de sanção expiatória resulta então, totalmente, da conjunção de duas influências: influência individual, que é a necessidade de vingança, aí compreendidas as vinganças desinteressadas e derivadas, e influência social, que é a autoridade adulta impondo o respeito das ordens e o respeito da vingança em caso de infração. Em suma, do ponto de vista da criança, a sanção expiatória é uma vingança semelhante à vingança desinteressada (porque vinga à própria lei) e que emana dos autores da lei.

Como explicar agora a passagem do primeiro para o segundo tipo de justiça retributiva? Se o que precede é exato, esta evolução é apenas um caso particular de evolução geral do respeito unilateral para o respeito mútuo. Uma vez que, em todos os campos estudados até aqui, o respeito pelo adulto — ou pelo menos uma certa maneira de respeitar o adulto — diminui em proveito das relações de igualdade e de reciprocidade (entre crianças e na medida em que isto se torna possível entre crianças e adultos), é normal que, no campo da retribuição, os efeitos do respeito unilateral tendam a se atenuar com a idade. É por isso que a idéia de expiação perde progressivamente seu valor e as sanções tendem a não ser mais regulamentadas senão pela lei de reciprocidade. Assim, o que resta da noção de retribuição é esta noção de que não é necessário compensar a falta por um sofrimento proporcional, mas fazer compreender ao culpado, por medidas apropriadas, em relação com a própria falta, em que ele rompeu o elo de solidariedade. Isso podemos exprimir, dizendo que há, em definitivo, primazia da justiça distributiva (da noção de igualdade) sobre a justiça retributiva, enquanto, no início, era o inverso. Encontraremos esta conclusão em (4). Acrescentemos, finalmente, que a idéia de reciprocidade, quase sempre entendida,

179

quando de sua aparição, como uma espécie de vingança regulamentada ou de lei de talião na expressão quase matemática, tende para a moral do perdão e da compreensão. Como veremos ainda, a criança se dá conta, num dado momento, de que não há reciprocidade possível senão no bem. Há aí uma espécie de repercussão da forma da lei moral sobre seu conteúdo: a lei da reciprocidade implica, deste modo, obrigações positivas resultantes de sua própria forma. É por isso que, no domínio da justiça retributiva, a criança, depois de ter admitido o princípio das sanções por reciprocidade, vem, por vezes, a pensar que, na sanção, todo elemento material de punição, mesmo "motivada", é inútil, sendo o essencial fazer compreender ao culpado em que sua ação é má, porque contraria as regras da cooperação.

2. *A RESPONSABILIDADE COLETIVA E COMUNICÁVEL*

Desprezamos, para considerá-la à parte, uma questão que pode ser útil discutir a propósito da justiça retributiva: consideram as crianças como justa, em geral ou nos casos em que o culpado é desconhecido, punir o grupo inteiro ao qual ele pertence? A questão tem duplo interesse pedagógico e psicossociológico. Pedagógico, porque há muito tempo utilizamos em classe a sanção coletiva: apesar dos numerosos protestos que se levantaram contra este uso, o mesmo continua mais difundido do que se acredita. Portanto, pode ser importante conhecer a reação desta prática sobre a própria consciência da criança. Interesse psicológico, por outro lado. Sabemos, com efeito, pela história do direito penal, que a responsabilidade tem sido, há muito tempo, considerada como coletiva e comunicável. Apenas numa data bastante recente ela se individualizou, mas ainda observamos, em diversas crenças religiosas atuais, a sobrevivência da concepção primitiva. M. Fauconnet, no belo livro do qual falamos e tornaremos a falar, mostra em que noção de responsabilidade comunicável está ligada àquela de responsabilidade objetiva. Ora, a responsabilidade objetiva é admitida pela criança, como acreditamos haver demonstrado anteriormente: existe, por conseqüência, uma tendência paralela e complementar para conceber a responsabilidade como comunicável?

Para resolver o problema, apresentamos às crianças um certo número de histórias em relação às quais a conversação é possível e que reproduzem as situações habituais nas quais a questão da responsabilidade coletiva se deve colocar. Estas situações parecem ser em número de três: 1ª O adulto não procura analisar as culpabilidades individuais e pune todo o grupo pela falta de um ou de dois. 2.ª O adulto desejaria encontrar o indivíduo culpado, mas este não se denuncia e o grupo recusa-se a denunciá-lo. 3.ª O adulto desejaria encontrar o culpado, mas este não se denuncia e seus companheiros ignoram quem é. Em cada um destes três casos, podemos perguntar à criança interrogada se é justo punir o

180

grupo, ou não, e por quê. Uns sessenta elementos de seis a quatorze anos foram examinados, o que é suficiente, dada a uniformidade relativa das respostas obtidas. Estas crianças não são as mesmas que foram interrogadas no parágrafo anterior.

É de notar, imediatamente, que, das três situações encaradas, só a primeira é comparável às situações geradoras de responsabilidade coletiva nas sociedades inferiores. Mas é, naturalmente, importante analisar também as outras duas, a título de contraprova. Eis as histórias de que nos servimos:

HISTÓRIA I. Uma mãe proibiu a seus três meninos brincar com a tesoura em sua ausência. Mas, quando ela saiu, o primeiro disse: "E se brincássemos com a tesoura?" O segundo foi logo procurar jornais para poder recortá-los. O terceiro disse: "Não, mamãe proibiu. Eu não mexerei na tesoura!" Quando a mãe voltou, viu no chão todos os pedaços de jornal recortado. Compreendeu que mexeram na tesoura e puniu os três meninos. Será que foi justo?

HISTÓRIA II. Saindo da escola, todos os meninos de uma classe foram brincar na rua, arremessando-se bolas de neve. Um dos meninos, atirando sua bola muito longe, quebrou uma vidraça. Um homem saiu da casa e perguntou quem foi. Como ninguém respondeu, foi queixar-se ao professor. No dia seguinte, o professor perguntou à classe quem quebrara a vidraça. Mas, novamente, ninguém falou nada. O culpado disse que não fora ele e os outros não quiseram denunciá-lo. O que deve fazer o professor? (Se a criança interrogada não responde, ou responde fora da questão, somos mais precisos: Não deve punir ninguém, ou deve punir toda a classe?)

HISTÓRIA III. Alguns meninos atiravam bolas de neve contra um muro. Permitiram-lhes fazê-lo, mas com a condição de não lançá-las muito alto, porque bem acima havia uma janela e poderiam quebrar os vidros. Os meninos brincaram direito, salvo um que era um pouco desajeitado e tinha dificuldades para lançar bem as bolas. Então, sem que o vissem, apanhou uma pedra e colocou neve em volta para fazer uma bola bem dura. Depois, lançou-a e ela subiu tão alto que caiu na janela, quebrou os vidros e entrou no quarto. Quando o pai voltou, viu o que acontecera. Ele mesmo encontrou a pedra com a neve derretida sobre o soalho. Então zangou-se e perguntou quem fizera aquilo. Mas aquele o tinha feito disse que não fora ele e os outros também, pois não sabiam quem colocara uma pedra em sua bola de neve. Que deveria fazer o pai: punir todos ou ninguém?

HISTÓRIA IV. Num pátio de escola, o professor permitiu às crianças de uma classe brincarem com o que havia num celeiro, mas com a condição de recolocarem tudo em boa ordem antes de saírem. Um apanhou um ancinho, outro uma pá e cada um saiu para seu lado. Um menino pegou um carrinho de mão e foi brincar sozinho num caminho, de modo que quebrou o carrinho. Voltou então, sem que o vissem, e escondeu o carrinho de mão no celeiro. À noite, quando o professor olhou se tudo estava em ordem, encontrou o carrinho de mão quebrado e perguntou quem fora. Aquele que o fizera não disse nada e os outros não sabiam quem era. Que deveria fazer o professor? (Punir toda a classe ou ninguém?)

Imaginamos outras histórias sobre os mesmos temas, à medida das necessidades da experiência, mas é inútil narrá-las todas aqui, em virtu-

181

de da pobreza dos resultados obtidos. Notamos que a história I corresponde à primeira das situações aqui destacadas, a história II, à segunda, e as histórias III e IV, à terceira.

No que se refere à primeira destas situações, não pudemos, apesar de toda nossa vontade[5], descobrir em nossas crianças o menor vestígio de responsabilidade coletiva. Entre os menores como entre os maiores, a mãe da história I é considerada injusta: é preciso punir cada um em função do que fez e não o grupo inteiro em função de um dos seus membros. Eis os exemplos:

RED (seis anos): "O que você pensa disto? — *Aquele que não mexeu, deveria dizê-lo.* — É justo, ou não, punir os três? — *Não.* — Por quê? — *Porque havia um que não era culpado.* — Quantos deveriam ser punidos? — *Dois.*"

STAN (seis anos): Repete a história assim: "*Era uma vez uma senhora que foi fazer compras. Um dos meninos pegou a tesoura. Outro cortou o papel. O outro não fez nada. À noite ela voltou, puniu os três.* — Foi justo? — *... Era preciso repreender severamente os dois e não o terceiro*".

BOL (sete anos): "*Era uma vez uma mãe que tinha três meninos, depois ela saiu para fazer compras, depois ela lhes disse para não mexer na tesoura... E depois, apesar disso, eles mexeram.* — Sim, quem? — *O primeiro e o segundo, mas o terceiro não.* — Sim, e depois? — *E depois, quando a mãe voltou, viu que eles mexeram na tesoura, e em seguida ela os puniu.* — Sim, como? — *Mandou-os para a cama sem jantar.* — Bem. O que você acha desta história? — *Que ela é bonita!* — Foi justo ou não punir os três? — *Não. A não ser os dois primeiros.* — Por que não os três? — *Porque o terceiro não desobedeceu.* — E os outros dois? — *Sim, eles desobedeceram.* — Então? — *Então, iriam para a cama sem jantar.* — Seria justo? — *Sim.* — Eram três irmãos. Então punimos dois. Não havia necessidade de punir o terceiro? — *Não.*"

SCRIB (nove anos): "*Os meninos não deveriam mexer na tesoura. Ela fez bem em puni-los.* — Ela indagou quem foi? — *Ela puniu os três. Deveria ter perguntado quem foi que pegou a tesoura. Ela disse: 'Já que ninguém quer confessar, quero punir todos'. Se ninguém tivesse confessado, ela deveria punir os três. Mas isto não seria justo, deveria punir somente dois, desde que tivessem confessado.*"

Todas as respostas obtidas são deste tipo. Vemos como a idéia de solidariedade do grupo na responsabilidade é estranha a estes julgamentos. Este resultado é tanto mais notável porque, em geral, para as crianças com menos de sete anos, tudo o que o adulto faz é "justo", assim como o veremos em seguida. Portanto, é em oposição a esta tendência de justificar o adulto em tudo que estas crianças rejeitam a idéia de res-

---

5. Freqüentemente nos objetam que um interrogatório conduzido com alguma diplomacia pode levar as crianças a dizerem seja o que for. Eis um exemplo do contrário: esperávamos vivamente — porque o tínhamos patrocinado do ponto de vista teórico — que os menores, pelo menos, respondessem de acordo com a noção de responsabilidade coletiva. Esta hipótese revelou-se falsa e nosso desejo não foi absolutamente suficiente para sugestionar os indivíduos interrogados.

ponsabilidade coletiva, no caso particular de nosso interrogatório. É verdade que, no campo da justiça retributiva, a criança chega a descobrir os erros de julgamento do adulto mais depressa do que da justiça distributiva: uma sanção aplicada injustamente apresenta-se como mais injusta que uma desigualdade.

As reflexões espontâneas de Otávio sobre a oportunidade que haveria de punir os três meninos juntos, se os dois primeiros não confessassem, conduzem-nos à situação II: deve-se punir todo o grupo quando o culpado não se denuncia e os inocentes recusam-se a apontá-lo? Estamos aqui frente a um problema muito diferente da questão clássica da responsabilidade coletiva na evolução das sociedades, mas que já se esclarece por alguns ângulos. Com efeito, pelo próprio fato de que o culpado recusa-se a confessar e seus colegas não o denunciam, estabelece-se no interior do grupo uma solidariedade bem superior àquela que havia antes, porque, à solidariedade natural e simplesmente dada, se acrescenta uma solidariedade querida e aceita por todos. Nestas condições, admitirá a criança a noção de responsabilidade coletiva?

Se fizermos uma estatística em função da idade, encontraremos apenas um resultado indeterminado: em todas as idades há crianças que, na história II e narrações análogas, acham que é preciso punir o grupo todo e crianças que consideram mais justo não punir ninguém. Os dois tipos de respostas encontrados estão assim caracterizados pela mesma idade média (nove anos aproximadamente, uma vez que interrogamos indivíduos de seis a doze anos). Mas, sob esta aparente homogeneidade, distinguimos, na realidade, tipos de reações muito diferentes. Para as crianças de um primeiro tipo — são em geral as mais pequenas — é preciso punir todos; não porque a solidariedade do grupo torne coletiva a responsabilidade, mas porque cada um é culpado individualmente, visto que ninguém quer denunciar o autor da falta, e fazê-lo seria um dever para com o professor. Para as crianças de um segundo tipo — geralmente as maiores — é preciso punir todos não porque seja mau, mas porque, tendo a classe decidido não denunciar o culpado, por isso mesmo, se considera solidária: temos aí uma espécie de responsabilidade coletiva, porém querida pelos indivíduos e não obrigatória em si. Para as crianças de um terceiro tipo, enfim — são geralmente, as crianças de idade intermediária — não se deve punir ninguém: de um lado, porque está certo não contar, e, de outro, porque não se conhece o culpado.

É preciso acrescentar que as crianças do primeiro tipo, além do raciocínio notado há pouco, acham que é preciso punir todos, porque é indispensável que uma falta acarrete uma sanção: portanto, punindo todos, a justiça está respeitada. Pelo contrário, as crianças dos outros dois tipos consideram a sanção exercida contra inocentes mais injusta que a impunidade do culpado. Mas estas considerações intervêm com muito mais clareza a propósito da situação III. Assim, não é sobre elas que vamos insistir no momento. Eis exemplos do primeiro tipo:

183

RED (seis anos). Hist. II: "E o que fez o professor? — *Puniu todos.* — Por que todos? — *Porque não sabia quem quebrara a vidraça.* — O que fez aquele que quebrou a vidraça. — *Disse que não era preciso dizê-lo.* — Que pensaram os outros? — *Que não era preciso dizê-lo.* — E os outro acharam que era justo? — *Sim.* — O quê? — *Não dizê-lo.* [Aí é que está a falta para Red: ninguém quis denunciar o culpado. Logo, a sanção coletiva.] — Mas era justo que se punissem todos ou não? — *Era justo.* — Por quê? — *Não se sabia quem foi.* — Em sua casa ou na escola já puniram todos ao mesmo tempo? — *Não, perguntamo-nos* [quem é o culpado] *e depois o dizemos.*"

BOL (sete anos). História análoga à hist. II: "O que era preciso fazer? — *Puni-los.* — Quem? — *Os quatro.* — Por quê? — *A mãe não sabia quem era. Isto fez com que fosse necessário punir os quatro.* — Por quê? Não foi só um que atirou a bola? Era preciso punir os outros três? — *Sim.* — Por quê? — *Porque não quiseram contar.* — Os outros acharam isso justo? — *Não.* Por quê não? — *Enfim, talvez sim.* — Por quê? — *Porque não quiseram dizer. Então era preciso punir os quatro.*"

SCRIB (nove anos). Hist. II: "O que devia fazer o professor? — *Devia informar-se.* — Perguntou aos outros, mas eles nada disseram. — *Deveriam dizê-lo.* — Que faria você? — *Eu o diria... porque é uma coisa má* [quebrar a vidraça], *que não se deve fazer... Então seria melhor dizê-lo. É preciso dizê-lo, porque é preciso punir qualquer um que tenha quebrado o carrinho de mão.* — Mas os meninos não o disseram. *Que deve fazer o professor? — Deve punir a classe toda, porque ninguém disse.* — Que é mais justo, punir todos ou ninguém? — *Mais justo? Punir toda a classe, porque ninguém quis dizer. É preciso que sejam todos punidos.* — Diga-me: naquele dia houve um aluno ausente, que estava doente em casa. Portanto, não viu quem quebrou a vidraça. Foi no dia em que ele não estava lá que o professor disse que puniria a classe toda e daria a todos uma hora de castigo na quinta-feira. Na quinta-feira, o aluno ausente estava restabelecido: seria preciso puni-lo com os outros ou não puni-lo? — *Ele deveria cumprir a hora de castigo: todos iriam juntos:* [é verdade que] *nem toda a classe estava lá quando quebraram o carrinho de mão,* [mas] *também deve ser punido, uma vez que a classe toda foi punida.*" Estas últimas opiniões são talvez o que encontramos de mais claro entre as crianças interrogadas a respeito da responsabilidade coletiva.

HER (nove anos). Hist. II: "Que é preciso fazer? — *Punir a turma toda.* — Seria justo? — *Não, porque aquele que o fizera, nada dissera, e só ele deveria ser punido.* — E os outros, deveriam dizer ou não? — *Sim, deveriam dizer.* — Se você fosse um dos outros, teria dito ou não? — *Teria dito ao professor.* — Os outros achariam isto gentil? — *Não.* — Se o professor punisse todos, seria justo? — *Não.* — E se não punisse ninguém? — *Também não.* O que ele precisa fazer? — *Dar à classe toda uma hora de castigo.* — Você acharia justo? — *Eu gostaria mais de ser punido, se não encontrassem* [o culpado]. — Mesmo que este não fosse você? — *Sim.*"

Observamos claramente as duas idéias que dominam nestas respostas. De um lado, é necessária uma sanção, ainda que atinja os inocentes. Por outro lado, ninguém está completamente inocente, uma vez que a classe se recusa a denunciar o culpado. É de se notar a idéia de Scrib que considera a classe como solidária a ponto que mesmo o aluno ausente, ao retornar, deve ser punido com os outros: vemos despontar aqui, pela primeira vez, a responsabilidade coletiva propriamente dita.

Eis agora exemplos do segundo tipo (é preciso punir todos porque a classe decide ser solidária).

CHU (treze anos); *"É preciso punir a classe.* — Por quê? — *Porque, se ninguém se denunciasse, seria preciso punir qualquer um.* — Por que é preciso punir qualquer um? — *Para não deixar toda a punição àquele que quebrou a vidraça.* [Cf. esta solidariedade livremente aceita.] — Por quê? Você acharia certo punir a classe toda? — *Porque não se deveria deixar punir só um: seria covardia deixar puni-lo.* [Cf. esta fórmula enérgica.] — Ele fez bem em não se denunciar? — *Não, não fez bem.* — E você, o que faria? — *Teria me denunciado.* — E os outros? — *Poderiam também contá-lo.* — Por que não o fizeram? — *Depois ralharíamos* [= seus colegas o repreendem]. — Por quê? — *Porque há bons colegas. Os bons não dizem nada.* — Por quê? — *Para não ser punido o culpado.* — Então, o que é preciso fazer? — *O professor deve fazer a classe toda pagar a vidraça.* — E se o senhor disser: 'Para mim é indiferente que me paguem a vidraça. O que eu quero é que o culpado seja punido?' — *É preciso tratar de encontrá-lo, senão punir toda a classe.* — E se houve um aluno ausente nesse dia, quando ele voltar, deverá ser punido com os outros? — *Não. Não é preciso que ele cumpra a punição.* — Por quê? — *Porque não estava com a turma."*

SCHMO (onze anos) acha também que "companheiros elegantes" não denunciam o colega que corre o risco de ser punido. Mas cabe ao professor punir a classe toda, uma vez que o culpado não confesse: "Se você fosse aluno, acharia isto justo? — *Não. Não totalmente. Mas, se fosse o professor, é o que eu teria feito."*

Verificamos que este tipo é diferente do primeiro: é melhor não contar (assim não é a recusa de denunciar o culpado que é preciso reprimir, punindo a classe); mas, como a classe, por seu silêncio, torna-se solidária do culpado, declara, ao mesmo tempo, guerra ao professor, que, por conseqüência, tem direito de castigar. Do ponto de vista do professor, a sanção coletiva é tão admissível, se bem que não tenha em si nada de obrigatório nem mesmo de justo.

Eis, agora, exemplos do terceiro tipo (não se deve punir a classe inteira):

HOT (sete anos e meio): "O que é mais justo, punir todos ou ninguém? — *É punir aquele que cometeu.* — Mas não se sabe quem foi. Então? — *O mais justo é não punir ninguém, porque não se sabe quem o cometeu.* — E se o professor dissesse simplesmente que todos ficariam após a aula até que o culpado se acusasse, seria justo? — *Sim. Ele faria bem. É o contrário de antes.* — E se desse duas horas de castigo para todos, seria justo? — *Não."*

NIK (dez anos): "Uns me disseram que era preciso punir a classe toda, outros que não era preciso punir ninguém. O que você acha? — *Punir ninguém.* — Por quê? — *Porque não se sabe quem foi.* — É inteiramente justo ou não? *Não sei.* — É o que há de mais justo ou não? — *Sim.* — Por quê? — *Porque, não sendo assim, todos os meninos seriam punidos.* — Punir a classe toda seria inteiramente injusto? — *Não.* — Por quê? — *Porque aquele que o fez também seria punido.*"

Percebemos que para estas crianças só está em jogo a responsabilidade individual: o essencial é não atingir os inocentes. Portanto, é mais justo não punir ninguém. Quanto à sanção coletiva, só é legítima quando atinge, simultaneamente, o próprio culpado.

Destes poucos fatos observados a propósito da situação II, podemos dizer que os únicos que se assemelham à responsabilidade coletiva são os do segundo tipo. As crianças do primeiro tipo, de fato, não pensam absolutamente numa comunicabilidade da falta: se é preciso punir todos é porque todos são culpados, uma vez que os espectadores do delito recusam-se a denunciar o autor. Portanto, há responsabilidade geral e não coletiva. Só Scrib, querendo punir também o aluno ausente, faz momentaneamente exceção, e nisto já anuncia o segundo tipo. Quanto às crianças do terceiro tipo, são claramente hostis à idéia de responsabilidade comunicável. Portanto, resta apenas o segundo tipo, isto é, coisa curiosa, as crianças de mais idade! Mas, para elas, se a coletividade é responsável, é porque ela a aceita e decide, por solidariedade, partilhar a punição com o culpado. Estaria aí uma atitude comparável àquela dos "primitivos", que consideram o grupo como contaminado pela falta de um dos seus membros? Antes de decidir, examinemos a situação III.

São as histórias III e IV que nos permitiram analisar as reações das crianças quanto a esta situação. Portanto, há delito individual, mas a coletividade não conhece o culpado: é preciso puni-la em seu conjunto ou não punir ninguém? A este respeito, a reação das crianças foi muito clara. Para os menores, é necessário punir todos, não porque o grupo seja responsável, mas porque é indispensável, a qualquer custo, uma sanção, mesmo que atinja os inocentes além do culpado. Para os maiores, ao contrário, não se deve punir ninguém, porque o castigo infligido aos inocentes é mais injusto que a impunidade do culpado. Pelo menos os maiores são unânimes, desde oito-nove anos, em dizer que a sanção coletiva é menos justa na presente situação que no caso da situação II.

Eis exemplos da reação dos menores:

MAR (seis anos). Hist. IV: "O que é preciso fazer? — *Punir o garoto.* Sabemos quem foi? — *Não.* — Então? — *Pegar um garoto e depois puni-lo.* — Pegá-lo ao acaso? — *Não. Trocaríamos* [= cada um por sua vez]."

FRIC (seis anos). hist. IV: "O que fazer? — *Punir.* — Como punir? — *Pôr de castigo.* — Quem? — *Aquele que quebrou o carrinho.* — Sabemos quem foi? — *Não.* — Então que fazer? — *Pô-los todos de castigo* — O que disseram os outros? — *Não fui eu que fiz.* — O que eles acharam? — *Que não se devia castigá-los.* — Se você fosse o professor, o que faria? — *Eu poria todos de castigo.*"

VEL (seis anos). Hist. IV: É preciso punir todos. "É justo punir todos? — *Sim, porque ele quebrou o carrinho.* — 'Ele' quem? — *O garoto.* — Então é justo punir todos? — *Sim, pôr todos de castigo."* STO (sete anos). Hist. IV: "Então, é preciso punir todos ou ninguém? — *Eu puniria metade da classe.* — E se você estivesse nesta metade, o que diria quando o punissem com os outros? — *Pensaria que isso era justo."* GRIB (nove anos). Hist. III: "*Cada um deve dar uma pequena parte para pagar o carrinho de mão.* — O que é mais justo, que cada um pague algo ou ninguém? — *Uma vez que foi alguém da classe, cada um deve dar duas moedas."* Hist. IV: "*Já que ninguém pode dizê-lo, é preciso punir a classe toda. Aquele que o quebrou não quis dizê-lo. Então ele* [o professor] *disse que todos seriam punidos."* HER (nove anos). Hist. IV: "*Se ele* [o professor] *não descobriu quem o quebrou, tinha bom motivo para punir a turma toda.* — Mas os outros, não teriam visto? — *Não.* — Você acha que é mais justo aqui ou na primeira história [hist. II]? — *É mais justo na segunda história, porque não se viu quem foi.* — Na primeira, por que eles não disseram? — *Porque não queriam denunciar. Seria preciso punir mais na segunda, porque ninguém sabia quem foi.* — Então por que é preciso punir mais quando ninguém sabe? — *Porque* [na hist. IV] *os outros não podiam denunciá-lo, pois não sabiam.* — Na primeira história, fizeram bem em não denunciar ou não? — *Fizeram bem em não denunciar* [Her portanto, mudou de idéia depois do interrogatório anterior]. — Não deviam dizê-lo? — *Não."*

Notamos a reação destas crianças: admitem a sanção coletiva, não porque a coletividade seja solidariamente responsável pelas faltas de um dos seus membros, porém simplesmente devido ao fato de que o culpado é desconhecido e é necessária uma sanção a todo custo. O fato primitivo, neste caso, não é o sentimento de solidariedade do grupo, e sim o da necessidade de uma sanção. Donde a resposta esquisita de Her, que acha mais justo punir todos neste caso do que na situação II; neste último caso, de fato, as crianças agem bem recusando-se a denunciar o culpado, e não é muito justo puni-las, enquanto, se o culpado é desconhecido, resta apenas castigar o grupo todo.

Eis agora casos de maiores, para os quais a sanção coletiva é injusta:

DELLEN (nove anos). Hist. IV: "Que fazer? — *Perguntar-lhes quem foi.* — Punir? — *Sim.* — Como? *Perguntar àquele que pegou o carrinho.* — Mas ele não se denuncia. É preciso escolher ao acaso e puni-lo? — *Não. Não se sabe quem quebrou o carrinho.* — Não é preciso punir ninguém? — *Sim... não, assim mesmo não seria justo, porque aquele que o quebrou não seria punido.* — Punir todos? — *Não. Somente o menino que quebrou o carrinho. Não seria justo punir todos, porque os outros não quebraram.* — Punir dois ou três? — *Não.* — Ninguém? — *Sim, é o mais justo.* — Mas você me disse que aquele que quebrou o carrinho não é punido. — ... — É preciso punir todos? — *Não, porque, os outros nada fizeram."*

NIK (dez anos). Hist. III: "Há os que dizem que é preciso punir a classe toda, outros dizem ninguém. Diga-me, o que você acha? — *Punir ninguém.* — Por quê? — *Porque não se sabe quem foi.* — Você acha que isso é o mais justo? — *Sim.* — Por quê? — *Porque, não sendo assim, seria preciso punir todas as ou-*

tras crianças.'' Hist. IV: "Se você fosse o professor, o que acharia mais justo? *— Punir ninguém. —* Onde você acharia mais justo punir a a todos, na história em que todos viram o menino que quebrou a vidraça ou nesta? *— Na primeira história. —* Por quê? *— Porque sabiam e não quiseram dizer.''*

Dentre os maiores, mesmo aqueles que são tentados pela sanção coletiva respondem como Nik, no que se refere ao último ponto: a sanção coletiva é menos justa quando o grupo ignora o culpado. Quando cada um conhece o autor da falta e recusa-se a denunciá-lo, há de fato solidariedade voluntária, o que já vimos a propósito da situação II. Aqui, ao contrário, há independência completa dos indivíduos. Assim, a grande maioria dos maiores considera a punição geral como mais injusta que impunidade do culpado.

Entretanto, notemos que em certos casos a criança chega a se aproximar da noção de responsabilidade coletiva: isto acontece quando a sanção escolhida se presta a esta extensão e parece atingir não só o culpado, mas a criança, em geral, em sua inferioridade e negligência. Com efeito, se se trata de dar a todos um hora de castigo, enquanto somente o culpado deveria sofrê-la, isto não parece absolutamente justo. Mas, se punimos a classe inteira, proibindo, no futuro, qualquer empréstimo de utensílios, isto parece eqüitativo; não é mais o indivíduo inocente que esta medida atinge, é a criança em si, o "gênero"criança (como os teólogos dizem o "gênero humano"). De fato, já que um dos membros do grupo demonstrou que era muito desajeitado para utilizar um carrinho de mão, é normal que o grupo, em seu conjunto, seja suspeito de negligência e que a responsabilidade recaia, assim, sobre cada um:

NUSS (sete anos). Hist. IV: "O que é preciso fazer-lhes? *— É preciso dizer-lhes para não quebrar o carrinho de mão. —* E o professor puniu-os ou não? *— Sim. —* Como? *— Disse-lhes que não deviam mexer nas coisas. —* Mas os puniu? *— Sim, Proibiu-lhes, para sempre, de tocar nos utensílios. —* Eles acharam que era justo, os garotos? *— Sim. —* Mesmo aqueles que nada fizeram? *— Sim.''*

Estes casos, como aquele de Scrib (que queria punir mesmo um aluno ausente), são os que mais se aproximam da noção clássica de responsabilidade coletiva. Efetivamente, o próprio adulto admite que se atinja uma coletividade, proibindo, por exemplo, o acesso dos transeuntes a um caminho ou aos automóveis, quando foram cometidos excessos por indivíduos pouco escrupulosos. Mas, neste caso, como naquele de Nuss, a sanção não é expiatória: é uma medida de precaução, atingindo mais os indivíduos em geral do que o grupo solidário como tal.

A este respeito, a Srta. A. M. Feldweg forneceu-nos um precioso complemento de investigação. Interrogou umas quarenta crianças de cinco a treze anos, por meio de histórias relativas à situação I, mas destacando o caráter de a sanção coletiva ser, às vezes, mais uma medida de precaução geral do que uma expiação propriamente dita. Eis duas destas histórias:

HISTÓRIA V. Numa escola havia somente duas classes, uma de maiores e outra de menores. No sábado à tarde, quando não se trabalhava seriamente, os menores pediram aos maiores que lhes emprestassem um dos seus belos livros de animais. Os maiores o emprestaram, mas recomendaram que cuidassem bem dele. Porém, dois pequenos, querendo, cada um, virar a página, desentenderam-se e rasgaram algumas folhas do livro. Quando os maiores viram o livro rasgado, disseram que nunca mais o emprestariam à classe dos menores. Os maiores fizeram bem, ou não?

HISTÓRIA VI. Uma mãe deu a seus três filhos uma bela caixa de lápis de cor, recomendando-lhes que não os deixassem cair para não quebrar as pontas. Mas um dos três, que desenhava mal, viu que seus irmãos desenhavam melhor que ele e, por despeito (ou "porque estava desgostoso por isso"), atirou os lápis ao chão. Quando a mãe viu isto, tirou os lápis e nunca mais os devolveu aos meninos. Fez bem ou não?

Contrariamente às histórias I a IV, estas narrações provocaram reações muito mais favoráveis, aparentemente, à responsabilidade coletiva. De fato, quase metade das crianças a propósito da história V, e quase um quinto no que se refere à história VI, aprovam a sanção tomada. Mas, se procuramos analisar o porquê destas aprovações, vemos logo em que são, de fato, estranhas à responsabilidade propriamente coletiva.

Primeiramente, é significativo que a sanção geral seja aprovada bem mais no caso da hist. V (quase a metade) que naquele da hist. VI (apenas um quinto). Com efeito, a sanção descrita na hist. V consiste muito mais numa medida preventiva de proteção que numa sanção propriamente dita. Pelo contrário, a punição da hist. VI contém um elemento de repressão que a torna quase uma sanção expiatória: os lápis de cor em questão, de fato, eram destinados às crianças das quais foram tomados, enquanto, no primeiro caso, tratava-se de um livro emprestado que, simplesmente, não se empresta mais.

Por outro lado, as hesitações e mesmo as tergiversações dos indivíduos favoráveis à sanção coletiva mostram bem que sua convicção não está formada e, sobretudo, que o problema é novo para eles, em lugar de corresponder a uma noção adquirida ou já aceita. Enfim, as respostas claras, só apelam para a idéia de medida preventiva, sobre a qual insistíamos há pouco. Eis um exemplo deste tipo de respostas:

ROL (sete anos e seis meses). Hist. V: "Os maiores fazem bem, ou não? — *Fazem bem.* — Por quê? — *Eles* [os menores] *rasgarão outra vez.* — Foi apenas um ou dois que rasgaram. — *Sim, mas talvez os outros rasgarão também.* — Podemos dar o livro àqueles que nada fizeram, ou não? — *Sim.* — O que seria mais justo, dar-lhes ou não? — *Não dar-lhes, porque não dão atenção ao que dizem os maiores.* — Se você fosse da classe dos menores, e nada tivesse feito, acharia justo ou não? — *Sim.* — Por quê? — *Porque é bem feito. Não vale a pena rasgar um livro que custa caro.*"

É verdade que, em certos casos raros, constatamos, ademais, um apelo à solidariedade do grupo como tal, e também, como no exemplo de Scrib (pág. 184), temos a impressão de que a criança beira a responsabilidade coletiva. Eis um destes casos:

HOCH (nove anos). Hist. VI. "A mãe fez bem? — *Sim.* — Por quê? — *Porque tem medo que eles os atirem ao chão.* — 'Eles' quem? — *Talvez os outros também.* — Você tem dois irmãos e um atira os lápis ao chão. É justo que você e o outro irmão não possam mais desenhar, ou não? — *Sim. Mas eles não podem mais colorir por causa do irmão. Seria preciso deixar os outros dois desenhar.* — O terceiro irmão achará isso justo ou não? — *Não, porque em família sempre emprestamos os lápis uns aos outros.* — Que é preciso fazer? — *Tirar de todos.*"

Vemos que aqui é a unidade do grupo, sentida como tal, que leva à sanção coletiva. Mas notamos como é indecisa a opinião de Hoch. Além disso, repetimo-lo, tais sentimentos só aparecem num indivíduo em dez, quando muito.

Quanto às outras crianças, opuseram-se à idéia de sanção coletiva, mesmo no que se refere às histórias V e VI. Eis a mais interessante das respostas obtidas:

HUF (treze aos e meio). Hist. V: "*Não fazem bem.* — Por quê? — *Devem tirar o livro* [somente] *àqueles que o rasgaram.* — Se você o tivesse rasgado, acharia justo que o dessem aos outros e a você não? — *Justo.* — Por que não tirá-lo de todos? — *Os outros poderiam dizer que é injusto.*"
Hist. VI: "A mãe fez bem? — *Não.* — O que você faria? — *Eu os teria tirado daquele que se desgostou.* — Para sempre ou não? — *Por um certo tempo.* — Se você os tivesse quebrado, e tirassem a caixa de todos, acharia isto justo ou não? — *Acharia que é injusto. Acharia justo que me aflijam* [= me inflijam] *uma punição.* — Você não acharia mais justo que tomassem os lápis de cor de todos? — *No momento de raiva, sim, mas depois não. Acharia que o mereci, que tirem a caixa* [somente] *de mim.*"

Em suma, as histórias V e VI, como as anteriores, são insuficientes para evidenciar a existência de um sentimento espontâneo de responsabilidade coletiva na criança. Quando muito, tratando-se de grupos muito unidos como a família, a influência desta coletividade manifesta-se de modo fugaz no julgamento da criança (caso de Hoch). Mas, em linhas gerais, só as sanções coletivas que possam ser consideradas como medidas de prevenção geral, são consideradas como justas.

Tais são os resultados de nossa pesquisa. Vemos, no total, que, em nenhuma das três situações previstas, não encontramos juízo de responsabilidade coletiva comparável à noção clássica. Quando muito, percebemos, aqui e ali, pequenas indicações sobre as quais voltaremos, aliás, logo em seguida. Ao contrário, nas situações II e III, observamos duas reações sistemáticas, das quais cada uma em separado pode ser considerada como tendo uma relação com a responsabilidade comunicável. A primeira é a crença na necessidade absoluta da sanção. Esta crença observa-se entre os menores, na situação III, e leva-os a pedir uma sanção para todos, antes que deixar escapar o culpado. Tal atitude é, evidentemente, necessária ao desenvolvimento dos julgamentos de responsabilidade coletiva: para que se venha a considerar um grupo inteiro como culpado com o autor do delito, certamente é preciso começar por admitir a obrigação dos castigos expiatórios. A argumentação de M. Fauconnet parece-nos, sobre este ponto, irrefutável: a emoção suscitada pelo crime é fonte ao mesmo tempo da reação coletiva em que consiste a sanção e da transferência, por contigüidade e semelhança, da própria responsabilidade. Portanto, em certo sentido, podemos dizer com M. Fauconnet que a responsabilidade nasce da sanção. — Mas, na criança, esta crença na necessidade absoluta de sanção expiatória não é suficiente para provocar o julgamento de responsabilidade coletiva. É o que comprova nossa análise da situação III: é o culpado desconhecido e não o grupo como tal que a sanção coletiva imaginada pela criança quer atingir.

Em segundo lugar, observamos, na situação II, uma espécie de responsabilidade coletiva, mas voluntária e livremente aceita: antes que denunciar o culpado, seus colegas declaram-se solidários. Ainda aqui, estamos muito próximos da responsabilidade coletiva, mas falta a esta atitude das crianças, para poder ser identificada à atitude clássica, considerar esta solidariedade do grupo como simplesmente dada e inevitável.

Portanto, o problema que se coloca é o seguinte: a responsabilidade coletiva clássica, isto é, a necessidade, para o grupo, de reparar as faltas de um de seus membros, está mais próxima da primeira destas reações (necessidade da sanção) ou da segunda (solidariedade voluntária do grupo)? A questão é de importância. Como a primeira destas duas atitudes é aquela dos menores, cuja moral é a de coação (responsabilidade objetiva, sanções expiatórias etc.), e a segunda é aquela dos maiores, cuja moral é a da cooperação (responsabilidade subjetiva, sanções por reciprocidade etc.), é essencial saber se uma crença moral que parece aos olhos de muitos como uma crença ''primitiva'', é proveniente de uma ou de outra moral. Ora, os resultados que procuramos agora analisar são, a este respeito, duplamente paradoxais. De um lado, só a responsabilidade coletiva na qual acreditam nossas crianças (a responsabilidade aceita pelo grupo, que quer afirmar-se solitário) encontra-se entre os maiores e não entre os menores. Por outro lado, a crença na expiação obrigatória predomina entre os menores e desaparece, precisamente, no momento em que se desenvolve esta solidariedade voluntária.

Mas tudo se esclarece, à medida que compreendemos que a responsabilidade coletiva das sociedades inferiores supõe a reunião de duas condições que estão precisamente sempre dissociadas na criança: a crença na necessidade mística da expiação e o sentimento da unidade e da solidariedade do grupo. O "primitivo" é um adulto vivendo em sociedades organizadas. Por mais que conserve, sob a influência da gerontocracia, o essencial da moral da coação, aí compreendidas as noções mais intangíveis em matéria de justiça retributiva, sente, pelo próprio fato da estrutura poderosa do grupo, um fortíssimo sentimento de participação dos indivíduos na coletividade. Portanto, a responsabilidade é coletiva ao mesmo tempo em que é objetiva, e a sanção é expiatória. Na criança, ao contrário, é preciso considerar duas fases. Durante a primeira, a coação adulta desenvolve as noções de responsabilidade objetiva, de sanção expiatória etc. Então, a primeira condição para que haja responsabilidade coletiva está realizada. Mas a segunda não está: com efeito, durante este estágio, a criança é essencialmente egocêntrica, e, se experimenta um sentimento de estreita comunhão com o grupo (o egocentrismo sendo por definição a confusão do eu e do outro), é principalmente com o adulto e com o mais velho que se estabelece esta participação. Portanto, não poderia haver responsabilidade coletiva. Durante a segunda fase, ao contrário, a criança penetra sempre mais na sociedade dos seus semelhantes. Grupos de iguais organizam-se em classe e na vida. Portanto, há possibilidade de responsabilidade coletiva e, de fato, o grupo declara-se voluntariamente solidário com o culpado em caso de conflito entre este e a autoridade adulta. Mas, ao mesmo tempo, a primeira condição deixa de ser realizada: à moral da coação sucedeu a da cooperação, e não há mais nem responsabilidade objetiva nem crença na necessidade das sanções expiatórias. Desde então, não podemos falar de responsabilidade coletiva propriamente dita. Em nossas sociedades, a criança, crescendo, liberta-se cada vez mais da autoridade adulta, enquanto, nas civilizações inferiores, a puberdade marca o início de uma submissão cada vez mais forte do indivíduo aos anciãos e à tradição. Por isso, parece-nos, é que a responsabilidade coletiva falta no quadro das reações morais da criança, enquanto esta noção é fundamental no código das éticas primitivas.

3. A "JUSTIÇA IMANENTE"

Um problema relacionado àquele da sanção, e que precisamos examinar antes de passar ao estudo da justiça distributiva, é o da justiça dita imanente. Se nossas hipóteses são exatas, a crença no fundamento e na universalidade da sanção expiatória deve ser tanto mais firme quanto a criança é mais nova (exceção feita, bem entendido, dos dois primeiros anos), e deve dar lugar a outros valores, na proporção da predominância da moral de cooperação sobre a de coação. Portanto, a criança deve admitir, no decorrer dos primeiros anos, a existência de sanções automáticas, que emanam das próprias coisas, e, sem dúvida, deve renunciar posteriormente a tal crença, sob a influência de circunstâncias relacionadas com seu desenvolvimento moral. É o que tentaremos demonstrar. Com este propósito, contamos três histórias às crianças:

HISTÓRIA I. Era uma vez dois meninos que roubavam maçãs num pomar. De repente, chegou um guarda-florestal, e os dois meninos fugiram correndo. Um foi apanhado. O outro, voltando para casa por um atalho, atravessou um riacho por uma ponte estragada e caiu na água. O que você acha? Se ele não tivesse roubado maçãs e assim mesmo tivesse atravessado o riacho pela ponte estragada, também cairia na água?

HISTÓRIA II. Numa classe de pequenos, a professora proibira às crianças que apontassem seus lápis. Uma vez, quando a professora estava de costas, um menino pegou a faca e quis apontar seu lápis. Mas cortou o dedo. Se a professora lhe tivesse permitido apontar o lápis, ter-se-ia cortado assim mesmo?

HISTÓRIA III. Um menino desobedeceu à mãe. Um dia que lhe fora proibido, pegou a tesoura. Mas colocou-a no lugar, antes da volta da mãe e ela não viu nada. No dia seguinte, ele foi passear e atravessar um riacho por uma pequena ponte. Acontece que a madeira estava podre. Quebrou-se, e, crac!, ele caiu na água. Por que ele caiu na água? (E se não tivesse desobedecido, teria caído assim mesmo? etc.)

As duas primeiras destas questões foram propostas pela Srta. Rambert a cento e sessenta e sete crianças de Genebra e do Jura valdense (as mesmas crianças que serão interrogadas, em seguida, a propósito da justiça distributiva: portanto, estes indivíduos não foram interrogados a respeito das punições ou da responsabilidade comunicável). Nós próprios propusemos a questão III e outras análogas aos pequenos de Neuchâtel. No que se refere às duas primeiras, a Srta. Rambert pôde obter uma estatística das respostas, a qual mostra claramente a influência da idade mental. Deixando de lado as reações indecisas, que constituem aproximadamente um quinto do total, eis a porcentagem das respostas a que afirmam a existência de uma justiça imanente (o indivíduo responde que, se o menino não tivesse roubado ou desobedecido, não teria caído na água ou não se teria cortado):

6 anos	7-8 anos	9-10 anos	11-12 anos
86%	73%	54%	34%

Além disso, observe-se que, numa classe de atrasados (classes chamadas fracas) de treze-quatorze anos, encontramos ainda 57% de respostas do mesmo tipo, o que demonstra bem que estas respostas são inversamente proporcionais à idade mental. Eis exemplos desta crença na justiça imanente das coisas:

DEP (seis anos). Hist. I: "O que você acha desta história? — *Foi bem feito. Ele não devia roubar. Foi bem feito.* — Se ele não tivesse roubado maçãs, teria caído na água? — *Não.*"

193

CHR (seis anos). Hist. III: "Por que ele caiu? — *Foi Deus que fez isso, porque ele mexeu na tesoura.* — E se não tivesse feito tolice? — *A madeira teria agüentado.* — Por quê? — *Porque ele não mexeu* [= não teria mexido] *na tesoura.*"

SA (seis anos). Hist. I: "O que você acha disso? — *Aquele que foi apanhado foi para a prisão. O outro afogou-se.* — Foi justo? — *Sim.* — Por quê? — *Porque ele desobedeceu.* — Se não tivesse desobedecido, teria caído na água? — *Não, porque ele não desobedeceu* [= não teria desobedecido]."

JEAN (seis anos). Hist. II: Cortou-se "*porque era proibido mexer na faca.* — E se não fosse proibido, ter-se-ia cortado também? — *Não, porque a professora tinha* [= teria] *permitido*".

GRA (seis anos). Mesmas respostas para a hist. I. "Como aconteceu isso? — *A ponte quebrou.* — Por quê? — *Porque ele comeu maçãs.* — Se não tivesse comido maçãs, cairia na água? — *Não.* — Por quê? — *Porque a ponte não teria quebrado.*"

PAIL (sete anos). Hist. I: "O que você acha disso? — *Foi justo. Foi bem feito.* — Por quê? — *Porque ele não deveria roubar.* — Se não tivesse roubado, teria caído na água? — *Não.* — Por quê? — *Porque não teria praticado o mal* . — Por que caiu? — *Para puni-lo.*"

SCA (sete anos): "O que você acha? — *Ah! sim, eu sei. Quando fazemos algo, Deus nos pune.* — Quem lhe disse isso? — *Foram os garotos. Não sei se é verdade.*" Hist. II: "*Foi bem feito. É preciso obedecer à professora.* — E se ela permitisse, ter-se-ia cortado? — *Não. Ele não se teria cortado se a professora tivesse permitido.*"

BOE (oito anos). Hist. III: "O que você acha? — *Foi bem feito para ele. Não devia desobedecer.* — E se... etc.? — *Não, não teria caído na água porque nada teria feito.*"

PRES (nove anos). Hist. I.: "O que você acha? — *Ele foi punido tanto quanto o outro e até mais.* — E se não tivesse roubado maçãs, atravessando o riacho, teria caído na água? — *Não, porque não havia necessidade de ser punido.*"

THÉ (dez anos). Hist. I: "*Ele foi punido. Nem um nem outro deveriam roubar. Se não caísse na água, seria preso.* — E se não fosse preso? — *Teria caído na água. Sem isso, teria continuado a roubar.*"

DIZ (onze anos). Hist. I: "*Ele teve assim sua punição.* — Foi justo? — *Sim.* — E se não tivesse roubado maçãs, teria caído na água? — *Não, porque* [neste caso] *não devia ser punido.*"

Eis agora alguns exemplos de crianças que não acreditam mais na justiça imanente, pelo menos nas histórias que lhe contamos, o que não impede, naturalmente, esta crença de transferir-se para outros objetos, deslocando-se e espiritualizando-se pouco a pouco:

GROS (nove anos). Hist. III: "Por que caiu? — *Porque a madeira estava estragada.* — Foi por que ele desobedeceu? — *Não.* — Se não tivesse desobedecido, também teria caído? — *Sim, teria caído assim mesmo: a madeira estava estragada.*"

FLEU (doze anos). Hist. I: "E se não tivesse roubado maçãs, teria caído assim mesmo? — (Ele ri). *A ponte não poderia saber que ele roubou as maçãs!*"

194

BAR (treze anos). *"Foi talvez o acaso. Mas esta punição serviu-lhe bem."*
FRAN (treze anos). Hist. I: "E se não tivesse roubado maçãs, teria caído na água? — *Sim. Se a ponte devia quebrar, quebraria assim mesmo, uma vez que estava em mau estado."*

Mas, entre estes dois grupos de casos francos, encontramos uma série de exemplos intermediários, interessantes do ponto de vista da lógica da criança, cuja originalidade consiste em dizer que o acontecimento de nossas histórias é bem uma punição, mas produzir-se-ia de qualquer maneira, mesmo que não houvesse um delito anterior:

SCHMA (seis anos e meio). Hist. III: "Por que ele caiu na água? — *Porque disse uma mentira.* — E sem isto teria caído? — *Sim, porque a ponte era velha.* — Então por que ele caiu? — *Porque desobedeceu à mãe.* — E se não tivesse desobedecido, teria caído assim mesmo? — *Sim, assim mesmo, a ponte era velha.* — Então, por que cairia, se não tinha desobedecido? — *Não por isso.* — Por quê? — ..."
MERM (nove anos). Hist. I: "O que você acha disso? — *Foi bem feito para aquele que caiu na água.* — Por quê? —*Foi castigo.* — E se não tivesse roubado maçãs, teria caído assim mesmo? — *Sim, porque a ponte não era sólida. Mas, então isto não seria justo: ele nada fizera de mal."*
VAT (dez anos): *"Ele foi punido por sua ação má.* — E se... etc.? — *Talvez caísse na água."*
CAMP (onze anos). Hist. I: "E se não tivesse roubado, também teria caído? — *Talvez sim, se a ponte não estava boa. Mas pode ser que Deus o puniu."*

Notamos que, entre os pequenos (o caso de Schma é bastante típico do que observamos antes dos sete anos), a contradição não é percebida: entende-se que a criança caiu na água, porque desobedeceu, mas teria caído mesmo que não desobedecesse. Entre os maiores, ao contrário, a dificuldade é logo percebida, mas o indivíduo esforça-se para conciliar as duas teses da justiça imanente e o acaso mecânico.

Antes de retomar a questão do ponto de vista da psicologia moral, podemos então perguntar-nos se e de que maneira a criança procura imaginar o mecanismo desta justiça imanente nas coisas, na qual parece acreditar. Estabelece uma relação imediata entre a falta cometida e a sanção física ou procura encontrar intermediários sob a forma, por exemplo, de milagres ou de uma causalidade artificialista qualquer?

Às vezes propusemos a questão. É preciso deixar de lado, de imediato, os indivíduos que respondem: "Foi Deus." Temos aí, seguramente, uma forma aprendida. Muitos pais aproveitam as menores coincidências entre os pequenos acidentes de que a criança é vítima e suas desobediências, para declarar com convicção: "Você vê, foi Deus que o puniu etc." Mas, com exceção desta intervenção adulta, cremos que a questão do "como" não se coloca para a criança. Qualquer que seja a maneira pela qual tem origem a crença na justiça imanente, parece inteiramente natural à criança que uma falta qualquer acarrete automaticamente sua

195

sanção. Com efeito, para a criança, a natureza não é um sistema de forças cegas regidas por leis mecânicas e agindo ao acaso. A natureza é um conjunto harmonioso, obedecendo a leis tanto morais como físicas, sobretudo impregnadas, até nos pormenores, por uma finalidade antropocêntrica ou mesmo egocêntrica. Parece, assim, inteiramente natural aos pequenos que a noite chegue para fazer-nos dormir e que basta meterse na cama para movimentar a grande nuvem negra que produz a escuridão. Parece-lhes inteiramente natural que seus movimentos comandem os dos astros (a Lua nos segue para ocupar-se conosco). Em suma, em tudo há intenção e vida. Então, por que as coisas não seriam cúmplices do adulto a ponto de garantir a sanção, quando a vigilância dos pais pôde ser burlada? Que dificuldade há para que uma ponte quebre sob um pequeno ladrão, quando tudo, na natureza, conspira para salvaguardar esta Ordem, ao mesmo tempo moral e física, da qual o adulto é o autor e a razão de ser?

Entre os maiores (a partir de oito anos aproximadamente) tal mentalidade desaparece pouco a pouco. Aliás, a crença na justiça imanente nas coisas diminui também e, sem dúvida, correlativamente. Mas, entre aquelas crianças que conservaram esta crença, não acarreta, como entre os pequenos, a procura relativa ao "como". Ocorre aqui algo análogo ao que é o emprego da finalidade para o adulto. Um homem semiculto pode muito bem afastar, como "contrária à ciência", uma explicação teológica do Universo e aceitar, sem nenhuma dificuldade, a noção de que o Sol existe para iluminar-nos. O finalismo, se bem que solidário, no início, com um artificialismo mais ou menos sistemático, consegue assim sobreviver-lhe e mesmo — como se dá com toda noção habitual — dar a ilusão de inteligibilidade. A idéia da justiça imanente nas coisas, sem dúvida, não poderia nascer sem mais no cérebro de uma criança de doze anos. Mas pode nele subsistir, como de resto em muitos adultos, sem, por isso, criar problemas nem provocar dificuldades.

Portanto, não observamos reflexões espontâneas quanto ao mecanismo causal da justiça imanente. Tais preocupações só aparecem naqueles que não mais acreditam nas funções de polícia do universo físico. Assim, Fleu pôde dizer-nos, gracejando: "A ponte não poderia saber se o menino roubou maçãs" (doze anos). Os menores não se perguntam se a ponte "sabe" ou não o que acontece: agem como se a ponte soubesse, ou como se a *mana* que dirige as coisas soubesse pela ponte, mas não fazem a teoria desta crença. Todavia, podemos perguntarnos o que responderão quando os obrigarmos a ser precisos. Sobre este ponto, como a propósito de nossas questões sobre o animismo ou o artificialismo infantis, a criança não hesita em inventar mitos, que não têm, é evidente, nenhum valor de crença, mas que constituem o indício de uma ligação imediata e inexprimível estabelecida pela criança.

SE (seis anos e seis meses): *"Isto aconteceria se não tivesse colhido maçãs.* — Será que a ponte sabia o que o menino fizera? — *Não.* — Por que ela que-

brou? — *Talvez o trovão fez a ponte cair.* — E o trovão sabia? — *Talvez Deus tenha visto e ralhou, provocando o trovão. Isto fez cair a ponte e ele caiu na água."*
CUS (seis anos): "Será que a ponte sabia que ele roubara? — *Não, mas ela viu."*
EUR (seis anos): "*É preciso* [que a ponte possa] *sabê-lo, uma vez que quebrou e puniu-o."* E na história II: "Será que a faca sabia? — *Sim. Ela ouviu o que a professora disse, pois estava sobre a carteira. E disse: uma vez que o menino quer apontá-lo, cortar-se-á."*
AR (seis anos): "Será que a ponte sabia? — *Sim.* — Como o soube? — *Ela viu."*
GEO (sete anos e dez meses): "E se não tivesse roubado maçãs, será que teria caído na água? — *Não. Foi castigo, porque roubara maçãs.* — Será que a ponte sabia? — *Não* [mas quebrou-se], *porque havia vento, e o vento sabia."*

Bem entendido, não é preciso considerar estas respostas como correspondendo a crenças. Só a última contém, talvez, um elemento de crença espontânea: vimos freqüentemente, com efeito (*R.M.* e *C.P.*), o papel inteligente que a criança parece atribuir ao vento. A maior parte destas respostas indica então simplesmente que a criança acha inteiramente natural a ligação entre a falta cometida e o fenômeno físico servindo de sanção. Quando forçamos a criança a explicitar a natureza desta ligação, ela inventa uma história, artificialista num caso, animista noutro. Mas esta maneira de reagir não prova nada mais que isto: para a criança a natureza é cúmplice do adulto e pouco importam os processos que emprega.

No entanto, o caso das respostas intermediárias, que citamos mais acima, coloca um problema. Algumas crianças afirmam, ao mesmo tempo, que a ponte quebrou à guisa de punição e que teria quebrado mesmo que o menino não tivesse roubado maçãs. Podemos compreender isto de um modo muito simples, se nos lembrarmos que uma forma de causalidade à qual o espírito se ligou por um certo período (como é a pré-causalidade, ao mesmo tempo moral e física, na criança de dois a sete anos), nunca desaparece de uma vez, mas coexiste algum tempo com os tipos posteriores de explicação. O adulto é contumaz nestas contradições, às quais dá uma aparência de justificação verbal. É normal que elas se apresentem com mais freqüência na criança.

Vamos agora ao essencial, e perguntemo-nos o que significam, do ponto de vista da psicologia moral, os fatos que acabamos de assinalar. Para isso, convém precisar como nasce e como desaparece a crença na justiça imanente nas coisas. Aliás, o elemento intelectual desta crença é a natureza a facilitar a solução da questão da origem.

Podemos hesitar entre três soluções quanto a este problema da origem. Ou a crença na justiça imanente é inata no indivíduo, ou resulta diretamente do ensinamento dos pais, ou ainda é um produto indireto da coação adulta (produto em que colabora, por conseqüência, o pensamento da criança sob sua dupla natureza intelectual e moral).

197

A primeira solução parece bem pouco provável. Entretanto, podese sustentar que o onanismo dá nascimento a sentimentos espontâneos de remorso e a autopunição em atos ou em pensamento, donde, evidentemente, se poderia inferir a generalidade de uma predisposição, do indivíduo, para ver nos acontecimentos da vida a marca da justiça imanente. É, de fato, incontestável que se observa nos masturbadores um medo sistemático das sanções imanentes nas próprias coisas: não só o medo das repercussões sobre a saúde, medo de animalizar-se etc., mas ainda uma tendência para interpretar os acasos infelizes da existência como sanções queridas pelo destino. Apenas, se a criança não houvesse adquirido de fora a experiência da sanção, todas estas atitudes desenvolver-se-iam nela? Tais idéias surgem, acreditamo-lo de boa vontade, independentemente de qualquer ensinamento direto do adulto e em crianças cujo ambiente ignora seus hábitos íntimos. Mas, é ainda assim este ambiente, que é a causa indireta destas crenças na sanção automática que emana das coisas, e os fatos deste gênero parecem-nos falar mais em favor da terceira solução do que da primeira: muitos tabus relativos à sexualidade são, com efeito, impostos às crianças desde os primeiros anos, para que suas reações mais secretas neste assunto possam ser consideradas como realmente inatas. Pelo menos, para tirar a prova do caráter absolutamente espontâneo da autopunição e das crenças derivadas, seria preciso educar uma criança em condições muito especiais, para não dizer fora de qualquer contato social.

Quanto à segunda solução, já vimos que comporta uma grande dose de verdade. Muitas crianças acreditam que uma queda ou um corte constituem sanções, porque os pais lhe disseram "É bem feito" ou "Foi castigo" ou "O bom Deus o quis" etc. Contudo, mesmo se estas falas adultas explicam a maioria de nossos casos, não cremos que isso baste inteiramente. Em outras palavras, acreditamos que ocorrem freqüentemente situações nas quais a criança, com toda espontaneidade, considera como sanção um acidente do qual é vítima, e isto sem que os pais o tenham dito a ela nem mesmo lhe sugerido coisas análogas em outras circunstâncias. Nesta hipótese, a criança, tendo adquirido, graças à coação adulta, o hábito da sanção, atribuiria espontaneamente à natureza o poder de exercer as mesmas sanções. Portanto, a terceira solução parece-nos comportar uma parcela de verdade.

Além dos fatos relativos ao onanismo, podemos citar aqui vários exemplos que mostram como tais atitudes são facilmente adotadas pela criança:

I. Um psiquiatra suíço-alemão, muito conhecido, contou-nos que uma de suas mais vivas recordações da infância é de ter sido impedido de apanhar maçãs num cesto com tampa, pela queda inesperada da própria tampa. O cesto estava aberto e a criança já tinha a mão dentro, sem pensar aliás que estava prestes a roubar, quando a tampa se abateu sobre seu braço: teve então, instantaneamente, a impressão de má ação e, ao mesmo tempo, de ser punido. Ninguém assistia à cena.

II. Outra recordação. Uma criança procurava freqüentemente animais para sua coleção de história natural. Nos dias em que tinha alguma coisa para censurar-se, tinha a impressão de que a coleta era má e de que isto ocorria por causa das faltas cometidas. III. Citamos, em outra obra (*R.M.*, p. 136), o caso do surdo-mudo de Estrella, estudado por W. James, que associou a Lua às sanções de que era objeto. IV. Igualmente, descrevemos (*R.M.*, p. 82) a reação singular daquelas crianças que consideram os pesadelos como punições pelas faltas cometidas durante o dia.

Nestas quatro observações, que poderíamos multiplicar, parece-nos que a atitude da criança se esboça sem influência adulta direta: o indivíduo é o único a saber o que lhe acontece e se abstém de falar, após o ocorrido, aos seus familiares. Seguramente, não podemos comprovar que as crianças nunca ouviram os pais invocarem a justiça imanente: talvez todos os pais o façam. Mas a facilidade com que a criança interpreta todas as coisas em função da justiça imanente, parece-nos indicar que existe aí uma tendência correspondente à sua mentalidade, e aí está tudo o que queríamos estabelecer.

A crença na justiça imanente provém, portanto, de uma transferência para as coisas, dos sentimentos adquiridos sob a influência da coação adulta. Mas dizer isto não esclarece ainda completamente a significação moral do fenômeno. Para compreendê-la, precisamos ainda perguntar-nos como tais crenças desaparecem ou, pelo menos, diminuem de importância com a idade mental. É, com efeito, um resultado digno de atenção a diminuição progressiva, com a idade, das respostas que afirmam a existência destas crenças. A que se deve esta diminuição?

Poderíamos invocar, simplesmente, a experiência crescente e o progresso da inteligência da criança. A experiência mostra que as más ações podem ficar impunes e as boas ações sem recompensa. Quanto mais a criança se desenvolve intelectualmente, melhor perceberá isto. Tal explicação, verdadeira em parte, seria um pouco simples se a apresentássemos com exclusão de qualquer outra. Não é tão fácil, com efeito, levar em conta a experiência. Quanto mais analisamos esta conduta, que consiste em interrogar os fatos, melhor vemos como é complexa e delicada. Não só a experiência supõe um procedimento ativo da inteligência, mas é necessária ainda, para eliminar os fatores afetivos que ameaçam falsear as interpretações, uma verdadeira moral do pensamento, a qual só poderia desenvolver-se em determinadas situações individuais ou sociais. Lévy-Bruhl mostrou muito bem como as sociedades inferiores permanecem impermeáveis à experiência, quando as crenças vitais da coletividade estão em jogo. E ao ver como os "primitivos" saem-se bem para justificar uma atitude mágica ou mística, apesar de repetidos fracassos, pensamos, irresistivelmente, em muitos de nossos contemporâneos, aos quais os fatos nunca instruirão tampouco. Para falar apenas da justiça imanente, quanta gente boa continua a pensar que, mesmo na terra, as ações são objeto de sanções eqüitativas, e preferem supor alguma falta escondida, para explicar a infelicidade de um semelhante, antes do que admitir o acaso na repartição das provas. Ou, nos espíritos mais caritativos, como não é fácil invocar o mistério dos destinos para defender, apesar de toda a justiça universal, antes que interpretar os acontecimentos, independentemente de qualquer pressuposição. Assim, é claro que, mesmo no adulto, a aceitação ou a rejeição da hipótese da justiça imanente é questão não de experiência pura, de constatação científica, mas de avaliação moral e atitude de conjunto.

Portanto, não é a experiência simplesmente, mas certas experiências morais que orientarão a criança para tal ou qual direção. Que são estas experiências? Naturalmente, de início, podemos supor que é a descoberta da imperfeição da justiça adulta: quando a criança sofrer injustiças da parte dos pais ou de seus professores — e isto é quase inevitável — evidentemente acreditará menos numa justiça universal e automática. Podemos lembrar, sobre este assunto, a crise, tão importante do ponto de vista da evolução das crenças, que Bovet descreveu no campo da piedade filial. Mas esta descoberta da insuficiência da justiça adulta é apenas um episódio no movimento de conjunto que leva a criança, da moral da obediência para a da cooperação. Parece-nos que é neste processo geral, e nas conseqüências que dele decorrem, relativamente à noção de retribuição, que é preciso procurar, em última análise, a explicação do desaparecimento progressivo da "justiça imanente".

4. JUSTIÇA RETRIBUTIVA E JUSTIÇA DISTRIBUTIVA

Chegamos, no decorrer dos três últimos itens, à conclusão de que a importância da sanção expiatória parece decrescer com a idade, e isto na medida em que a cooperação vence a coação adulta. Agora, importa abordar o estudo o estudo dos efeitos positivos da cooperação, no campo da justiça e, para fazê-lo, analisar inicialmente os possíveis conflitos entre a justiça distributiva ou igualitária e a justiça retributiva. Podemos, com efeito, supor, e é o que procuraremos demonstrar, que as idéias igualitárias se impõem, em função da cooperação, e constituem, assim, uma forma de justiça que, sem estar em contradição com as formas evoluídas da justiça retributiva (a sanção por reciprocidade é devida, justamente, aos progressos destas noções), se opõe às formas primitivas de sanção e termina, mesmo, por fazer que a igualdade tenha primazia sobre a retribuição, sempre que haja conflito entre elas.

Ora, os conflitos deste gênero são freqüentes na vida da criança. Acontece freqüentemente que os pais ou os professores favorecem a criança obediente em detrimento das outras. Tal desigualdade de tratamento, justa do ponto de vista retributivo, é injusta do ponto de vista distributivo. Como então a julgará a criança, de acordo com sua idade? A este respeito, contamos três histórias aos nossos indivíduos, perguntando, a propósito de cada uma, se era justo ou não favorecer a criança bem comportada.

A dificuldade do interrogatório reside nisto, que duas questões interferem necessariamente em tais casos: a da severidade do adulto (questão de grau) e a do conflito entre a retribuição e a igualdade (questão de princípio). Apenas a segunda é interessante, mas é difícil eliminar a primeira.

Limitamo-nos a variar nossas histórias, da seguinte maneira: a primeira narração não fala de nenhuma falta em particular, e põe em conflito, em abstrato, a justiça retributiva e a justiça distributiva; a segunda só faz referência a faltas sem importância e a sanções suaves; a terceira, enfim, põe em jogo uma sanção que pode parecer muito severa à criança. Apesar das variações (que se notam, naturalmente por desvios nas idades médias dos tipos correspondentes de respostas), a evolução das reações obedece a uma lei relativamente constante: nos pequenos, a sanção predomina sobre a igualdade, enquanto, nos maiores, é o contrário.

Eis a primeira história: "Uma mãe tinha duas filhas, uma obediente, outra desobediente. Gostava mais daquela que obedecia e dava-lhe os maiores pedaços de doce. O que você acha disso?" Segundo a estatística da Srta. Rambert, 70% das crianças de seis a nove anos e 40% apenas dos indivíduos de dez a treze anos aprovaram a mãe. Naturalmente, estes números têm apenas o valor de índice.

Eis alguns exemplos de crianças que fazem predominar a justiça retributiva sobre a igualdade:

BAR (seis anos): *"Foi justo. A outra era desobediente.* — Mas foi justo dar mais a uma que à outra? — *Sim. Ela* [a desobediente] *devia sempre fazer o que lhe mandam."*

WAL (sete anos): *"Seria preciso dar às duas a mesma coisa* [se elas fossem gentis] *e àquela que era ruim, nada. Ela deveria ser gentil."*

GIS (sete anos e meio): "A mãe fez bem? — *Sim, porque sempre devemos obedecer à mãe.* — Foi justo dar mais a uma do que à outra? — *Sim, porque sem isso ela seria cada vez mais desobediente, e a mãe não gosta muito. Ela gosta mais daqueles que obedecem."*

BE (sete anos e nove meses): *"Estava certo.* — Foi justo? — *Sim, para mostrar à outra como gostaria que ela obedecesse, para que depois ela se tornasse obediente."*

VER (oito anos): *"Ela fez bem em recompensar a que é obediente.* — Foi justo? — *Sim. Se fossem as duas obedientes, daria às duas um pedaço grande."*

GRA (nove anos e quatro meses): *"Foi justo.* — Por quê? — *Porque obedeceu ao que lhe foi dito. A outra, era preciso puni-la.* — Era justo que a mãe gostasse mais de uma do que da outra? — *Sim, porque a outra era desobediente."*

HERB (nove anos e dez meses): *"Foi justo, porque a mais obediente deve ter as coisas melhores. Quando somos obedientes, dão-nos as coisas melhores."*

PIT (nove anos): *"Foi justo, porque aqueles que são obedientes merecem mais coisas que aqueles que são desobedientes.* — Era justo que não gostasse igualmente delas? — *Sim."*

BA (dez anos e cinco meses), menina que é a primeira de sua classe e tem, por pouco que seja, a mentalidade que os escolares chamam "santinha": "Foi

201

justo o que a mãe fez? — *Ela estava certa!* [encolhimento de ombros]. — Por quê? — *Porque ela recompensou aquela que lhe obedeceu.*"
DEA (onze anos): *"A mãe fez bem.* — Por quê? — *Porque ela era obediente. A outra não tinha o direito de ter tanto quanto aquela que lhe obedeceu.*"

Eis, agora, exemplos de crianças para quem a igualdade deve ter primazia sobre a justiça retributiva:

MON (seis anos, F.): "Foi justo? — *Não.* — Por quê? — *Ela devia dar igualmente às duas.* — Por quê? — ... — Foi justo o que a mãe fez? — *Não.*"
RI (sete anos e seis meses): *"Era preciso dar o doce às duas.* — À desobediente também? — *Sim.* — Por quê? — *Se não lhe déssemos, isto não seria justo.*"
SCA (sete anos e seis meses), repete corretamente a história e compreende bem que se trata de uma medida repressiva. Mas afirma: *"Não foi justo. É preciso ter sempre pedaços iguais. É como em minha casa, quando há um pedaço de doce maior, pego-o, então meu irmão arranca-o de minhas mãos.*"
PA (oito anos): *"É preciso dar às duas igualmente.*" Pa compreende bem que se deu menos a uma, *"porque ela deveria ser bem comportada"*, mas sustenta que é necessária a igualdade.
MER (nove anos e seis meses): *"A que era desobediente devia obedecer, mas a mãe devia, assim mesmo, dar-lhe pedaço igual. —* Por quê? — *Porque não há necessidade de ciúmes.*"
PRES (dez anos): *"A mãe também devia gostar da outra e tratá-la bem, e talvez ela tornar-se-ia mais obediente. —* Será que foi justo dar mais à obediente? — *Não.*"
THÉ (dez anos e sete meses): *"Ela deveria dar pedaços iguais às duas. —* Por quê? — *Porque as duas eram suas filhas, devia gostar das duas igualmente.*"
SON (dez anos e sete meses): *"Se ela dá mais à gentil, a outra é ainda mais ruim. —* Mas não seria justo dar mais à mais obediente? — *Não.* — Por quê? —*Não é porque ela foi gentil que é preciso dar-lhe tudo.*"
JAX (onze anos): *"A mãe fez mal. —* Por quê? — *Ela deveria dar a cada uma igual pedaço de doce. Se era desobediente, talvez não fosse por culpa sua. Talvez fosse culpa dos pais. —* Não. A culpa era sua. — *Assim mesmo deveríamos dar-lhe igual pedaço de doce.*"
DIS (onze anos): *"Ela deveria dar às duas igualmente. —* Por quê? — *Porque ela será sempre mais ruim. Vingar-se-á contra sua irmã. —* Por que se vingará? — *Porque ela só terá um pequeno pedaço de doce. —* Foi justo o que a mãe fez? — *Não foi justo.*"
ERI (doze anos e cinco meses): *"Ela deve gostar igualmente das duas, sem fazer diferenças. Pode gostar mais da obediente, mas sem demonstrá-lo, para não provocar ciúmes.*"
HOL (doze anos e cinco meses, F.): *"Apesar de que a outra não era obediente, ela não devia fazer distinções entre as duas. Devia puni-la de outra maneira. —* Por que não fazer distinções? — *Devemos gostar igualmente dos filhos. De vez em quando, o outro é ciumento.*"
MAG (doze anos e onze meses, F.): *"Não foi justo. Talvez tudo foi por causa da desobediência. Devemos ensinar-lhe e não apenas amá-la menos. Sem isso ela se tornará cada vez mais ruim.*"
DEJ (treze anos e dois meses): *"Não foi justo. Ao contrário, a mãe deveria ser igual com a outra. Talvez ela se tornaria melhor. Pode ser que* [assim]

ela ficasse ciumenta e mais tola que antes. Como quer que eles sejam, é preciso gostar igualmente dos filhos." PORT (treze anos e dez meses, F.): *"Não foi justo. A outra percebeu que não gostavam dela. Ela não teve vontade de corrigir-se."*

Notamos que a oposição dos dois tipos de respostas é muito clara. Para os pequenos, a necessidade da sanção prevalece a ponto que a questão de igualdade não se coloca. Para os maiores, a justiça distributiva tem primazia sobre a retribuição, mesmo depois da reflexão sobre o conjunto dos dados em confronto. É verdade que encontramos os dois tipos de respostas em qualquer idade, se bem que em proporções variáveis. Mas é muito natural que a evolução do juízo moral, sobre um assunto tão delicado, seja menos regular que o de um juízo simplesmente de constatação, dada a multiplicidade de influências possíveis. Num ambiente onde se pratica a punição em alta dose e onde uma regra rígida pesa sobre as crianças, estas, admitindo que não se tenham revoltado interiormente, admitem, por muito tempo, que a sanção tem primazia sobre a igualdade. Numa família numerosa, onde a educação moral está assegurada pelo contágio dos exemplos, mais do que por uma vigilância constante dos pais, a idéia de igualdade poderá desenvolver-se muito mais cedo. Portanto, não poderia tratar-se de estágios claros, em psicologia moral. A evolução que observamos de seis a treze anos, e na qual a idade de nove anos parece ser o ponto crítico, é, assim, tanto mais significativa. De 70% a 40%, a diferença é, com efeito, notável, principalmente se observamos que depois dos doze-treze anos a preferência dada à sanção é de apenas 25% dos casos estudados.

Antes de passar ao exame das outras duas histórias e procurar extrair o ensinamento destes fatos, notemos, ainda, como a atitude da criança é diferente entre aquelas que dão a primazia à retribuição e entre as que reclamam a igualdade completa. As primeiras não procuram compreender o contexto psicológico: tratam os atos e as sanções como simples dados para equacionar, e esta espécie de mecânica moral, este materialismo da justiça retributiva, tão próximo do realismo moral, que estudamos anteriormente, torna-os insensíveis às nuanças humanas do problema. Ao contrário, a maior parte das respostas que citamos, como exemplos da predominância das tendências igualitárias, comprovam uma compreensão moral singularmente mais sutil: a preferência concedida pela mãe da criança obediente desencorajará a outra, torná-la-á ciumenta, levá-la-á à revolta etc. Todas estas observações tão justas de Pres, de Son, de Eri etc. nos mostram bem que a criança não simula mais uma lição de moral, como aquelas que defendem a sanção, mas procura, simplesmente, compreender a situação interiormente, sob a influência, isto é evidente, das experiências feitas por ela própria ou observadas ao seu redor. É neste sentido que podemos, uma vez mais, opor a cooperação, fonte de compreensão mútua, à coação, fonte de verbalismo moral. Jax chega até a supor que as crianças nem sempre são desobedientes por sua própria culpa, mas, às vezes, por culpa dos pais. O psicólogo só poderia admirar tal observação de que o senso comum adulto parece ainda tão pouco capaz. Numa palavra, podemos, desde já, supor que as crianças que colocam a justiça retributiva acima da justiça distributiva são aquelas que seguem o ponto de vista da coação adulta, enquanto as que preferem a igualdade à sanção são aquelas às quais as relações entre crianças (ou mais raramente as relações de respeito mútuo entre adultos e crianças) levaram à melhor compreensão das situações psicológicas e a julgar segundo um novo tipo de normas morais.

Seja dito de passagem, vemos como os resultados deste interrogatório confirmam o que vimos em (1) dos juízos das crianças sobre a utilidade das sanções. Para muitos dos maiores, era a criança à qual fizemos compreender o alcance dos seus atos que estava menos exposta à reincidência, e não a criança severamente punida: do mesmo modo, no que se refere à presente questão, a sanção sistemática mostra-se nociva a todos aqueles cujo senso psicológico se aperfeiçoou no decorrer das experiências familiares e sociais.

Passemos à segunda história, cujo objetivo é permitir a análise do mesmo problema, mas a propósito de pequenos fatos sem gravidade moral: "Era uma vez uma mãe que passeava com os filhos às margens do Ródano, numa tarde de feriado. Às quatro horas, deu um pãozinho a cada um. Cada um pôs-se a comer, com exceção do menor, que estava distraído e deixara cair o pão na água. Que fez a mãe? Devia dar-lhe outro? O que acham os maiores?" As respostas podem ser de três tipos: não dar-lhe outro pão (sanção), dar-lhe, para que cada um tenha o seu (igualdade), ou dar-lhe, porque o menino é pequeno (eqüidade, isto é, igualdade considerando as circunstâncias de cada um, no caso particular, das diferenças de idade). A Srta. Rambert obteve os seguintes números em 167 crianças que interrogou:

Idade (anos)		Sanção	Igualdade	Eqüidade
6-9	....	48%	35%	17%
10-12	....	3%	55%	42%
13-14	....	0%	5%	95%

De nossa parte apresentamos a outras crianças uma variação da mesma narração, destinada a eliminar o fator eqüidade, que faz intervir a diferença de idade: "Uma mãe está num barquinho, com os filhos, no lago. Às quatro horas, dá um paõzinho a cada um. Um dos meninos fez diabruras na extremidade do barco, inclinou-se sobre a água e deixou cair seu pãozinho. O que é preciso fazer: não dar-lhe outro, ou cada um dar-lhe um pedacinho do seu?" Aqui, os números são: 57% pela sanção e 43% pela igualdade, entre seis e oito anos, e 25% pela sanção contra 75% pela igualdade, entre nove e doze anos.

Eis exemplos de respostas à sanção:

VA (seis anos e meio): *"Não é preciso dar-lhe outro, porque ele o deixou cair. — O que disse o maior? — Não estava contente, porque o menor deixara cair seu pão. Disse que isto era feio.* — Teria sido justo dar-lhe outro? — *Não, ele não deveria deixar cair seu pão."*
MON (seis anos e meio, F.): *"Não é preciso dar-lhe outro.* — Por quê? — *Porque a mãe não estava contente.* — E o que teria dito a irmã maior? — *Que era preciso dar-lhe outro* (cf. a oposição da solidariedade e da retribuição!)."
PAIL (sete anos): *"Não era preciso dar-lhe outro. Não havia necessidade de deixá-lo cair.* — E os maiores, o que diriam se déssemos outro ao pequeno? — *Que não era justo: "Ele o deixou cair na água e você lhe dá outro."* — Estava certo dar-lhe outro? — *Não, ele não foi comportado."*
DED (oito anos): *"Não é preciso dar-lhe outro, porque o deixou cair.* — Que fez a mãe? — *Queria repreendê-lo.* — O que acharam as irmãs maiores? — *Que era justo, porque ela não prestara atenção."*
WY (nove anos): *"Não é preciso dar-lhe outro.* — Por quê? — *Por castigo."*

As respostas favoráveis dadas a propósito da história do barco são, naturalmente, do mesmo tipo. Eis, entretanto, ainda dois exemplos que demonstram como o critério de justiça, para os que fazem predominar a retribuição sobre a igualdade, continua heterônomo e dependente da vontade dos pais:

SCHMA (sete anos): *"Não havia necessidade de fazer diabruras no barco. Isto deveria ensiná-lo para outra vez.* — Então o que era preciso fazer? — *Não repartir.* — E se a mãe disse para repartir? — *Era preciso obedecer.* — Mas era justo ou não? — *Justo, porque é preciso obedecer à mãe."*
JUN (nove anos): *"Não era preciso repartir, porque foi culpa dele.* — Seus irmãos decidem repartir. É justo? — *Eu não sei.* — Gentil? — *Sim, gentil.* — Justo e gentil? — *Mais gentil que justo.* — A mãe disse para repartir. É justo? — *Sim, então é justo."*

Eis, agora, casos de crianças para as quais a igualdade deve ter primazia sobre a sanção. Na verdade, já encontramos, no grupo anterior, indivíduos que invocam a igualdade: é preciso, dizem, punir o distraído, senão ele terá dois pães em vez de um, o que é contrário à igualdade. Mas, entre eles, esta preocupação apenas surge de uma maneira derivada em relação ao cuidado da sanção, enquanto, entre as crianças seguintes, a procura da igualdade constitui o móvel principal e tem primazia sobre qualquer sanção:

SCA (sete anos): *"É preciso dar-lhe outro, porque o pequeno tem fome.* — O que disseram os outros? — *É preciso dar o pão, porque os maiores têm, então é preciso que o pequeno tenha* [também]."
ZI (oito anos e oito meses): *"É preciso dar-lhe, porque os pequenos não são muito inteligentes: não sabem o que fazem.* — É justo relativamente ao maior, ou não? — *Não é justo que o maior tenha seu pão e o pequeno não. O maior deveria repartir."*

PER (onze anos): *"Deveríamos dar-lhe outro, porque não foi culpa dele que tenha deixado cair o pão, e não é justo que tenha menos que os outros."* XA (doze anos): *"Deveríamos dar-lhe um pouco, descontando o que a criança já comeu do pãozinho.* — O que diriam os outros? — *Conforme fossem gentis ou maldosos, diriam: 'Dar-lhe tanto quanto o nosso, é justo!', ou então: 'Tanto pior para ele!'"* MEL (treze anos, F.): *"Deveríamos repartir o que sobrou às outras crianças para dar de novo à pequena.* — Era justo dar-lhe de novo? — *Sim, mas a criança deveria prestar atenção.* — O que quer dizer 'justo'? — *É a igualdade entre todos."*

Eis, ainda, algumas respostas obtidas com a história do barco. Esta variação difere da anterior no caráter da falta que é mais acentuado na criança que perdeu seu pão, e esta criança não é apresentada como a menor. Portanto, a sanção tem muito mais oportunidade de prevalecer sobre a igualdade. Todavia, as reações são idênticas, e a necessidade de igualdade opõe-se mesmo, depois dos sete-oito anos, à sanção reclamada pelo adulto:

WAL (sete anos): *"Era preciso repartir.* — Mas a mãe disse: 'Não.É bem feito. Ele fez diabruras. Não é preciso repartir.' Foi justo? — *Não foi justo, porque ele teria que os outros.* — Quando se fizeram diabruras, não é justo que se tenha menos que os outros? — ... — Se você fosse o pai, o que diria? — *Que é preciso dar-lhe."* ZEA (oito anos): *"Era preciso repartir.* — Era mais justo, ou somente gentil, repartir? — *Mais justo.* — Mas a mãe disse: 'Não, foi culpa dele.' — *Por mim, eu teria repartido.* — Mesmo que a mãe diga não? — *Sim, é preciso repartir."* ROB (nove anos): *"É preciso dar-lhe* [outro]. — Mas ele fez diabruras. — *Era preciso repartir.* — O que ele fez? — *Divertiu-se. De vez em quando, perdemos moedas. É bem pior!* — Mas a mãe tinha proibido debruçar-se. O que diria ela, que é preciso dar-lhe ou não? — *Que não era preciso repartir.* — E os outros meninos o que teriam dito? — *Era preciso repartir, porque não era justo."* SCHMO (dez anos): *"Era preciso cada um dar um pedacinho.* — Era mais justo ou apenas mais gentil? — *Era mais gentil, e também mais justo.* — E se a mãe dissesse que não era preciso repartir? — *Era preciso obedecer, mas não era justo."*

Eis agora alguns casos de crianças que, sem ter, naturalmente, vocabulário adequado, distinguem como os juristas a eqüidade e a justiça. Segundo estas crianças, do ângulo da justiça pura não seria necessário redar nada àquela que largou seu pão, porque recebeu sua parte como as outras e, se perdeu seu lanche, isto é problema dela. Mas, ao lado da justiça pura, convém levar em conta as circunstâncias de cada uma: a criança é pequena, desajeitada etc., portanto, uma espécie de igualdade superior exige que se lhe dê outro. Esta atitude matizada só se observa, naturalmente, entre as crianças de nove a doze anos. Antes, a criança já experimenta tais sentimentos, mas não os distingue daqueles da justiça pura e simples. Eis exemplos:

DEP (nove anos, F.): *"Era preciso dar-lhe outro. — O que disseram as maiores? — Não é justo. Você deu dois à pequena e um para nós. — O que teria respondido a mãe? — É a menor. Vocês devem ser razoáveis."* BRA (nove anos): *"Não devia deixá-lo cair. Não devia ganhar outro. Mas seria mais justo que ele recebesse, apesar disso, que lhe déssemos de novo. — Seria mais justo ou apenas mais gentil? — Mais gentil, porque não há necessidade de deixá-lo cair na água."* CAMP (onze anos, F.): *"O pequeno deveria prestar atenção, mas era pequeno, e então podíamos dar-lhe um pedacinho. — Que disseram os outros? — Ficaram enciumados e disseram que era preciso dar-lhes também um pedaço. Mas o pequeno merecia que lhe dessem um pedacinho. Os maiores deveriam compreender. — Você acha que é justo dar-lhe outro? — ... Que sim! Foi mal feito* [= isto provocou compaixão] *pelo pequeno; quando somos pequenos, não sabemos o que fazemos."*

Passemos à nossa terceira história. Aliás, seremos breves: as respostas dadas confirmam, inteiramente, as precedentes. Mas como a sanção aqui é particularmente severa, o sentimento de igualdade supera mais depressa a necessidade de retribuição: "Numa família havia vários irmãos. Todos tinham buracos em seus sapatos. Um dia, o pai mandou-os levar os sapatos ao sapateiro para que os remendasse. Mas como um dos irmãos, alguns dias antes, desobedecera, o pai disse-lhe: 'Você não irá ao sapateiro. Pode ficar com seus buracos, pois é desobediente'." As crianças de seis e sete anos dividiram-se: 50% pela igualdade, 50% pela sanção. A partir de oito anos, pelo contrário, quase 9/10 são pela igualdade. Eis dois exemplos de crianças que aprovam tal sanção:

NEU (sete anos): *"O que você acha? — Foi justo. — Por quê? — Porque desobedecera."* FAL (sete anos): *"Foi justo. — Por quê? — Porque era mal comportado. — Foi justo ou não, que não se lhe colocasse uma sola nova? — Foi justo. — Se você fosse o pai, levaria assim mesmo seus sapatos ou não? — Não os levaria."*

E os exemplos de alguns indivíduos que preconizam a igualdade:

ROB (nove anos): *"Não foi justo. O pai disse a todos que queria mandá-los consertar."* WALT (dez anos): *"Não foi justo. — Por quê? — Porque um menino estava em calçado e o outro teria os pés úmidos. — Mas ele desobedecera... O que você acha? — Que não foi justo."* NUS (dez anos): *"Não foi justo. — O que o pai deveria fazer? — Puni-lo de outra maneira."*

Assim, quaisquer que sejam as variações de nossas histórias, as respostas são sempre as mesmas. Em caso de conflito entre a justiça retributiva e a justiça distributiva, os pequenos preconizam a sanção e os maiores a igualdade. Quer se trate de sanções claramente expiatórias, como nas histórias I e III, ou de uma sanção pela conseqüência do ato, como na história II, o resultado é o mesmo. Notemos, além disso, antes de procurar interpretá-lo, que, aqui, como a propósito do realismo moral, as reações no interrogatório — isto é, as reflexões teóricas da criança — estão sempre em atraso de um ou dois anos sobre suas reações na vida, isto é, sobre os sentimentos morais efetivos. Uma criança de sete anos, que considera como justas as sanções de que tratam nossas histórias, sentiria certamente sua injustiça, tratando-se dela mesma ou de colegas reais. Portanto, o interrogatório deforma, inevitavelmente, o juízo moral. Mas a verdadeira questão, aqui como anteriormente, é saber se os produtos do interrogatório estão simplesmente em atraso sobre os da vida ou se não correspondem a nada vivido. Como a propósito do realismo moral, pensamos que há, sobretudo, atraso e que nossos resultados correspondem bem àquilo que se observa na vida real, embora com defasagens. Geralmente, portanto, é exato dizer que, se a sanção prevalece nos primeiros anos, a igualdade acaba por vencê-la no decorrer do desenvolvimento mental.

A que pode ser atribuída tal evolução? Que a igualdade tem primazia sobre a sanção por reciprocidade, é evidente, pois esta deriva daquela. Quanto à sanção expiatória, não temos nada de novo a acrescentar. Não vemos como esta noção teria origem, senão sob os efeitos da coação adulta. Não há nada nas idéias de bem e de mal que implique a recompensa ou o castigo. Em outras palavras, é apenas em virtude de associações externas que os sentimentos altruístas ou egoístas estão ligados à espera das sanções. Se assim é, donde podem proceder estas associações, se não do fato de que, desde sua mais tenra idade, as condutas da criança são sancionadas pelo adulto?

Mas, sendo assim, como concluir desta observação que a justiça retributiva, que, em caso de conflito com a justiça distributiva, prevalece sistematicamente durante os primeiros anos, diminui de importância com a idade? Entretanto, não podemos afirmar que o medo das punições seja menos aos dez anos que aos seis. Pelo contrário, a partir dos sete-oito anos as penalidades escolares vêm acrescentar-se às punições familiares, e, se as sanções são, talvez, menos freqüentes nesta idade, do que por volta dos quatro-cinco anos, em compensação têm uma gravidade de natureza a impressionar a consciência. O sentimento de justiça retributiva deveria, assim, aumentar de importância com a idade e ser bastante vivo para deter a necessidade de igualdade, onde ela se manifesta. Por que não é assim?

Evidentemente, é um fator novo que intervém: a necessidade de igualdade, longe de se apresentar sob forma idêntica nas diferentes idades, parece tornar-se cada vez mais aguda com o desenvolvimento moral. Aqui duas soluções são concebíveis. Primeiramente, seria possível que o igualitarismo, como a justiça retributiva, derivasse do respeito da criança pelo adulto. Há pais muito escrupulosos em matéria de justiça e que inculcam nos filhos um vivo cuidado pela igualdade. Talvez assim a justiça distributiva manifeste um segundo aspecto da coação adulta. Mas seria possível também que, longe de resultar de uma pressão direta dos pais ou dos professores, a idéia de igualdade se desenvolvesse essencialmente por reação das crianças umas sobre as outras e, às vezes, mesmo às custas do adulto. É bem freqüente que a injustiça sofrida faça tomar consciência das leis da igualdade. Mal vemos, em todo caso, como tal noção assumiria alguma realidade para a criança antes que ela tenha relações com seus semelhantes, na família ou na escola. A simples relação da criança com o adulto não comporta nenhuma igualdade. Ora, surgindo por ocasião do contato das crianças entre si, o igualitarismo deve pelo menos desenvolver-se com o progresso da cooperação entre crianças.

Não podemos ainda escolher entre estas duas explicações, porque é para facilitar esta escolha que servirão essencialmente as análises seguintes. Mas os fatos que acabamos de expor já falam de preferência em favor da segunda solução. Notamos, com efeito, que os defensores da justiça retributiva não são, geralmente, os que têm mais perspicácia psicológica. São mais apologistas que moralistas ou psicólogos. Os defensores da igualdade, ao contrário, demonstraram um sentimento matizado dos conflitos morais. Ora, este sentimento parece constituir muito freqüentemente, entre eles, o produto de reflexões feitas sobre os desajeitamentos do adulto. É notável, em todo caso, ver com que força sabem opor a justiça às decisões autoritárias. Mas tudo isto ainda é apenas uma impressão, e procuraremos agora levar mais adiante a análise da justiça distributiva e da igualdade entre crianças.

5. IGUALDADE E AUTORIDADE

O primeiro ponto que convém determinar, nesta pesquisa, parece-nos ser saber sob que forma e em que relações com a idade se apresentam os possíveis conflitos entre o sentimento de justiça e a autoridade adulta. Quando recorremos às recordações de infância, encontramos freqüentemente como exemplos de injustiças (ao lado, naturalmente, dos casos de sanções sem motivo) desigualdades de tratamento por parte dos pais. É difícil, com efeito, quando dividimos uma tarefa entre algumas crianças, ou quando atestamos a cada uma afeição ou interesse, observar uma estrita igualdade e não melindrar os sentimentos íntimos dos mais delicados. Em particular, ocorre freqüentemente que uma criança experimenta, constantemente ou aos poucos, aqueles ''sentimentos de inferioridade'' sobre os quais tanto insistiu Adler e que tornam as melhores, contra sua vontade, ciumentas dos irmãos e irmãs: a menor imprudência em relação a estes sensíveis provoca neles uma vaga impressão de injustiça, fundada ou infundada. Então, o que ocorrerá, quando contarmos às crianças, sob a forma grosseira e esquemática, indispensável num interrogatório dirigido a todos, histórias que põem a necessidade de igualdade em choque com o fato da autoridade? Os indivíduos examinados darão razão ao adulto, por respeito à autoridade (confundindo-se neste caso a justiça com a Lei, mesmo se esta seja injusta), ou defenderão a igualdade por respeito ao ideal interior, mesmo que este esteja em oposição com a obediência? Como podemos prever pelos resultados anteriores, encontramos entre os menores uma predominância da primeira solução, e, com a idade, uma clara progressão no sentido da segunda.

Servimo-nos das quatro histórias seguintes:

HISTÓRIA I. Era uma vez um campo de batedores (ou batedoras). Cada um devia trabalhar por sua vez para fazer a tarefa diária e pôr tudo em ordem. Um devia fazer as compras, outro lavar, outro procurar lenha ou varrer. Um dia não havia mais pão. Aquele que devia fazer as compras já havia saído. Então o chefe pediu a um batedor que já havia feito outro trabalho, para ir comprar o pão. O que fez ele?

HISTÓRIA II. Uma mãe pediu ao filho e à filha para ajudá-la um pouco no trabalho doméstico, numa tarde de quinta-feira, porque estava cansada. A menina devia enxugar a louça e o menino ir procurar lenha. Mas eis que o menino (ou a menina) foi brincar na rua. Então a mãe disse ao outro para fazer todo o trabalho. O que ele respondeu?

HISTÓRIA III. Numa família havia três irmãos, um maior e dois gêmeos.[6] Cada um engraxava seus sapatos toda manhã. Um dia o maior estava doente. Então a mãe pediu a um dos dois outros para engraxar os sapatos do maior além dos seus. O que você acha disso?

HISTÓRIA IV. Um pai tinha dois meninos. Um sempre resmungava quando lhe pedia para fazer uma compra. O outro não gostava tanto de fazê-la, mas ia sem dizer nada. Então o pai mandava mais freqüentemente aquele que não resmungava. O que você acha disso?

Se bem que não concedamos um valor mágico aos números, pode ser interessante citar aqui os obtidos pela Srta. Rambert em aproximadamente 150 crianças de seis a doze anos, em Genebra e no cantão de Vaud, com as histórias I e II. A regularidade destes resultados mostra, pelo menos, que se trata de uma evolução clara em função da idade: os menores pendem para a autoridade e acham mesmo muito justo o que foi mandado à criança (não é somente necessário obedecer, mas a ação mandada é justa em si própria, enquanto conforme à ordem dada), enquanto os maiores pendem pela igualdade e acham injusta a ordem descrita na história:

---

6. Detalhe para eliminar a questão de idade, que alguns indivíduos fizeram intervir espontaneamente.

	História I		História II	
Idade (anos)	Obediência %	Igualdade %	Obediência %	Igualdade %
6	95	5	89	11
7	55	45	41,2	58,8
8	33,3	66,6	22,2	77,8
9	16,6	83,4	0	100
10	10	90	5,9	94,1
11	5	95	0	100
12	0	100	0	100

De nossa parte, encontramos em Neuchâtel, por meio das histórias III e IV, que 75% aproximadamente das crianças de cinco a sete anos defendem a obediência e 80% aproximadamente dos indivíduos de oito a doze anos defendem a igualdade. Mas deixemos lá estes números e passemos à análise qualitativa que é a única que pode mostrar-nos o que a criança quer dizer e se refletem com conhecimento de causa. Podemos observar quatro tipos de respostas. Primeiramente, há as crianças que acham "justa" a ordem do adulto e que não distinguem assim o que é justo e o que está simplesmente de acordo com a ordem recebida ou com a lei da obediência. Há, em seguida, as crianças que acham a ordem injusta, mas que consideram que a regra da obediência deve ter primazia sobre a justiça: portanto, é obrigatório executar sem comentar a ordem recebida. As crianças deste segundo tipo diferenciam, portanto, a justiça da obediência, mas admitem como evidente que esta deve prevalecer sobre aquela. Na estatística, reunimos estes dois grupos num só, visto que todas as nuanças intermediárias os unem um ao outro. Em terceiro lugar, há as crianças que acham a ordem injusta e preferem a justiça à obediência. Em quarto lugar, enfim, há os que acham igualmente a ordem injusta, não acham obrigatória a obediência passiva, mas que preferem a submissão por complacência à discussão ou à revolta. Na estatística, reunimos estes dois grupos num só aspecto, pela autonomia conferida ao sentimento de justiça.

Eis exemplos do primeiro tipo, que só se encontra, naturalmente, representado entre os menores:

BAR (seis anos e meio, F.). Hist. I: *"Ela devia ir comprar o pão.* — Por quê? — *Porque lhe tinham mandado.* — Era justo, ou não, o que lhe tinham mandado? — *Sim, era justo, porque lhe disseram".*

ZUR (seis anos e meio). Hist. I: *"Ele devia ir.* — Por quê? — *Para obedecer.* — Era justo o que lhe pediram? — *Sim. Era seu patrão, seu chefe."* Hist. II: *"Ele devia ir.* — Por quê? — *Porque sua irmã era desobediente. Devia ser gentil."*

HEP (sete anos, F.). Hist. I: "Era justo, o que lhe pediram? — *Era justo, porque ela devia ir.* — Mesmo não sendo seu trabalho? — *Sim, mandaram-na ir."* Hist. II: *"Era justo, porque a mãe a mandara."*

ZIG (oito anos e oito meses). Hist. II: *"Devia fazer os dois, porque o irmão não queria. —* É justo? *—* É *muito justo. Ele pratica uma boa ação."* Zig parece ignorar aqui o sentido da palavra ''justo''. Mas deu-nos, por outro lado, como por exemplo de injustiça, uma partilha desigual. Portanto, o que é justo é assimilado, no caso desta hist. II, ao que está de acordo com a obediência. JUN (nove anos). Hist. III: ''Era justo? *— Sim, creio.* — O que disse o segundo? *—* É *preciso dar três* [sapatos] *a um e três ao outro.* — Então? — *Mas é preciso fazer como a mãe mandara.* — Mas era justo ou porque a mamãe mandara? *— Justo!''*

Notamos a natureza destes casos. Seria exagerado dizer que a criança de seis ou sete anos ignora a noção de justiça. Vários indivíduos anteriores hesitaram em declarar justas, sem mais, as ordens de que se trata em nossas histórias. Apenas, o que é justo não se diferencia, para eles, do que está conforme com a autoridade, e é só na medida em que não há conflito com a autoridade que a idéia de igualdade intervém. Por conseqüência, para os menores, é evidente que a ordem recebida, mesmo contrária à igualdade, é justa, uma vez que emana do adulto: a justiça é a lei. Para crianças maiores, que precedem, isto não é tão evidente, mas ainda decidem que deve ser assim.

Tais fatos confirmam a tese tão interessante de Bovet[7], segundo a qual a criança começa por atribuir aos pais a perfeição moral, para só descobrir ou reconhecer suas possíveis imperfeições por volta dos cinco-sete anos. Aliás, voltaremos acerca disso. No momento, a única questão a propor é saber se tal respeito sistemático da criança pelo adulto é de natureza a desenvolver ou a entravar a constituição da justiça igualitária. No que se refere às respostas precedentes, podemos supor que o respeito unilateral, neutro em seu conteúdo em relação à justiça distributiva (os pais podem muito bem servir-se do respeito de que são objeto para inculcar o exemplo da justiça ou para impor uma regra contrária, como o direito de primogenitura etc.), constitui um obstáculo, *devido ao seu próprio mecanismo*, ao livre desenvolvimento do sentimento de igualdade. Não só não há igualdade possível ente adultos e crianças, mas ainda a reciprocidade entre crianças não poderia ser ordenada: imposta de fora, apenas conduz a um cálculo de interesses, ou fica subordinada às noções de autoridade e regra exterior, que são sua negação. Para os indivíduos cujas respostas acabamos de citar, o imposto é que parece justo. Há aí, convenhamos, o oposto daquela autonomia que o desenvolvimento da justiça requer: a justiça só tem sentido se é superior à autoridade.

Eis, agora, exemplos do segundo grupo de respostas. A criança preconiza sempre a obediência completa, mas sem plena aquiescência interior: a autoridade sempre tem primazia sobre a justiça, mas não se confunde mais com ela:

---

7. P. BOVET, *O Sentimento Religioso e a Psicologia da Criança*, col. ''Actual. pédag.'', 1927.

CHRI (seis anos). Hist. I: *"É justo? — Não. A menina fazia mais coisas, ela ficará ciumenta. — Ela ficou ou não? — Ficou. — Ela achou justo? — Não. Dirá: Não era eu que deveria ir procurar o pão. — Por que ela foi? — Porque o chefe mandou."* DÉD (sete anos, F.). Hist. II: *"Ela deveria ir, porque sua mãe mandou. — Era justo? — Não, porque o outro deveria ir."* TRU (oito anos e sete meses). Hist. II: *"Ela deveria fazer apenas um* [trabalho]. — Por quê? — *Não é justo, se o menino não ia* [procurar lenha]. — Mas ele não foi. Então? — Ela deveria fazê-lo assim mesmo. — Por quê? — Para obedecer."* HERB (nove anos, F.). Hist. II: *"Ela deveria ir logo em seguida. — Por quê? Porque, quando nos mandam, é preciso ir logo em seguida. — Era justo? — Não, não era sua vez. — Por que ela foi? — Para obedecer."* NUSS (dez anos). Hist. III: *"Ele deveria fazê-lo, mas não era justo."* WAL (dez anos). Hist. III: *"Era preciso engraxar três cada um. —* Mas a mãe disse que um devia engraxar dois e o outro quatro. Foi justo? — *Não justo. —* A mamãe saiu. O que fizeram os garotos: como ela mandara ou três sapatos cada um? — *Três cada um. —* Estava certo? — *Seria melhor fazer como a mãe mandou. —* Era justo? — *Como* [= o que] *a mãe mandou, não era justo."* REN (onze anos). Hist. II: *"Ele o fez. —* Por quê? — *Devemos obedecer. —* Era justo? — *Não, não muito."*

Vemos que estas crianças, embora defendendo a primazia da obediência, distinguem o que é justo do que é imposto autoritariamente. Eis, agora, exemplos do terceiro grupo, isto é, dos que colocam a justiça acima da submissão:

WAL (sete anos e meio). Hist. II: *"Ela não devia ir, porque não era seu trabalho. — Por que não devia ir? — Porque não era seu trabalho. —* Era justo o que a mãe mandou? — *Ah, não! Ela não devia ir. Devia cuidar do seu trabalho e o menino do seu. —* E se a mãe manda? — *... Ela iria. —* Por quê? — *Porque... ela seria obrigada."* Portanto, Wal leva em conta a coação material, mas não reconhece obrigação interior. LAN (sete anos e seis meses). Hist. I: *"Ele não devia fazê-lo, porque não competia a ele fazê-lo. —* Era justo ou não, mandá-lo? — *Não justo."* Hist. II: *"Não devia fazê-lo, porque a menina saiu e não era justo."* PAI (oito anos). Hist. I: *"Ele disse não, porque não era seu trabalho."* DOL (oito anos). Hist. III: *"Não era justo. É preciso dar um sapato a cada um. —* Mas a mãe mandou! — *Era precisa dar um sapato ao outro. —* Era preciso obedecer ou fazer uma partilha igual? — *Era preciso perguntar à mãe."* Hist. IV: *"Não foi justo. O pai devia mandar também o outro. —* Mas o pai quis assim? — *Não foi justo. —* O que ele deveria fazer? Não ir? Ir? Dizer ao pai para mandar o outro? — *Não devia fazer nada. Não ir."* CLA (nove anos e oito meses, F.). Hist. II: *"Ela devia fazer apenas seu trabalho e não o da outra. —* Por que não? — *Não era justo."* Hist. I: *"Ela não deveria fazê-lo. Não competia a ela fazê-lo. —* Era justo fazê-lo? — *Não. Não era justo."* PER (dez anos): *"Ele não queria ir. Disse que era para o outro ir."*

213

FRI (onze anos). Hist. III: *"Não devia fazê-lo.* — Mas a mãe o mandou? *A mãe não tinha razão. Não foi justo."* SCHN (doze anos, F.). Hist. II: *"Ela não deveria fazê-lo. Não é justo que ela trabalhe o dobro e o outro nada.* — Como fazer? — *Ela deveria dizer à mãe: 'Não é justo. Não devo fazer o dobro do trabalho que o outro'."*

Vemos que, para estas crianças, a igualdade tem primazia sobre tudo, não só sobre a obediência, contrariamente às crianças do segundo grupo, mas também sobre a complacência. Ao contrário, as respostas do quarto tipo apresentam este particular que, embora declarando injusta a ordem recebida, a criança acha necessário executá-la por gentileza ou serviçalismo. É preciso não confundir as crianças deste grupo com as do segundo. Os indivíduos do segundo tipo consideram, com efeito, que a obediência tem primazia sobre a justiça, enquanto aqueles, cujas reações examinamos agora, preconizam uma ajuda voluntária, superior à simples justiça ou à obediência obrigada. Portanto, a diferença é grande: de um lado, a justiça está subordinada à obediência, logo, a um princípio de heteronomia; de outro lado, a própria justiça se prolonga, por um caminho inteiramente autônomo, naquela forma superior de reciprocidade que é a "eqüidade", relação baseada não sobre a igualdade pura, mas sobre a situação real de cada indivíduo. No caso particular, se a justiça rigorosa se opõe à obediência, a eqüidade exige que se considerem as relações especiais de afeição que unem a criança aos pais: uma prestação de serviços, mesmo injusta do ponto de vista da igualdade, torna-se, assim, legítima, como livre manifestação de complacência. Esta segunda atitude só se observa entre os maiores; os menores confundem, quase sistematicamente, a gentileza com a obediência. Eis alguns exemplos:

PER (onze anos e nove meses). Hist. I: *"Ele foi comprá-lo.* — Era justo? — *Não era justo, mas era complacente."* BALT (onze anos e nove meses). Hist. II: *"Ela foi.* — O que ela pensou? — *Que o irmão não era gentil.* — Era justo que ela fizesse isso? — *Não era justo, mas para a mãe ela fez."* CHAP (doze anos e oito meses) responde que *"seu chefe o aborreceu"*, a propósito da hist. I, mas diz, no que se refere à hist. II: *"Isto depende de seu caráter. Se gosta de sua mãe, ele o fará senão, não; fará como a irmã, para não trabalhar mais que ela."* PED (doze anos e cinco meses) faz, ele mesmo, a distinção que nos parece melhor caracterizar o presente tipo de respostas, e isto a propósito da hist. I: *"Ele deve ir comprar o pão.* — O que ele pensou? — *Meu chefe mandou: devo prestar-lhe um serviço.* — Era justo? — *Sim, era justo, porque foi por obediência: não seria inteiramente justo se o obrigassem, mas, se ele aceitou, era justo."* Não poderíamos enunciar melhor o princípio de autonomia, que caracteriza a atitude da qual falamos: se nos obrigam a fazer algo contrário à igualdade, é injusto, mas, se aceitamos prestar serviço, fazemos algo superior à justiça rigorosa, e eqüitativo perante o chefe.

GIL (doze anos). Hist. II: *"Ele não etava contente. — Ele o fez? — Oh!* sim. — Era justo? — *Não.* — Por que ele fez? - *Para agradar à mãe."* FRI (doze anos, F.). Hist. II: *"Ela poderia recusar. Sabia que o irmão ia brincar e ela devia trabalhar.* — Foi justo ou não, fazê-lo? — *Não justo.* — Você teria feito ou não? — *Teria feito para agradar minha mãe."*

Deste modo vemos destacar-se, do conjunto destas respostas, uma lei de evolução bastante clara. Na verdade, não é possível falar de estágios propriamente ditos, porque é muito duvidoso que cada criança passe sucessivamente pelas quatro atitudes que acabamos de descrever. Em grande parte, é questão de caráter e educação recebida. A quarta das reações descritas poderia, assim, apresentar-se muito cedo uma vez substituída a absurda obediência sem discussão ("Eu quero e é assim") por um apelo à cooperação. Conhecemos uma menina que, já aos três anos, aceitava tudo, dizendo a mãe: "Quero ajudá-la", quando seu orgulho se opunha a qualquer coação. Além disso, como já o dissemos, embora convenha repeti-lo para prevenir a inevitável objeção, é evidente que os resultados do interrogatório estão em atraso com os da experiência real.

Mas, feitas estas reservas, parece-nos possível distinguir três grandes etapas no desenvolvimento da justiça distributiva em relação com a autoridade adulta (e veremos que ocorre o mesmo entre crianças).

Durante uma primeira etapa, a justiça não é diferenciada da autoridade das leis: é justo o que o adulto mande. É, naturalmente, durante esta primeira etapa, que a justiça retributiva prevalece sobre a igualdade, assim como o entrevimos no decorrer do item anterior. Portanto, poderíamos caracterizar esta primeira fase pela ausência da noção de justiça distributiva, uma vez que esta implica uma certa autonomia e libertação em relação à autoridade adulta. Mas é verossímil que há algo muito primitivo na relação de reciprocidade, e encontramos germes de igualitarismo desde as primeiras relações das crianças entre si. Apenas, enquanto predomina o respeito pelo adulto, isto é, precisamente durante toda esta primeira etapa, tais germes não poderiam dar lugar a manifestações reais, senão na medida em que não criam conflitos com a autoridade. Assim, uma criança de dois a três anos achará correto que um doce seja repartido igualmente entre ela e um colega, ou que o amigo lhe empreste os brinquedos como ela empresta os seus próprios. Mas, se lhe afirmamos que é preciso dar mais ao outro ou guardar mais para si, logo transformará isto num dever ou num direito. É duvidoso, pelo contrário, que tal atitude possa subsistir muito tempo numa criança normal de dez ou doze anos: para esta última, a justiça está baseada num sentimento autônomo, superior às ordens recebidas.

Durante uma segunda etapa, o igualitarismo desenvolve-se e prevalece sobre qualquer outra consideração. A justiça distributiva opõe-se, assim, em caso de conflitos, à obediência, à sanção e mesmo, muito freqüentemente, às razões mais sutis que serão invocadas durante o terceiro período.

Enfim, durante uma terceira etapa, o igualitarismo simples cede o passo diante de uma noção mais refinada da justiça, que podemos chamar a "eqüidade", a qual consiste em nunca definir a igualdade sem considerar a situação particular de cada um. No campo da justiça retributiva, a eqüidade consiste em determinar as circunstâncias atenuantes, e vimos anteriormente que esta consideração intervém bem tarde nos juízos da criança. No campo da justiça distributiva, a eqüidade consiste em considerar as circunstâncias de idade, dos serviços anteriores etc., numa palavra, a matizar o igualitarismo. Veremos novos exemplos deste processo no decorrer do próximo item.

Passemos, agora, à análise de novos casos nos quais o respeito pela autoridade e o sentimento de justiça entram em conflito. Não somente ocorre que a criança deseja a igualdade com seus semelhantes. É, em certas circunstâncias, a igualdade com o próprio adulto que ela reclama. A Srta. Rambert teve, a este respeito, a feliz idéia de estudar a situação tão comum da criança que fazemos esperar numa loja para atender, antes dela, as pessoas maiores. Perguntou a seus examinandos: "É justo fazer as crianças esperar nas lojas e servir primeiramente as pessoas grandes?" A reação foi extremamente cara. Quase todas as crianças responderam categoricamente que "não". Foram apenas os menores dos indivíduos interrogados que hesitaram afirmá-lo, mas a maioria das próprias crianças de seis anos sustentaram, com uma precocidade admirável, que cada um deve ser atendido quando for sua vez.

Eis dois exemplos de indivíduos respeitosos da primazia do adulto:

SAN (seis anos e meio): *Os pequenos não têm tanta pressa como as pessoas grandes.*"

PAI (sete anos e meio): *"Aquele que chega primeiro deve ser servido primeiro.* — Será que as crianças têm tanto direito como as pessoas grandes? — *Não, porque são menores e não sabem mandar muito bem. As pessoas grandes têm muitas coisas para fazer e devem apressar-se."* Pai acrescenta que se alegra de ser grande *"para poder mandar".*

E alguns exemplos dos que exigem a igualdade pura:

MART (nove anos): *"Eles* [os comerciantes] *não devem deixar as crianças esperar.* — Por quê? — *Porque não é justo deixá-las esperar. Devem sempre servir as pessoas maiores por último* [= na sua vez]. — Por quê? — *Porque, às vezes, as crianças pequenas também têm pressa e não é justo* [fazê-las esperar]. — É preciso servi-las na sua vez ou antes das pessoas maiores? — *Na sua vez."*

DEP (nove anos): *"Não é justo. É preciso servir cada um por sua vez."*

BA (dez anos): *"Deveria servi-la* [a criança] *na sua vez. — Por quê? — Porque não é justo servir os que chegaram depois."*

PRE (dez anos): *"Mesmo se era pequena, não devia esperar. Ela fazia compras como as pessoas maiores."*

216

Vemos como é clara a necessidade de igualdade que comprovam estas respostas e como refletem as experiências vividas no dia a dia.

Para terminar o exame destas tomadas de contato entre a autoridade e a igualdade, procuremos, ainda, analisar duas situações escolares, onde os mesmos fatores podem encontrar-se em jogo: por que não se deve "colar" na escola e podemos alegar se é interesse do adulto ou se o adulto o determina? A "cola" é uma reação de defesa que nosso sistema pedagógico desenvolveu como pura invenção do escolar. Em lugar de considerar as tendências psicológicas profundas da criança, que a levariam ao trabalho em comum — não se opondo a emulação à cooperação — a escola condena o aluno ao trabalho isolado e só tira partido da emulação para dispor os indivíduos uns contra os outros. Este sistema de trabalho puramente individual, excelente se o objetivo da pedagogia é dar notas escolares e preparar para os exames, só tem inconvenientes se se propõe a formar espíritos racionais e cidadãos. Para limitar-nos ao ponto de vista moral, de duas coisas segue-se uma. Ou a concorrência prevalece, e cada um procura captar a benevolência do professor, sem se preocupar com o vizinho que tem dificuldade e que procura, desde então, "colar" se está prejudicado, ou então a camaradagem prevalece, e os escolares organizam juntos a "cola", para resistir em comum à coação escolar. O segundo destes sistemas de defesa surge, principalmente, nas classes grandes e, segundo nossas recordações pessoais, entre doze e dezessete anos. Disso não vimos nenhum vestígio nas crianças de escola primária que examinamos.[8] No primeiro sistema, o problema que se coloca é saber por que a "cola" é condenada: por que é proibida pelo professor ou por que é contrária à igualdade entre crianças?

Mesmo aqui o resultado da pesquisa é bem claro: mostra uma diminuição gradual das preocupações com a a autoridade e um aumento correlativo da necessidade de igualdade. Este resultado é tanto mais supreendente quanto, no caso particular, autoridade e igualdade não são as duas soluções possíveis. À questão: "Por que não se deve copiar do colega?" as respostas dadas podem, com efeito, ser classificadas em três tópicos: 1? É proibido: "é vilão", "é uma trapaça", "uma mentira", "nos punem" etc. Agrupamos todas estas respostas no mesmo tópico, porque, se analisamos a argumentação da criança, a razão última é sempre a proibição feita pelo adulto: é feio "colar", porque é enganar etc.,

---

8. Isto é devido, talvez, a que tais confissões não são fáceis nem de fazer nem de provocar. Mas, se apelamos para as nossas recordações, esta "cola" em comum, se bem que não confessada, nunca nos pareceu como uma falta. Tranqüilamente fizemos juntos, durante anos, todas as nossas tarefas de casa e organizamos, na medida do possível, o "sopro" nas provas de classe. Este trabalho clandestino em comum, além do mais, não nos foi completamente inútil, e lembramo-nos de muitas coisas aprendidas em discussão com os colegas. Mas é evidente que diminui muito o esforço individual. O trabalho em comum que realiza em classe a "escola ativa" não tem exatamente este inconveniente.

e é feio enganar etc., porque é proibido. 2º É contrário à igualdade (isto causa prejuízo ao colega, é um roubo que lhe fazemos etc.). 3º É inútil (não aprendemos nada, somos sempre apanhados etc.). Esta terceira espécie de resposta é, provavelmente de inspiração adulta: a criança limita-se a repetir a lição ouvida por ocasião de uma "cola". Só é representada a partir dos dez anos: 5% aos dez anos, 4% aos onze anos e 25% aos doze anos. O motivo da autoridade é invocado nas seguintes proporções: 100% aos seis e sete anos, 80% aos oito anos, 88% aos nove anos, 68% aos dez anos, 32% aos onze anos e 15% aos doze anos. Portanto, o decréscimo é claro. A grande maioria destas crianças limita-se a dizer que a "cola" é proibida. Uma pequena minoria, apenas, compara-a à mentira. Enfim, a igualdade é a razão que defendem 16% de oito a nove anos, 26% daqueles de dez anos e 62% das crianças de onze e doze anos. Portanto, geralmente, a igualdade prevalece com a idade, enquanto a importância da proibição adulta decresce proporcionalmente.

Eis os exemplos de respostas que apelam para a autoridade:

MON (seis anos e meio): "Por que não se deve copiar do colega? — *O professor nos repreende.*"
DEP (seis anos e meio): "*A professora nos pune*".
THÉ (seis anos e meio): "*Porque é vilão.*"
MIR (seis anos e meio): "*É feio. Somos punidos.*"

A definição "a cola é uma trapaça" só é dada por 5% das crianças de oito e nove anos e por 10% dos casos de dez a doze anos.

MART (nove anos): "*Ele não devia copiar de seu colega. Ele enganou.* — Por que não devia copiar? — *Porque é uma trapaça.*"

Eis agora, exemplos de crianças que invocam a igualdade:

THÉ (nove anos e sete meses): "*Deve procurar por si próprio. Não é justo que tenham a mesma nota. Deve procurar por si próprio.*"
WILD (nove anos e quatro meses): "*É roubar o seu trabalho.* — E se o professor não sabe? — *É vilão por causa da vizinha.* — Por quê? — *A vizinha poderia obter* [uma boa nota] *e tira-se-lhe o lugar.*"

Citamos, enfim, uma criança à qual a "cola" parece inteiramente natural e para a qual a solidariedade entre crianças prevalece, evidentemente, sobre o desejo de competição.

CAMP (onze anos e dez meses): "O que você acha da cola? — *Para os que não podem aprender, deveriam poder olhar um pouquinho, mas para os que podem aprender, não é justo.* — Um menino copiou os problemas do colega — Foi justo? — *Ele não deveria copiar. Mas, se não tinha inteligência, isto, em suma, era-lhe um pouco permitido.*"

Esta última atitude parece excepcional entre as crianças que examinamos. Mas muitas outras talvez tenham pensado a mesma coisa, sem ter ousado dizê-lo.

Considerando apenas a letra das respostas comuns que apelam para a igualdade, poderia parecer que, na criança, a concorrência prevalece sobre a solidariedade. Isto é apenas uma aparência. Na realidade, a igualdade cresce com a solidariedade. É o que nos mostrará o estudo de uma última questão, cuja análise faremos agora, para obter um suplemento de informação sobre os conflitos entre a autoridade adulta e a igualdade ou a solidariedade infantil. É a questão da "delação".

O desprezo de todos os escolares e as sanções espontâneas que surgem relativamente aos "espiões" ou "hipócritas" (a linguagem da criança por si só é significativa...) mostram bem que tocamos num ponto essencial da moral infantil. É certo quebrar a solidariedade entre crianças em proveito da autoridade adulta? Em regra geral, o próprio adulto, se tem a mínima generosidade, acha que não. Mas acontece, excepcionalmente, que alguns professores ou certos pais são bastante desprovidos de senso pedagógico para obrigar a criança a denunciar. Será preciso, neste caso, obedecer ao adulto ou respeitar a lei da solidariedade? Propusemos a questão, colocando a história por conta de um pai muito afastado no tempo e no espaço:

"Havia uma vez, muito longe daqui e há muito tempo, um pai que tinha dois filhos. Um era bem comportado e obediente. O outro era um bom tipo, mas freqüentemente fazia tolices. Um dia o pai saiu de viagem e disse ao primeiro: 'Você olhará bem para o que faz seu irmão e, quando eu voltar, você me contará. O pai se foi e o irmão fez alguma tolice. Quando o pai voltou, pediu ao outro que lhe contasse tudo. O que ele deveria fazer?"

O resultado obtido aqui é ainda mais claro. A grande maioria dos pequenos (quase 9/10 de seis e sete anos) acha que se deve contar tudo ao pai. A maioria dos maiores (mais de oito anos) acha que não se deve dizer nada, e alguns chegam mesmo a preferir a mentira à traição de um irmão.

Eis o exemplo das diferentes atitudes adotadas, a começar pela submissão completa à autoridade:

WAL (seis anos): "O que devia dizer? — *Que ele* [o outro] *foi maldoso.* — Era justo dizer isto ao pai? — *Justo.* — Conheço um menino, na mesma história, que disse ao pai: 'Escute, não me interessa o que fez meu irmão. Pergunte a ele mesmo.' Teve razão de dizer isto ao seu pai? — *Não teve razão.* — Por quê? — *Era preciso dizer.* — Você tem um irmão? — *Sim.* — Então digamos que você fez um borrão em seu caderno, na escola. Seu irmão volta para casa e diz: 'Ali está Wal, que fez um borrão.' Tem razão de dizer isto? — *Tem razão.* — Você sabe o que é um delator? — *É um que diz o que ele* [o outro] *fez.* — É delatar se seu irmão diz que você fez um borrão? — *Sim.* — E na minha história? — *Não é delatar.* — Por quê? — *Porque o pai lhe ordenara.*"

SCHMO (seis anos): "*Devia dizer que ele* [o outro] *era ruim. Devia dizer o que o outro fez. O pai lhe mandara.* — O menino respondeu ao pai: 'pergunte você mesmo a meu irmão. Eu não quero dizê-lo.' Foi gentil, ou não, responder assim? — *Não foi gentil, porque o pai lhe ordenara.*"

219

DESA (seis anos): *"Era preciso que ele o dissesse. O pai lhe ordenara.* — Devia dizê-lo ou não? — *Devia dizê-lo.* — Se ele respondesse: 'Não me interessa o que faz meu irmão.' está bem? — *Poderia dizê-lo.* — É melhor dizer isto ou dizer o que o irmão fez? — *Sim, era melhor dizer o que o irmão fez.* — Você sabe o que é um delator? — *Não."*

SCHU (seis anos): "Devia contá-lo ou não? — *Sim, porque o pai lhe dissera para contar o que fez o irmão.* — Devia dizer tudo? — *Quando fazemos muitas coisas más, é preciso dizer tudo.* — E as pequenas coisas erradas? — *Não, porque não são grandes* [esta distinção anuncia o estágio seguinte!] — É delatar? — *Não: se perguntam, não é delatar.* Ele poderia dizer: 'Jean lhe dirá por si mesmo?' — *Não.* — Ou então: 'Pergunte ao Jean. Isto não me interessa?' — *Não.* — É gentil contar o que fez o irmão? — *Sim."*

CONST (sete anos): "*Era preciso contar. O pai o perguntou.* — Você sabe o que é delatar? — *É dizer as coisas.* — Era delatar ou não? — *Delatar.* — Você tem irmãs? — *Sim, uma. Ela tem onze anos.* — Você delata o que você faz? — *Sim.* — Conte-me uma vez em que ela delatou. Delatou a quem? — *À minha mãe.* — Conte-me — *Eu não podia sair. Saí assim mesmo.* — Foi gentil, ou não, delatar? — *Gentil.* — Ela teve razão, ou não, de delatar? — *Teve razão.*

SCHMA (oito anos): "*Devia dizê-lo.* — Era justo ou não? — *Justo.* — Uma vez ele disse que não lhe interessava. — *Não era justo, porque o pai lhe mandara dizê-lo.* — Ele delatou? — *Neste caso, devia dizê-lo, porque o pai lhe perguntaria, e, em outros casos, não devia dizê-lo, por que não lhe perguntaram."*

IN (nove anos): "*Devia contar.* — Vou contar-lhe três histórias: na primeira, ele contou, na segunda, disse ao pai que perguntasse ele mesmo ao irmão, e na terceira, disse que o irmão não fez nada. Qual é a melhor? — *A primeira.* — Por quê? — *Porque disse o que ele* [o irmão] *fez, como o pai lhe mandara.* — Qual é a mais gentil? — *A primeira.* — E a mais justa? — *A primeira também.* — Você sabe o que é delatar? — *Dizemos o que um outro fez.* — E aqui? — *Não delatou. Obedeceu."*

Eis, agora, os casos de crianças que se opõem à delação:

TEHU (seis anos e dez meses): "*Eu não diria ao pai, porque seria delatar, Diria: 'Ele foi bem comportado.'* — Mas, se isto não é verdade? — *Teria dito: 'Ele foi bem comportado.'* — Um menino disse: 'Isto não me interessa. Pergunte a ele mesmo.' Está certo? — *Não posso dizer que isto não me interessa. Diria: 'Ele foi bem comportado'."*

LA (sete anos e meio): "O que você acha? — *Eu não delataria, porque o pai lhe bateria.* — Você não diria nada? — *Não, diria que ele não fez tolices.* — E se o pai lhe pergunta? — *Diria que ele não fez tolices."*

FAL (oito anos): "Ele devia contar? — *Não, porque é delatar.* — Mas o pai lhe perguntara. — *Não devia dizer nada, dizer que ele fora gentil.* — Seria melhor não dizer nada, não responder, ou dizer que ele fora gentil? — *Dizer que ele fora gentil."*

BRA (nove anos): "*Não era bonito da parte daquele que ia delatar.* — Mas o pai lhe perguntara. O que ele devia fazer? — *Não delatar."*

MCHA (dez anos): "*Devia dizer que ele não fizera nada.* — Mas o irmão brincou com a bicicleta de seu pai e furou um pneu. O pai não poderia ir de bicicleta ao seu escritório, no dia seguinte, e chegaria atrasado. — *Assim mes-*

mo não devia fazê-lo... [depois de uma hesitação]... *devia dizê-lo para que pudesse consertá-la logo em seguida.''*

Eis, finalmente, dois exemplos de indivíduos hesitantes. São, como sempre, os mais instrutivos, porque permitem observar a natureza dos motivos contraditórios que inspiram uma ou outra tese:

ROB (nove anos): *"Eu não sei nada.* — Será que o menino devia dizê-lo? — *É um pouco justo, porque o pai lhe dissera* [perguntara]. — Então que fazer? — *Poderia dizer uma mentira ao pai, porque* [sem isto] *seria delatar. Mas era obrigado a dizê-lo.* Qual é o tipo mais elegante, aquele que disse o que o irmão fez, ou aquele que disse uma mentira? — *Aquele que não teria delatado.* — E qual seria o mais elegante? — *Aquele que não teria delatado.* — Qual seria o mais justo? — *O que delatasse, por que o pai mandara.''*
WA (dez anos e três meses): *"Fizera bem, porque o pai pedira para lhe contar* [tom hesitante]. — Você tem certeza ou está em dúvida? — *Estou em dúvida.* — Por quê? — *Porque pensei que eu podia também não dizer nada para não fazer punir o irmão.* — É difícil, hein? — *Sim.* — Então, qual você acha o tipo mais elegante? — *O que não disse nada.* — Como é preciso fazer? — *Era melhor que ele não dissesse nada.* — O que diria? — *Que ele foi bem comportado.''*

Vemos o mecanismo destes julgamentos. De um lado, há a lei, a autoridade: uma vez que pedimos para delatar, é justo delatar. Mas, por outro lado, há a solidariedade entre crianças: é feio trair um amigo a favor de um adulto, e, pelo menos, ilegítimo intervir nos negócios do vizinho. A primeira atitude predomina entre os pequenos, em relação com todas as manifestações estudadas anteriormente do respeito pelo adulto. A segunda prevalece entre os maiores, pelas razões esclarecidas, igualmente, em tudo o que precede. Esta segunda atitude é mesmo tão firme em alguns, que conduz o indivíduo a justificar a mentira como meio de defender outrem.[9] Ainda mais que os resultados anteriores, os deste interrogatório mostram-nos a oposição das duas morais, a da autoridade e a da solidariedade igualitária. A este respeito, a estilística infantil é, por si só, altamente significativa, e podemos dizer que os termos empregados pela criança para designar as condutas escolares bastam para diferenciar os dois tipos de reação. O termo mais representativo que simboliza o primeiro tipo é "santinho". É "santinho" aquele que ignora seus companheiros, para conhecer apenas o professor, e toma sempre o partido do adulto contra as crianças. É o aluno submisso e bem comportado. Eis como o definem algumas crianças de dez a doze anos: "É o que vai sempre agarrado à saia da mãe", "é um bajulador", "é um puxa-saco" [= idem], é "aquele que delata" etc. O oposto

---

9. Seja dito de passagem, temos aí um caso claro de avaliação da mentira em função da intenção. As crianças que acham "elegante" mentir para proteger um irmão disseram-nos, bem claramente, que a mesma mentira seria "vilã" para proteger-se a si próprias.

do "santinho" é o "tipo elegante", que terá contas a ajustar com a autoridade estabelecida, mas que encarna a solidariedade e a eqüidade entre crianças: "É o que dá tudo o que tem aos outros" "é o que não delata". "É um menino que joga de novo com os outros, quando ganhou tudo nas bolinhas", "é o que é justo" etc.

Fazemos, aqui, apenas psicologia e não tomamos posição do ponto de vista moral. Entretanto, podemos colocar-nos uma questão que depende do prognóstico caracterológico: qual, do "tipo elegante" ou do "santinho", será mais tarde o que constituirá, para a consciência comum, o homem honesto e bom cidadão? Dada a forma de nosso sistema pedagógico atual, podemos afirmar que o "tipo elegante" tem todas as probabilidade de continuar assim a vida inteira, enquanto o "santinho" tornar-se-á apenas um espírito estreito, cujo moralismo prevalecerá sobre o senso humano.

Portanto, as conclusões a tirar dos fatos aqui assinalados parecem as seguintes: a justiça igualitária desenvolve-se, com a idade, às custas da submissão à autoridade adulta, e em correlação com a solidariedade entre crianças. Logo, o igualitarismo parece derivar dos hábitos de reciprocidade próprios do respeito mútuo, mais do que do mecanismo dos deveres que derivam do respeito unilateral.

6. *A JUSTIÇA ENTRE CRIANÇAS*

Se o resultado de nossas análises anteriores é exato, são as relações entre coetâneos que constituem o meio mais propício ao desenvolvimento da noção de justiça distributiva e ao das formas evoluídas da justiça retributiva. A sanção expiatória e as formas primitivas da justiça retributiva, pelo contrário, seriam oriundas das relações de adultos, com crianças. Chegou o momento de proceder a uma verificação direta destas hipóteses, pesquisando como a criança concebe a justiça entre colegas. Dois pontos devem ser considerados: as sanções entre crianças e o igualitarismo.

Há incontestavelmente, na vida social entre crianças, elementos de justiça retributiva: o trapaceiro é afastado do jogo, o briguento recebe "surras" em troca daquelas que dá etc. Mas o problema é saber se estas sanções são da mesma natureza daquelas das quais a criança geralmente é objeto por parte do adulto. Parece-nos que não. A sanção adulta provoca no espírito da criança idéias de expiação. Uma mentira, uma insubordinação acarretam, por exemplo, a privação de um prazer ou um isolamento. A criança recebe esta punição como uma espécie de reposição em ordem, que suprime a falta, apaziguando a autoridade. Pelo menos, a punição só é considerada como "justa" na medida em que existem o sentimento de autoridade e o remorso de ter ofendido a autoridade. Por isso é que, com os anos e a diminuição do respeito unilateral, o número de sanções aprovadas pela criança diminui progressivamente. Como vimos no início deste capítulo, a sanção "por reciprocidade" suplanta, pouco a pouco, a sanção expiatória e acaba mesmo, em muitos casos, por ser considerada como inútil e nociva. Ao contrário, as sanções de crianças para crianças não poderiam, absolutamente, basear-se no sentimento de autoridade (exceção feita, para as relações de caçulas e mais velhos, no caso dos jogos regrados, por exemplo) e, por conseqüência, não poderiam escapar da noção de expiação. Também veremos que quase todas entram no que chamamos sanções "por reciprocidade", e que são consideradas como "justas" na medida em que aumentam a solidariedade e a necessidade de igualdade entre crianças.

Podemos, mais ou menos arbitrariamente, distinguir duas classes de sanções entre crianças: as sanções coletivas, mais ou menos codificadas, e as sanções particulares. As primeiras encontram-se essencialmente no jogo, quando um dos jogadores transgrediu um regra usual. As segundas surgem ao acaso, sempre que os maus procedimentos de uns desencadeiam a vingança dos outros e esta vingança é submetida a certas regras que a tornam legítima. Ora, entre estas últimas sanções, veremos que nenhuma pode ser classificada nas sanções expiatórias: quando um menino retribui os golpes que recebeu etc., ele não procura castigar, mas simplesmente indicar uma exata reciprocidade. Também veremos que o ideal não é retribuir mais, mas distribuir matematicamente o que se recebeu. Quanto às sanções coletivas, são igualmente, quase todas, do tipo das sanções "por reciprocidade", salvo uma ou duas exceções, que precisamo analisar de perto.

No domínio do jogo, por exemplo, só encontraremos sanções não expiatórias. O trapaceiro é excluído da partida, e, segundo a gravidade da falta, sua exclusão dura um tempo maior ou menor. As bolinhas ganhas indevidamente são restituídas ao proprietário ou repartidas entre os parceiros honestos. Do mesmo modo, nas trocas, o forte que abusa do fraco é chamado à ordem pelos mais fortes que ele: fazem-no devolver o objeto mal adquirido em caso de ajuste ilícito etc. Em nada disto tudo há propriamente castigos expiatórios: trata-se de sanções restitutivas, de exclusões indicando a ruptura do elo de solidariedade etc. É só em certos casos de gravidade excepcional, nos crimes que Durkheim caracteriza pela ofensa feita aos sentimentos "fortes e definidos da consciência coletiva", que notamos o aparecimento da sanção expiatória. Por exemplo, num certo colégio de Neuchâtel, os "hipócritas" (delatores) são ritualmente conduzidos "ao jugo", isto é, a coletividade inteira espera-os após as aulas, para levá-los, à força, para a margem do lago e mergulhá-los completamente vestidos na água fria. Mas donde vem a legitimidade desta expiação aqui reconhecida por todos? Há, evidentemente, em cada um, o sentimento de uma autoridade moral que preside a estas espécies de punições. Mas esta autoridade é a do atual grupo considerado no mesmo instante do acontecimento? As crianças que constituem a classe num dado momento, e que mantêm entre si relações de reciprocidade, chegam a criar, pelo próprio fato de seu agrupamento, uma consciência coletiva, impondo a cada um seu caráter sagrado e equivalente, assim, à autoridade adulta? Neste caso, a distinção entre cooperação e coação tornar-se-ia ilusória: a reunião de um certo número de indivíduo que vivem em reciprocidade uns com os outros bastaria para produzir a mais rígida das coações. Mas as coisas não são tão simples, e intervém, na realidade, nos fatos que discutimos, um fator de idade e tradição, o qual torna o exemplo comparável ao da pressão exercida pelo adulto sobre a criança. Com efeito, a submissão do culpado "ao jugo" é um costume antigo e venerável, e a classe, que por um instante está investida do direito divino de castigar o criminoso, tem plena consciência de prolongar uma tradição secular. Ora, acreditamos que é devido a esta coação da tradição que a sanção parece justa e se torna expiatória. Temos a recordação bem nítida de ter experimentado dois sentimentos contraditórios a primeira vez que testemunhamos como colegiais a uma destas imersões sagradas: de um lado, o sentimento de barbárie do castigo (era em pleno inverno), mas, por outro lado, um sentimento de admiração e quase respeito pelos "velhos" da classe, que podiam, deste modo, encarnar o papel que cada um sabia que fora desempenhado pelos dirigentes das classes superiores em circunstâncias semelhantes. Em suma, simples vingança, de início, e vingança talvez sentida como cruel pelas crianças não diretamente interessadas, a imersão dos "hipócritas", ritualizando-se e transmitindo-se de gerações a gerações, tornara-se, para nós, a expressão de uma justa expiação. Vemos assim que, nos casos raros em que as sanções entre crianças são propriamente expiatórias, intervém um fator de autoridade, de respeito unilateral e de coação das gerações umas sobre as outras. Quando este fator não tem função, as sanções entre crianças são e permanecem simples sanções "por reciprocidade".

Vamos, agora, às sanções "particulares". A sanção particular é, em sua origem, a vingança: retribui o mal com o mal, como retribuímos o bem com o bem. Mas esta vingança é suscetível de submeter-se a regras e, nesta mesma proporção, parecer legítima?

Veremos que é exatamente assim, e esta legitimação progressiva está em correlação direta com o desenvolvimento da igualdade e da reciprocidade entre crianças.

A Srta. Rambert propôs, às 167 crianças que observou, as duas questões seguintes: I) "Havia, numa escola, um menino maior que batia num menor. O pequeno não podia revidar seus golpes, porque era muito fraco. Então, um dia, no recreio, escondeu o pão e a maçã do maior num velho armário. O que você acha disso?" — II) "Se lhe dão um soco, o que você faz?"

A estatística mostra, claramente, que a reciprocidade aumenta com a idade e na mesma proporção a sanção parece justa. No que se refere à primeira história, há duas respostas possíveis: "é vilão", ou o pequeno fez bem em retribuir. A segunda resposta foi dada nas seguintes proporções:

6 anos	7 anos	8 anos	9 anos	10 anos	11 anos	12 anos
19%	33%	65%	72%	87%	91%	95%

Eis exemplos de crianças que reprovam o pequeno (são, principalmente, coisa curiosa, os próprio pequenos):

SAV (seis anos): *"Ele não deveria fazê-lo, porque é mau.* — Por quê? — *Porque temos fome, e depois procuramos, e depois não encontramos mais.* — Por que o pequeno lhe tomara o pão? — *Porque o grande era mau.* — Deveria tomá-lo ou não? — *Não, porque é mau."*
PRA (seis anos): *"Não deveria fazê-lo, porque o pão era do maior.* — Por que o fez? — *Porque o grande sempre batia no pequeno.* — Deveria deixar-se bater? — *Não, deveria defender-se, não permitir, fugir.* — Por que não deveria pegar o pão? — *Não é justo pegar. Não devemos pegar."*
MOR (seis anos): *"Não deveria pegá-lo.* — Por quê? — *É mau. Por que o fez? — *O outro bateu.* — Era justo pegar? — *Não justo, deveria contar à professora."*
BLI (seis anos): *"Não deveria, porque era um ladrão.* — Como devia fazer? — *Dizer à mãe dele.* — Devia devolver os golpes? — *Não; é a mãe dele que o repreenderá."*
DÉD (sete anos): *"Não deveria fazê-lo, porque não era gentil.* — Por que o fez? — *Porque o irmão lhe batia sempre.* — Como devia fazer? — *Deixar-se bater e contar à mãe. Não defender-se ele mesmo."*
RIC (sete anos e seis meses): *"Não deveria, porque é desobedecer."*
TEA (oito anos). *"Não deveria fazê-lo.* — Por quê? — *Depois, o outro procurou por toda parte e não pôde comer.* — Por que ele escondeu o pão? — *Porque o maior lhe batera.* — Então é justo? — *Não.* — Por quê? — *Devia contar ao professor."*
MAR (nove anos e oito meses): *"Não deveria fazê-lo.* — Por quê? — *Porque roubou.* — Mas o outro lhe batera? — *Devia contar ao professor.* — É justo vingar-se? — *Sim... (hesita) não."*
PRES (dez anos): *"Não devia.* — Por quê? — *Porque cometeu um roubo.* — O que devia fazer? — *Devia reclamar."*
JAC (onze anos): *"Não deveria fazê-lo, porque o maior nada teria para comer.* — Devia deixar-se bater? — *Não. Era preciso que se vingasse, pedir a alguém para ajudá-lo a se vingar. Mas não tirar-lhe o pão."*
TRIP (doze anos, F.): *"Quis vingar-se, mas não deveria. Quando nos fazem alguma coisa, não é preciso devolver, é preciso contar aos pais."*

Observamos qual é a atitude destas crianças. A maioria dos pequenos e alguns dos maiores acham que não se deve vingar, porque existe um meio mais legítimo e, ao mesmo tempo, mais eficaz de obter reparação: é recorrer ao adulto. Entre estes, ou trata-se de um cálculo sem nobreza ou então de uma predominância da moral de autoridade sobre a moral das relações entre crianças: pouco importa delatar (o que consti-

225

tui, pelo contrário, uma falta para esta última moral), é preciso fazer-se justiça. Para estes, a vingança é um mal, mas essencialmente porque é proibida. Não se deve retribuir o mal com o mal, mas se pode fazer punir quem cometeu o mal. Além disso, os pequenos condenam o herói da história, porque roubar é proibido qualquer que seja a intenção que justifique o roubo (realismo moral). Mas, nas crianças maiores há pouco citadas, a reação que predomina não é esta submissão ou este apelo à justiça adulta, mas sim a idéia de que não há relação suficiente entre o roubo do pãozinho e os golpes recebidos. Jac, que representa esta idéia, nos diz bem claramente que o pequeno deveria revidar os golpes ou fazê-lo por alguém mais velho, mas não roubar. O que é justo, portanto, é a reciprocidade e não a vingança bruta: é preciso retribuir exatamente o que se recebeu, mas não inventar uma espécie de sanção arbitrária, sem relação de conteúdo com o ato sancionado. Portanto, estes indivíduos estão muito próximos daqueles que aprovam o herói da história. Pelo menos, inspiram-se nas mesmas razões.

Eis exemplos dos que aprovam o pequeno:

MON (seis anos e meio): *"Devia fazê-lo. — Por quê? — Porque o maior sempre lhe batia. — Foi justo esconder-lhe o pão? — Sim. — Estava certo? — Sim."*

AUD (sete anos e meio): "Fez bem. — Por quê? — *Porque o irmão não devia bater-lhe. —* Era justo vingar-se? — ... [não compreende a palavra]. — Era vilão fazer como o pequeno? — *Não era vilão."*

HEL (sete anos e meio): *"Deveria fazê-lo. —* Por quê? — *Porque o maior sempre o incomodava. —* Era justo fazê-lo? — *Sim, é justo. —* E estava certo? — ... [reflete]. *Sim, está certo."*

JAQ (sete anos e meio, F.): "*Fez bem.* —Por quê? — *Porque o maior batia sempre. —* Foi justo? — *Sim."* "Mas Jaq, por outro lado, nos disse: 'É justo vingar-se? *Oh não!'"* Para ela, portanto, o gesto do pequeno não é um ato de vingança, mas uma sanção por reciprocidade.

WID (oito anos e nove meses): *"Deveria fazê-lo porque o maior lhe batia sempre*; — Foi justo? *Sim. —* Será que é justo vingar-se? — *Não se deve vingar."*

CANT (nove anos e três meses): *"Era preciso fazê-lo.* Por quê? — *Porque ele lhe havia batido. —* Foi justo fazê-lo? — *Sim. —* Estava certo? — *Não devia escondê-lo. —* Por quê? — *Não tinha que vingar-se. —* Como? — *Deveria dar pontapés."*

AG (dez anos) *"Fez bem, porque o maior em um covarde. —* Foi justo? — *Sim, porque não devem bater nos pequenos."*

BACIM (onze anos e um mês, F.): *"Devia fazê-lo, porque não podia defender-se. —* Foi justo fazer assim? — *Não muito justo, porque o maior recebera o pão e a maçã e não pôde comê-los. —* Como fazer para que isto seja inteiramente justo? — *Retribuir-lhe os golpes."* Portanto, o roubo do menor é tolerável, por falta da sanção correta, que consistiria em retribuir, exatamente, o que se recebeu.

COLL (doze anos e oito meses): *"De um lado, é justo, porque não tinha outros meios. Por outro lado, não é justo tirar o pão do irmão."*

Portanto, de duas coisas uma. Ou chamamos vingança o fato de retribuir exatamente o que recebemos, e então vingar-se é justo (caso

226

de Cant), ou bem chamamos vingança o fato de inventar, friamente, uma maldade que importunará aquele que nos prejudicou, e então é injusto vingar-se (casos de Jaq, Wid etc.). Mas, a respeito da história, todas estas crianças estão de acordo: o pequeno faria melhor, retribuindo, simplesmente, os golpes que recebeu; mas, na impossibilidade de assim proceder, era-lhe permitido restabelecer o equilíbrio, escondendo a merenda do grande.

A segunda questão (deve-se revidar os golpes recebidos) não apresenta estas dificuldades. Assim, as respostas são de grande simplicidade: embora afirmando, com muito sinceridade, que não se deve vingar (no sentido de vingança premeditada), nem retribuir o mal com o mal, as crianças sustentam cada vez mais, com a idade, que é de estrita justiça revidar os golpes recebidos. A Srta. Rambert obteve a seguinte estatística, separando meninos e meninas:

Idade (anos)		"É vilão" %	Revidar igualmente %	Revidar mais %	Revidar menos %
6	Meninas	82	18	—	—
	Meninos	50	37,5	12,5	—
7	Meninas	45	45	10	—
	Meninos	27	27	46	—
8	Meninas	25	42	8	25
	Meninos	45	22	33	—
9	Meninas	14	29	—	57
	Meninos	29	57	14	—
10	Meninas	—	20	—	80
	Meninos	8	54	31	7
11	Meninas	—	33	—	67
	Meninos	—	31	31	38
12	Meninas	—	22	—	78
	Meninos	—	67	10	23

Notamos que, apesar das inevitáveis irregularidades de detalhe, existe entre as meninas, como entre os meninos, uma tendência, cada vez mais acentuada com a idade, de considerar como legítimo revidar os golpes recebidos: enquanto mais da metade dos pequenos de seis anos e uma boa proporção das crianças de sete e oito anos acham ainda que "é vilão", esta resposta desaparece quase inteiramente depois dos nove anos. Mas, se esta evolução é comum às meninas e aos meninos, estes diferem, pelo contrário, daquelas a respeito da questão de saber se se deve revidar mais do que se recebeu, ou menos ou exatamente a mesma coisa. Os meninos, principalmente por volta dos sete-oito anos, estão inclinados a revidar mais, predominando, em seguida, a necessidade de igualdade por volta dos onze-doze anos. As meninas, ao contrário, tão logo deixaram, na maioria, de achar "vilão" revidar os golpes, acham que se deve revidar menos do que se recebeu.

Eis, primeiramente, exemplos dos que acham "vilão" revidar os golpes:

JEA (seis anos, F.): "Se lhe dão um tapa, o que você faz? — *Eu digo à professora.* — Por que você não revida os tapas? — *Porque é vilão.*" SAV (seis anos): "O que você faz? — *Eu vou dizer à minha mãe.* — Você revida? — *Não, tenho medo que me façam mal. Eu direi à professora para que ela o puna.* — Por que a professora deve puni-lo? — *Porque ele é mau.* — Se ele foi mau, é justo revidar-lhe um soco? — *Não, porque somos* [= porque seríamos] *maldosos.*" BRA (seis anos, F.): "O que você faz? — *Eu chamo minha mãe.* — Você revida? — *Não.* — Por que você chama sua mãe? — *Porque ele não deveria dar um soco.* — É justo revidar? — *Não é justo, é maldoso.*" AU (sete anos e nove meses): "O que você faz? — *Vou dizer ao meu pai.* — E se ele não está lá? — *À professora.* — E se ela não está lá, você revida os socos? — *Não.* — Por quê? — *Depois sou punido.* — É justo não revidá-los? — *Sim. Depois gostam de mim, e papai e mamãe ficam contentes.*" CHA (oito anos): "*Eu digo à professora. não revido: é feio.*" NEN (nove anos e sete meses, F.): "*Eu não revido nada. Quero dar-lhe bom exemplo. Não sou maldosa com ela.*"

Eis exemplos dos que revidam igualmente:

PRA (seis anos e meio): "*Não deixo que me acerte.* — Quanto você dá? — *Um por um. Se me deu somente um, eu revido apenas um. Se me deu dois, dou-lhe dois. Se me deu três, dou-lhe três.* — E dez? — *Revido-os também.* — É justo revidar? — *É justo.* — Por quê? — *Porque ele me deu também.*" SCA (sete anos e meio): "*Eu revido, não o quero* [o soco que me deu], *dou-lhe outro.* — É justo? — *Sim. Ah não, enganei-me. Nunca se deve revidar. Foi meu pai quem disse. Mas eu sou assim, não quero receber socos e pontapés.*"

Portanto, Sca sabe a lição, mas revida assim mesmo e acha justo revidar.

HEL (sete anos e meio): "*Eu revido dois se ele me deu dois, seis se me deu seis, quatro se me deu quatro.* — É justo revidar? — *Sim.* — Está certo? — *Sim.*" DIC (oito anos e seis meses, F.): "*Eu me defendo: revido um por um.* — Por que não mais? — *Porque o outro me daria o dobro* [= se eu revido dois por um, ele me daria quatro]. — É justo? *Sim.* — *Três por três. É preciso não se deixar bater. É preciso defender-se.* — Está certo? — *Não tanto.*" (Dic sabe que isto não é permitido.) LUC (nove anos e sete meses, F.): "*Eu revido.* — Quanto você revida? — *Tanto quanto ela me deu.* — Por que não mais? — *Para que assim fique a conta certa.* — Está certo? — *Sim.*" PI (dez anos): "*Eu revido um e, de acordo com a força* [do golpe recebido] *dois.* — Se ele lhe dá cinco? — *Devolve cinco.* — Por que não mais? — *Isso lhe faria mal a mais.*" ER (dez anos e dois meses) respondera na questão I que o pequeno não deveria roubar o pão e a maçã do maior: "Por quê? — *Não devemos guardar rancor de um outro.* — Por quê? — *Porque isto não é bonito.*" Mas quando lhe perguntamos o que faz quando recebe um soco, responde: *"Eu retribuo um.* — E se você recebe dois? — *Retribuo dois. Nunca é preciso mais, senão o outro nos dá mais um.* — Será que é justo revidar os golpes? — *Sim.* — E guardar rancor? — *Ah não! Guardar rancor não é revidar um soco."*

HEN (onze anos e dois meses): *"Eu lhe devolvo um soco.* — Se lhe dão dois? — *Devolvo dois.* — Se lhe dão três? — *Devolvo três.* — Por que não mais? — *Porque não quero ser mais maldoso que ele. Retribuo-lhe os seus.* — É justo? — *Não, porque eu deveria mostrar-me melhor que ele.* — É a mesma coisa vingar-se ou dar um soco? — *Não é a mesma coisa. Revidar é retribuir os socos. Vingar-se é uma baixeza."*

ELIS (onze anos, F.): *"Eu revido os golpes.* — É justo? — ... [hesita]. *Sim, é justo.* — Se lhe dão um golpe? — *Devolvo um. Se devolvo dois, não é justo."*

Eis exemplos de meninos que revidam mais:

JE (sete anos): *"O que você faz quando lhe dão um soco?* — *Devolvo dois.* — Se lhe dão três? — *Devolvo quatro.* — Será que é justo? — *Sim... Se ele é maior, faz mais mal* (justificação segundo o golpe!).

ET (dez anos): *"Se me dão um, devolvo dois. Se me dão dois, devolvo três."*

E de meninas que revidam menos:

BOE (oito anos e cinco meses, F.): *"É preciso revidar.* — Se lhe dão três? — *Revido um.* — Por que não três? — *É feio.* — É justo revidar? — *Não, não deveríamos revidar."*

BER (dez anos, F.): *"Eu revido menos, porque, se lhe devolvo a mesma coisa ou mais forte, ele recomeça.* — É justo revidar? — *Não muito."*

Observamos, por estes exemplos, que os que não querem revidar (e que na maioria são pequenos) são, antes de tudo, crianças submissas, que contam com o adulto para defendê-las e que se preocupam em respeitar ou fazer respeitar as ordens recebidas mais do que fazer reinar a justiça e a igualdade pelos meios próprios da sociedade infantil. Quanto às crianças que revidam os golpes, pelo contrário, trata-se, entre elas, de igualdade e de justiça, muito mais que de vingança propriamente dita. Os casos de Er e de Hen são particularmente claros: estes indivíduos reprovam a vingança premeditada, o cálculo mesquinho, mas defendem a reciprocidade exata por preocupação de justiça. Há, por certo, entre aqueles que revidam mais, uma atitude combativa que ultrapassa a necessidade de igualdade, mas precisamente esta atitude diminui de importância com a idade.

Passemos, agora, a uma questão que será de transição entre as da justiça retributiva e da justiça distributiva entre crianças: por que não se deve trapacear no jogo? Perguntamos à criança o que ela joga de preferência e lhe contamos a história de um pequeno que trapaceou (por exemplo, deslocou-se indevidamente no transcorrer do jogo de bolinhas etc.). Quando o indivíduo afirmar que é trapacear, perguntamos-lhe, então, por que não se deve trapacear. As respostas enquadram-se em quatro tópicos: 1º É vilão (proibido etc.). 2º É contrário à regra do jogo. 3º Isto tona impossível a cooperação ("não podemos mais jogar"). 4º É contrário à igualdade.

Se dividimos as crianças em dois grupos de idade, o primeiro de seis a nove anos (lembramo-nos que é por volta de nove anos que as regras começam a se estabilizar), o segundo de dez a doze anos, constatamos as seguintes mudanças de um grupo para outro. As respostas que apelam para a autoridade da regra (regra moral ou regra do jogo, isto é, respostas do tipo I e II) passam de 70% para 32%, enquanto as respostas que fazem apelo à cooperação ou à igualdade (tipos III e IV) passam de 30% para 68%. Podemos, além disso, detalhar estes dados: as respostas do primeiro tipo (é vilão, proibido etc., sem mais) passam de 64% para 8%, enquanto as do segundo tipo são 6% antes dos cinco anos e de 24% depois. As do terceiro tipo (cooperação) passam de 0 para 20% e do quarto (igualdade) de 30% para 48%.

Tal resultado é fácil de compreender, se lembramos nossa análise das regras do jogo. Para os pequenos, entre os quais predomina o respeito unilateral e que assemelham a regra do jogo à regra moral, trapacear é "vilão" como uma mentira ou uma palavra grosseira; é proibido pelas ordens e interdito pelas punições. Donde a abundância do primeiro tipo de respostas antes dos oito-nove anos: esta freqüência poderia, é verdade, explicar-se pelas dificuldades de análise próprias da inteligência dos pequenos, mas acrescenta-se aí, cremos, o elemento moral que acabamos de lembrar. Para os maiores, entre os quais a regra se tornou uma emanação direta do grupo autônomo, a trapaça é reprovada em nome de razões que apelam precisamente para a solidariedade e o igualitarismo que daí decorre.

Eis respostas do primeiro tipo:

DEM (seis anos e dois meses): *"É vilão. — Por quê? — Nunca devemos blefar* [= trapacear]. — Por quê? — *Meu irmão* [mais velho] *me disse."*

BRAIL (seis anos): *"Não é justo. Os outros não querem que blefemos. Dizem-nos: vá-se!"*

VAN (seis anos e meio): *"Porque não devemos. É vilão. — Por quê? — Porque é muito vilão. —* Por que é vilão? — *Porque nunca deveríamos fazê-lo. —* Por que não fazê-lo? — *Porque é muito feio. Não devemos nunca. —* Por que não devemos nunca? — *É assim mesmo."*

GREM (sete anos e dois meses): *"Não devemos. — Por quê? — Porque é vilão. —* Por quê? — *Porque é algo mal feito."*

GIS (oito anos, F.): *"Porque não é bonito. — Por quê? — Nunca se deve blefar. —* Por quê? — *É feio. —* Por quê? — *Não devemos blefar. É muito vilão."*

Percebemos que todos estes argumentos se reduzem, simplesmente, ao fato que é proibido. As respostas do segundo tipo não são muito diferentes:

ZUR (seis anos e seis meses): "*Não é do jogo.* — Por quê? — *Ele não deveria fazer isso.* — Por quê? — *Porque aquele que blefou estragou o jogo, não podemos mais brincar.* — Por quê? — *É vilão.*"
CHRI (seis anos e dez meses): "*É preciso não blefar.* — Por quê? — *Porque não é justo.* — Por quê? — *Porque isso não permitiria o jogo. O jogo seria falso.*"
WAL (sete anos e meio): "*Não é permitido, porque não é do jogo.*"
MARG (nove anos): "*Não é justo.* — Por que não se deve trapacear? — *Porque não é do jogo.* — Por quê? — *Não se deve.* — Por que não? — *Não é do jogo.*"

Eis, agora, exemplos do terceiro tipo (cooperação):

SCH (sete anos): "*Não se deve blefar. Sem isso* [não jogamos mais com os trapaceiros]. *Não gostamos mais deles.* — Por quê? — *Porque não somos mais bons coleguinhas.* — Por quê? — *Eles tornaram-se maldosos.*"
GO (sete anos e dois meses): "*Isto desorganiza o jogo e irrita os outros. Isto atrapalha todo o jogo, porque ele nos irritou. Não queremos mais jogar.*"
BRU (nove anos e dois meses): "*Isto atrapalha o jogo.*"
TIS (dez anos e um mês): "*Não queremos mais jogar.* — Por quê? — *Não é justo.* — Por quê? — *Se todos fizessem assim, ninguém mais jogará.*"
WI (dez anos): "*Não é justo: é enganar os outros.* — Por que é preciso ser justo no jogo? — *Para ser honesto quando se for grande.*" (Eis um menino que compreendeu como um jogo bem regrado é mais útil que uma lição de moral...)
THEV (dez anos, F.): "*É uma ação vilã.* — Por quê? — *Ela agiu mal. Não deveria fazer isso.* — E se ela perdia? — *Era melhor perder do que enganar.* — E se ela trapaceou e assim mesmo perdeu? — *Teria sido punida* [pelo próprio fato]. *Não era justo que ela ganhasse.* — Por que não se deve trapacear? — *Porque cometemos uma mentira.*"
PERO (dez anos): "*Dizemos-lhe: 'Você quer blefar, não o queremos mais!'* — Por quê? — *Porque aqueles que blefam são tipos sujos.*"
ZAC (onze anos): "*Não é bonito.* — Por quê? — *Não podemos mais brincar gentilmente. Chamamos-lhe mentiroso.*"
BOIL (doze anos e um mês): "*Se blefamos, não vale a pena jogar.*"

E, finalmente, casos do quarto tipo (igualdade):

MER (nove e seis meses): "*Não é justo.* — Por quê? — *Os outros não o fazem: é preciso não fazê-lo mais.*"
THEB (nove anos e sete meses): "*Não é justo para os outros.*"
PER (onze anos e nove meses): "*Não é justo: ganhamos o que não temos direito* [de ganhar]."
GUS (onze anos): "*Não é justo.* — Por quê? — *Os outros não blefam. Então não é justo.*"
GAC (doze anos): "*Isto seria injusto para com o outro.*"

Além disso, notamos que entre as respostas que apelam para a cooperação e aquelas que insistem sobretudo na igualdade, há todas as transições: a solidariedade e o igualitarismo são, com efeito, interdependentes na criança, como em toda parte. Portanto, há, em resumo, dois tipos essenciais de respostas: um recorrendo à autoridade (tipos I e II), outro, à cooperação (III e IV). É evidente que entre ambos existem os intermediários. Assim, entre as respostas de Thev e as do tipo I não há heterogeneidade absoluta. Mas, geralmente, os dois tipos são distintos e o segundo prevalece pouco a pouco sobre o primeiro. Sobre este assunto, podemos lembrar os resultados de uma pesquisa relativa à mentira (cap. II, 4) e que interessa também ao problema da igualdade entre crianças. É tão "vilão" mentir aos colegas quanto às pessoas, ou é diferente? Segundo os resultados da Srta. Rambert, 81% dos indivíduos de seis a nove anos acham mais vilão mentir aos adultos, enquanto, de dez a treze anos, 51% dos indivíduos acham que também é vilão mentir-se entre crianças, e, sobre estes 51%, 17% são de opinião que é mais vilão mentir a um colega do que a um adulto.

Passemos, agora, às questões de justiça distributiva propriamente dita nas relações de crianças com crianças. A este respeito, estudamos os dois pontos que parecem os mais importantes: a igualdade entre coetâneos e o problema das diferenças de idade. Eis as duas histórias empregadas para a análise da primeira destas questões:

HISTÓRIA I. Alguns meninos jogam bola juntos no pátio. Quando a bola sai do jogo e vai rolar na rua, um dos meninos vai, por sua conta, buscá-la várias vezes. Nas vezes seguintes, só pedem a ele que vá buscá-la. O que você acha disso?

HISTÓRIA II. Alguns meninos estavam sentados na grama para comer merenda. Cada um deles tinha um pãozinho, que colocara ao lado para comê-lo depois da broa. Um cachorro chegou sorrateiramente por trás de um dos meninos e tirou-lhe o pão. O que era preciso fazer?

Não precisamos de uma longa análise para destrinçar as respostas: por unanimidade, todos os meninos examinados afirmaram a necessidade moral da igualdade. No que se refere à primeira história, não é justo que seja sempre o mesmo a trabalhar pela coletividade, e, no que se refere à segunda, é preciso que cada um dê à vítima, para que se reconstitua uma parte igual à dos outros. Se insistimos nestas respostas, é simplesmente porque, em narrações análogas, mas onde a necessidade de igualdade se achava em conflito com a autoridade adulta, nos lembramos de que os pequenos davam razão à autoridade (5).

Eis alguns exemplos:

WAL (seis anos). Hist. I: "*Não é justo. — Por quê? — Porque é um outro que iria* [= que devia ir]. Hist. II: "*Era preciso repartir. — Por quê? — Para que eles tenham cada um a mesma coisa.*"

SCHMA (sete anos). Hist. I: "*Não é justo, porque deviam também pedir aos outros e cada um por sua.*" Ora, na história do pai que pede a um filho

para fazer mais compras que o outro, Schma respondera (5): *"É justo, porque o pai dissera que ele iria."* Quanto à hist. II: *"Era preciso que os outros repartissem com ele para que tivesse um pedaço."* Perguntamos então, para ver se esta necessidade de igualdade estará em choque com a autoridade: "Mas sua mãe não quer que lhe dêem outro. Diz que ele apenas deveria impedir o cachorro de apanhá-lo. É justo? — *Sim. Tinha de prestar atenção.* — E se a mãe nada dissesse, o que seria justo? — *Seria preciso repartir."*
DELL (oito anos). Hist. I: *"Não era justo. Deviam ir eles mesmos."* Hist. II: *"Era preciso repartir."*
ROB (nove anos). Hist. I: *"Cada um devia ir por sua vez."* Hist. II: *"Era preciso repartir.* — A mãe disse que não é preciso. — *Não é justo."*
FSCHA (dez anos). Hist. I: *"Um outro deveria ir."* Hist. II: *"Cada um deveria repartir metade com aquele que não tinha nada."*

Vimos anteriormente (5) tantos exemplos do desenvolvimento progressivo do igualitarismo entre crianças, que é inútil insistir.

Pelo contrário, uma última questão que se coloca é a do que a criança pensa das diferenças de idade. É preciso favorecer os maiores ou os pequenos, ou a igualdade deve estender-se a todas as crianças? Apresentamos aos nosso indivíduos as duas histórias seguintes:

HISTÓRIA I: Dois meninos, um pequeno e um grande, fizeram uma longa caminhada até a montanha. Ao meio-dia tinham muita fome e tiraram suas provisões da mochila. Mas viram que havia muito pouco para os dois. O que era preciso fazer, dar mais ao maior, mais ao pequeno ou a mesma coisa aos dois?

HISTÓRIA II: Dois meninos apostavam corrida (ou bolinhas etc.). Um era pequeno, o outro grande. Era preciso colocar os dois na mesma linha, ou o pequeno mais à frente?

A segunda questão complica-se pelo fato de que se trata de um jogo organizado e, por conseguinte, regrado por costumes tradicionais. Pelo contrário, a primeira permitiu-nos observar uma reação interessante: os pequenos são pela igualdade ou então, e principalmente, para que se favoreçam os maiores por respeito à idade, enquanto os maiores são pela igualdade ou então, principalmente, para que se favoreçam os pequenos por eqüidade.

Eis exemplos de respostas dos pequenos:

JAN (sete anos e meio): *"Era preciso dar a mesma coisa.* — Deram mais ao pequeno. Foi justo? — *Não. Deviam ter todos a mesma coisa. Todos a metade.* — Os pequenos não têm mais fome? — *Sim.* — Se você fosse o pequeno, o que faria? — *Daria menos para mim e mais para os maiores."*
NEU (sete anos e meio): *"Era preciso dar mais aos maiores.* — Por quê? — *Porque eles são maiores."*
FAL (sete anos e meio): *"Era preciso dar mais ao maior.* — Por quê? — ... — Se você fosse o pequeno, daria mais aos maiores? — *Sim.* — Devemos dar-lhes mais, ou então são eles que querem ter mais? — *Devemos dar-lhes mais."*

Eis meninos que preconizam a igualdade:

WAL (sete anos): *"É preciso dar a mesma coisa a cada um. — Por quê?
— ...* — Uma outra vez, eles tinham cinco barras de chocolate. O pequeno pediu três. É justo? *— Deveríamos dar duas e meia para cada um. —* Você é o maior. Você passeia com um pequeno e guarda mais; é justo? *— Não é justo."*
NUSS (dez anos): *"Era preciso repartir.* — O pequeno disse: Eu sou o menor e tenho direito a mais. É justo? *— Não é justo.* — O maior disse que tinha direito a mais, porque era maior. É justo? *— Deveriam pegar os dois a mesma coisa.* — Você tem dez anos. Você passeia com um menino de quinze anos que lhe dá mais, o que você acha? *— Isto seria gentil.* — É justo? *— É ainda mais justo dar aos dois a mesma coisa.."*

E exemplos de eqüidade:

SCHMO (dez anos): *"Eles devem dar mais ao pequeno, porque ele é menor.* — Eles comeram a mesma coisa. É justo? *— Não é tão justo."*
BRA (dez anos): *"A mesma coisa para todos.* — Demos mais ao pequeno. É justo ou não? *— Foi justo.* — Não. O maior guardou mais para si, porque era o maior. Foi justo? *— Não foi justo."*

Quanto aos jogos, as respostas são diferentes segundo se trate da corrida ou das bolinhas. A corrida é relativamente pouco codificada, e esta liberdade de uso permite então favorecer os pequenos. Ao contrário, no que se refere às bolinhas, a autoridade da regra complica as reações: os pequenos querem a igualdade, porque é a regra intangível do jogo, enquanto os maiores estão dispostos a fazer exceções em favor dos pequenos. Eis dois exemplos da reação dos pequenos:

BRI (seis anos): Na corrida, *"é preciso colocar o menor mais à frente, porque o maior pode correr mais rápido que o pequeno".* Mas, para as bolinhas, é preciso *"os dois a mesma coisa. Por quê? — Porque* [se não partimos do mesmo ponto e favorecemos o pequeno] *Deus fará ao maior que isto vá 'bater' os 'marbres' e o pequeno não poderá".* Portanto, a exceção é comparada a uma trapaça, que a justiça divina puniria.
WAL (sete anos): Na corrida, é preciso colocar *"o menor um pouco mais à frente",* mas, nas bolinhas, *"todos na marca* [a linha de partida]. — Por quê? — *Colocamo-nos sempre na linha."*

E um exemplo da reação dos maiores:

BRA (dez anos): Na corrida, é preciso aproximar os pequenos. Nas bolinhas, é a mesma coisa *"porque se faz sempre isso com dois ou três anos menos".*

Em conclusão, constatamos que as noções de justiça e de solidariedade se desenvolvem, correlativamente, em função da idade mental da criança. Três séries de fatos nos apareceram ligadas no decorrer deste parágrafo. Primeiramente, no campo da justiça retributiva, a reciprocidade se afirma com a idade: revidar os golpes parece vilão aos pequenos, porque é proibido pela lei adulta, mas isto parece justo aos maiores, precisamente enquanto este modo de justiça retributiva funciona independentemente do adulto e faz predominar a "sanção por reciprocidade" sobre a "sanção expiatória". Em segundo lugar, a necessidade de igualdade aumenta com a idade. Enfim, certos traços de solidariedade, como não trapacear nem mentir entre crianças, desenvolvem-se juntamente com as tendências anteriores.

7. CONCLUSÃO: A NOÇÃO DE JUSTIÇA

Para concluir nossa pesquisa, examinemos as respostas dadas a uma questão que resume tudo o que precede: pedimos às crianças, no fim ou no início de nossos interrogatórios, para nos darem, elas próprias, exemplos do que consideram como injusto[10]

As respostas obtidas são de quatro tipos: 1? As condutas contrárias às ordens recebidas do adulto: mentir, roubar, quebrar etc., em suma tudo o que é proibido. 2? As condutas contrárias às regras do jogo. 3? As condutas contrárias à igualdade (desigualdade nas sanções como nos tratamentos). 4? As injustiças relativas à sociedade adulta (injustiça de ordem econômica ou política). Ora, a estatística fornece dados bem claros em função da idade:

Idade (anos)	Proibido	Jogos	Desigualdade	Injustiças sociais
—	—	—	—	—
6- 8	64%	9%	27%	—
9-12	7%	9%	73%	11%

Eis exemplos de assimilação do que não é justo com o que é proibido:

6 ANOS: *"Uma menina que quebrou um prato" "furar uma bola". "As crianças que fazem barulho com os pés durante a oração". "Mentir", "algo não verdadeiro". "Não é justo roubar",* etc.

7 ANOS: *"Brigar", "desobedecer", "brigar por nada", "chorar por nada", "fazer coisas ridículas"* etc.

8 ANOS: *"Estar discutindo", "dizer mentiras", "roubar"* etc.

Eis exemplos de desigualdades:

---

10. Na verdade, esta palavra não é compreendida por todas, mas podemos substituí-la por "não justo", tendo o cuidado de evitar a confusão com o sentido de "errôneo".

6 ANOS: *"Dar um doce grande para um e um pequeno para o outro."* *"Um pedaço de chocolate para um e dois para o outro."*
7 ANOS: *"Uma mãe que dá mais a uma filha não gentil."* *"Bater num* [colega] *que não lhe fez nada."*
8 ANOS: *"Alguém que dá dois canudos* [a dois irmãos] *e um era mais cheio que o outro"* [recheado]. *"Duas irmãs gêmeas que não recebem um número igual de cerejas" (id.!).*
9 ANOS: *"A mãe dá um pedaço maior de pão a um outro".* *"A mãe dá a uma irmã um lindo cachorro e à outra não."* *"Uma punição mais severa a um que ao outro."*
10 ANOS: *"Quando trabalhamos a mesma coisa e não temos a mesma recompensa."* *"Duas crianças obedecem e uma recebe mais que a outra."* *"Repreender uma criança e não a outra, se ambas desobedeceram."*
11 ANOS: *"Duas crianças roubam cerejas: só uma é punida, porque tem os dentes escuros."* *"Um forte que bate num fraco."* *"Um professor que gosta mais de um do que do outro e lhe dá melhores notas."*
12 ANOS: *"Um árbitro que toma o partido de um grupo."*

E exemplos de injustiças de origem social:

12 ANOS: *"A preferência da professora por causa da robustez, da inteligência e do vestuário."*
"Freqüentemente as pessoas preferem escolher amigos ricos a amigos pobres, que seiam melhores."
"Uma mãe que proíbe os filhos de brincar com crianças mal vestidas."
"Crianças que brincam, e deixam de lado uma menina mal vestida."

Estas respostas, cuja espontaneidade observamos, reunidas ao resto de nossa pesquisa, permitem-nos concluir, na proporção em que podemos falar de estágios na vida moral, a existência de três grandes períodos no desenvolvimento da justiça na criança: um período estendendo-se até mais ou menos os sete-oito anos, durante o qual a justiça está subordinada à autoridade adulta, um período compreendido entre oito e onze anos aproximadamente, e que é o do igualitarismo progressivo, e finalmente um período que se inicia por volta dos onze-doze anos, durante o qual a justiça puramente igualitária é temperada pelas preocupações de eqüidade.

O primeiro período é caracterizado pela indiferenciação das noções do justo e do injusto com as noções de dever e de desobediência: é justo o que está de acordo com as ordens impostas pela autoridade adulta. Na verdade, já durante este estágio, a criança considera alguns tratamentos como injustos: é quando o adulto não segue perante as crianças as regras por ele mesmo ordenadas (punir por uma falta não cometida, proibir alguma coisa que antes se permitiu etc.). Mas, se o adulto se atém às suas próprias regras, tudo o que prescreve é considerado como justo. No campo da justiça retributiva, toda sanção é admitida como perfeitamente legítima, necessária e constituindo mesmo o princípio da moralidade: se não puníssemos a mentira, seria permitido mentir etc. Nas histórias por meio das quais pusemos em conflito a justiça retributiva e a igualdade, a criança deste estágio coloca a necessidade da sanção acima da igualdade. Na escolha das punições, a sanção expiatória tem primazia sobre a sanção por reciprocidade, não sendo o próprio princípio deste último tipo de sanção exatamente compreendido pela criança. No campo da sanção imanente, mais de três quartos dos indivíduos, até oito anos, acreditam numa justiça automática emanando da natureza física e dos objetos inanimados. Quando colocamos em conflito a obediência e a igualdade, a escolha da criança é sempre a favor da obediência: a autoridade prima sobre a justiça. Enfim, no campo da justiça entre crianças, a igualdade já constitui uma necessidade, mas à qual o indivíduo só dá livre curso onde nenhum conflito é possível com a autoridade. Por exemplo, o ato de revidar os golpes recebidos, que surge como uma medida de justiça elementar para uma criança de dez anos, é considerado como "vilão" pela criança de seis e de sete anos, se bem que, naturalmente, o faça constantemente na prática (lembramo-nos que a regra heterônoma, por mais respeitada que seja pela consciência do indivíduo, não é necessariamente observada na vida real...) Por outro lado, mesmo nas relações entre crianças, a autoridade do maior prevalece sobre a igualdade. Numa palavra, podemos dizer que, durante todo este período no qual o respeito unilateral prevalece sobre o respeito mútuo, a noção de justiça só poderia desenvolver-se em certos pontos, onde, precisamente, a cooperação se delineia, independente da coação. Sobre todos os outros pontos, o justo confunde-se com o que é imposto pela lei, e a lei é inteiramente heterônoma e imposta pelo adulto.

O segundo período surge, no plano da reflexão e do juízo moral, somente por volta dos sete ou oito anos. Mas é claro que aí há um pequeno atraso em relação à prática. Podemos definir este período pelo desenvolvimento progressivo da autonomia e pela primazia da igualdade sobre a autoridade. No campo da justiça retributiva, a noção de sanção expiatória não é mais aceita com a mesma docilidade que anteriormente, e as únicas sanções consideradas realmente como legítimas são as que decorrem da reciprocidade. A crença na justiça imanente diminui muito, e o ato moral é procurado, por si próprio, independentemente da sanção. No que se refere à justiça distributiva, a igualdade prevalece sobre qualquer outra preocupação. Nos conflitos entre a sanção e a igualdade, por princípio, a igualdade tem primazia. Dá-se o mesmo *a fortiori* nos conflitos com a autoridade. Enfim, nas relações entre crianças, o igualitarismo impõe-se progressivamente com a idade.

Por volta dos onze-doze anos, vemos esboçar-se uma nova atitude, que podemos caracterizar pelo sentimento de eqüidade, e que é apenas um desenvolvimento do igualitarismo no sentido da relatividade: em lugar de procurar a igualdade na identidade, a criança não concebe mais os direitos iguais dos indivíduos, senão relativamente à situação particular de cada um. No campo da justiça retributiva, isto se reduz a não mais aplicar a todos a mesma sanção, mas em considerar as circunstâncias atenuantes de alguns. No campo da justiça distributiva, isto se resume em não mais conceber a lei como igual para todos, mas em considerar as circunstâncias pessoais de cada um (favorecer os pequenos etc.). Longe de levar ao privilégio, tal atitude conduz a tornar a igualdade mais efetiva do que era antes.

Mesmo não se tratando, nesta evolução, de estágios gerais, mas simplesmente de fases que caracterizam desenvolvimentos limitados, dissemos o bastante para tentar abstrair, agora, as origens psicológicas e as condições de evolução da noção de justiça. Distinguimos, a este respeito, a justiça retributiva e a justiça distributiva, que apenas são solidárias quando reduzidas a seus elementos essenciais, e começamos pela justiça distributiva, cujos destinos, no decorrer do desenvolvimento mental, parecem indicar que ela constitui a forma mais profunda da própria justiça.

A justiça distributiva pode ser reduzida às noções de igualdade ou de eqüidade. Para a epistemologia, tais conceitos não poderiam ser senão *a priori*, se entendemos por *a priori* não naturalmente uma idéia inata, mas uma norma para a qual a razão tem que tender, conforme vai se depurando. A reciprocidade se impõe, com efeito, à razão prática, como os princípios lógicos se impõem, moralmente, à razão teórica. Mas, do ponto de vista psicológico, que é o do fato e não o do direito, uma norma *a priori* somente tem existência a título de forma de equilíbrio: constitui o equilíbrio ideal para o qual tendem os fenômenos, e a questão inteira permanece em saber, dados os fatos, por que sua forma é assim e não diferente. Este último problema, que é de ordem causal, não poderia confundir-se com o primeiro, que é de ordem reflexiva, senão quando o real e o espiritual se tornam co-extensivos. Esperando este momento, limitemo-nos à análise psicológica, entendendo que a explicação experimental da noção de reciprocidade não poderia contradizer em nada o aspecto *a priori* desta mesma noção.

Deste ponto de vista, a noção de igualdade ou de justiça distributiva tem, incontestavelmente, raízes individuais ou biológicas, condições necessárias mas não suficientes de seu desenvolvimento. Podemos observar muito cedo na criança duas reações que desempenharão um papel importante nesta elaboração. O ciúme, primeiramente, é bastante precoce nos bebês: quando vêem outra criança nos joelhos da sua mãe ou quando lhe tomamos um brinquedo para dá-lo a outras, as crianças de oito a doze meses já exprimem, freqüentemente, violentos sentimentos de cólera. Por outro lado, observamos em correlação com a imitação e a simpatia resultante, reações de altruísmo e de partilha, igualmente muito precoces: uma criança de doze meses colocará seus brinquedos nas mãos de outra etc. Mas é evidente que não poderíamos fazer do igualitarismo uma espécie de instinto ou de produto espontâneo da constituição individual. As reações às quais acabamos de fazer alusão

238

conduzem às alternações caprichosas de egoísmo e simpatia. Certamente, o ciúme impede os outros de abusar de si e a necessidade de comunicar impede o eu de abusar de outrem.

Mas, para que haja real igualdade e autêntica necessidade de reciprocidade, é necessária uma regra coletiva, produto *sui generis* da vida em comum: é preciso que, das ações e reações dos indivíduos uns sobre os outros, nasça a consciência de um equilíbrio necessário, obrigando e limitando, ao mesmo tempo, o *alter* e o *ego*. Este equilíbrio ideal, entrevisto por ocasião de cada disputa e cada pacificação, supõe, naturalmente, uma longa educação recíproca das crianças, umas pelas outras.

Mas, entre as reações individuais primitivas que permitem a necessidade de justiça manifestar-se, e a plena posse da noção de igualdade, nossa pesquisa mostra-nos a existência de um longo intervalo. Com efeito, é só por volta dos dez-doze anos, na idade em que vimos, por outro lado, as sociedades infantis atingirem um máximo de organização e codificação das regras, que a justiça se liberta realmente dos elementos adventícios. Portanto, é preciso distinguir, aqui, como anteriormente, a coação e a cooperação, e o problema é saber se é o respeito unilateral constitutivo da coação ou o respeito mútuo constitutivo da cooperação que é o fator preponderante na evolução da justiça igualitária.

Ora, neste ponto, os resultados de nossas análises parecem-nos decisivos: a autoridade como tal não poderia ser fonte de justiça, porque o desenvolvimento da justiça supõe a autonomia. Naturalmente, isto não significa que o adulto nada tenha a ver no desenvolvimento da justiça, mesmo distributiva. À medida que ele pratica a reciprocidade com a criança e prega com o exemplo e não apenas com palavras, exerce, aqui como em tudo, sua enorme influência. Mas o efeito mais direto da ascendência adulta é, como Bovet bem o demonstrou, o sentimento do dever, e há uma espécie de contradição entre a submissão que o dever exige e a completa autonomia que o desenvolvimento da justiça supõe. Com efeito, por basear-se na igualdade e na reciprocidade, não se poderia constituir a justiça senão livremente consentida. A autoridade adulta, mesmo se está de acordo com a justiça, tem então por efeito atenuar o que constitui a própria essência da justiça. Donde estas reações dos pequenos, que confundem o justo e a lei, sendo a lei o que é prescrito pela autoridade adulta. O justo assimilado à regra formulada é ainda, aliás, a opinião de muitos adultos, de todos aqueles que não sabem colocar a autonomia da consciência acima do preconceito social e da lei escrita.

Assim, a autoridade adulta, se bem que constituindo, talvez, um momento necessário na evolução moral da criança, não basta para constituir o senso de justiça. Este só se desenvolve na proporção dos progressos da cooperação e do respeito mútuo, de início, cooperação entre crianças, depois cooperação entre crianças e adultos, na medida em que a criança caminha para a adolescência e se considera, pelo menos em seu íntimo, como igual ao adulto.

Em apoio destas hipóteses, é notável constatar, na criança como na sociedade adulta, como os progressos do igualitarismo vão a par com os da solidariedade "orgânica", isto é, com os resultados da cooperação. Se comparamos as sociedades de crianças de cinco a sete anos com aquelas de dez a doze anos, podemos notar, com efeito, quatro transformações interdependentes. Em primeiro lugar, enquanto a sociedade dos pequenos constitui um todo amorfo, sem organização, onde todos os indivíduos se assemelham, a sociedade dos maiores realiza um conjunto orgânico, com leis e regulamentos, freqüentemente quase com divisão do trabalho social (chefes, árbitros etc.). Em segundo lugar, existe, entre os maiores, uma solidariedade moral muito mais forte que entre os pequenos. Os pequenos são, ao mesmo tempo, egocêntricos e impessoais, cedendo a todas as sugestões e a todas as correntes de imitação: o sentido do grupo se reduz, assim, para eles, a uma espécie de comunhão na submissão aos mais velhos e às direções adultas. Os maiores, ao contrário, proíbem entre si a mentira, a trapaça e tudo o que compromete a existência da solidariedade: o sentimento do grupo é, portanto, mais direto e mais conscientemente mantido. Em terceiro lugar, a personalidade desenvolve-se na medida em que a discussão e a troca de idéias sucedem-se à simples imitação mútua dos pequenos. Em quarto lugar, o senso de igualdade, como acabamos de ver, é muito mais forte entre os maiores do que entre os pequenos, sendo estes, antes de tudo, dominados pela autoridade. Vemos que o elo entre o igualitarismo e a solidariedade é um fenômeno psicológico geral, que não depende somente de fatores políticos, como pode parecer na sociedade adulta. Existem pois, na criança como no adulto, dois tipos psicológicos de equilíbrio social: um tipo baseado na coação da idade, que exclui a igualdade bem como a solidariedade "orgânica", mas que canaliza, sem excluir, o egocentrismo individual, e um tipo baseado na cooperação, repousando na igualdade e na solidariedade.

Passemos à justiça retributiva. Contrariamente aos princípios da justiça distributiva, não parece que haja nas noções de retribuição ou de sanção um elemento *a priori* ou propriamente racional. Com efeito, se o valor da idéia de igualdade aumenta na proporção do desenvolvimento intelectual, a idéia de sanção parece perder terreno. Para ser mais preciso, é necessário, assim como o tentamos, distinguir dois elementos na idéia de retribuição: de um lado, as noções de expiação e de recompensa, que constituem o que a idéia de sanção parece conter de específico, e, de outro lado, as idéias de reposição em ordem ou de reparação, bem como as medidas destinadas a renovar o elo de solidariedade rompido pelo ato culpável. Estas últimas noções, que agrupamos sob o nome de "sanções por reciprocidade", parecem apenas denotar idéias de igualdade ou de reciprocidade. São as primeiras destas noções que tendem a serem eliminadas, quando à moral da heteronomia e da autoridade sucede a moral da autonomia. As segundas são bem mais resistentes porque se apóiam exatamente sobre outra coisa que a idéia de sanção.

240

Qualquer que seja esta evolução de valores, podemos, aqui, como a propósito da justiça distributiva, atribuir três origens aos três aspectos principais da retribuição: como já vimos (1), certas reações individuais condicionam o aparecimento da retribuição, a coação adulta explica a formação da noção da expiação, e a cooperação explica os destinos ulteriores da noção de sanção. Podemos encontrar, incontestavelmente, raízes psicológicas na idéia de sanção. Os golpes provocam os golpes, a gentileza atrai a gentileza etc. As reações instintivas de defesa e de simpatia determinam, portanto, uma espécie de reciprocidade elementar, a qual constitui o terreno de desenvolvimento indispensável à retribuição. Mas, naturalmente, este terreno não basta, e os fatores individuais não podem, por si sós, ultrapassar o estágio da vingança impulsiva sem resultar naquele regulamento e naquela codificação, pelo menos implícita, das sanções que a justiça retributiva supõe.

Com a intervenção do adulto, as coisas mudam. Muito cedo, e mesmo antes do aparecimento da linguagem, o comportamento da criança é continuamente sancionado. Aprovamos o bebê e lhe dirigimos sorrisos, ou então lhe fazemos cara feia e o fazemos chorar, segundo as circunstâncias, e as próprias entonações das vozes circundantes bastam para constituir uma retribuição incessante. Durante os anos que seguem, a criança é continuamente vigiada, tudo o que diz e faz é controlado, dando lugar a encorajamentos ou repreensões, e a grande maioria dos adultos considera ainda como perfeitamente legítimo o emprego de punições, punições quaisquer ou castigos corporais. São, evidentemente, estas reações do adulto, comumente devidas à fadiga ou ao enervamento, mas como freqüência também codificadas "friamente", que constituem o ponto de partida psicológico da idéia de sanção expiatória. Se a criança apenas sentisse pelo adulto temor ou desconfiança, como pode ocorrer nos casos extremos, isto seria simplesmente a guerra aberta. Mas, como a criança gosta dos pais e tem por sua conduta o respeito tão bem analisado por Bovet, a sanção parece-lhes moralmente obrigatória e ligada necessariamente ao ato que a provoca. A desobediência — princípio de todo "pecado" — é uma ruptura das relações normais dos pais e da criança; portanto, uma reparação é necessária, e, como os pais manifestam sua "justa cólera" por aquelas reações diversas que se traduzem sob a forma de punições, aceitar estas punições constitui a mais natural das reparações: o sofrimento aplicado parece, assim, restabelecer as relações momentaneamente interrompidas, e a idéia de expiação toma corpo nos valores da moral da autoridade. Esta noção "primitiva" e materialista da sanção expiatória, portanto, não é, segundo nós, imposta tal e qual pelo adulto à criança, e talvez nunca tenha sido inventada por uma consciência psicologicamente adulta. Mas é o produto fatal da punição, sendo esta refratada através da mentalidade misticamente realista da criança.

Ora, se a idéia de sanção é, deste modo, solidária do respeito unilateral e da moral da autoridade, decorre que todo progresso na cooperação e no respeito mútuo será de natureza a eliminar, pouco a pouco, a idéia de expiação da noção de sanção e reduzi-la às proporções de uma simples reparação ou de uma simples medida de reciprocidade. É o que acreditamos ter observado na criança. À medida que diminui o respeito da punição adulta, desenvolvem-se alguns comportamentos que temos que classificar na justiça retributiva. Vimos um exemplo nos juízos de nossos indivíduos relativos aos golpes revidados: parece cada vez mais justo à criança defender-se por si própria e revidar o que recebeu. Trata-se, pois, de retribuição, mas a idéia de expiação não parece desempenhar o menor papel nestes julgamentos. É apenas questão de reciprocidade: alguém se arroga o direito de dar-me um soco, então me outorga este direito. Do mesmo modo, o trapaceiro é favorecido na medida em que trapaceia; portanto, é legítimo restabelecer a igualdade afastando-o do jogo ou retomando-lhe as bolinhas ganhas.

Diremos, sem dúvida, que tal moral não leva longe, uma vez que a elite das consciências adultas reclama mais que uma simples reciprocidade, na prática da vida. A caridade e o perdão das injúrias ultrapassam, aos olhos de muitos, a simples igualdade. A este respeito, os moralistas insistiram, freqüentemente, sobre os conflitos da justiça e do amor, prescrevendo, às vezes, a justiça o que o amor reprova e inversamente. Mas acreditamos que a preocupação pela reciprocidade leva precisamente a ultrapassar esta justiça um pouco curta das crianças, que revidam, matematicamente, tantos socos quantos receberam. Como todas as realidades espirituais que não resultam de uma coação exterior, mas de um desenvolvimento autônomo, a reciprocidade comporta dois aspectos: uma recipocidade de fato e uma reciprocidade de direito ou ideal. A criança começa por praticar, sem mais, a reciprocidade, o que não é tão fácil como se poderia supor. Depois, uma vez que está habituada a esta forma de equilíbrio das ações, ocorre uma espécie de repercussão da forma sobre o conteúdo. Não são mais somente os comportamentos recíprocos considerados como justos, mas essencialmente os comportamentos suscetíveis de reciprocidade indefinida. O preceito: "Não faças aos outros o que não queres que te façam" sucede, assim, à igualdade brutal. A criança coloca o perdão acima da vingança, não por fraqueza, mas porque com a vingança "não terminaremos nunca" (menino de dez anos). Do mesmo modo que na lógica podemos constatar uma espécie de repercussão da forma sobre o conteúdo das afirmações, quando o princípio de contradição leva a aperfeiçoar as definições iniciais, da mesma forma, na moral, a reciprocidade implica um aperfeiçoamento dos comportamentos em sua orientação íntima, fazendo-os tender por etapas até a própria universalidade. Sem sair da reciprocidade, a generosidade — esta característica de nosso terceiro estágio — alia-se à simples justiça: deste modo, entre as formas refinadas da justiça, tais como a eqüidade, e o amor propriamente dito, não há mais oposição real.

242

Em conclusão, encontramos assim, no campo da justiça como nos campos anteriores, a oposição de duas morais sobre a qual insistimos tão freqüentemente. A moral da autoridade, que é a moral do dever e da obediência, conduz, no campo da justiça, à confusão do que é justo com o conteúdo da lei estabelecida e à aceitação da sanção expiatória. A moral do respeito mútuo, que é a do bem (por oposição ao dever) e da autonomia, conduz, no campo da justiça, ao desenvolvimento da igualdade, noção constitutiva da justiça distributiva, e da reciprocidade. A solidariedade entre iguais aparece, uma vez mais, como a origem de um conjunto de noções morais complementares e coerentes, que caracterizam a mentalidade racional. Seguramente, podemos perguntarnos se tais realidades poderiam desenvolver-se sem uma fase preliminar, durante a qual o respeito unilateral da criança pelo adulto modele a consciência infantil. Como não é possível a experiência, não é aconselhável discutir aqui o problema. Mas é certo que o equilíbrio moral, constituído pelas noções complementares do dever heterônomo e da sanção propriamente dita, é um equilíbrio instável, pelo fato de que a personalidade não encontra nele seu desenvolvimento completo. À medida que a criança cresce, a submissão de sua consciência adulta parece-lhe menos legítima, e, salvo os casos de desvios morais propriamente ditos, que são constituídos pelo submissão interior definitiva (os adultos que continuam crianças toda sua vida) ou pela revolta duradoura, o respeito unilateral tende, por si mesmo, ao respeito mútuo e à relação de cooperação, a qual constitui o equilíbrio normal. É evidente que, em nossas sociedades, a moral comum, que dirige as relações dos adultos entre si, sendo exatamente a da cooperação, os exemplos ambientes aceleram o desenvolvimento da moral infantil. Somente, em definitivo, é provável que seja necessário ver aí um fenômeno de convergência mais do que simples pressão social. Porque, se as sociedades humanas evoluíram da heteronomia para a autonomia e da teocracia gerontocrática sob todas as suas formas para a democracia igualitária, é bem provável que os fenômenos de condensação social, tão bem descritos por Durkheim, favoreceram, primeiramente, a emancipação das gerações umas em relação às outras e tornaram possível, nas crianças e adolescentes, a evolução que acabamos de descrever.

Mas este encontro dos problemas sociológicos com os da psicologia genética coloca uma questão muito importante, para que nos contentemos com estas indicações, e convém, agora, confrontar nossos resultados com as teses essenciais dos sociólogos e dos psicólogos, referente à natureza empírica da vida moral.

243

4

As duas morais da criança e os tipos de relações sociais

Quer o desejemos ou não, as discussões às quais tivemos de nos dedicar, a propósito da moral infantil, conduzem ao próprio centro dos problemas estudados pela sociologia e pela psicologia coletiva contemporâneas. A sociedade, para os durkheimianos, constitui a única origem da moralidade. Se assim é, para esclarecer o assunto, nenhuma disciplina é melhor que a psicologia da criança. Também toda sociologia resulta numa pedagogia, como puderam constatar os leitores do belo livro de Durkheim sobre a *Educação Moral.* É o que nos leva, apesar das dificuldades de uma tentativa deste gênero, a examinar algumas das teses particularmente significativas da sociologia e da psicologia morais de hoje, para confrontá-las com nossos resultados. Aliás, afastaremos qualquer debate muito geral, para ater-nos a alguns campos nos quais as teorias psicossociológicas em curso tocam diretamente à criança. A este respeito, parece-nos que os seguintes pontos devem ser examinados: as idéias de Durkheim e de Fauconnet sobre a responsabilidade, que inspiraram a Durkheim suas páginas sobre a penalidade escolar, a doutrina de Durkheim sobre a autoridade como origem da vida moral infantil, as teorias de Baldwin e, principalmente, as de P. Bovet sobre a gênese dos sentimentos morais, e, enfim, algumas idéias de pedagogos referentes à autonomia da consciência infantil.

Digamos de imediato, para prevenir qualquer equívoco, que, se abordamos, no decorrer destas discussões, a pedagogia propriamente dita, é como psicólogos que o fazemos, e não como pedagogos. Os fatos da educação são fatos psicossociológicos como os outros — são mesmo os mais importantes, sem dúvida, dos fatos sociológicos — e, sem querermos extrair uma pedagogia dos resultados de nossas pesquisas, não podemos abster-nos de examinar, por exemplo, se verdadeiramente tal processo de autoridade é necessário, como o afirma Durkheim, à constituição da vida moral: aí existe uma questão essencial de psicologia pura assim como um problema de psicologia aplicada. Que um remédio receitado por alguns mate ou cure o doente, é uma questão que interessa tanto ao fisiologista como ao médico. É como experimentador e não como praticante que gostaríamos de falar aqui de pedagogia.

1. AS TESES DE DURKHEIM E DE FAUCONNET SOBRE A RESPONSABILIDADE[1]

Em seu ótimo livro sobre *A Responsabilidade*, Paul Fauconnet desenvolveu de modo original e vigoroso as idéias de Durkheim sobre a justiça retributiva e o direito penal. Conseguiu demonstrar que a forma primitiva, e, segundo ele, a forma mais pura de responsabilidade nada mais é que a responsabilidade objetiva, da qual vimos tantos exemplos a propósito da criança. Por conseguinte, nenhuma tese é a mais propícia para facilitar-nos o exame crítico do que constitui sem dúvida a essência do durkheimismo: a idéia de que a sociedade é una e de que seus caracteres permanentes são de natureza a assegurar a existência e a invariância dos valores morais.

A responsabilidade, segundo Fauconnet, é "a qualidade dos que devem... em virtude de uma regra ser escolhidos como indivíduos passíveis de uma sanção" (pág. 11): ser responsável é ser "justamente punível" (pág. 7). Ora, o exame comparativo de diferentes sociedades, sobre as quais nos informam documentos suficientes, permite abstrair uma espécie de lei da evolução que domina toda a história da responsabilidade: partindo de formas mais ricas e mais amplas que a nossa, a responsabilidade retraiu-se, pouco a pouco, para tornar-se o que é hoje. Os indivíduos responsáveis, primeiramente, são constituídos exclusivamente, em nossas sociedades civilizadas contemporâneas, pelos adultos sãos de espírito e viventes. Ora, nas sociedades antigas ou não civilizadas, assim como na Idade Média e ainda freqüentemente em data recente, os indivíduos responsáveis compreendem a mais as crianças, os alienados (mesmo reconhecidos como tais), os mortos, os animais e sobretudo as coletividades em si próprias. O exame das situações geradoras de responsabilidade conduz à mesma conclusão. Em nossas sociedades, a intenção, ou alguns outros caracteres psicológicos como a negligência, a omissão etc., são condições necessárias da responsabilidade. Na moral, a intenção é tudo. No direito, é preciso um "corpo" de delito, mas só há delito se houver intenção, imprudência ou negligência. Ora, "remontando na história do direito penal, aproximamo-nos, paulatinamente, de uma responsabilidade objetiva pura" (pág. 105). Em outras palavras, nas morais primitivas ou no direito arcaico, há responsabilidade mesmo por um ato involuntário, acidental e cometido sem nenhuma imprudên-

---

1. P. FAUCONNET, *A Responsabilidade*, Estudo de Sociologia, Paris, Alcan, 1920.

cia ou negligência. Em suma, a responsabilidade primitiva é, antes de tudo, objetiva e comunicável; a nossa é subjetiva e estritamente individual.

O que é, pois, a responsabilidade? Para resolver este problema, Fauconnet, de acordo com o espírito do durkheimismo, procura explicar os fenômenos não por meio de suas leis de evolução ou construção, mas destacando os elementos invariantes e comuns a todos os estágios. É importante observar este tipo de método. Devem-se assim afastar as explicações filosóficas da responsabilidade, enquanto negligenciam as formas primitivas do próprio fato. As doutrinas evolutivas, como as de Westermarck e outros, têm, por sua vez, o defeito de reduzir estas formas primitivas e aberrações morais ou intelectuais, como se nossas concepções constituíssem normas supremas ou um ponto de chegada necessário. Ao contrário, concedendo o mesmo valor a todos os casos revelados pelo método comparativo, percebemos que, se a sanção não mantém relação unívoca e bem definida com o paciente, é sempre bem determinada em relação ao crime. Em outras palavras, punimos sempre e por toda parte o crime, e, se a sanção não recai diretamente sobre o autor do crime, recai não importa sobre quem. O crime, como ato material independente das intenções em jogo, é uma espécie de foco de infecção que procuramos destruir, a ele e tudo o que o cerca de perto ou de longe. "A penalidade destina-se ao crime. Somente porque não pode atingi-lo em si próprio, é que recai sobre um substituto do crime" (pág. 234).

Aqui intervém a teoria do crime elaborada por Durkheim. Toda sociedade consiste, principalmente, num conjunto de crenças e sentimentos solidários que procuramos salvaguardar. O núcleo destas crenças é o sentimento do sagrado, origem das morais e das religiões. É criminoso tudo o que ofende os estados fortes e definidos deste sentimento coletivo, e todo crime é sacrilégio. O crime, que desagrega o elo social, toma, assim, uma significação mística: é fonte de impureza e contaminação, e suas repercussões, visíveis ou invisíveis, são incalculáveis. Então importa suprimi-lo, suprimir suas conseqüências desastrosas e repor tudo em ordem. A sanção é o processo místico desta reposição.

Desde então, pouco importam onde recaiam as sanções. O importante é que se exerçam e sejam adequadas ao crime. Há então uma "instituição da responsabilidade". Além disso, é fácil compreender como se faz a escolha do indivíduo responsável: é em virtude de um mecanismo de transferência, que obedece às leis comuns das transferências psicológicas. Há, em primeiro lugar, uma transferência afetiva: as emoções suscitadas pelo crime são transferidas a tudo o que lhe toca de perto ou de longe. Em seguida, há um julgamento: a sociedade decide que tal indivíduo é responsável, e este julgamento é dominado pelas relações de contigüidade e semelhança. É evidente que o próprio culpado, quando podemos identificá-lo, é considerado como apresentando o *máximo* de relações com o crime. Mas, na sua falta, tudo o que se liga ao crime deve ser punido. A responsabilidade vem, portanto, de fora sobre o culpado ou seus substitutos, quaisquer que sejam, e transforma-os em bodes expiatórios ou instrumentos de purificação social. Portanto, a responsabilidade tem uma função determinada: "Tornar possível a execução da penalidade, permitindo-lhe desempenhar seu papel útil" (pág. 297). Ora, este papel é essencialmente moral: "Unicamente com a condição de que haja sanções é que a própria existência da moralidade está assegurada; portanto, a sanção e, por conseqüência, a responsabilidade participam do valor da moralidade" (pág. 300).

Mas subsiste um problema: como acontece, se tal é a essência da responsabilidade, que esta "instituição" tenha evoluído a ponto de não compreendermos muita coisa, à primeira vista, de suas formas primitivas? Como a responsabilidade chegou a se estreitar e dirigir-se apenas só ao culpado intencional, adulto e normal? Por que a responsabilidade se individualizou e espiritualizou deste modo?

Longe de constituir o resultado necessário de uma transformação interna da responsabilidade, a forma contemporânea resulta, segundo Fauconnet, de um enfraquecimento gradual dos valores primitivos, enfraquecimento devido à ação de fatores antagonistas. A causa geral deste processo de evolução seria então exterior à própria responsabilidade: é a compaixão e o humanitarismo. Com efeito, se a sociedade está revoltada com o crime, sentimentos antagônicos intervêm no momento da sanção. Portanto, como o afirmou Ihering, a história da penalidade é a de uma abolição constante. Eis porque a responsabilidade apresenta uma tendência para se estreitar continuamente. No início, a sociedade punia não importa quem e o indivíduo era apenas um simples meio. Em nossas sociedades, punimos com desgosto e damos ao culpado todas as oportunidades de defender-se e escapar à sanção.

Donde, duas conseqüências essenciais. Primeiramente, "podemos dizer que a responsabilidade, no decorrer da evolução, se individualiza. Coletiva e comunicável nas sociedades inferiores, é, em princípio, estritamente pessoal nas sociedades mais civilizadas" (pág. 330). Apenas em matéria de teologia, isto é, no campo mais conservador de nossas instituições, é que a idéia do pecado original perpetua a lembrança da responsabilidade coletiva: a falta de Adão, contaminando toda a humanidade com uma mancha que reclama a expiação. No direito e na moral, tais noções pareceriam revoltantes. Mas, nossa responsabilidade puramente individual é apenas uma degenerescência da verdadeira responsabilidade. "Dizemos comumente que a responsabilidade é individual por natureza e comunicável por acidente. A história da responsabilidade é interpretada como um progresso: a verdadeira responsabilidade, rigorosamente pessoal, realizar-se-ia no decorrer da evolução. Somos conduzidos a apresentar os fatos sob um aspecto completamente diferente. O caráter expansivo e contagioso da responsabilidade pareceu-nos seu caráter essencial. A individualização da responsabilidade resulta, ao contrário, de uma limitação, de um enfraquecimento da responsabilidade. Bem longe de apurá-la, de aperfeiçoá-la, as forças que a individualizaram são antagônicas à sua natureza. A responsabilidade estritamente pessoal é como o último valor positivo de uma responsabilidade que tende a tornar-se nula. Deste ponto de vista, a evolução da responsabilidade aparece como uma regressão. O que tomamos por responsabilidade perfeita é a responsabilidade enfraquecida e a ponto de desaparecer'' (pág. 343-4). Daí, um segundo aspecto da evolução da responsabilidade: sua espiritualização. A responsabilidade primitiva é, antes de tudo, objetiva. O crime ''é, inicialmente, um acontecimento material. E a relação que une o crime ao responsável é quase sempre, primeiramente, uma relação material'' (pág. 345). Ao contrário, ''para nossos contemporâneos, a responsabilidade nasce na consciência do responsável, por ocasião de um fato espiritual, em razão de uma relação psicológica entre a consciência e o fato. Estes caracteres se opõem, traço a traço, à objetividade acima definida'' (págs. 345-6). A causa deste fenômeno de espiritualização é que a sociedade, inicialmente exterior às consciências, ''torna-se mais e mais imanente ao indivíduo''. Uma parte cada vez maior dele mesmo é socializada. O que vem da vida social se acrescenta pouco a pouco ao que é de origem orgânico-psíquica para modificá-lo. A espiritualização das noções morais ou religiosas exprime esta penetração real do indivíduo pelo social'' (pág. 367). Em suma, se a responsabilidade atualmente só considera as intenções, é em virtude do mesmo processo que a individualizou: ''A vida social, à medida que se individualiza, torna-se mais interior'' (pág. 351). Nossa consciência moral é, assim, apenas um resíduo interiorizado da consciência coletiva. Mas isto não é um ganho: ''Da mesma forma que a individualização da responsabilidade, sua espiritualização no decorrer da história aparece, então, como um imenso empobrecimento, uma perpétua abolição. A responsabilidade subjetiva, bem longe de ser, como o admitimos geralmente, a responsabilidade por excelência, é uma forma atrofiada da responsabilidade'' (pág. 350).

Mas não é preciso ser absoluto demais: ainda restam, em nossas sociedades, vestígios de responsabilidade coletiva e objetiva. Fauconnet acredita, em particular, poder encontrar exemplos na corrente criminalista italiana. Portanto, a forma primitiva não foi inteiramente liquidada pela forma atual: ''Tanto é verdade que uma ainda está viva no tronco comum donde a outra pouco a pouco se destacou'' (pág. 377). Do ponto de vista pedagógico, então será natural concluir, com Durkheim, a necessidade de uma penalidade escolar sistemática, único meio de reavivar nas consciências a origem permanente de toda responsabilidade.

Não conhecemos, de nossa parte, nenhuma tese tão própria, como esta doutrina de Durkheim e de Fauconnet, para pôr em evidência os problemas suscitados pela afirmação da unidade moral da sociedade. Fauconnet esforça-se, com efeito, por querer explicar, pela permanência das condições da consciência coletiva, um fenômeno, cuja evolução progressiva no decorrer da história ele mostra melhor que ninguém. Também não é a análise sutil nem a classificação tão judiciosa dos fatos acumulados por Fauconnet que contestamos aqui. O parentesco dos fenômenos de responsabilidade objetiva observáveis na criança, com os fenômenos característicos da coação social primitiva constitui, ao contrário, uma excelente confirmação do fundamento da hipótese pela qual a exterioridade inicial das relações sociais acarreta, fatalmente, um certo realismo moral. O que nos parece necessário pôr em discussão é a interpretação geral que nos dá da responsabilidade, do papel da sanção e das relações existentes entre os fatos morais e a sociedade considerada como um todo invariante.

O grande ensinamento da sociologia comparada, portanto, é que há, pelo menos, dois tipos de responsabilidade, um objetivo e comunicável, outro subjetivo e individual, e que a evolução social fez predominar, pouco a pouco, o segundo sobre o primeiro. Isto posto, duas soluções seriam igualmente concebíveis: definir a responsabilidade por sua direção, sua "vecção", ou defini-las por seus elementos estruturais constantes.

Em virtude dos postulados metodológicos de Durkheim, Fauconnet escolheu a segunda solução. Indica-nos de imediato que o que interessa na história da responsabilidade são menos as transformações que as invariâncias. E esta escolha parece-lhe impor-se, dada a profunda unidade dos fatos sociais: "Por mais diversas que sejam, as civilizações, existe algo que é a civilização" (pág. 20). Apenas podemos perguntar-nos até que ponto tal método é suficiente. Que diríamos de um psicólogo que, para explicar as noções de causa e número, colocasse as formas mágico-místicas da causalidade e do número inteiro exatamente no mesmo plano que a causalidade segundo Einstein ou os "números complexos"? Se queremos limitar-nos à pesquisa dos elementos comuns a todos os estágios e eliminar qualquer consideração de vecção ou direção, só conseguimos separar um resíduo estático desprovido de consistência (o que são os elementos comuns a todos os estágios da causalidade?), ou então — e tememos que este seja o caso de Fauconnet — acentuamos inteiramente as formas primitivas. Ora, certamente, é indispensável conhecer as formas elementares das realidades que queremos analisar, mas sua ulterior evolução constitui um dado pelo menos igualmente importante sobre as condições da gênese. Melhor dizendo, é preciso procurar, ao mesmo tempo, determinar a direção dos estágios sucessivos e separar as invariâncias comuns a todos os estágios. Mas o que é invariante não é tal ou qual caráter de estrutura (senão poderemos sempre erigir a forma primitiva em forma "verdadeira"), é só a função. Quando à estrutura, ela varia indefinidamente, na proporção em que as variações respeitam a função, e as leis da evolução que presidem tais variações ensinam mais que os caracteres próprios de tal estágio particular.

Não é nem às leis da evolução da responsabilidade, nem à função comum aos diferentes estágios que se refere Fauconnet. Não é às leis da evolução, e ele declara explicitamente por quê. Nem é a uma função comum, independentemente da estrutura do fenômeno, uma vez que nossa responsabilidade não é mais nem comunicável nem objetiva, enquanto Fauconnet considera estes dois caracteres como constitutivos da "verdadeira" responsabilidade.

Ora, os dados da psicologia moral da criança sugerem-nos uma interpretação dos fatos de responsabilidade que, embora respeitando os resultados tão preciosos conseguidos por Fauconnet, parece-nos satisfazer a esta dupla exigência de invariância ou continuidade funcionais e de direção na evolução das estruturas. Reconhecemos, com efeito, a existência de duas morais na criança, e da coação e da cooperação. A moral da coação é a moral do dever puro e da heteronomia: a criança aceita do adulto um certo número de ordens às quais deve submeter-se, quaisquer que sejam as circunstâncias. O bem é o que está de acordo, o mal o que não está de acordo com estas ordens: a intenção só desempenha pequeno papel nesta concepção, e a responsabilidade é objetiva. Mas, à margem desta moral, depois em oposição a ela, desenvolve-se, pouco a pouco, uma moral da cooperação, que tem por princípio a solidariedade, que acentua a autonomia da consciência, a intencionalidade e, por conseqüência, a responsabilidade subjetiva. Ora, observamo-lo, se a moral do respeito mútuo se opõe, do ponto de vista dos valores, à do respeito unilateral, entretanto, procede dela do ponto de vista da causalidade mesma da evolução: na medida em que a criança se torna homem, suas relações com o adulto tendem para a igualdade. O respeito unilateral, próprio à coação, não é uma forma estável de equilíbrio, e o equilíbrio para o qual tende não é outra coisa senão o respeito mútuo. Portanto, não poderíamos afirmar, no que se refere à criança, que são forças antagônicas, em relação à responsabilidade em geral, que conduzem à predominância da responsabilidade subjetiva sobre a responsabilidade objetiva: é em virtude de uma espécie de lógica interna que as formas evoluídas sucedem às formas primitivas, se bem que a estrutura das primeiras difira, qualitativamente, das segundas.

Portanto, por que não ocorreria o mesmo no que se refere à sociedade, naturalmente esquematizando as coisas ao extremo? É sem metáfora que podemos estabelecer um parentesco entre a obediência do indivíduo aos imperativos coletivos e a obediência da criança aos adultos em geral: nos dois casos, o ser humano submete-se a ordens, porque respeita os mais velhos. A sociedade nada mais é do que uma série (ou melhor, que um cruzamento de séries) de gerações, cada uma pressionando a seguinte, e Augusto Comte já dizia, com razão, que o fenômeno mais importante da sociologia era esta ação das gerações umas sobre as outras. Ora, quando pensamos no papel da gerontocracia nas sociedades inferiores, no estreitamento gradual da família no decorrer da evolução social e no conjunto dos fenômenos sociais que caracterizam as civilizações modernas, não podemos deixar de ver na história das sociedades uma espécie de emancipação gradual dos indivíduos, isto é, de

250

fato, uma igualização das gerações uma em relação às outras. Como bem demonstrou o próprio Durkheim, não poderíamos explicar a passagem do conformismo obrigatório das sociedades "segmentárias" para a solidariedade "orgânica" das sociedades diferenciadas, sem invocar o fator psicológico essencial da diminuição da vigilância exercida pelo grupo sobre os indivíduos: quanto mais "densa" é a sociedade mais depressa o adolescente escapa à coação direta dos seus, para sofrer e comparar entre elas uma multidão de influências, de modo que conquista assim sua independência espiritual. Quanto mais complexa é a sociedade, mais autônoma é a personalidade e mais importantes são as relações de cooperação entre indivíduos iguais. Ora, se a cooperação sucede, assim, naturalmente à coação, e, por conseqüência, a moral do respeito mútuo à da autoridade, não vemos por que a responsabilidade subjetiva deveria ser considerada como uma forma degenerada da responsabilidade "primitiva". Pelo menos seria preciso dizer, então, que a mentalidade racional é uma forma degenerada da mentalidade pré-científica (ou "prélógica") e que a moral independente é uma forma debilitada das religiões inferiores. Parece-nos, ao contrário que, se é legítimo ver nos fenômenos educativos o núcleo dos fenômenos sociais, a responsabilidade subjetiva é o resultado normal da responsabilidade objetiva, na medida em que a coação conformista dá lugar à cooperação à base da diferenciação social e do individualismo. Portanto, não é só porque a compaixão e o humanitarismo põem em xeque a penalidade, que a responsabilidade objetiva e comunicável se atenua. É porque as noções de crime involuntário e mesmo de sanção expiatória perdem toda significação na moral da autonomia. As noções de falta e de sanção evoluem ao mesmo tempo que as do dever, do bem e do mal e da justiça distributiva. Os dois tipos de responsabilidade distinguidos por Fauconnet parecem-nos, assim, ligados a duas atitudes de conjunto, às duas morais às quais nos acostumamos, e a sucessão dessas duas morais não parece ser contingente: a evolução que leva de uma à outra é solidária do conjunto de transformações psicossociológicas, que caracterizam a passagem do conformismo teocrático das sociedades ditas "primitivas" à solidariedade igualitária. A heteronomia própria da coação acarreta a responsabilidade objetiva, como a autonomia próprio ao respeito mútuo e à cooperação acarreta a responsabilidade subjetiva. Com efeito, a moral da cooperação, que existe em germe em todas as sociedades, é sufocada pela coação nas sociedades conformistas. A diferenciação social e a solidariedade "orgânica" próprias das sociedades civilizadas permitem seu desenvolvimento e explicam, assim, as transformações da responsabilidade.

Examinemos mais de perto os argumentos de Fauconnet, para poder escolher entre as duas interpretações. Embora notando, muito argutamente, as diferenças das concepções primitivas e das nossas, Fauconnet procura atenuar a oposição, encontrando, em nossas sociedades, vestígios de responsabilidade objetiva e mesmo fecundos retrocessos a

251

noções arcaicas. É assim que, a propósito da Escola Italiana, para a qual o criminoso é um degenerado irresponsável, sendo a própria sociedade responsável por seu estado, Fauconnet declara: "A responsabilidade só se rejuvenesce e se mantém, revigorando-se em sua fonte" (pág. 344). A responsabilidade da coletividade no caso do alcóolatra delinqüente, é, deste modo, comparada à responsabilidade do clã no caso de violação individual de um tabu. Mas tememos que ele tenha cometido um equívoco sobre este ponto. Se as sociedades inferiores consideram a responsabilidade como coletiva, é para alargar, por assim dizer, a superfície de aplicação da sanção: é para melhor castigar e aumentar, dessa forma a eficiência mística da expiação. Os modernos, ao contrário, quando declaram a sociedade responsável pelo crime de um dos seus membros, é para diminuir a responsabilidade deste e diminuir a sanção: à medida que conseguimos fazer de um alcóolatra uma vítima da sociedade, tiramos de suas faltas toda intencionalidade e exatamente todo caráter de culpabilidade. Certamente, ainda encontraremos entre nós vestígios de responsabilidade coletiva. Quando, durante uma guerra, todo um povo é considerado responsável pelas faltas de seus dirigentes, ou quando, numa religião, a humanidade inteira é votada à condenação eterna pelos pecados de seus primeiros antepassados, há responsabilidade coletiva. Mas tais julgamentos não são admitidos pela consciência coletiva normal, e trata-se de resíduos ou de regressões, mais do que "rejuvenescimento" da responsabilidade.

Outro argumento invocado por Fauconnet é o fato de que no Direito Penal é preciso um "corpo" de delito para que haja delito. Mas isto é uma circunstância de natureza prática mais do que um princípio ideal ao qual a consciência coletiva possa dar sua completa adesão. Se os juízes pudessem sondar os corações e os rins e descobrir as intenções, sem risco de erro, tão seguramente ou mais seguramente do que administram, atualmente, a prova em questões de simples fatos materiais, então puniríamos certamente a própria intenção culpável. Portanto, é por falta de infalibilidade e não devido a princípios positivos de responsabilidade objetiva que a justiça limita suas atribuições aos atos materiais, e já encontra suficientes dificuldades neste campo restrito.

Em suma, a moderna responsabilidade tende a ser inteiramente individual e subjetiva. Mas é preciso ir ainda mais longe. Entre as concepções primitivas da responsabilidade e algumas concepções atuais, há diferença não só de grau, mas de natureza. Para as primeiras, a idéia de sanção é a noção moral por excelência. E como as noções primitivas são todas realistas, por indiferenciação do psíquico e do físico, a noção de sanção tem, inicialmente, um significado tão mágico como místico: sendo o crime um foco de infecção ao mesmo tempo físico e moral, a sanção tem efeitos ao mesmo tempo materiais e espirituais. Salvo no que se refere a certas idéias teológicas, estas noções, para nós, tornaram-se completamente estranhas. Pelo contrário, uma idéia ainda muito difundida

252

é que uma ação má merece castigo e uma boa ação, recompensa. Esta noção que, aliás, se une facilmente com a responsabilidade subjetiva, é um produto, reconhecemo-lo voluntariamente, das noções primitivas, objetivas e quase materiais da responsabilidade. Somente podemos constatar que grande número de nossos contemporâneos estão isentos desta mesma noção: encontramos muitas consciências que não somente, isto é completamente natural, procuram o bem em si mesmo, mas também consideram toda sanção como imoral. Se identificarmos, com Fauconnet, a responsabilidade e a sanção, é referindo-nos a estas consciências de elite que podemos falar de uma "debilitação da responsabilidade". Mas é próprio destas consciências, justamente, dissociar a responsabilidade da sanção e abolir esta última com o mesmo vigor com que cultivam a idéia de responsabilidade. É preciso, obviamente, distinguir aqui o ponto de vista jurídico e o ponto de vista moral. Em direito restrito, a sanção é, talvez, necessária como meio de defesa da sociedade, se bem que os penalistas modernos tendam a fazer prevalecer as idéias de reeducação e readaptação social, sobre a expiação. Mas, do ponto de vista moral, a sanção surge sempre mais como uma noção ambígua, da qual o menos que podemos dizer é que ela torna impossível a autonomia da consciência. Sabemos com que brilho J. M. Guyau se tornou defensor desta tese, e se talvez lhe tenha faltado profundidade, não poderíamos dirigir a mesma censura à mais sólida das reações que se esboçaram contra a moral kantiana, situada neste ponto, como em muitos outros, a meio caminho da verdadeira autonomia: a moral de F. Rauh.

Portanto, entre a responsabilidade interior, que vai a par com a autonomia da consciência e que resulta das relações de cooperação, e a forma de responsabilidade ligada à idéia de sanção expiatória e, por conseqüência, à coação e à heteronomia, não há simples filiação: um novo tipo de atitude moral sucedeu a uma atitude prescrita, e a continuidade de fato não deve ocultar a diferença de natureza.

Em conclusão, e aí é que queríamos chegar, porque este resultado nos será indispensável na seqüência, a coação social e a cooperação não chegam a resultados morais comparáveis. A coação social — entendemos assim toda relação social na qual intervém um elemento de autoridade e que não resulta, como a cooperação, de pura troca entre indivíduos iguais — tem como efeitos sobre o indivíduo resultados análogos aos da coação adulta em relação ao espírito da criança. Porque, na realidade, os dois fenômenos constituem apenas um só, e o adulto, dominado pelo respeito unilateral dos "Velhos" e da tradição, conduz-se à maneira de uma criança. Podemos mesmo afirmar que o realismo das concepções primitivas do crime e da sanção é, em alguns aspectos, uma reação infantil. Para o primitivo, o universo moral e o universo físico são um só: a regra é, simultaneamente, lei do universo e princípio de conduta. É por isso que o crime ameaça o equilíbrio do próprio universo e deve ser misticamente anulado por uma expiação adequada. Mas esta idéia de uma lei ao mesmo tempo física e moral está no centro da representação do mundo da criança, a qual, sob o efeito da coação adulta, só pode conceber as leis do mundo físico sob as formas de uma certa obediência das coisas à regra. Quanto às idéias de sanção e expiação, como teriam tomado tal amplitude na sociedade adulta, se todos os homens não fossem inicialmente crianças e se a criança não fosse, desde o começo de seu desenvolvimento mental, respeitosa das decisões do adulto que a repreende e pune? Ao contrário, sob os efeitos da diferenciação social e da cooperação, o indivíduo é cada vez menos dominado pelo culto do passado e pelo conformismo obrigatório que o acompanha. Torna-se, então, realmente adulto, e os vestígios da mentalidade infantil que dominam o espírito conformista dão lugar aos caracteres oriundos da cooperação. A autonomia da consciência toma deste modo o lugar da heteronomia, donde as transformações que Fauconnet estudou no campo da responsabilidade e as críticas que são dirigidas à própria idéia de sanção expiatória: a responsabilidade completamente interior da consciência, que recrimina suas faltas com o ideal, sucede assim à responsabilidade oriunda das reações do grupo. Certamente, esta responsabilidade interior permanece um fenômeno social: sem a cooperação dos indivíduos, a consciência ignoraria o bem moral e o sentimento de culpabilidade. Mas é um fenômeno de outra ordem que os fatos de coação, embora se constitua como a forma de equilíbrio para a qual tende toda a história da responsabilidade.

2. A DOUTRINA DA AUTORIDADE MORAL SEGUNDO DURKHEIM: I. INTRODUÇÃO

A doutrina moral de Durkheim, tão bela em seu acento de perfeita sinceridade e tão positiva em sua inspiração científica, suscita, seguramente, a mais grave questão que podemos encontrar em nossa interpretação dos fatos da psicologia infantil. Onde vemos uma luta entre duas morais e entre dois tipos de relações sociais, Durkheim afirma a unidade de todos os fatos morais e de todos os fatos sociais. Certamente, melhor que ninguém, Durkheim compreendeu as razões sociológicas profundas do conflito entre a moral independente e a moral transcendente, mas, onde acreditamos que a primeira é preparada pela solidariedade das crianças entre si e a segunda procede da coação do adulto sobre a criança, Durkheim considera toda moral como imposta pelo grupo ao indivíduo e pelo adulto à criança. Do ponto de vista pedagógico, por conseqüência, onde veríamos, na "escola ativa", o *self-government* e a autonomia da criança, o único processo de educação levando à moral racional, Durkheim defende uma pedagogia que é um modelo de educação tradicionalista e conta com métodos fundamentalmente autoritários, apesar de todas as restrições que impôs, para atingir a liberdade interior da consciência.

Antes de chegar à *Educação moral*, dediquemos algumas reflexões ao problema geral da sociologia moral de Durkheim. Não compreendemos, com efeito, as idéias de Durkheim sobre a criança senão em função de toda sociologia, e, como suas idéias sobre a criança são tão próximas daquelas do senso comum e da pedagogia usual, convém examiná-las de perto, se desejamos manter o fundamento de nossas teses.

Em seu livro sobre a *Divisão do Trabalho Social*, que é a menos dogmática de suas obras e a mais rica em suas possibilidades teóricas, Durkheim manteve-se mais prudente do que, em seguida, no que se refere à unidade dos fatos sociais e, por conseqüência, à identidade dos fatos morais entre si. Há dois grandes tipos de sociedade: de um lado, as sociedades conformistas, cuja solidariedade é segmentária ou mecânica; de outro lado, as sociedades diferenciadas pela divisão do trabalho social e pela solidariedade orgânica. As primeiras são exclusivas da liberdade interior e da personalidade, as segundas marcam o desabrochar da dignidade individual. Ora, a diferenciação social é um fenômeno recente, ainda apenas esboçado, e que revoluciona nossos hábitos sociais e nossas regras morais. Provocando a ruptura do conformismo tradicional, a diferenciação ameaça os símbolos teológicos ligados ao conformismo, e, como a moral depende, nas sociedades do primeiro tipo, da religião e de suas formas exteriores, nosso primeiro dever, atualmente, é fazer-nos uma moral. Nosso equilíbrio está ameaçado: precisamos de um equivalente interior da solidariedade externa própria do conformismo. O que perdemos em coação material das instituições tradicionais, é preciso ganhar em moralidade interior, em preocupação pessoal pela solidariedade.

Parecia então, por este começo, que a pressão social se apresentava sob duas manifestações diferentes, coação propriamente dita nas sociedades conformistas e obrigação interior na cooperação. Parecia, pelo menos, que os sentimentos morais devessem se apresentar sob formas quase opostas, segundo estivessem ligados à heteronomia de um conformismo obrigatório ou à autonomia própria à personalidade, nas sociedades diferenciadas e orgânicas. Na seqüência de suas obras, a tendência de Durkheim consistiu, ao contrário, em reduzir à unidade a coação e a cooperação, e sobretudo em fundir, numa única explicação, suas análises dos diferentes aspectos da moralidade.

No que se refere à coação, a definição de Durkheim abrandou-se até aplicar-se a todos os fenômenos sociais. Atração interior do indivíduo pelos ideais humanos e universais, ou coerção da opinião e da polícia coletivas, tudo é coação. A "exteriorização" do fenômeno social dá lugar às mesmas generalizações. Os princípios lógicos ou morais são exteriores ao indivíduo, no sentido de que a consciência individual sozinha não bastaria para elaborá-los. Mas as manifestações verbais, os símbolos místicos ou os valores econômicos também o são, no sentido de que não está no poder do indivíduo alterá-los à sua vontade. Em suma, a sociedade é una, e as diferenças entre a cooperação e o conformismo obrigatório são questão mais de grau do que de qualidade. Ocorre o mesmo no que se refere à moral. A moral nasceu da religião, nisto que os atos obrigatórios foram inicialmente sancionados na proporção em que se acharam procedentes da noção do sagrado. Assim como o sagrado é o que inspira, ao mesmo tempo, o temor respeitoso e um sentimento de atração, assim também as noções morais se apresentam sob dois aspectos irredutíveis mas inseparáveis: a obrigação e o dever, de um lado, o sentimento do bem ou do ideal desejável, de outro. Assim pois, igualmente, como o sagrado acarreta proibições rituais e prescrições positivas, também a moral proíbe e obriga sem dar suas razões. O imperativo categórico é, deste modo, a emanação direta da coação social: o objeto da moral e a origem do respeito só podem ser a própria sociedade, enquanto distinta dos indivíduos e superior a eles.

Sobre o princípio da doutrina de Durkheim, isto é, sobre a explicação da moral pela vida social e sobre a interpretação das transformações da moral em função das variações de estrutura da sociedade, obviamente, só poderíamos estar de acordo com os sociólogos, devido aos resultados de nossa pesquisa. Constatamos que os elementos individuais da moral se reduzem, seja ao sentimento de respeito experimentado pelos pequenos em relação aos maiores e que explica a gênese da obrigação de consciência e do dever, seja ao sentimento de simpatia experimentado pela criança em relação aos seus semelhantes e que torna possível a cooperação. As tendências instintivas, com aquelas que se ligam a elas mais ou menos diretamente, só constituem, assim, as condições necessárias mas não suficientes da formação da moral. Esta supõe a existência de regras que ultrapassem o indivíduo, e estas regras só poderiam elaborar-se no contato com outrem. As noções fundamentais da moral infantil dividem-se, deste modo, em noções impostas pelo adulto e em noções nascidas da colaboração das próprias crianças. Nos dois casos, isto é, quer os julgamentos da moral da criança sejam heterônomos ou autônomos, aceitos sob uma certa pressão ou elaborados livremente, esta moral é social, e Dukheim, incontestavelmente, tem razão neste ponto.

Somente, tudo não está dito assim, e se coloca o problema de saber se a unidade dos fatos sociais postulada por Durkheim não é de natureza a retirar da moral o que constitui seu caráter mais profundo e mais específico: sua autonomia normativa. O perigo da explicação sociológica — e Durkheim é o primeiro a percebê-lo — é comprometer a moral na razão de estado, nas verdades de opinião ou no conservantismo coletivo, em suma, em tudo o que os maiores reformadores morais sem cessar combateram em nome da consciência. Ora, não acreditamos que a solução dada por Durkheim a esta questão capital, seja de natureza a acalmar nosso escrúpulos. Perdoem-nos insistir aqui sobre este problema tantas vezes discutindo mas, apesar das aparências, ele é tão importante para a psicologia da criança — a pedagogia de Durkheim aí está para prová-lo — que precisamos ter a coragem da banalidade para suprimir qualquer equívoco possível. A atitude de Durkheim, sobre este ponto essencial, parece-nos ter permanecido hesitante. Em algumas de suas páginas, Durkheim parece conceder às opiniões reinantes um valor moral, pelo próprio fato de elas reinarem: "A afinidade do hábito e da prática moral é tal, que todo hábito coletivo apresenta, quase inevitavelmente, algum caráter moral. Quando uma maneira de agir se tornou habitual num grupo, tudo o que dela se afasta provoca um movimento de reprovação muito próximo daquele que provocam as faltas morais propriamente ditas. Participam, de algum modo, daquele respeito particular de que as práticas morais são objeto. Se todos os hábitos coletivos não são morais, todas as práticas morais são hábitos coletivos. Por conseqüência, aquele que é refratário a tudo que é habitual, arrisca também a ser refratário à moralidade" (*Educação Moral*, pág. 31). Mas, por outro lado — e as passagens que citaremos agora parecem-nos expressar muito melhor o ideal do próprio Durkheim do que aquelas nas quais ele defende o "hábito coletivo" — Durkheim parece dizer exatamente o contrário: "Objeta-se a esta concepção que ela subjuga o espírito à opinião moral reinante. Não é assim, porque a sociedade que a moral nos determina aceitar, não é a sociedade tal como se apresenta em si própria, mas a sociedade tal como é ou tende realmente a ser. Ora, a consciência que a sociedade toma de si própria, na e pela opinião, pode ser inadequada à realidade subjacente. Pode acontecer que a opinião esteja repleta de sobrevivências, atrasada sobre o estado atual da sociedade" (*Sociologia e Filosofia*, pág. 54). E sobretudo, após uma intervenção de Parodi, Durkheim não hesitou em declarar perante a Sociedade Francesa de Filosofia que sua moral equivalia a dar razão às grandes consciências contra a opinião reinante, quando se produzia um conflito: podemos concordar, por exemplo, que a opinião pública condenou Sócrates, mas ele é que estava com a verdade e não a opinião, porque "Sócrates expressava mais fielmente que seus juízos a moral que convinha à sociedade de seu tempo" (*ibid.*, pág. 93).

É claro que é preciso escolher entre estas duas soluções. Mas é o que Durkheim não pôde admitir, porque esta escolha é igualmente decisiva no problema da coação e da cooperação. Com efeito, ou a sociedade é una, e todos os processos sociais, incluindo a cooperação, são assimiláveis só à coação, mas então o bem se reduzirá, fatalmente, à opinião reinante e ao uso tradicional; ou é preciso distinguir a sociedade de fato e sociedade ideal, isto é, a "opinião" e a sociedade tal como "tende realmente a ser", mas então somos levados, necessariamente, a distinguir, mais do que o desejou Durkheim, a coação e a cooperação, de modo a situar os valores morais acima da razão de Estado.

Perguntemo-nos, com efeito, como é possível distinguir a sociedade de fato e a sociedade tal como tende a ser. Sob um regime de conformismo obrigatório, isto é, de coação social mais ou menos pura, tal distinção é inconcebível. Um conjunto de crenças e práticas são dadas ao indivíduo, e a moral consiste em conservá-las assim. Certamente, podem produzir-se alterações involuntárias no uso estabelecido e o afastamento pode tornar-se sensível entre o novo uso e o uso tradicional. Mas o ideal está atrás de si e não diante de si. Com efeito, o que a coação impõe é um sistema já completamente organizado de regras e opiniões, sistema que se deve aceitar ou recusar, sendo inconciliável com o conformismo qualquer discussão ou interpretação pessoal. Pelo contrário, nas sociedades diferenciadas como as nossas, novas relações entre indivíduos são concebíveis (das quais encontramos, aliás, todos os germes nas sociedades primitivas, em particular no que se refere ao trabalho técnico). Nos mil agrupamentos entrecruzados que constituem nossa sociedade, os indivíduos concordam menos sobre um conjunto de dogmas ou de ritos a conservar do que sobre um "método" ou um conjunto de métodos a aplicar. O que alguém afirma é verificado pelos outros, o que alguém faz é experimentado e controlado pelos outros. Assim, o essencial das condutas experimentais (quer sejam científicas, técnicas ou morais) não consiste numa crença comum, mas em regras de controle mútuo. Cada um tem liberdade de inovar, mas na medida em que consegue fazer-se compreender pelos outros e compreendê-los. Esta cooperação que, reconhecemos, ainda está longe de prevalecer em todos os domínios sobre a coação social, se bem que constitua o ideal das sociedades democráticas, é a única a permitir a distinção entre o direito e o fato. Quem diz "método" diz, com efeito, que há verdades provisoriamente estabelecidas, mas, sobretudo, que resta alguma coisa a encontrar e que o progresso está subordinado à observância de certas normas. Os caracteres do ideal ficam assim salvaguardados. Pelo contrário, é da essência da coação social e da autoridade exterior identificar o ideal e o fato, sendo, deste modo, o ideal concebido como inteiramente realizado.

Se Durkheim não quis distinguir estes dois processos de coação e de cooperação, senão em graus, é seguramente porque o segundo está ligado ao primeiro por uma série insensível de termos intermediários. Como bem o demonstrou em sua primeira obra, é na medida em que a sociedade cresce em volume e densidade que a divisão do trabalho, o individualismo e a cooperação prevalecem sobre o conformismo obrigatório. Portanto, podemos levantar a hipótese de que em todas as sociedades uma coação é exercida pelo todo social sobre os indivíduos, tomando esta coação a forma de solidariedade cooperativa, em nossas civilizações, e permanecendo limitada ao conformismo obrigatório, nas sociedades primitivas. Só que esta continuidade de fato, que absolutamente não negamos, não exclui uma oposição qualitativa nos resultados. Podemos conceber que a cooperação constitui a forma ideal de equilíbrio para a qual tende a sociedade, quando da ruptura do conformismo obrigatório: na medida em que nos aproximamos do limite, os caracteres da vida social diferem qualitativamente dos caracteres primitivos, se bem que o movimento entre ambos seja contínuo.

Representemo-nos as coisas como psicólogos, para ver melhor suas relações com as duas morais da criança. Durkheim, salvo raras exceções, sempre pensa na sociedade constituída pelos próprios adultos. Tudo se passa, ao lê-lo, como se o grupo, como síntese total, sem mais, exercesse pressão sobre todos os indivíduos, independentemente de sua idade. Ora, imaginemos uma sociedade cujos membros sempre fosse contemporâneos uns dos outros e vivessem sem conhecer nem a coação das gerações precedentes, nem a educação das gerações seguintes: por mais numerosos que sejam os séculos que faremos presentes a estes indivíduos e por mais coletiva que nos representemos sua psicologia, podemos apostar mil contra um, que nunca reproduzirão a sociologia à qual nos acostumaram as sociedades ditas "primitivas". Estes indivíduos descobririam, pouco a pouco, uma linguagem, uma lógica, uma ciência, uma moral e uma metafísica, mas descontados as tentativas, os erros e os momentâneos desvios coletivos, não vemos o que os conduziria a admitir uma coação social de resultados tão cristalizados como aqueles das sociedades de conformismo obrigatório. Parece-nos evidente, com efeito, que os fenômenos sociais elementares seriam radicalmente distintos do que são, se as sociedades sempre tivessem sido formadas de indivíduos da mesma idade, ignorando a pressão das gerações umas sobre as outras. Sem o respeito unilateral do menor pelo maior, da criança por seus pais — respeito que é tanto mais durável no decorrer da vida individual, quanto mais simples é a sociedade, como parece indicá-lo o respeito da idade e dos anciãos nas sociedades inferiores — não vemos como se teriam constituído a moral e a lógica próprias à coação social e ao conformismo. No domínio moral, é bem provável que os fatos de obrigação e proibições rituais, de realismo moral e de responsabilidade objetiva não existiriam sem o respeito da criança pelo adulto. Mas podemos ir mais longe e supor que os traços principais da "mentalidade primitiva" se explicam por uma conjunção da psicologia da criança e dos efeitos da coação exercida pelas gerações umas sobre as outras: a mentalidade primitiva seria assim uma refração da coação social através da mentalidade infantil.[2] Pelo contrário, em nossas civilizações à base de cooperação e diferenciação individual, a mentalidade egocêntrica da criança não intervém mais nos fenômenos sociais essenciais, senão naqueles que constituem, como diz Durkheim, "sobrevivências" ou que indicam "atrasos no estado atual da sociedade". O desenvolvimento das ciências, da indústria, a divisão do trabalho econômico, a moral racional, as idéias democráticas aparecem, com efeito, como outras tantas con-

---

2. Não dizemos isto, claro está, para voltar à fase pré-sociológica da psicologia, mas simplesmente para assinalar que, nos quadros traçados pela sociologia, há completo interesse em restabelecer a análise psicológica: há, atualmente, muito mais paralelismo que antagonismo entre os estudos sociológicos e as pesquisas psicológicas.

quistas sem relação com a coação das gerações umas sobre as outras e provenientes diretamente de uma cooperação independente da idade.

Em suma, do ponto de vista da psicologia, podemos considerar a coação social como oriunda em parte da coação exercida pelo adulto sobre a criança, e exercendo, por conseqüência, um efeito de "consolidação" sobre a mentalidade infantil (se verdadeiramente, como o vimos no decorrer de nossas pesquisas, a coação adulta não basta para "socializar" realmente a criança, mas acentua o egocentrismo próprio a esta última). A cooperação, por outro lado, surge como a relação social essencial, que tende para a eliminação dos fenômenos infantis. É bastante dizer que a cooperação, embora constituindo a forma ideal de equilíbrio para a qual se dirige a coação, na medida em que a condensação social libera as jovens gerações, acarreta resultados qualitativamente opostos. É dizer enfim que, se queremos distinguir, com Durkheim, a opinião e a razão, o regime do costume e o das normas morais, é preciso, ao mesmo tempo, notar vigorosamente a diferença que existe entre um processo social tal como a coação, que consagra, simplesmente, o que é, e um processo social tal como a cooperação, que impõe, essencialmente, um método e que permite, assim, a emancipação do direito em relação ao fato.

Podemos agora chegar ao exame da sociologia propriamente moral de Durkheim. Aqui é preciso distinguir duas seções: a teoria do dever ou da obrigação moral e a do bem ou da autonomia da consciência. No que se refere ao dever, só podemos concordar com a tese de Durkheim, pelo menos do ponto de vista da sociologia estática. Parece-nos incontestável não somente que o conjunto dos deveres, em dada sociedade, está ligado à estrutura desta sociedade, mas ainda que a própria forma do dever (o sentimento da obrigação) está ligada à coação exercida pela sociedade sobre os indivíduos. Do ponto de vista genético, pelo contrário, podemos afirmar que a pressão de um adulto sobre uma criança basta para provocar, na consciência desta, o aparecimento do sentimento do dever, isto independentemente das pressões que sofre o adulto por parte da sociedade inteira. Mas não pensamos que estes fatos sejam contraditórios com a doutrina de Durkheim, embora o pensasse o próprio Durkheim. Também é inútil insistir aqui sobre a questão, que encontraremos novamente a propósito da teoria de Bovet.

Quanto à teoria do bem moral, parece-nos apresentar, pelo contrário, dificuldades que resultam precisamente do que acabamos de ver sobre as relações entre a coação e a cooperação. Com muita razão, Durkheim opõe, primeiramente, o bem ao dever e declara estes dois aspectos da vida moral tão diferentes quanto irredutíveis. Mas, logo depois, Durkheim assimila-os quase um ao outro enquanto lhe pareçam inseparáveis: todo ato moral participa, ao mesmo tempo, da obrigação do dever e da desejabilidade que caracteriza o bem. Também as duas noções nos são dadas como tendo a mesma origem: o bem e o dever derivam ambos do sentimento do "sagrado", sendo o "sagrado" imperativo e desejável ao mesmo tempo, como a própria sociedade da qual não é senão o reflexo. É esta origem comum que nos parece contestável. Certamente, não há sentimento do dever sem desejabilidade, portanto sem um certo sentimento do bem. A razão é clara: o respeito unilateral que está na origem da consciência do dever, consiste numa combinação *sui generis* de medo e amor, que implica, por conseqüência, um elemento de desejabilidade. Mas a recíproca não é verdadeira: há boas ações sem elemento da obrigação.[3] Além disso, como o próprio Durkheim o observa, há indivíduos em que o bem prevalece muito sobre o dever, como aliás inversamente.

É verdade que Durkheim explica estas diferenças individuais de maneira a conciliá-las com sua tese: "cada indivíduo... exprime a moral comum à sua maneira; cada indivíduo a compreende, a vê, sob um ângulo diferente; talvez nenhum consciência seja adequada à moral de seu tempo" (*Sociologia e Filosofia*, pág. 56). Por conseqüência, haveria uma "moral comum" existente tal qual na sociedade, e os diferentes indivíduos a considerariam cada um de seu ponto de vista particular. Compreenderíamos, portanto, que o bem e o dever sejam indissociáveis na realidade, mas que cada indivíduo possa acentuar seja o bem seja o dever, a ponto de fazer parecer estes dois aspectos da vida moral irredutíveis um ao outro.

Trata-se, porém, de examinar de perto estas relações entre a "moral comum" e os indivíduos, porque todo o papel na sociedade da gênese das idéias morais é que está aqui em causa. Quando diversos viajantes escalam uma mesma montanha ou percorrem uma mesma região, podemos dizer que seus pontos de vista individuais são sempre inadequados, porque eles não vêem tudo o que é preciso ver ou não o vêem simultaneamente. Se a "moral comum" constitui, assim, um objeto exterior aos indivíduos, é evidente que as consciências particulares serão sempre inadequadas e só poderemos conciliar seus pontos de vista respectivos no absoluto deste realismo. Mas há uma outra solução possível, que Durkheim parece não ter considerado: é que a "moral comum" consiste, não numa "coisa" dada exteriormente aos indivíduos, mas num conjunto de relações entre indivíduos. Assim, a "moral comum" definir-se-ia como o sistema das leis de perspectivas, tornando possível a passagem de um ponto de vista para outro e permitindo, desde então, o estabelecimento de um mapa ou de uma representação objetiva da montanha ou da região. Em tal caso, cada perspectiva individual pode ser diferente das outras, embora sendo adequada e não comprometendo a coe-

---

3. Segundo DURKHEIM (*Sociologia e Filosofia*, pág. 65), não há atos morais "que sejam puramente desejáveis, porque exigem sempre um esforço". Mas quem diz esforço não diz, por isso mesmo, obrigação.

rência do conjunto. É verdade que este conjunto é muito complexo e, deste modo, as consciências individuais talvez sejam também inadequadas no primeiro sentido do termo. Mas o essencial é que o segundo sentido tenha sua parte de verdade, e acreditamos que assim é na realidade. Com efeito, se o dever constitui um conjunto de ordens mais ou menos idênticas para cada um, o bem admite, pelo contrário, uma certa margem de elaboração pessoal e de autonomia. É bastante dizer que, longe de resultar da coação, ele só se explica pela cooperação.

Somos, assim, levados a examinar a argumentação tão curiosa de que se serve Durkheim para definir o objeto do bem moral. Este objeto não poderia ser o próprio individual, uma vez que o egoísmo é reprovado por todas as morais. Desde então, "se cada indivíduo tomado à parte é incapaz de dar um valor moral à conduta, isto é, se ele não tem *por si* valor moral, uma soma numérica de indivíduos não o poderia ter mais" (*Sociol. e Filos.* pág. 73). Portanto, "agora que eliminamos todo sujeito individual, não resta mais outro objetivo possível à atividade moral do que o sujeito *sui generis*, formado por uma pluralidade de sujeitos individuais associados de modo a formar um grupo; não resta mais que o sujeito coletivo" (pág. 74). Então a sociedade deve "ser considerada como uma personalidade qualitativamente diferente das personalidades individuais que a compõem" (*ibid.*, pág. 54) e o altruísmo se justifica enquanto a pessoa de outrem encarna a sociedade; porque, "se a sociedade é outra coisa que o indivíduo, se não está inteiramente em nenhum de nós, entretanto, não há nenhum de nós em que não se encontre um reflexo da mesma" (*Educação Moral*, pág. 93).

Notamos, inicialmente, que tal explicação de altruísmo permitiria também justificar muito bem o egoísmo. Porque, enfim, sou, como qualquer outro, o reflexo da sociedade, e este reflexo interior parece-se mesmo muito mais direto que as reflexões refratados através da pessoa de outrem! Por falta de tal interpretação, estas passagens de Durkheim só poderiam ter um sentido: o que gostamos em outrem, é menos o indivíduo que a própria possibilidade de um elo de afeição, é menos o amigo que a amizade. Inumano, se o fato moral permanece exterior ao indivíduo e a ele se impõe de fora, esta fórmula é singularmente profunda, se o bem constitui a lei de perspectiva e a regra de reciprocidade que querem tornar efetiva a compreensão mútua: então, o que procuramos em outrem é aquilo pelo qual o outro é susceptível de sair de si próprio, embora se situando em sua originalidade íntima.

Numa palavra, o bem não resulta, como o dever, de uma coação exercida pela sociedade sobre o indivíduo. A aspiração ao bem é de outra natureza que a obediência a uma regra imperativa. O respeito mútuo, que constitui o bem, não leva ao mesmo conformismo que o respeito unilateral, que caracteriza o dever. Certamente, em nossas sociedades, a diferença entre as duas morais pôde esbater-se, porque o conteúdo do dever pode identificar-se cada vez mais com o próprio bem. Eis porque

262

a moral kantina, que permanece, em sua forma, uma moral do dever, é, em seu conteúdo, uma moral da vontade autônoma e define o bem por uma universalidade que repousa sobre a própria reciprocidade (se bem que a mentalidade pessoal de Kant deixe perceber inúmeros traços de heteronomia e legalismo). Mas, nas sociedades inferiores, é quase completa a oposição entre o conjunto das prescrições legais ou dos tabus impostos pela moral do dever e as regras de justiça e de recriprocidade que se desenvolvem entre indivíduos, nem sempre codificadas. É somente nas sociedades diferenciadas que, diminuindo as obrigações rituais, com o conformismo, a moral do bem prevalece sobre a do dever e transmite-se de gerações em gerações até constituir o conteúdo dos próprios deveres.

Em conclusão, a dificuldade fundamental do durkheimismo parece-nos ser a assimilação ilegítima da coação e da cooperação. No domínio moral, esta assimilação resulta numa identificação exagerada entre o bem e o dever, e, o que é mais grave, numa submissão da moral ao conformismo social. Só existe completa autonomia moral na e pela cooperação. A este respeito, a moral continua coisa social, mas a sociedade não pode ser concebida como um todo, nem mesmo como um sistema de valores inteiramente realizados: a moral do bem elabora-se progressivamente e constitui-se, em relação à sociedade, como uma forma ideal de equilíbrio, dominando os falsos equilíbrios reais e instáveis oriundos da coação.

3. A DOUTRINA DA AUTORIDADE SEGUNDO DURKHEIM: II. A EDUCAÇÃO MORAL

Chegamos, agora, ao que constitui o essencial para nós, isto é, às idéias de Durkheim sobre a psicologia da criança em suas relações com a sociologia. O curso dado por Durkheim, sobre *Educação Moral*, constitui, com efeito, o esforço mais vigoroso que uma ciência positiva forneceu para justificar as concepções psicológicas sobre as quais repousa a pedagogia tradicional. Enquanto quase todos os psicólogos da criança — os Stanley Hall, os Dewey, os Claparède — denunciaram as ilusões da escola, colocando-se, é verdade, mais no ponto de vista da criança do que no da sociedade, Durkheim, que parte da sociedade para chegar à criança, permanece, pelo contrário, extremamente conservador. Por conseguinte, importa examinar, do ponto de vista dos fatos da moral infantil, se sua argumentação é legítima.

Retomemos a discussão desde o princípio, não só porque a obra de Durkheim forma um todo admiravelmente coerente, mas ainda porque renova, em muitos assuntos, seus escritos anteriores.

Há, segundo Durkheim, três elementos na moralidade: o espírito de disciplina, o apego aos grupos sociais e a autonomia da vontade. Para ele, o *espírito da disciplina* é o único essencial, uma vez que a moral consiste num conjunto de regras sancionadas pela sociedade: "Regularizar a conduta é uma função essencial da moral" (pág. 30). Mas na idéia de regra há mais que a noção de regularidade: há a *autoridade*. "Por autoridade é preciso entender a ascendência que exerce sobre nós toda força moral que reconhecemos como superior a nós" (pág. 33). Portanto, a moral é um sistema de mandamentos, e a consciência individual não é nada mais que o produto da interiorização destes imperativos coletivos. É verdade que a disciplina, longe de contrariar o desenvolvimento do indivíduo, permite, só ela, o desabrochar das personalidades (pág. 52). O *apego aos grupos sociais* não é menos importante. Não tendo os indivíduos valor moral por si próprios, só o grupo constitui um fim legítimo. Mas, ainda aqui, longe de entravar o desenvolvimento dos indivíduos, esta finalidade enriquece a personalidade: somos todos seres sociais e não há antagonismo real entre o indivíduo e a sociedade (pág. 80). Além disso, o "que mostra bem que a moral é obra da sociedade é que ela varia como as sociedades" (pág. 98). É verdade que, sob as variações da moral, fica um fundo permanente, mas é porque a sociedade, embora evoluindo, conserva alguns traços constantes: "Uma sociedade continua, num certo limite, idêntica a si própria, em toda a seqüência de sua existência. Sob as mudanças pelas quais passa, há um fundo constitucional que é sempre o mesmo. O sistema moral que pratica apresenta, portanto, o mesmo grau de identidade e constância" (pág. 121). Enfim, é preciso notar que o espírito de disciplina e o apego aos grupos não constituem, em última análise, senão um único e mesmo fenômeno. Nenhum indivíduo tem, por si próprio, autoridade e prestígio: "Somente a sociedade está acima dos indivíduos. Portanto, é dela que emana toda autoridade. É ela que comunica, a tais ou quais qualidades humanas, este caráter *sui generis*, este prestígio que eleva acima de si próprios os indivíduos que o possuem" (pág. 103).

Esta união da disciplina e do apego aos grupos explica, simultaneamente, a profunda identidade do dever e do bem. "O dever é a moral enquanto comanda; é a moral concebida como uma autoridade à qual devemos obedecer, porque é uma autoridade, e só por esta razão. O bem é a moral concebida como uma coisa boa, que atrai para si a vontade, que provoca as espontaneidades do desejo. Ora, é fácil observar que o dever é a sociedade quando nos impõe regras, demarca limites à nossa natureza, e o bem é a sociedade, mas enquanto uma realidade mais rica que a nossa, e à qual não podemos unir-nos sem que disso resulte um enriquecimento de nosso ser" (pág. 110). Portanto, estes dois elementos da moral são "apenas dois aspectos diferentes de uma mesma realidade" (pág. 112), e, se é verdade que nossas sociedades insistem mais sobre o bem que sobre o dever e que o sentido de disciplina coletiva se perde (pág. 116), é uma tarefa urgente da educação refazer a unidade de nossa consciência, reconciliando o bem e o dever.

264

O terceiro elemento da moralidade é a *autonomia da vontade*. É contrário à moral racional impor o que quer que seja à própria consciência. "É uma regra, não somente de lógica, mas de moral, que nossa razão só deve aceitar como verdade o que, espontaneamente, reconheceu como tal" (pág. 123). Mas a solução kantiana, que explica a autonomia pela vontade racional, equivale a fazer da obrigação "um caráter de certo modo acidental da lei moral" (pág. 125). Convém, pelo contrário, justificar a autonomia sem derrogar o princípio de obrigação e autoridade. "Kant demonstrou melhor que ninguém que havia algo de religioso no sentimento que a própria lei moral inspira à razão mais elevada; ora, não podemos ter sentimento religioso senão por um ser, real ou ideal, que se nos afigure como superior à faculdade que o concebe. É que, de fato, a obrigação é um elemento essencial do preceito moral" (pág. 126). Durkheim pensa poder encontrar esta conciliação da autonomia e da autoridade social numa comparação com as ciências naturais. Somente somos livres frente à natureza, aprendendo a conhecer suas leis e utilizando-as sem procurar transgredi-las. Ora, "na ordem moral, há lugar para a mesma autonomia e não há lugar para nenhuma outra. Como a moral exprime a natureza da sociedade, e esta não é mais diretamente conhecida por nós que a natureza física, a razão do indivíduo não pode ser mais a legisladora do mundo moral que do mundo material... Mas esta ordem, que o indivíduo, enquanto indivíduo, não criou, não quis deliberadamente, pode apoderar-se dela pela ciência" (pág. 133). Em suma, a autonomia consiste em compreender o porquê das leis que a sociedade nos impõe e que não somos livres de recusar.

Terminada esta análise, Durkheim pergunta-se como constituir na criança os elementos da moralidade. A atitude pedagógica de Durkheim é, a este respeito, muito flexível em seu princípio, mais flexível pelo menos que a doutrina sociológica o permitiria supor. De um lado, a criança, por si própria, não está de posse dos elementos da moralidade, e convém, portanto, "instruir sua natureza". Mas, por outro lado, "a ação educadora... não se exerce sobre uma tábua rasa. A criança tem uma natureza própria e, uma vez que é essa natureza que se trata de instruir, para agir sobre ela, com conhecimento de causa, é preciso antes de mais nada procurar conhecê-la" (pág. 147). São estas premissas, tão judiciosas e tão conformes àquelas do movimento pedagógico contemporâneo, que nos levaram a submeter as idéias de Durkheim a um cuidadoso exame crítico.

Infelizmente, sob a influência de uma "prenoção", cuja presença é inexplicável num sociólogo, e principalmente num sociólogo tão metódico, Durkheim imagina as crianças como não conhecendo outra sociedade que a sociedade adulta ou as sociedades criadas pelo adulto (a escola), de modo que negligencia inteiramente a existência das sociedades infantis espontâneas e dos fatos relativos ao respeito mútuo. Desde então, por mais flexível que seja, em seu princípio, a pedagogia de Durk-

265

heim resulta, por falta de informação suficiente em sociologia infantil, numa simples defesa do método de autoridade. Primeira questão: como constituir na criança o espírito de disciplina? É preciso notar, desde o início, "que os estados mentais que a educação deve despertar na criança só existem sob a forma de virtualidades muito gerais, muito afastadas da forma definida que são levadas a tomar". Esta proposição se verifica "muito especialmente no que se refere ao espírito de disciplina. Podemos dizer, de fato, que nenhum dos elementos que o compõem existe inteiramente constituído na consciência da criança" (pág. 148). Um destes elementos é "o gosto de existência regular". Ora, a criança é fantasia e mobilidade. "O que predomina, na curiosidade infantil, é... sua instabilidade, sua fugacidade" (pág. 149). Por outro lado, o espírito de disciplina é moderação e domínio de si. Ora, para a criança, não há limites para o desejo, nem freios às emoções e às tendências instintivas. É verdade que, apesar das disposições, há, pelo menos, "dois caracteres constitutivos da natureza infantil que a abrem à nossa influência; são eles: 1º O tradicionalismo infantil; 2º a receptividade da criança à sugestibilidade, sobretudo à sugestibilidade imperativa" (pág. 153). Aqui, Durkheim nota muito sutilmente que, apesar de sua mobilidade, a criança é "uma verdadeira rotineira" (pág. 153). O ritual das refeições, do deitar etc. mostra a influência dos hábitos sobre sua natureza. "Assim a criança, ao mesmo tempo que instável, é uma verdadeira misoneísta" (pág. 154). Como o primitivo, a criança é tradicionalista (pág. 155). Por outro lado, todos observaram sua sugestibilidade e, portanto, a enorme ascendência que os exemplos ambientes exercem sobre sua natureza.

Estes caracteres da psicologia da criança tornam vãs todas estas "discussões, tantas vezes renovadas, sobre a questão de saber se a criança nasce moral ou imoral ou se possui, pelo menos, em si, elementos positivos da moralidade ou imoralidade. O problema, assim colocado, não admite solução definida. Agir moralmente é conformar-se às regras da moral. Ora, as regras da moral são exteriores à consciência da criança; são elaboradas fora dela; a criança só entra em contato com elas num momento determinado de sua existência" (pág. 167). O momento decisivo da constituição do espírito de disciplina é a vida escolar. Na família, as tendências altruístas, os sentimentos de solidariedade predominam sobre o dever. Na escola, pelo contrário, é preciso regras. Estas regras devem ser cultivadas por si próprias: constituem "um instrumento, dificilmente substituível, de educação moral" (pág. 171). Portanto, compete ao professor impô-las: "Uma vez que é pelo professor que a regra é revelada à criança, é do professor que depende tudo. A regra não pode ter outro poder que aquele que ele lhe dá, isto é, aquele cuja idéia ele sugere às crianças" (pág. 176). O professor leigo deve ser uma espécie de sacerdote da sociedade: "Do mesmo modo que o sacerdote é o intérprete de Deus, ele é o intérprete das grandes idéias morais de seu tempo e

266

de seu país" (pág. 177). Mas, por outro lado, a autoridade do professor deve desaparecer diante daquela da regra, "porque a regra deixa de ser ela mesma se não é impessoal, e se não é como tal representada aos espíritos" (pág. 178).

Portanto, Durkheim opõe-se a esta educação baseada no interesse individual e na livre iniciativa, que recomenda a "escola ativa" sob todas as formas. Responde a Montaigne com o argumento clássico: "Nem tudo é brinquedo na vida; portanto, é preciso que a criança se prepare para o esforço, para a dificuldade e, por conseguinte, seria desastroso deixá-la acreditar que tudo se pode fazer brincando" (pág. 183). É preciso, então, não somente uma disciplina firme, mas penalidades escolares sancionando esta disciplina.

Mas importa determinar bem o significado das penalidades. Para uns, a penalidade é um preventivo. Mostramos, porém, quanto era superficial esta justificação, que confere à criança ou ao delinqüente um senso de previsão, do qual sua impulsividade é incapaz. Para outros, a penalidade é uma expiação. Embora rejeitando, sob sua forma materialista, a doutrina do sofrimento expiatório. Durkheim acha que "há algo para guardar desta teoria. O que é preciso conservar é o princípio de que a penalidade extingue ou, pelo menos, repara, tanto quanto possível, a falta. Apenas, esta virtude reparadora não provém do fato que ela acarreta um sofrimento; uma vez que um sofrimento é um mal, e é, evidentemente, absurdo que um mal possa compensar um mal e anulálo" (pág. 188). Se o sofrimento extingue a falta é porque "a função essencial da penalidade" é "tranqüilizar as consciências que a violação da regra pôde, deveu necessariamente, perturbar em sua fé, ainda que elas não se dêem conta, mostrar-lhes que esta fé tem sempre a mesma razão de ser e, para falar mais especialmente da escola, que ela é sempre sentida profundamente por aquele de quem as crianças a receberam" (pág. 191). Portanto, a punição extingue a falta na medida em que o sofrimento infligido demonstra à criança que o professor tomou a sério esta falta. Assim, a essência da penalidade é simbolizar a repreensão: "O castigo é apenas um símbolo material pelo qual se traduz um estado interior: é uma notação, uma linguagem, pela qual seja a consciência pública da sociedade, seja a consciência do professor na escola expressam o sentimento que lhe inspira o ato reprovado" (pág. 201).

Quanto à teoria spenceriana da sanção natural, repousa sobre a ilusão de que a educação emana da natureza, quando é obra social. Certamente, a punição deve ser encarada como uma conseqüência natural da falta, mas esta conseqüência não decorre materialmente dos próprios atos culpáveis: a sanção resulta da falta na medida em que esta provoca o movimento de reprovação simbolizado por aquela. "A verdadeira sanção, como a verdadeira conseqüência natural, é a repreensão" (pág. 205).

A este respeito, notemos que, por mais coercitiva que seja esta pedagogia, todavia Durkheim ergue-se com vigor contra as punições cor-

267

porais, e isto em nome de uma psicologia muito fina. A punição corporal, desconhecida na maioria das sociedades inferiores, desenvolveu-se na escola e daí repercutiu sobre a família. Como pôde nascer da escola? Eis aí "um caso particular de uma lei que poderíamos assim enunciar. Todas as vezes que duas populações, dois grupos de indivíduos, mas de cultura desigual, se encontram em contatos seguidos, alguns sentimentos desenvolvem-se, predispondo o grupo mais culto, ou julgando-se tal, a violentar o outro" (pág. 219). O professor, frente ao aluno, é deste modo levado à violência e mesmo à megalomania: como a escola "tem naturalmente uma forma monárquica, degenera facilmente em despotismo" (pág. 224).

Estas considerações sobre a disciplina aplicam-se igualmente ao segundo elemento da moralidade: "como constituir na criança um apego normal aos grupos sociais que a cercam? A fonte psicológica desta parte da nossa vida moral deve ser procurada em nossa faculdade de simpatia e nas tendências altruístas e desinteressadas. Ora, a criança não é nem puramente altruísta nem puramente egoísta, mas ambas as coisas, se bem que num grau menor que nós" (pág. 260). Portanto, basta ampliar progressivamente seu círculo social, para educá-la. Antes da escola, ela conhece a família e as sociedades de amigos, nas quais a consangüinidade e a camaradagem reforçam o altruísmo. Para prepará-la para a sociedade política, que não apresenta estes caracteres, a escola é o intermediário naturalmente indicado. O ensino cívico e o ensino da História bastam para iniciar a criança nos valores próprios da sociedade adulta.

Tal é, em linhas gerais, a pedagogia moral de Durkheim. Não poderíamos discutir, sem o mais vivo respeito pela memória de seu autor, uma obra tão sincera e de tão elevada inspiração como esta cujo resumo acabamos de dar. Mas a gravidade das questões em jogo é tal que não poderíamos hesitar em examinar, com toda liberdade de espírito, as particularidades destas teses de Durkheim. É a melhor homenagem que podemos prestar ao seu poderoso espírito positivo, esquecendo um instante sua grande autoridade.

Ora, a elaboração doutrinária sobre a qual repousa a pedagogia durkheimiana é tão contrária, não somente ao que parece ter conquistado hoje a psicologia da criança, mas ainda ao que parece ter estabelecido a nova pedagogia (e isto é mais grave, pois as experiências pedagógicas sempre serão mais decisivas que as experiências de laboratório), que nos parece impossível aceitar sem mais as conclusões de Durkheim. Ao lado de um método e de princípios singularmente vigorosos e fecundos, a sociologia de Durkheim implica uma dificuldade fundamental. É aquela que tentamos esclarecer agora mesmo e cujos efeitos vemos, agora, na psicologia da criança: não satisfeito em mostrar que a psicologia humana se explica em sua essência pela vida social, Durkheim quis fazer da sociedade um todo, um "ser", e este realismo, como todos os realismos, provocou o aparecimento daquelas antinomias que só um relativismo metódico pode evitar. Não existem sociedades enquanto seres, como não existem indivíduos isolados. Só ha relações, que devem ser estudadas paralelamente de dentro e de fora (sem conflito possível entre a psicologia e a sociologia) e cujas combinações sempre inacabadas não poderiam ser identificadas com substâncias permanentes. Então, é impossível abranger nem único conceito as diversas ações que a vida social exerce sobre o desenvolvimento individual. É, por conseqüência, de novo, a identificação ilegítima da coação e da cooperação que teremos de discutir, pois esta identificação vicia toda a pedagogia de Durkheim como viciou sua moral. Examinemos, deste ponto de vista, os três elementos que Durkheim reconhece na moralidade.

O espírito de disciplina, entende-se, constitui o ponto de partida de toda vida moral. É preciso não somente uma certa regularidade na conduta, mas regras e regras revestidas de suficiente autoridade. É a este preço que se desenvolve a personalidade, ninguém poderia contestá-lo seriamente. Quando Durkheim não vê no indivíduo como tal senão hábitos, e hábitos rotineiros, só podemos igualmente dar-lhe razão. Assim, é pela vida social que se elaboram as regras propriamente ditas, e nossas pesquisas confirmam inteiramente este ponto de vista: todas as regras seguidas pelas crianças em todos os assuntos são devidas a relações sociais.

Apenas, e aí é que está todo o problema da educação, como estão os próprios problemas da moral e da lógica, existe um só tipo de autoridade e um só tipo de regras? Durkheim decide de pronto a questão, sem quase discuti-la, e sem parecer suspeitar que, ao lado das relações sociais entre crianças e adultos, existem relações sociais características dos próprios agrupamentos infantis. Os textos nos quais Durkheim comete, assim, a mais desastrosa das petições de princípio, estão sem dúvida entre os mais dogmáticos que toda sua obra contém: toda autoridade deriva "da" sociedade (pág. 103), o professor na escola, é o sacerdote que serve de intermediário entre a sociedade e a criança (pág. 177); portanto, é do professor que tudo depende (pág. 176), e a regra é uma espécie de revelação (pág. 176) que o adulto faz à criança.

Ora, se há um resultado evidente da observação psicológica, é que, longe de se limitar às regras impostas pelos pais e pelos professores (freqüentemente são as regras mesmo que ela segue menos bem), a criança sujeita-se a todas as espécies de regras, em todos os assuntos e em particular no jogo. Estas regras não são menos sociais, mas baseiam-se em outros tipos de autoridade. Ora, os pedagogos perguntaram-se, justamente, se estas regras próprias das sociedades de crianças não podiam ser utilizadas em classe, e estas tentativas, que, na verdade, foram pouco numerosas ou pouco conhecidas em 1902-3 e em 1906-7 (datas do curso de Durkheim), deram lugar a uma pedagogia moral de *self-government*, que é o contrário da pedagogia durkheimiana[4]. Um problema essencial de psicologia acha-se assim proposto: estas diferentes variedades de regra obedecem ou não às mesmas leis psicossociológicas? Foi a esta questão que procuramos responder no decorrer deste volume, e responder pela negativa.

Pareceu-nos, com efeito que existiam pelo menos dois tipos extremos de regras e de autoridade: a regra devida ao respeito unilateral e a regra devida ao respeito mútuo. Durkheim nos diz bem que o indivíduo como tal não tem autoridade. Mas, mesmo que esta afirmação seja fundamentada (o que discutiremos a propósito da teoria de Bovet), resta que o companheiro de jogo, ou o mais velho etc. constituam, como o professor na escola ou os pais, reflexos, não "da" sociedade, mas de tal ou qual sociedade que a criança imagina, e o respeito sentido para com um parceiro honesto no decorrer de uma partida de bolinhas, é diferente daquele que provoca um adulto. Ora, estes dois tipos de regras conduzem a resultados opostos. A regra da coação, ligada ao respeito unilateral, é considerada como sagrada e produz no espírito da criança sentimentos análogos àqueles que caracterizam o conformismo obrigatório das sociedades inferiores. Mas permanece exterior à consciência da criança e não conduz como o desejaria o adulto a uma obediência efetiva. A regra devida ao acordo mútuo e à cooperação enraíza-se, pelo contrário, no interior mesmo da consciência da criança e conduz a uma prática efetiva, na medida em que se associa com a vontade autônoma.

Se esta distinção é fundamentada, podemos, em nome mesmo da sociologia, propor-nos a seguinte questão. Nossas sociedades civilizadas contemporâneas, isto é, aquelas precisamente às quais procuramos adaptar a criança, tendem, cada vez mais, a substituir pela regra de cooperação a regra de coação. É da essência da democracia considerar a lei como um produto da vontade coletiva e não como a emanação de uma vontade transcendente ou de uma autoridade de direito divino. Portanto, é da essência da democracia substituir o respeito unilateral da autoridade pelo respeito mútuo das vontades autônomas. Logo, o problema é saber o que preparará melhor a criança para sua futura tarefa de cidadão. É o hábito da disciplina exterior adquirido sob a influência do respeito unilateral e da coação adulta, ou é o hábito da disciplina interior, do respeito mútuo e do *self-government*? Certamente, é possível que só os espíritos que tenham passado pela disciplina exterior, imposta por um professor, sejam capazes, mais tarde, de disciplina interior. Mas esta opinião corrente deve ser verificada, e a prova não poderia ser fácil de fornecer, pois, observando o número de indivíduos que rejeitam toda disciplina, uma vez que escapam da escola e da família, ou só são capazes, durante sua vida, de disciplina exterior e de moral legalista, po-

---

4. Ver, em particular, o trabalho de Ad. FERRIÈRE: *A Autonomia dos Alunos*, col. "Actual. Péd.", Neuchâtel e Paris.

270

deria também ser que, apesar da autoridade adulta ou apesar de algumas autoridades adultas, a elite dos adolescentes adote, cedo ou tarde, uma vida disciplinada.

De nossa parte, consideramos como muito importantes as experiências feitas para introduzir a democracia na escola. Como Foerster o afirmou tão bem, é inacreditável que, numa época em que as idéias democráticas penetram por toda parte, as tenhamos utilizado tão pouco como instrumentos pedagógicos.[5] Quando constatamos a resistência sistemática dos alunos ao método autoritário e a admirável engenhosidade empregada pelas crianças de todas as regiões para escapar à coação disciplinar, não podemos abster-nos de considerarr como defeituoso um sistema que desperdiça tantas energias em lugar de empregá-las na cooperação. Quando estudamos, por exemplo, a evolução de um pedagogo de raça como Sanderson, vemos como, de início partidário da autoridade severa e mesmo dos castigos corporais, este diretor de escola chegou a introduzir a democracia e o sistema da colaboração em seu internato.[6] Portanto, não acreditamos absolutamente, com Durkheim, que caiba ao professor impor o sequer "revelar" a regra à criança. Abstenhamo-nos de fazer do professor da escola um "sacerdote": é um colaborador mais velho e, se tem envergadura para isto, deve ser um simples companheiro para as crianças. Só então surgirá a verdadeira disciplina, consentida e desejada pelas próprias crianças. Todos os pedagogos que realmente fizeram a experiência viram que as coisas se passavam assim mesmo. O senso de lei comum que a criança manifesta dos nove aos doze anos, como vimos a propósito das regras do jogo, demonstra bastante como a criança, quando não está como na escola condenada à guerra contra a autoridade, é capaz de disciplina e de vida democrática.

É verdade que o problema da disciplina é solidário de toda a questão da educação funcional. Só concebemos uma disciplina autônoma e interior numa classe escolar na medida em que o trabalho admite a maior parte de iniciativa e de atividade espontânea por parte da criança. Sendo o interesse, segundo Dewey, a participação do eu no trabalho realizado, é claro que ele é necessário na elaboração da disciplina própria do sistema de autonomia. Só a "escola ativa", isto é, aquela em que não fazemos a criança trabalhar por meio de uma coação exterior, mas onde ela trabalha (do ponto de vista psicológico, o trabalho é completamente diferentes nestes dois casos) está em condições de realizar a cooperação e a democracia na escola. Ora, é exatamente o princípio da escola ativa que Durkheim contesta em sua refutação de Montaigne e de Tolstoi, e isto em nome da objeção clássica: a vida não é um brinquedo e não é brincando que a criança aprenderá o esforço.

---

5. F. W. FOERSTER, *A Escrita e o Caráter*, trad. Bovet.
6. Ver WELLS, *Um Grande Educador Moderno: Sanderson*, trad. M. Butts, Paris, Alcan, 2ª ed.

Sobre este ponto capital, hoje não seria mais permitido repetir pura e simplesmente tal argumento, depois das numerosas realizações da escola ativa que surgiram em tantos países da Europa e da América. Todos os praticantes que tentaram a experiência em boas condições observaram — e basta acompanhar uma criança qualquer fora da escola para fazer as mesmas constatações — que, nos trabalhos que lhe interessam, a criança é capaz de um esforço que chega até o limite de suas forças físicas. Portanto, o problema se coloca nos mesmos termos que há pouco, mas sob esta forma geral: o homem que, na vida, será capaz da maior energia nas circunstâncias em que precisamente a vida não é um brinquedo, será aquele que, como criança, melhor tiver praticado este esforço voluntário e espontâneo ou aquele que sempre tiver trabalhado somente sob ordens? A este respeito, temos recordações muito precisas do colégio. Em nossa escola — uma pequena escola de uma pequena aldeia na Suíça — havia, como em todas as escolas, alguns preguiçosos declarados, alguns esforçados conscienciosos e alguns alunos que, muito moderados na escola, cultivavam em casa especialidades "interessantes" — química, história da aviação, zoologia, hebraico, tudo o que queriam, salvo o que estava no programa do ano. Entre os conscienciosos que não tomaram a vida escolar como um brinquedo, há os que se tornaram funcionários, professores primários etc., e que hoje realmente não podem servir de modelos de energia atuante. Os preguiçosos fizeram o mesmo, quando não desapareceram de circulação. Quanto aos moderados, após terem recebido durante toda a sua escolaridade exortações e os bons conselhos ("Se vocês dedicassem ao preparo de seus deveres a quarta parte do tempo que dedicam às suas ocupações pessoais, seriam excelentes alunos..."), acabaram por se consagrar inteiramente a estas ocupações pessoais e lamentam não terem podido generalizar o método a muitos ramos nos quais ficaram ignorantes. Seja-nos permitido acrescentar que, entre nossos professores, se encontravam os que souberam não somente compreender este estado de espírito, mas encorajá-lo e utilizá-lo, e que, como companheiros mais velhos, realmente nos enriqueceram porque descobriram tudo e não impunham nada.

Em suma, o esforço, como todas as condutas, supõe uma maturação, e as formas primitivas de esforço podem ser indispensáveis ao desenvolvimento normal, se bem que diferentes das formas evoluídas, as únicas sancionadas por nossa moral adulta.[7] Portanto, não é perder seu tempo deixar a criança adquirir por si própria o hábito do trabalho e da disciplina interior. No domínio moral, como no campo intelectual, só possuímos realmente o que conquistamos por nós próprios. Ora, para que a criança compreenda a necessidade do trabalho e conquiste o hábito do esforço, é preciso levar em cònta seus interesses e as leis de

---

7. CLAPARÈDE (*Psicologia da Criança e Pedagogia Experimental*, 1ª ed., págs. 486-509) escreveu sobre este assunto páginas decisivas.

sua atividade e não impor-lhe, desde o início, maneiras de agir muito semelhantes às nossas. Aliás, alguma vez na vida realizamos um esforço comparável àquele que exigimos da criança? As "corvéias" que a existência cotidiana nos impõe ou os árduos deveres que as circunstâncias excepcionais provocam, nunca desencadeiam nosso esforço a não ser que os aceitemos, e só os aceitamos compreendendo-os realmente. Portanto, há uma grande distância daquela obediência tão freqüentemente desprovida de significação pela qual pretendemos preparar para a vida e que forma, afinal, para a revolta ou para a passividade. Com isso, não queremos dizer que o puro deixar fazer seja a melhor das pedagogias, e que o indivíduo seja levado por seus instintos ao esforço, ao trabalho, e à disciplina. É preciso — e sobre este ponto Durkheim tem muita razão — uma vida social, organizada para que se constituam o trabalho e a disciplina. Mas é possível fundar, sem despotismo nem coação esta vida social. A escola, segundo Durkheim, é uma monarquia de direito divino. Vimos que as crianças eram capazes de democracia: vale a pena utilizar estas tendências infantis antes que deixá-las perder-se ou dirigi-las contra a autoridade adulta, como é o caso tão freqüente na vida de colégio ou nos devaneios da adolescência.

Todo o problema da sanção deve, assim, ser recolocado em discussão. Para Durkheim, a sanção expiatória é necessária como símbolo da repreensão. Mas há, aí, pelo menos dois pontos para examinar de perto: Quem deve aplicar a repreensão, o professor ou a própria coletividade? É realmente necessário que a repreensão seja simbolizada por um sofrimento expiatório?

Sobre o primeiro ponto, os pedagogos que praticaram o *self-government* pouco a pouco renunciaram à sanção adulta para fazer exercer a justiça retributiva pelas próprias crianças, constituídas em tribunal. Quem não leu os relatos destas deliberações e deste julgamentos infantis não pode formar nenhuma opinião sobre o progresso que constitui esta inovação.

Quanto à natureza psicológica da sanção, devemos admitir, sem discussão, que o sofrimento expiatório é necessário para simbolizar a repreensão e tranqüilizar as consciências? Se o símbolo é necessário para os que são inaptos para compreender as razões da repreensão, perde toda necessidade para os que compreendem. Além disso, se a sanção não tem outra relação com o ato sancionado que não a de simples símbolo, será sempre "arbitrária" em seu conteúdo. Ora, é justamente o que a consciência racional não poderia admitir e o que procuram evitar os que querem fazer da sanção a conseqüência natural do ato. Durkheim, é verdade, opõe-se a tal concepção, sob o pretexto de que a conseqüência natural do ato é a reprovação que acarreta e, por conseguinte, a sanção. Apenas, "natural" é tomado aqui num sentido singularmente amplo: do mesmo modo, dizer que a conseqüência natural de uma desobediência é a cólera do professor e as bofetadas que se seguem, o que Durkheim condenaria precisamente. Por "natural" Durkheim entende, portanto, uma reação social bem definida, graças a julgamentos de valores morais: neste caso, não é mais "natural" ater-se à repreensão, sem simbolizá-la por um sofrimento arbitrário, ou ater-se a tipos de sanção aprovados pela moral do respeito mútuo, tais como a sanção por reciprocidade? Em suma, sobre este ponto como sobre tantos outros, Durkheim parece-nos ter desejado manter artificialmente a unidade da moral da autoridade e da moral racional. Donde seus esforços para salvaguardar a idéia de expiação, da qual a moral da cooperação só pode denunciar o caráter imoral e materialista.

Se consultarmos as próprias crianças — o que é a única atitude possível para o psicólogo que deseja conformar-se com as leis de evolução da consciência moral, e não impor uma moral *a priori* — constatamos que a sanção que parece mais justa no estágio da cooperação é a que deriva da idéia de reciprocidade. Ora, para retomar a argumentação de Durkheim, não basta este tipo de sanção para "tranqüilizar as consciências" e para "simbolizar" a repreensão? Em lugar de constituir um simbolismo arbitrário, a sanção por reciprocidade é "motivada" em seu próprio conteúdo. Quando as consciências infantis, estarão tanto mais "tranqüilizadas" no que se refere à autoridade da regra, porque, nos casos das sanções por reciprocidade, esta autoridade não emana da revelação adulta, mas bem e unicamente do respeito mútuo autônomo.

Vamos ao apego aos grupos sociais. Durkheim observa a este respeito, com muita razão, que a criança não é nem fundamentalmente egoísta como se sustentou, nem puramente altruísta, como se pretende igualmente, mas, ao mesmo tempo, egoísta e altruísta, se bem que num grau menor que o adulto. Esta situação depende, acreditamos, daquele fenômeno do egocentrismo infantil no qual tentamos encontrar a chave dos fenômenos psicológicos próprios da mentalidade infantil: na criança, a sociabilidade e a individualidade ainda não estão dissociadas, de tal forma que, oferecendo o *maximum* de tomada de exemplos sugestivos devidos.à imitação, e à coação do círculo adulto, entretanto a criança reduz tudo, de modo puramente inconsciente, a si mesma e ao seu próprio ponto de vista. Se esta situação se alia facilmente com a atitude psicológica característica das sociedades conformistas (vimos a propósito do jogo de bolinhas como o egocentrismo e a coação se sintetizam facilmente), pelo contrário, opõe-se à cooperação, enquanto esta implica personalidades ao mesmo tempo consciente a si próprias e sabendo submeter seu ponto de vista às leis da reciprocidade e da universalidade. Destarte, o problema é saber como fazer a criança sair do seu egocentrismo para levá-la à cooperação.

Durkheim observa, nesta ocasião, que as únicas sociedades conhecidas da criança são a família e as sociedades de companheiros, enquanto o objetivo da educação social é a adaptação à pátria e aos sentimentos especificamente humanos. A escola é, desde então, o lugar de transição necessário. Tudo isto é incontestável, mas aqui se coloca, mais do que nunca, a questão da coação e da cooperação. A sociedade contemporânea tem por ideal a cooperação: dignidade da personalidade e respeito da opinião comum, elaborada na livre discussão. Como levar a criança a este espírito cívico e humano que postulam as sociedades democráticas: é pela própria prática da cooperação, desde que esta seja psicologicamente possível, pela democracia na escola, segundo a feliz expressão do Foerster, ou por uma iniciação verbal aos mecanismos da sociedade adulta? As lições de história e sociologia, os comentários de instrução cívica e iniciação jurídica terão a menor recepção no espírito infantil, se a escola permanece no sistema monárquico de autoridade como o preconiza Durkheim? Qual, o "bom jogador", o "tipo elegante" na sociedade infantil, ou o escolar que melhor souber responder nos exames de História e instrução cívica, é que se tornará o melhor cidadão? A questão merece ser revista.

Resta um último ponto, sobre o qual o manuscrito do curso deixado por Durkheim não determina com precisão as aplicações pedagógicas, mas que é estudado pelo autor a propósito dos elementos da moralidade: a autonomia da vontade. A posição tão sugestiva tomada por Durkheim e as observações tão perspicazes que fez sobre a moral kantiana são de natureza, melhor que todo o resto da obra, a fazer-nos compreender o forte e o fraco da doutrina durkheimiana. A autonomia da vontade moral, segundo Kant, é devida ao caráter racional desta, resultando da sensibilidade a própria obrigação do dever como tal. Sobre o que Durkheim observa, com razão a nosso ver, que a obrigação própria ao dever puro se torna neste caso, "um característico de certo modo acidental da lei moral" (pág. 125). Ora, tudo comprova, segundo Durkheim, que "a lei moral está investida de uma autoridade que impõe seu respeito mesmo à razão" (pág. 125) e assim é obra de um ser, real ou ideal, "superior à faculdade que o concebe" (pág. 126). Não sendo este ser outro que a própria sociedade, a única autonomia possível é, então, a livre submissão da razão individual às leis da sociedade.

A gravidade de tal solução salta aos olhos. Como Durkheim quer assimilar, uns aos outros, a coação e a cooperação ou o dever e o bem, acaba, agora, por identificar as duas noções antitéticas da obrigação: a submissão heterônoma da razão ao "ser" e a necessidade interior à própria razão. Que a obrigação no primeiro sentido do termo — o "dever", na medida em que envolve o sentimento de autoridade como tal e o respeito unilateral — seja exterior à moralidade, é bem o resultado lógico da crítica kantiana, mas é também a conseqüência natural da moral da cooperação. Tal tese só é chocante para os que permanecem incapazes de experimentar em si próprios esta obrigação superior e puramente imanente que constitui a necessidade racional. "O dever, diz Durkheim, é a moral enquanto comanda, é a moral compreendida como uma autoridade à qual devemos obedecer, *porque é uma autoridade e por esta única razão"* (pág. 110; fomos nós que sublinhamos). Muito bem! Se tal é o dever, é preciso ter a franqueza de declarar, sem mais, que ele é incompatível com a moral da cooperação. Aliás, se Durkheim como sociólogo foi incomodado por tal conclusão, Durkheim como homem livre e como espírito generoso mostrou, em toda sua carreira, que aí estava sua verdadeira fé.

A cooperação, o respeito mútuo, portanto, implicam mais que a autonomia ilusória descrita por Durkheim: postulam a autonomia completa da razão.[8] Quando Durkheim nos lembra que o indivíduo é por si só incapaz de criar a moral, isto não exige absolutamente que a personalidade (isto é, o indivíduo enquanto se submete às normas da reciprocidade) não seja livre de julgar tudo segundo sua própria razão. Que a autonomia suponha um conhecimento científico das leis sociais como das leis naturais, e um reconhecimento destas leis, nada mais justo. Mas as leis sociais não estão concluídas e sua constituição progressiva supõe a cooperação e a inteira liberdade da razão pessoal. A autonomia da razão, portanto, nada tem a ver com a fantasia individual, mas é contraditória com a idéia de uma autoridade exterior reconhecida como tal. Como Rauh tão profundamente o demonstrou, ser pessoal consiste em "situar-se", o que não impede que, para se situar, seja preciso primeiramente "instruir-se". Para educar a autonomia na criança, portanto, é útil "educá-la" cientificamente. Mas não basta, para isso, submetê-la à sociedade adulta, e fazê-la compreender de fora as razões desta submissão: a autonomia é um poder que só se conquista de dentro e que só se exerce no seio da cooperação.

Em conclusão, vemos assim que, sobre todos os pontos, a sociologia moral e pedagógica de Durkheim é, ao mesmo tempo, *optimum* e *pessimum*. Profundamente justa, quando concebe os fatos morais como fatos sociais, ligados ao desenvolvimento estrutural e funcional dos agrupamentos coletivos, desconhece a diferença essencial da cooperação e da coação. Donde, em pedagogia, a ilusão de atingir, pelo único meio do respeito unilateral, resultados específicos da moral do respeito mútuo. Donde, em psicologia moral, a confusão do caráter de heteronomia próprio ao dever puro com a qualidade de autonomia radical próprio ao bem como tal. Donde enfim, em sociologia geral, a assimilação ilegítima daquele equilíbrio de fato que constitui a coação social e daquele equilíbrio ideal, se bem que sempre social num outro sentido do termo, que é a cooperação, limite e lei normativa de todo agrupamento humano.

---

8. Ver, entre outros, sobre este ponto, o excelente livro de D. PARODI, *O Problema Moral e o Pensamento Contemporâneo*, 3ª ed., Alcan, 1930.

4. *A TEORIA DE PIERRE BOVET*

As premissas de Bovet são, ao mesmo tempo, muito próximas e muito afastadas daquelas de Durkheim. Com Durkheim, Bovet recusa-se a explicar os sentimentos morais por meio dos fenômenos psicológicos próprios ao indivíduo como tal: pelo menos, se só fala de indivíduos, Bovet acha que um ser isolado nunca veria desenvolver-se nele as obrigações morais, sendo estas irredutíveis aos fatos de adaptação, de hábito ou de afetividade instintiva aos quais se compararam. Com Durkheim, em segundo lugar, Bovet rejeita a tentativa kantiana de interpretar o respeito como um efeito da regra racional, e, pelo contrário, esforça-se para explicar as regras pelo respeito e o respeito pelas condições empíricas das próprias relações sociais. Com Durkheim, enfim, Bovet distingue, cuidadosamente, o sentimento do bem e a consciência do dever. Apenas, donde Durkheim fala da sociedade como de uma coisa, cuja pressão se exerce sobre os indivíduos, Bovet só concebe relações entre indivíduos. Também acha que basta o contato entre dois indivíduos para que um respeite o outro e os valores morais nasçam deste respeito. Desde então, a análise dos fatos de consciência parece-lhe responder a todas as exigências da psicologia moral, sem que seja necessária uma pesquisa sociológica desde o começo. É esta divergência de método — mais do que uma divergência de doutrina — que nos parece definir melhor a oposição da teoria de Durkheim e a de Bovet.

Mas, se admitimos, em conseqüência dos trabalhos recentes, uma espécie de paralelismo entre o método sociológico, que descreve os fatos do exterior, e o método psicológico, para o qual os fatos sociais permanecem essenciais mesmo que os interpretemos em termos de consciência, a oposição entre Durkheim e Bovet reduz-se a poucas coisas. É com as doutrinas que procuram explicar a regra moral pelas realidades inatas, ou pela experiência próprio só ao indivíduo, que o ponto de vista sociológico é incompatível. Desde que reconhecemos, com Bovet, a necessidade de contato entre dois indivíduos, pelo menos, para constituir uma regra obrigatória, pouco importam as discussões de particularidades: psicólogos e sociólogos podem colaborar uns com os outros na edificação de uma ciência dos fatos morais.

É neste espírito de cooperação que gostaríamos de discutir as idéias de Bovet depois das de Durkheim. Se aquelas não nos parecem poder ser defendidas sem estas — pelo menos, sem o que retivemos destas — a recíproca é verdadeira, e o método de Bovet parece-nos necessário para quem quer propor em termos experimentais um problema de psicologia moral. Sem dúvida, o sucesso das pesquisas sociológicas quase sufocou o interesse que se dava, há uns vinte anos, aos ensaios de análise metódica dos fatos de vontade e consciência da regra. Assim se explica a ressonância insuficiente da tentativa de Bovet. Mas, se comparamos

277

as conclusões de um artigo notável e muito pouco citado deste autor[9] com os resultados tão pobres e tão enganosos da introspecção provocada que se praticava, então, no estudo da vontade, não podemos absternos de pensar que havia aí um ponto de vista cujo valor, na falta de amplitude dos desenvolvimentos, merecia que o situássemos no mesmo plano que o de Durkheim. De nossa parte, supondo que as observações contidas na presente obra subsistem independentemente das interpretações provisórias que lhe serviram de quadro, não hesitamos em atribuir a este artigo de Bovet a paternidade de nossos resultados.

Quais são as condições da obrigação de consciência? Limitando a questão à psicologia do dever, que opõe à do sentimento do bem, Bovet responde que duas condições são necessárias e sua reunião suficiente para que tenha origem o fato da obrigação: de um lado, que o indivíduo receba ordens e, de outro lado, que aquele que as recebe respeite aquele que as dá; sem ordens, nem regras, portanto, nem deveres, mas, sem respeito, as ordens não seriam aceitas, portanto, as regras não poderiam obrigar a consciência.

No que se refere ao primeiro assunto, podemos ser breves, uma vez que ele é comum a Durkheim e a Bovet. Sua significação reduz-se ao fato de que não existem, num dado indivíduo, deveres emanando dele mesmo. Em primeiro lugar, não poderíamos, com efeito, reduzir as regras morais ou os deveres a fatores de psicologia puramente individual. O hábito, por exemplo, não basta para explicar o dever, uma vez que não se acompanha do sentimento de obrigação: há mesmo hábitos contra os quais sentimos o dever de lutar. Mas então não surgiriam, em certas ocasiões, deveres espontâneos e mesmo remorsos livres de qualquer influência exterior? A psicologia dos fenômenos sexuais deu lugar a tais hipóteses. Apenas, para analisar as coisas de perto, notamos que, sem as ordens ambientes — e nenhum indivíduo escapa, em tais domínios, a inumeráveis ordens explícitas ou implícitas — a consciência não acrescentaria, às impressões de prazer ou de depressão puramente psicológicas, nenhum julgamento moral. Em segundo lugar, e por conseguinte, não poderíamos considerar como primitivas, condutas que o indivíduo aplica a si próprio e que, na realidade, resultam de comportamentos interindividuais. Assim, uma ordem, uma sugestão, que nos damos interiormente, podem ser o ponto de partida de sentimentos de obrigação: mas aí estão ou simples réplicas ou o análogo mais ou menos remoto de ordens e sugestões ligadas a instruções recebidas. Decido, por exemplo, trabalhar a tal hora: mas donde viriam a consciência do dever e, em caso de fracasso, o sentimento de insatisfação que acompanham os meus atos, se não tivesse aprendido, no decorrer de toda minha infância, a trabalhar na hora certa ou respeitar meus compromissos?

Quanto ao segundo assunto, é aí que se nota a originalidade de Bovet. As ordens ambientes não lhe parecem acarretar, sem mais, a obri-

---

9. P. BOVET, *As Condições da Obrigação de Consciência*, Anuário Psicol., 1912.

gação de consciência: tanto a criança como o adulto às vezes pretendem formular regras, da quais se limitam a sorrir, ou que provocam mesmo a revolta de seu julgamento moral. Como este fenômeno, no qual os sociólogos verão a interferência de coações heterogêneas, é psicologicamente possível? É, afirma Bovet, que a ordem não obriga por si mesma: para que acarrete na consciência o aparecimento do sentimento do dever, é preciso que o conselho emane de um indivíduo respeitado pelo sujeito. Que este indivíduo tenha, ele mesmo, criado o conteúdo da ordem ou que transmita sem mais uma ordem que recebeu tal qual, pouco importa. O essencial é que seja respeitado pelo sujeito considerado: então e então somente, a ordem produzirá, na consciência deste, o sentimento do dever.

Portanto, Bovet, faz do respeito uma concepção inteiramente afastada ao mesmo tempo daquela de Kant e daquela de Durkheim. Para Kant, o respeito não é um sentimento como os outros, nascendo sob a influência de uma pessoa ou de uma coisa: é a lei moral que provoca o seu aparecimento, de uma maneira aliás inexplicável, e, se respeitamos certos indivíduos, é enquanto encarnam esta mesma lei. Pelo contrário, para Bovet, a lei não é origem do respeito: é o respeito pelas pessoas que faz com que as ordens que emanam destas pessoas adquiram força de lei na consciência daquele que respeita. Portanto, o respeito é origem da lei. Para Durkheim, como para Kant, não há respeito pelos indivíduos: na medida em que o indivíduo obedece à regra é que é respeitado. Apenas, esta regra, longe de emanar, sem mais, da razão, resulta, como o próprio respeito, da autoridade do grupo: em certo sentido, portanto, a lei é filha do respeito, mas do respeito do indivíduo pela coletividade. A isto Bovet responde que, se, na sociedade adulta, o respeito pelo homem e o respeito pela regra são, na prática, não dissociáveis, na criança, podemos constatar que o primeiro precede o segundo. Acontece, de fato, que a criança , em presença de seus pais, tem espontaneamente a impressão de ser ultrapassada por algo superior a ela. Logo, o respeito mergulha suas raízes em certos sentimentos inatos e resulta duma mistura *sui generis* de medo e afeição, que se desenvolve em função das relações da criança com seu ambiente adulto.

Notemos, a este propósito, que estas disposições da criança quanto a seus pais não explicam somente, para Bovet, a gênese do sentimento do dever. Existe, na piedade filial, o ponto de partida psicológico do sentimento religioso[10]. Com efeito, em virtude de seu próprio respeito, à criança atribui aos pais as qualidades morais e intelectuais que definam sua noção de perfeição. O adulto é onisciente, onipresente, justo e bom, origem das regularidades da natureza como das leis da moral. Certamente, a criança não expressa espontaneamente tais crenças, porque lhe é inútil formular e impossível codificar as "prenoções" que são

---

10. P. BOVET *O Sentimento Religioso e a Psicologia da Criança*, col. "Actual. Pédag.", 1927.

evidentes e condicionam completamente a particularidade de seus julgamentos morais ou da representação do mundo. Mas, assim como Bovet o observa com razão, a intensidade de certas crises basta para demonstrar a solidez das atitudes implícitas que as circunstâncias vêm assim abalar. A descoberta de uma falta na conduta dos pais abala a confiança da criança. A descoberta de uma imperfeição intelectual ou de uma limitação imprevista do poder do adulto compromete, na criança, a fé na ordem do mundo. É então que os sentimentos filiais primitivos e, em particular, a exigência da perfeição moral e intelectual podem se transferir para os seres ideais que as representações coletivas ambientes propõem à consciência religiosa do indivíduo.

Mas assim não foi dito tudo. Se, nos princípios, o adulto é um deus para a criança, e se as ordens que emanam dos pais bastam para constituir esta consciência de dever que a maioria das religiões identifica com a vontade divina, resta que a razão intervém na constituição do ideal moral. Com efeito, como explicar a gênese da consciência pessoal, se tudo, na origem, é heteronomia? Bovet sugere-nos a seguinte solução. De um lado, a razão elabora as regras morais como elabora qualquer coisa: generaliza-as, torna-as coerentes umas com as outras, e sobretudo estende-as, progressivamente, a todos os indivíduos, tendendo, desde então, para a universalidade. Aquele que recebe uma ordem tira, assim, conseqüências que se aplicam mesmo àquele que a dá. Por outro lado, há, fatalmente, no decorrer do desenvolvimento mental, interferências das influências recebidas: as ordens entrecruzam-se, contradizem-se, mais ou menos, e, quanto mais numerosos são os indivíduos respeitados, mais aquele que respeita deve conciliar obrigações divergentes. Por conseguinte, a razão deve introduzir na consciência moral a unidade necessária: é em função deste trabalho de unificação que se conquista o senso da autonomia pessoal.

É referindo-se a estes mesmos processos que Bovet afasta a objeção inevitável que se lhe fez, assim como a Durkheim: se tudo chega à criança do exterior de sua consciência e se as regras morais são, no ponto de partida, só ordens devidas à autoridade ambiente, como o bem de libertará do simples costume e como o "bom" respeito opor-se-á aos "maus" respeitos? Enquanto as influências sofridas pela criança são limitadas, reconhece Bovet, é evidente que o ideal do sujeito não poderia ultrapassar o de seus inspiradores. Mas, desde que há entrecruzamentos de influências, a razão produz hierarquias e o progresso é possível em relação às ordens anteriormente recebidas.

Lembremos, enfim, que estes desenvolvimentos se referem unicamente à consciência do dever. Ao lado da moral do dever, Bovet mantém os direitos do sentimento do bem, sem todavia tentar sua explicação psicológica. É a existência deste ideal interior próprio à noção do bem que, em última análise, garante a manutenção da autonomia da consciência: "Esforçar-nos-emos por ver evidência nos motivos de nosso respeito; vamos criticá-lo, estabelecendo, por nós mesmos, ordens de grandeza e seriando, em conseqüência, nossos respeitos. Quando a questão do respeito nos for proposta, criticaremos nossos sentimentos instintivos ou habituais em nome de nosso ideal; perguntar-nos-emos o que respeitamos no objeto de nosso respeito e repudiaremos os respeitos inferiores" (*Sent. Relig. e Psic. Inf.*, pág. 142).

Tal é, em linhas gerais, a teoria de Bovet. Antes de confrontá-la com os resultados de nossas pesquisas, procuremos precisar em que ela completa e em que corrige a doutrina de Durkheim. Convém, a este respeito, distinguir em sociologia o ponto de vista estático ou sincrônico e o ponto de vista genético ou diacrônico, segundo a luminosa observação introduzida na lingüística por F. de Saussure. Do ponto de vista estático, com efeito, a teoria durkheimiana do dever é inatacável e a descrição dos fatos em termos de psicologia interindividual só poderia completar, sem alterar, a descrição sociológica: mais precisamente, estas duas descrições são paralelas ou se encaixam uma na outra. Pelo contrário, de suas profundas análises estáticas, Durkheim tirou uma sociologia genética fatalmente hipotética, e é sobre este assunto que psicólogos e sociólogos arriscam de não mais se encontrarem com a mesma facilidade.

Só há autoridade moral e respeito, defende Durkheim, na medida em que o conjunto de uma coletividade exerce pressão sobre as consciências individuais. O respeito e a obrigação têm, portanto, por origem a sociedade como tal e a relação de dois indivíduos não bastaria para explicar a gênese de nenhum fato de dever. Um indivíduo respeita outro, tão-somente enquanto este está investido de autoridade social: pais e educadores têm poder sobre a criança, porque encarnam a moral do grupo. A esta tese genética um pouco aventurosa, Bovet opõe os fatos da psicologia infantil; é o homem como tal que a criança respeita em seus pais, e, se a criança aceita a moral do grupo, é enquanto se encarna em seres respeitados.

Do ponto de vista estático da permanência e do funcionamento dos fenômenos sociais, este problema, que lembra, em certos aspectos, o das margens e do rio, não tem nenhuma importância: a imensa maioria das ordens prescritas pelo adulto à criança são as mesmas regras da moral do grupo, e como estas regras moldaram a personalidade dos pais antes de serem transmitidas às crianças, é inútil perguntar-se se a criança respeita estas personalidades enquanto estão submissas a estas regras ou estas regras enquanto estão encarnadas nestas personalidades.

Pelo contrário, do ponto de vista genético, é importante saber se podemos falar de uma relação social já a partir de dois indivíduos, ou se é necessário um grupo organizado para a constituição dos sentimentos morais elementares. Ora, sobre este assunto, a argumentação de Bovet parece-nos decisiva. De um lado, parece incontestável que os sentimentos de autoridade e respeito aparecem na criança no decorrer dos dois primeiros anos e ainda antes da linguagem, logo que o pequeno descobre no grande um ser ao mesmo tempo semelhante a ele e ultrapas-

281

sando-o infinitamente: as impressões misturadas de simpatia e medo que resultam desta situação explicam, exatamente, porque a criança aceita os exemplos e, quando sabe falar, as ordens que emanam dos pais, e porque, à simples imitação, se junta tão precocemente o sentimento da regra e da obrigação. Desde que o respeito é concebido por todos os autores como ligado à regra, só poderíamos classificar nos fatos de respeito as impressões elementares que acabamos de lembrar. Ora, no que se refere às regras mais primitivas, relativas ao comer, ao dormir, à higiene ou aos outros comportamentos do bebê, não há nenhuma dúvida: não é porque se desenvolvem no grupo social ambiente e em todas as famílias civilizadas que o bebê as aceita, é porque são impostas pelas pessoas maiores, ao mesmo tempo atraentes e temíveis. Por outro lado, no decorrer dos anos seguintes, a observação mais rápida permite constatar que a criança obedece tão bem às ordens particulares como às ordens gerais. Se Durkheim tivesse razão, só as regras observadas pelos próprios pais, e emanando assim do grupo antes de serem transmitidas às crianças, deveriam ser respeitadas por estas. Ora, não é assim: quando peço aos meus filhos para não mexerem em minha mesa de trabalho, esta regra torna-se uma das leis de seu universo, sem que eu mesmo esteja sujeito a isso, nem que eu lhes apareça como o sacerdote da sociedade. Respeitam esta ordem simplesmente porque sou o seu pai.

Se insistimos nestas considerações genéticas, não é, repetimos, porque tenham grande importância no que se refere ao mecanismo do dever numa dada sociedade já completamente organizada, mas porque justificam o método que seguimos no decorrer desta obra. A sociedade começa a partir de dois indivíduos, desde que a relação destes indivíduos modifica a natureza de seus comportamentos, e podemos descrever todos os fenômenos tão bem em termos de consciência interindividual como em termos globais de sociologia propriamente dita. Com efeito, afora a questão especial da gênese do respeito, o paralelismo entre as teses de Bovet e as de Durkheim parece-nos constante. Durkheim explica o dever sob sua forma heterônoma pela coação social própria das sociedades conformistas, enquanto explica o desenvolvimento da consciência pessoal pela condensação e diferenciação sociais e pelo individualismo que daí resulta. Do mesmo modo, Bovet explica os deveres elementares pelo respeito dos pequenos pelos maiores, e a autonomia progressiva das consciências pelo entrecruzamento das influências recebidas. São os mesmos mecanismos que estes dois autores assim descrevem em linguagens diferentes.

Mas, se há paralelismo e não contradição entre as linguagens adotadas, é preciso acrescentar que, sem a consideração da forma de conjunto das sociedades, a explicação psicológica não bastaria para explicar todos os aspectos do desenvolvimento moral. No que se refere às teses de Bovet, parece-nos, em particular que dois problemas devem ser levantadaos: o do respeito filial e o da libertação das consciências pessoais.

Certamente, podemos admitir, apesar das objeções de Durkheim, que há no respeito da criança por seus pais e na piedade filial sob sua forma mais simples, dados psicológicos independentes da estrutura da sociedade ambiente. Apenas, se os pais são deuses para a criança e se as regras da moral primitiva se reduzem inteiramente às ordens dos pais, podemos perguntar-nos como é possível o progresso não no que se refere ao indivíduo em nossas sociedades, mas no que se refere à própria história das idéias morais. Em nossas sociedades, basta que o indivíduo descubra outros pontos de vista que não aqueles aos quais está acostumado, e tome consciência de algum ideal moral superior às pessoas, para que seja capaz de julgar seus pais, para que deixe assim de divinizá-los e liberte sua consciência a ponto de ser acessível a toda inovação. Mas, nas sociedades gerontocráticas primitivas (e, se Bovet tem razão, quanto mais primitiva é uma sociedade, mais gerontocrática deve ser), como a consciência poderia jamais conceber um ideal moral superior ao costume recebido? Mesmo em caso de transferência dos sentimentos filiais para os símbolos religiosos coletivos, os deuses não seriam melhores que os homens, nem as regras místicas mais morais que as ordens usuais. De fato, foi preciso esperar as religiões mais evoluídas para que a humanidade conferisse aos deuses uma pureza moral sem mistura: por mais desejosas que pareçam, freqüentemente, as religiões inferiores de atingir esta pureza, os costumes e as vontades das divindades primitivas assemelham-se, singularmente, aos usos e às regras da sociedade real. Como explicar que se tenha saído desta situação?

É aqui que a consideração da forma de conjunto das sociedades parece-nos indispensável. Para elevar os deuses acima de si mesmos e ultrapassar a moral das ordens obrigatórias em nome de uma moral da consciência autônoma, um duplo processo é necessário, de espiritualização do respeito filial e de libertação das consciências pessoais. Ora, para que o entrecruzamento das influências, por meio do qual Bovet explica tais processos, se produza efetivamente, a primeira condição é que o meio social seja bastante denso e bastante diferenciado. Como o demonstrou Durkheim em páginas clássicas, só a condensação social e a diferenciação que dela resulta são de natureza a explicar a libertação das consciências pessoais. Então, e somente então, o indivíduo tornar-se-á capaz de julgar as ordens que recebeu das gerações anteriores. Desta maneira, o respeito filial poderá submeter-se ao controle da razão, e a consciência moral situar acima das pessoas um ideal de bem que transcende a todos os deveres e a todas as ordens.

Mas, completando assim o ponto de vista de Bovet com aquele de Durkheim, superamos realmente todas as dificuldades? Chegou o momento de voltar à criança e comparar as teses que discutimos com o resultado de nossas pesquisas precedentes. Em duas palavras, a doutrina de Bovet parece-nos estar inteiramente de acordo com os fatos, no que se refere ao ponto de partida da moral infantil, mas, no que se refere à evolução da consciência das crianças, não poderíamos per-

283

manecer fiéis ao espírito da doutrina, senão prolongando suas linhas e distinguindo dois tipos de respeito.

Estamos aqui em presença de uma dificuldade exatamente análoga àquela que suscita o ponto de vista de Durkheim (esta circunstância por si só bastaria para confirmar a existência do paralelismo entre as duas concepções): como, se todo dever emana de personalidades superiores a ela, a criança adquirirá uma consciência autônoma? Se não ultrapassamos a moral do puro dever, tal evolução parece-nos inexplicável. Sendo o conteúdo dos deveres, por definição, conforme àquele das regras admitidas pelos próprios pais, não vemos como a moral do dever autorizaria à criança modificar estas regras ou julgar seus pais: só a constituição de um ideal interior, isto é, da moral do bem, está em condições de explicar este fenômeno. Ora, bastam o entrecruzamento das influências recebidas e a intervenção da razão para explicar o aparecimento deste ideal? Não o parece: compreendemos bem como, sob a influência das contradições devidas às interferências de ordens, a razão dá-se o direito de precisar o sentido dos deveres, de generalizar mesmo o seu conteúdo, em suma, de polir e codificar a matéria da moral. Mas, na hipótese de Bovet, a razão nada poderia prescrever: está no indicativo e não no imperativo. Em suma, não sairíamos da heteronomia própria ao jogo das ordens, mesmo complicando o jogo ao infinito: só um poder legislativo concedido à razão explicará a autonomia.

Apenas, ao contrário de Durkheim que tudo fez para fechar seu sistema em si próprio, Bovet deixou o caminho aberto e nos convida mesmo a prolongar suas análises. Não só sempre distinguiu o sentimento do dever e a consciência do bem, sem procurar assimilar fora do tempo estas realidades irredutíveis, mas ainda, apresentando-nos o respeito como uma relação de pessoa a pessoa, suscetível de várias combinações possíveis, convida-nos a conceber o respeito como diferenciando-se, ele mesmo, no concreto do estados psicológicos.

É por isso que, ao lado do respeito primitivo do inferior pelo superior, ou respeito "unilateral", acreditamos poder distinguir um respeito "mútuo", para o qual tende o indivíduo quando entra em relação com seus iguais, ou quando seus superiores tendem a tornar-se seus iguais. O elemento quase material de medo, que intervém no respeito unilateral, desaparece então progressivamente em favor do medo totalmente moral de decair aos olhos do indivíduo respeitado: a necessidade de ser respeitado equilibra, por conseguinte, a de respeitar, e a reciprocidade que resulta desta nova relação basta para aniquilar qualquer elemento de coação. A ordem desaparece no mesmo tempo para tornar-se acordo mútuo, e as regras livremente consentidas perdem seu caráter de obrigação externa. Bem mais, sendo a regra submissa às leis de reciprocidade, são estas mesmas leis, racionais em sua essência, que constituirão as verdadeiras normas morais. A razão torna-se, desde então, livre para construir seu plano de ação na medida em que permanece racional, isto é, na medida em que sua coerência interna e externa está salvaguardada, à proporção em que o indivíduo consegue situar-se numa perspectiva tal que as outras perspectivas concordem com ela. Assim está conquistada a autonomia, além da anomia e da heteronomia.

Mas, é necessário complicar de tal maneira as coisas, e a linguagem de Bovet não bastaria para descrever estes mesmos fatos? Portanto, tentemos traduzir nossas observações em termos de respeito (unilateral), sem mais, e veremos se há vantagem ou inconveniente em preferir nossa terminologia dualista.

Suponhamos duas crianças da mesma idade que pertencem àquele estágio de codificação das regras do qual observamos os caracteres aos onze anos aproximadamente. É exato que cada uma, embora respeitando a personalidade da outra, poderá prevalecer alternadamente sobre sua companheira, mesmo que seu prestígio não sobrepuje, uma vez por todas, o desta companheira. Portanto, nunca há igualdade completa, senão de direito e a título ideal. Por conseguinte, poderíamos descrever os fatos de respeito mútuo da seguinte maneria: 1º A dá uma ordem a B; 2º B aceita esta ordem, porque respeita A (respeito unilateral); 3º Mas A coloca-se mentalmente no lugar de B (estaria aí o fato novo, que se opõe ao egocentrismo dos estágios iniciais); 4º Então, A sente-se, ele próprio, obrigado pela ordem que deu a B. Por outro lado, assim como os deveres para consigo mesmo resultam, graças a uma espécie de transferência, dos deveres para com outrem, assim também poderíamos considerar toda espécie de respeito mútuo como devida a uma série de transferências sucessivas de respeito unilateral: o respeito, limitado de início aos pais, seria transferido pela criança para os adultos em geral, depois para os mais velhos e, finalmente, para os contemporâneos, donde uma extensão progressiva do conteúdo dos deveres ao conjunto de indivíduos, incluindo ele próprio. Todas as formas de respeito derivariam assim, enquanto fontes de obrigações morais, do respeito unilateral, e seu caráter comum explicar-se-ia pelo objeto primitivo deste respeito elementar.

Certamente, esta terminologia teria a vantagem de destacar a unidade funcional do fenômeno do respeito. Além disso, e por isso mesmo, tenderia a aproximar uma da outra, mas sem confundi-las, a moral do bem e a do dever. Haveria, sempre e por toda parte, dever na medida em que há respeito, ordens e, por conseguinte, regras. Por outro lado, o sentimento do bem resultaria daquela tendência mesma que impele os indivíduos a se respeitarem e situarem-se mentalmente no espírito uns dos outros. Distinguimos, a propósito da cooperação e do respeito mútuo, as regras "constituídas", que resultam dos acordos recíprocos, e as normas "constituintes", que definem as próprias leis de reciprocidade: na linguagem de Bovet, as regras constituídas não seriam outra coisa que os deveres, em qualquer nível da evolução do respeito que venham se colocar, e as normas constituintes definiriam o bem.

Esta tradução de nossos resultados na terminologia de Bovet basta para demonstrar como nossas próprias pesquisas se limitam a prolongar as suas e como as divergências aparentes são questões de linguagem. Apenas, e pelo mesmo fato, esta tradução põe em evidência a conclusão sobre a qual tivemos de insistir mais: é a heterogeneidade relativa do dever e do bem. Com efeito, aliás, como o próprio Bovet sem cessar o reconheceu, não há nada na forma do dever que obrigue seu conteúdo a estar conforme ao bem: os deveres não são obrigatórios por causa de seu conteúdo, mas pelo fato de emanarem de indivíduos respeitados. Portanto, pode haver deveres estranhos à moral (Bovet cita como exemplo as obrigações do costume) e mesmo deveres imorais (enquanto contrários à moral da reciprocidade): o indivíduo que obedece experimenta, sem dúvida, o sentimento do bem, na medida em que respeita outrem e se submete a outrem por respeito, mas isto não prejulga o valor das ordens que emanam do indivíduo respeitado. Ora, se é preciso distinguir, deste modo, um respeito unilateral, fonte de deveres cujo conteúdo é, por direito, estranho ao bem (sem bem que naturalmente este conteúdo possa coincidir de fato com o da moral do bem), e, por outro lado, um ideal de reciprocidade que define o próprio bem tal como surge, cedo ou tarde, na consciência moral, não há vantagem em isolar um tipo especial de respeito, sob o nome de respeito mútuo, e cujo caráter próprio seria precisamente constituir o sentimento do bem? Se não queremos fazer do bem um ideal platônico, o que seria ininteligível do ponto de vista psicológico, mas uma forma de equilíbrio imanente à consciência, convém, parece-nos, estabelecer uma diferença de natureza entre o respeito unilateral que leva ao reconhecimento de normas heterônomas, e o respeito para o qual não existe outra lei que sua própria mutualidade e que conduz, assim, à constituição de normas interiores ao seu próprio funcionamento. Seguramente, podemos dizer que, se A respeita B e reciprocamente, é porque A primeiramente foi respeitado por B, depois ele próprio situou-se no ponto de vista de B. Mas está aí uma operação completamente nova em relação ao respeito simples: se B se limitar a respeitar A para sempre, B reconhecerá como deveres todas as ordens de A, por mais arbitrárias que possam ser e estranhas às leis da reciprocidade. Pelos contrário, desde que A se identifique moralmente com B e submeta, assim, seu próprio ponto de vista às leis de reciprocidade, os produtos deste respeito mútuo só poderiam ser novos, porque as normas reconhecidas agora permanecem necessariamente interiores a esta mesma reciprocidade.

Certamente, convimos de bom grado, existem por toda parte, de fato, vestígios de respeito unilateral e de coações interindividuais. Não existem iguais, senão de direito.[11] Portanto, é bem possível que o respeito mútuo nunca se apresente no estado puro e constitua, apenas, uma

---

11. Permitimo-nos indicar, sobre este assunto, a discussão que tivemos com Blondel, perante a Sociedade Francesa de Filosofia (ver *Bol. Soc. Franc. Fil.*, 1928, págs. 120-123).

forma ideal de equilíbrio para a qual se orienta o respeito unilateral, quando as desigualdades de idade ou de autoridade social tendem, elas próprias, a desaparecer. Deste ponto de vista, a linguagem de Bovet é, sem dúvida, mais correta que a nossa, mas é às custas, parece-nos, de algumas dificuldades em outros pontos. Com efeito, o que é uma "transferência"? Podemos dizer que um sentimento, mudando de objeto, continua idêntico a si mesmo? Não somos vítimas de uma ilusão genética, quando postulamos a permanência de uma tendência através de sua história e de suas transformações, em lugar de definir as realidades psíquicas em função do sistema no qual estão empenhadas num dado momento de seu desenvolvimento? É questão de nuanças e de dosagem conseguir fazer a parte exata do sincrônico e do diacrônico. Para Bovet, uma vez que o respeito mútuo deriva do respeito unilateral, permanece, em certo sentido, idêntico a este último, ou, pelo menos, baseado nele. Para nós, estando o respeito mútuo empenhado num outro sistema de equilíbrios que o respeito unilateral, convém distingui-lo.

A única questão essencial, neste debate, aliás, é esta. Que o respeito mútuo e a cooperação constituam estados verdadeiros ou formas-limite de equilíbrio, pouco importa. O que define a ação única da cooperação, no desenvolvimento da consciência moral, é precisamente que ela implica a distinção do fato e do direito, da obediência efetiva e do ideal, independente de toda ordem real. Se só o respeito unilateral e a coação social estivessem em ação, o bem moral seria dado uma vez por todas, sob a forma imperfeita e quase sempre caricata que lhe conferem os deveres e as regras em curso na sociedade concreta. Pelo contrário, a cooperação e o respeito mútuo, enquanto implicando normas imanentes, nunca esgotadas pelas regras "constituídas", desempenham um papel insubstituível de catalisadores e imprimem uma direção à evolução dos fatos morais. Deste ponto de vista, é inútil determinar até que grau estas novas realidades se diferenciam, de fato, da coação e do respeito unilateral. Importa somente lembrar que, na psicologia das normas, os estados sucessivos não são tudo: a "vecção" mesma, como diz Lalande, prima sobre todo o resto. A este respeito, as divergências de terminologia que nos separam de Bovet não impedem, em nada, o acordo fundamental dos métodos e dos resultados.

5. O PONTO DE VISTA DE J. M. BALDWIN

Teria sido necessário, para observar a ordem cronológica, tratar de Baldwin antes de discutir as idéias de Bovet. Apenas, se defende uma tese bastante análoga, Baldwin é muito menos preciso em sua maneira de propor os problemas, de modo que convinha estudar a doutrina de Bovet para esclarecer a de seu predecessor. Além disso, entre Durkheim e Bovet, Baldwin ocupa uma situação exatamente intermediária: portanto nos facilitará sermos rápidos no que se refere a ele do que se fosse preciso seguir passo a passo o desenvolvimento das teorias relativas à moral da criança.

Sabemos que, para Baldwin, as pesquisas psicológicas e as pesquisas sociológicas devem ser paralelas, porque a consciência individual e a consciência comum são interdependentes: não há nada a mais na consciência coletiva que uma "generalização" dos conteúdos da consciência individual, mas, inversamente (e é aí que Baldwin está muito próximo dos sociólogos), não há nada na consciência individual que não resulte de uma contínua elaboração coletiva.[12]

O exemplo mais conhecido desta solidariedade do social e do individual, aliás, fundamental do ponto de vista da psicologia moral de Baldwin, é o da consciência do eu. O que de mais íntimo e de mais estritamente "individual", aparentemente, que o sentimento de ser ele próprio e diferente dos outros? Ora, numa célebre análise, Baldwin mostrou que este sentimento resultava, na realidade, das ações interindividuais e muito especialmente da própria imitação. Longe de partir da consciência de si, o bebê ignora-se enquanto sujeito e situa os estados subjetivos no mesmo plano que as imagens físicas: é o estágio "projetivo". Então, como a criança conseguirá descobrir-se a si própria? No que se refere ao seu próprio corpo, é fácil ver que é graças a uma comparação progressiva com o corpo de outrem, comparação solidária da aprendizagem de imitação: é por perceber, visualmente a boca de outrem e imitar os movimentos desta boca, que o bebê de dez-doze meses aprende a situar suas diversas sensações bucais numa forma análoga etc. Do mesmo modo, no que se refere às qualidades psíquicas: é imitando os comportamentos de outrem que a criança descobre os próprios. Deste modo se realiza a passagem para o estágio "subjetivo", a partir do qual o indivíduo está consciente de possuir um eu idêntico àquele de seus semelhantes. Mas, uma vez que sua atenção é assim atraída para si própria, a criança torna-se capaz do processo inverso: atribuindo-se, pouco a pouco, todos os comportamentos observados na pessoa dos outros, aprende, ao mesmo tempo, a atribuir aos outros os sentimentos e as intenções de que toma consciência em si própria. Constitui-se, então, um processo "ejetivo", cuja alternância com os anteriores define toda a vida pessoal: é, com efeito, o jogo de lançadeira da ejeção e da imitação que garante o equilíbrio entre a consciência do eu e o conhecimento dos outros, após ter garantido sua mútua elaboração.

Isto posto, é fácil compreender o que será a consciência moral segundo Baldwin. A consciência moral surge quando o eu não está mais em harmonia, quando há oposição entre as diversas tendências internas que o constituem (tendências que, como acabamos de ver, são, elas próprias, de origem exterior). Donde vem esta falta de harmonia? Do fato de que a criança é cedo ou tarde, obrigada a obedecer e, obedecendo

---

12. Ver, em particular, J. M. BALDWIN, *Psicologia e Sociologia*, Paris, Giard & Brière.

ao adulto, faz uma experiência completamente nova. A obediência, de fato, não é nem uma imitação simples, nem uma ejeção: a obediência cria um novo "eu", uma fração do "eu" que domina as outras. Com efeito, aprendendo a obedecer, a criança constrói-se, por isso mesmo, o que Baldwin chama um "eu ideal", um "eu" submisso às decisões dos adultos, isto é, um "eu" calcado sobre o "eu" superior deles. A obediência constitui, assim, uma espécie de imitação transcendente, acompanhando-se de uma subjetividade e de uma ejeção *sui generis*: estas não são outras que a consciência moral e a avaliação dos atos em função desta consciência. Portanto, é, mais ou menos, a idéia de Bovet segundo a qual as ordens recebidas criam uma obrigação interior. Baldwin insiste, como Bovet, sobre o fato de que não há deveres inatos: toda obrigação resulta da pressão do ambiente social. Mas, uma vez recebidas as palavras de ordem, acrescenta Baldwin, elas são tão bem incorporadas que criam um novo "eu". "E o sentido deste eu, em concordância com o que foi ensinado e o que deve ser feito, *eis, uma vez por todas, a consciência"*[13] Este eu ideal, é, então, simplesmente o eu do pai ou de qualquer outro "modo a imitar": "Ele não é eu, diz a criança, mas sou capaz de tornar-me idêntico a ele; é meu ideal, meu modelo final, meu dever colocado diante dos meus olhos."[14]

Assim se explica que exista um acordo tão surpreendente entre o conteúdo das consciências individuais e as exigências da sociedade. O sentimento moral "existe na sociedade, porque existe em cada indivíduo, mas existe em cada indivíduo, porque já estava na sociedade. Eis um daqueles círculos genéticos, pelos quais a natureza resolve tão freqüentemente o problema do desenvolvimento" (*ibid.*, pág. 299). Tal proposição parece um truísmo ou uma visão superficial. Mas, se pensamos na maneira profunda como Baldwin demonstra que o desenvolvimento do próprio eu está ligado à vida em comum, não podemos deixar de reconhecer um real valor à fórmula que precede. Com efeito, na vida do próprio adulto, os sentimentos morais ficam estreitamente dependentes das opiniões e outrem: "Os julgamentos mais íntimos que fazemos sobre nós mesmos são submetidos à mesma influência: julgamo-nos nós mesmos, até um certo ponto, graças às censuras e aos elogios que nos dirigem os que nos conhecem" (*ibid.*, pág. 397).

Deste modo, encontram-se ultrapassadas as teorias que tentaram reduzir os fatos da obrigação àqueles da psicologia do indivíduo como tal, por exemplo, ao hábito e à simpatia. O dever é irredutível a nossos hábitos espontâneos, declara Baldwin: é "um hábito de violar nossos hábitos" (pág. 55). Quanto à simpatia, não reveste, aos olhos da consciência, nada de moral por si mesma: não basta ser sensível, para ser bom. Ainda é necessário que a simpatia seja canalizada e tornada eqüita-

---

13. J. M. BALDWIN, *Interpretação Social e Moral do Desenvolvimento Mental*, trad. G. L. Duprat, pág. 51.
14. *Ibid.*, pág. 36.

tiva. Graças à imitação e à "ejeção", a simpatia é natural ao eu. Mas, para que esta simpatia adquira um caráter moral, é preciso uma lei comum, um sistema de regras.

Como o indivíduo chega à consciência desta regra ou desta norma comum que define o bem? O ponto de partida, portanto, é que a criança se acostuma "à presença nela de algo que representa seu pai, sua mãe, e, em geral, a *personalidade que faz a lei*" (pág. 49). Além disso, "as obrigações crescem em lugar de diminuir" com a idade, porque os exemplos a imitar são cada vez mais numerosos (pág. 295).

No decorrer de uma segunda etapa, a criança aplica a cada um as leis morais assim elaboradas. Todo caráter adquirido por imitação dá, com efeito, origem a uma "ejeção". "Quando a criança obedeceu e aprendeu por obediência, ela mesma faz a lei para os outros seres da casa. E sua lei torna-se assim a 'lei comum' (pág. 54). Esta lei comum é absoluta por duas razões. De um lado, graças às ordens recebidas ou, como diz Baldwin, às 'palavras de ordem' devidas ao ambiente, esta lei é imperativa. Por outro lado, aplicando a lei a cada um, a criança descobre que, na prática, ninguém, nem mesmo 'as personalidades que fazem a lei', obedecem a ela com inteiro rigor. Ora, esta descoberta, em lugar de enfraquecer a crença na lei, conduz, pelo contrário, a criança a situar a lei moral acima dos indivíduos particulares."

Graças a este processo, o ideal muda de natureza. Até aqui o bem moral estava ligado a exemplos concretos: "Para a criança, a lei está, durante todo o período de transição que deve percorrer antes de chegar a um eu verdadeiramente moral, encarnada numa pessoa; é um eu essencialmente 'projetivo', que não pode se representar com particularidade e sobre o qual ela não pode antecipar" (pág. 317). Pelo contrário, à medida que a criança percebe que ninguém, de fato, obedece à lei, aprende a colocar a lei acima das vontades individuais e a considerá-la como um absoluto, ultrapassando o bel-prazer ou a autoridade dos próprios pais.

Donde uma terceira e última etapa, no decorrer da qual a noção de um bem ideal vem dar um conteúdo à própria lei. Até aqui, com efeito, a lei constituía apenas uma espécie de generalização ou, num certo sentido, de sublimação das ordens recebidas: isoladas das pessoas, as "palavras de ordem" são elevadas à categoria de absolutos. Daqui por diante, graças ao trabalho da inteligência prática, o conteúdo mesmo da lei é elaborado de maneira autônoma: "Quando a criança reflete sobre as relações sociais e começa a tomar o hábito de uma submissão inteligente que por sua vez impõe às outras, vemos um fim de um novo tipo surgir nela. Este não é mais nem uma concepção parcial, nem nenhum projeto íntimo; ninguém corresponde exatamente ao seu ideal de personalidade" (pág. 320). Assim se explicam, ao mesmo tempo, a possibilidade de progresso moral e a liberdade interior da consciência: o indivíduo "é agora lançado num mar de tempestades intelectuais e de empreendimentos inteligentes, que, por sua mobilidade contínua, sua adoção e sua rejeição de um ideal sempre mais elevado, torna possível a vida social e o progresso social'' (pág. 320).

Tais são as teses principais da psicologia moral de J. M. Baldwin. Esta interpretação das relações entre a consciência do dever e a moral do bem é de natureza a satisfazer-nos inteiramente? É o que convém examinar agora, tentando reconduzir a discussão, tanto quanto possível, para o terreno concreto das observações contidas neste volume.

Primeiramente, notamos que, sem a intervenção do raciocínio sobre o qual Balwin insiste com muito vigor, os processos sociais invocados pelo autor não poderiam, por si sós, explicar o desenvolvimento da autonomia da consciência. Compreendemos muito bem, partindo da imitação e da ejeção, como a criança incorpora ao seu eu as "palavras de ordem" que emanam do ambiente social e acaba por conceber a lei como superior aos indivíduos. Mas esta lei nunca será, sem a intervenção que Balwin atribui à razão prática, outra coisa que uma simples derivação das ordens recebidas. Como Baldwin escapa desta conseqüência? Fazendo aparecer, como uma espécie de fator adventício, a própria inteligência da criança, que se supõe retocar o conteúdo das ordens e construir um ideal pessoal.

Apenas, assim apresentadas, as razões invocadas por Balwin, em sua explicação do desenvolvimento moral, correriam o risco de parecerem heterogêneas umas às outras: de um lado, teríamos o jogo das relações sociais, origem do conformismo e do dever; de outro lado, a inteligência individual, fonte da autonomia e da moral do bem. Na realidade, cada um sabe como o próprio Balwin se esforçou, em sua "Lógica Genética", por explicar a evolução da razão infantil por meio dos fatores sociais que acabamos de discutir a propósito da moral. A lógica como o dever começaria, assim, por refletir, sem mais, a pressão do ambiente: é a fase "sindóxica", correspondente à simples obediência no domínio moral. Depois, graças a um jogo de "ejeções" e de generalizações, caracterizando a discussão, a reflexão e a lógica discursiva, as regras lógicas acabariam, como as regras morais, por tornar-se superiores aos indivíduos: é a fase "sinômica", correspondente ao ideal interior da moral do bem.

Desde então, invocando a inteligência infantil, assim como faz Baldwin, para explicar a libertação da consciência em relação aos imperativos de origem exterior, não poderíamos escapar da seguinte contradição: a própria lógica racional deriva dos processos sociais, dos quais é julgada libertar-se quando se trata de psicologia moral. Na realidade, a lógica e a moral são inteiramente paralelas, e, se admitimos, com Baldwin, que ambas se desenvolvem em função de uma elaboração coletiva, não temos mais o direito de recorrer a uma para explicar as transformações da outra. A lógica, como a moral, começam no conformismo para terminar na autonomia. Se queremos explicar esta evolução é preciso explicá-la por mudanças inerentes ao próprio comportamento social. Portanto, a questão é saber se a psicologia social de Baldwin basta para fazer compreender como a coação cede passo à cooperação, ou se, em Baldwin, como em tantos outros, a relação de coação tende a ter primazia, em última análise, sobre a relação de cooperação.

A este respeito, as duas dificuldades principais da doutrina de Baldwin nos parecem as seguintes. No que se refere aos estágios primitivos, Baldwin explica a mentalidade da criança pela imitação e pressão do ambiente social, sem levar muito em conta o egocentrismo inerente à consciência elementar. No que se refere aos estágios superiores, não consegue, desde então, interiorizar suficientemente o social na própria consciência, e ver nas leis da reciprocidade a norma racional, conferindo às regras comuns a autonomia necessária a esta interiorização.

No primeiro assunto, podemos ser breves, porque diz respeito mais à psicologia da inteligência do que à teoria dos fatos morais. Em páginas célebres, Baldwin demonstrou, admiravelmente, como a consciência primitiva era "adualística", situando num mesmo plano o interno e o externo, o subjetivo e o objetivo, enfim o psíquico e o físico mesmo. Mas não percebeu, parece-nos pelo menos, que a esse adualismo corresponde, necessariamente, uma ilusão de ponto de vista tal que o indivíduo se situa no centro de tudo e explica todas as coisas em função desta perspectiva egocêntrica. Em psicologia intelectual, é este egocentrismo que nos parece explicar a lógica e a causalidade próprias à criança: a dificuldade de dominar as relações, de constituir séries causais objetivas etc. Do ponto de vista social e moral, é este egocentrismo que explica por que, embora absorvendo-se nos outros, a ponto de se conformar aos exemplos e às ordens recebidas do exterior, a criança mistura, a cada conduta coletiva, um elemento irredutível de interpretação individual e de deformação inconsciente. Donde esta atitude *sui generis* dos pequenos, a respeito das regras do jogo, como dos imperativos devidos aos pais, de respeito pelo sentido literal das leis e de fantasia em sua aplicação.

Desde então, embora aprovando a profunda teoria de Baldwin relativa à gênese da consciência do eu, sentimos a necessidade de acrescentar uma observação ao que nos disse do papel da imitação. Certamente não podemos recusar, depois das análises de nosso autor, admitir que o eu somente se conhece por referência àquele dos outros. Mas a imitação só nos permitirá perceber em nós o que é comum com outrem. Para descobrir-se como indivíduo particular, é necessária uma contínua comparação, produto de oposições, discussões e controle mútuo: assim, a consciência do eu individual é de aparecimento muito mais tardio que a do que há de geral em nossa psicologia. É por isso que a criança pode permanecer muito tempo egocêntrica (por falta de consciência do eu), embora participando, sob todos os aspectos, da consciência dos outros: só o conhecimento de nossa natureza individual, com suas limitações como seus recursos, nos torna capazes de sair de nós mesmos para colaborar com cada um. Portanto, a consciência do eu individual é, ao mesmo tempo, um produto e uma condição da cooperação.

Eis-nos conduzidos à segunda questão, isto é, àquela dos estágios superiores e da autonomia da consciência. As regras lógicas "sinômicas" e as regras morais correspondentes estão, tanto quanto acredita Baldwin, aptas a garantir a liberdade da razão? Atendo-se às definições dadas, parece que sim: "Nos estágios lógicos da cultura social, o indivíduo chega, cedo ou tarde, a criticar, numa certa medida, as fórmulas sociais, a confirmá-las ou rejeitá-las em tal ou qual de suas particularidades, fazendo uso de seu julgamento individual. Deste modo, o sindóxico torna-se pessoal e sinônimo."[15] Mas, considerando a maneira pela qual Baldwin explica a gênese e o funcionamento deste estado social "sinômico", estamos menos seguros de que os citados processos sejam realmente suficientes para explicar a oposição que existe entre os resultados da cooperação e os da coação. Escolhamos, com efeito, uma ordem; imponhamo-la a alguns indivíduos que a imporão, por sua vez, a outros, graças ao mecanismo da "ejeção". Mesmo irradiando em todo o grupo social e achando-se promovida à dignidade de lei absoluta, superior aos indivíduos, tal regra não poderia possuir nenhum valor novo apenas pelo fato de sua generalidade; existem, nos grupos sociais, usos aceitos por todos e que não permanecem menos irracionais ou mesmo imorais. Como a crítica individual, por meio da qual Baldwin define o "sinômico", conseguirá transformar realmente o conteúdo "sindóxico" das regras num conteúdo racional e conforme ao ideal moral? É com a única condição de que, sob as regras "constituídas", atue um sistema de normas "constituintes". Não basta, para que um conjunto de usos adquira um valor novo quanto à consciência autônoma, que estes usos tenham sido ratificados, após discussão, pela maioria ou pela totalidade dos indivíduos: é preciso, ainda, que esta ratificação resulte de um verdadeiro acordo, baseado nas leis de reciprocidade que constituem a razão. Certamente, falando de crítica individual, reflexão e discussão, é na própria razão que pensa Baldwin. Mas seria ilusório imaginar que o jogo das imitações e das ejeções, elaborando o eu e garantindo o equilíbrio entre o indivíduo e o grupo social, basta para explicar o desenvolvimento destas normas racionais. Estes mecanismos explicam unicamente o fato, aliás fundamental, de que o indivíduo, apesar de seu egocentrismo, se acha dominado, desde os primeiros estágios, por um sistema de regras exteriores a ele e imperativas. Mas, para passar daí à lei racional, interior às consciências é preciso mais que uma simples ratificação da inteligência individual: é preciso que, entre indivíduos iguais, relações de um novo tipo, baseadas na reciprocidade, afastem o egocentrismo e proponham à consciência intelectual e moral normas suscetíveis de aperfeiçoar o conteúdo das próprias leis comuns.

---

15. J. M. BALDWIN, *Teoria Genética da Realidade. O Pancalismo*, trad. Philippi, Alcan, 1918, pág. 48.

6. CONCLUSÃO

A análise dos juízos morais da criança colocou-nos na obrigação de discutir o grande problema das relações entre a vida social e a consciência racional. Nossa conclusão foi que a moral prescrita ao indivíduo pela sociedade não é homogênea, porque a própria sociedade não é coisa única. A sociedade é o conjunto das relações sociais. Ora, entre estas, dois tipos extremos podem ser distinguidos: as relações de coação, das quais o próprio é impor do exterior ao indivíduo um sistema de regras de conteúdo obrigatório, e as relações de cooperação, cuja essência é fazer nascer, no próprio interior dos espíritos, a consciência de normas ideais, dominando todas as regras. Oriundas dos elos de autoridade e de respeito unilateral, as relações de coação caracterizam, portanto, a maioria dos estados de fato de dada sociedade e, em particular, as relações entre a criança e seu ambiente adulto. Definidas pela igualdade e pelo respeito mútuo, as relações de cooperação constituem, pelo contrário, um equilíbrio limite mais que um sistema estático. Origem do dever e da heteronomia, a coação é, assim, irredutível ao bem e à racionalidade autônoma, produtos da reciprocidade, se bem que a própria evolução das relações de coação tenda a aproximá-las da cooperação.

Apesar de nosso desejo de limitar a discussão só aos problemas conexos à psicologia da criança, reconhecemos sem dificuldade o parentesco destes resultados com aqueles das análises históricas ou lógico-sociológicas de Brunschvicg e Lalande. *O progresso da consciência na filosofia ocidental* é a demonstração mais rica e mais sutil da existência, no pensamento europeu, de uma lei de evolução dos juízos morais, análoga àquela cujos efeitos a psicologia percebe no decorrer do desenvolvimento dos indivíduos. Ora, a pesquisa filosófica não é outra coisa que a tomada de consciência progressiva das correntes de pensamento que atravessam, sustentando-os, os próprios estados sociais: o filósofo cria menos o absolutamente novo que ''reflete'' a elaboração do espírito humano. Portanto, é importante constatar que a análise histórico-crítica, cujo manejo Brunschvicg renovou, chegou a manifestar, na evolução do pensamento filosófico ocidental, a vitória gradual das normas de reciprocidade sobre as do conformismo social.

Quanto a Lalande, suas pesquisas sobre *A Dissolução*, assim como sobre o caráter social das normas lógicas, demonstraram, mais que nenhuma outra, a dualidade que se dissimula sob o epíteto de ''social''. Há duas sociedades, nos diz Lalande, a sociedade de fato ou de organização, cujo caráter constante é a coação que exerce sobre as consciências individuais, e a sociedade ideal ou de assimilação, que se define pela identificação progressiva dos espíritos entre si. Reconhecemos, nesta distinção, aquilo que fomos levados a observar entre as relações de autoridade e as relações de igualdade.

Algumas teses de particularidades nos impediriam, é verdade, de aderirmos, sem mais, ao conjunto de concepções de Lalande. Não nos parece certo, por exemplo, que a "evolução" no sentido de uma organização progressiva esteja necessariamente ligada à sociedade de coação. A passagem do homogêneo para o heterogêneo, pela qual Lalande define, com Spencer, os progressos evolutivos, conduz, sem dúvida, à diferenciação social. Mas esta diferenciação, como os sociólogos o demonstraram, é precisamente condição da ruptura dos conformismos devidos à coação e, por conseqüência, condição de liberdade das personalidades. A igualdade moral não é o resultado de uma marcha para o homogêneo, supondo que possamos estar de acordo sobre o sentido desta expressão, mas de uma mobilidade que é função da diferenciação: quanto mais uma sociedade é diferenciada, melhor os indivíduos podem mudar de situação segundo suas aptidões, e mais é favorecida a cooperação intelectual e moral. Por conseguinte, não poderíamos assimilar, sem mais, a identificação dos espíritos, da qual Lalande faz a norma suprema, à cooperação. O que a moral do bem parecenos realizar, sem que tenhamos de avaliar esta "vecção" e limitandonos à descrição dos fatos psicológicos, é a reciprocidade mais que a identificação. A moral da consciência autônoma não tende a submeter as personalidade a regras comuns em seu próprio conteúdo: limita-se a obrigar os indivíduos a "se situarem" uns em relação aos outros, sem que as leis de perspectiva resultantes desta reciprocidade suprimam os pontos de vista particulares.

Mas que importam estas divergências de particularidades, uma vez que é à grande doutrina de Lalande que devemos ter aprendido a dissociar o que os sociólogos tendem muito a confundir? Que importam, sobretudo, os conceitos dos quais nos servimos na interpretação dos fatos, quando o método permanece idêntico? Ora, os trabalhos de Lalande nos fornecem o exemplo muito raro de uma pesquisa sobre a evolução das normas, que não provém do método psicossociológico. Sem nada sacrificar às exigências da racionalidade, este lógico soube discernir, na assimilação intelectual e moral, processos suscetíveis de serem analisados em termos psicossociais, embora implicando, por sua própria "direção", a existência de normas ideiais, imanentes à consciência.

Esta convergência entre nossos resultados e aqueles da análise histórico-crítica ou lógico-sociológica conduz-nos a um segundo ponto: o paralelismo entre o desenvolvimento moral e a evolução intelectual. Todos notaram o parentesco que existe entre as normais morais e as normas lógicas: a lógica é uma moral do pensamento, como a moral, uma lógica da ação. Do apriorismo, para o qual é a razão pura que comanda, ao mesmo tempo, a reflexão teórica e a vida prática, à teoria sociológica dos valores morais e do conhecimento, quase todas as doutrinas contemporâneas concordam em reconhecer a existência deste paralelismo. Portanto, não é surpreendente que a análise do pensamento da criança ponha em evidência certos aspectos particulares deste fenômeno geral.[16]

Antes de tudo, é permitido dizer, em certo sentido, que nem as normas lógicas nem as normas morais são inatas na consciência individual. Sem dúvida, encontramos, mesmo antes da linguagem, todos os elementos da racionalidade e da moralidade. Assim, a inteligência sensório-motora movimenta as operações de assimilação e de construção, nas quais não é difícil encontrar o equivalente funcional da lógica das classes e das relações. Do mesmo modo, o comportamento da criança quanto às pessoas, demonstra, desde o princípio, tendências à simpatia e reações afetivas, nas quais é fácil encontrar o estofo de todas as condutas morais ulteriores. Apenas, um ato inteligente não poderia ser qualificado de lógico, e um traço de sensibilidade, de moral, senão a partir do momento em que algumas normas imprimam a tais matérias uma dada estrutura e regras de equilíbrio. A lógica não é coextensiva à inteligência, mas consiste no conjunto das regras de controle que a própria inteligência usa para dirigir-se. A moral desempenha um papel análogo quanto à vida afetiva. Ora, nada permite afirmar a existência de tais normas nos comportamentos pré-sociais anteriores à linguagem. O controle próprio da inteligência sensório-motora é de origem externa: são as coisas mesmas que obrigam o organismo a selecionar seus comportamento, e não a atividade intelectual inicial que procura ativamente o verdadeiro. Igualmente, são as pessoas exteriores que canalizam os sentimentos elementares da criança, e não estes que tendem, por si próprios, a se regularizarem do interior.

Entretanto, não se deve rejeitar tudo na tese apriorista. Certamente, o *a priori* nunca se manifesta sob a forma de mecanismos inatos inteiramente montados. O *a priori* é o obrigatório, e as conexões necessárias só se impõem gradualmente, no decorrer da própria evolução: é o fim do saber e não no seu começo que o espírito toma consciência das leis que lhe são imanentes. Mas quem diz evolução dirigida e marcha assintótica para um ideal necessário reconhece, ao mesmo tempo, a existência de algo influindo, desde a origem, no sentido desta evolução. Apenas, sob que forma se apresenta este algo? Sob a forma de uma estrutura que organiza, sem mais, o conteúdo da consciência ou sob a forma de uma lei funcional de equilíbrio, da qual o espírito não tem consciência, por não tê-lo realizado, e que se manifestará somente através da multiplicidade das estruturas a ocorrer? A resposta não nos parece duvidosa. Há, no próprio funcionamento das operações sensório-motoras, uma procura de coerência e de organização: ao lado da incoerência de fato, própria dos procedimentos sucessivos da inteligência elementar, deve-

---

16. Desenvolvemos este assunto no decorrer do IX Congresso Internacional de Psicologia em New Haven (E.U.A.). Ver *Ninth International Congress of Psychology, Proceedings a. Papers*, pág. 339.

mos, então, admitir a existência de um equilíbrio ideal, indefinível a título de estrutura, mas envolvido neste funcionamento. Tal é o *a priori*: não é nem um princípio, do qual os atos reais possam se deduzir, nem uma estrutura, da qual o espírito possa tomar consciência como tal, mas um conjunto de relações funcionais, implicando a distinção dos desequilíbrios de fato e de um equilíbrio de direito. Portanto, como o espírito tirará deste equilíbrio funcional normas propriamente ditas? Constituindo estruturas por meio de uma tomada de consciência adequada. Basta, para que a procura funcional de organização, a qual atesta a atividade sensório-motora e afetiva inicial, dê nascimento a regras propriamente ditas de organização, que o espírito tome consciência desta procura e de suas leis, e traduza, deste modo, em estrutura o que até aí era simples funcionamento.

Mas, esta tomada de consciência não é uma operação simples e encontra-se ligada a um conjunto de condições psicológicas. É aí que a pesquisa psicossociológica se torna indispensável à teoria das normas e que se observa o paralelismo genético entre a constituição da consciência lógica e da consciência moral.

Em primeiro lugar, é preciso notar que o indivíduo, por si só, não é capaz desta tomada de consciência e não consegue, por conseqüência, constituir, sem mais, normas propriamente ditas. É neste sentido que a razão, sob seu duplo aspecto lógico e moral, é um produto coletivo. Isto não quer dizer que a sociedade tenha tirado o racional do nada, nem que não exista um espírito humano superior à sociedade, porquanto interior ao indivíduo como à coletividade. Isto significa que a vida social é necessária para permitir ao indivíduo tomar consciência do funcionamento do espírito e para transformar, assim, em normas propriamente ditas, os simples equilíbrios funcionais imanentes a toda atividade mental ou mesmo vital.

Com efeito, o indivíduo, por si só, permanece egocêntrico. Pelo que não é preciso entender nada mais que isto: assim como o espírito começa por se confundir com o universo, antes de dissociar o que diz respeito às leis objetivas e o que pertence ao conjunto das condições subjetivas, do mesmo modo o indivíduo começa a compreender tudo e tudo sentir através de si próprio, antes de distinguir o que pertence às coisas ou às outras pessoas e o que resulta de sua perspectiva intelectual e afetiva particular. Desde então, o indivíduo não poderia estar consciente de seu próprio pensamento, implicando a consciência de si uma confrontação contínua do eu e do outro. Do ponto de vista lógico, o egocentrismo acarreta, portanto, uma espécie de alogismo tal, que ora a afetividade predomina sobre a objetividade, ora as relações oriundas da própria atividade prevalecem sobre as relações independentes do eu. Do ponto de vista moral, o egocentrismo acarreta, por outro lado, uma espécie de anomia, tal que a ternura e o desinteresse possam aproximar-se de um egoísmo ingênuo, sem que a criança se sinta espontaneamente melhor num caso que no outro. Assim como as idéias atravessando seu espírito apresentam-se, repentinamente, sob a forma de crenças, e não de hipóteses a verificar, do mesmo modo os sentimentos que surjam na consciência da criança aparecem-lhe, repentinamente, como tendo valor, e não como devendo ser submetidos a uma avaliação ulterior. É só pelo contato com os julgamentos e as avaliações dos outros que esta anomia intelectual e afetiva perderá terreno progressivamente, sob a pressão das regras lógicas e morais coletivas.

Em segundo lugar, as relações de respeito unilateral e de coação, que se estabelecem espontaneamente entre o adulto e a criança, contribuem para a constituição de um primeiro tipo de controle lógico e moral; somente este controle não poderia, por si só, bastar para a eliminação do egocentrismo infantil. Do ponto de vista intelectual, o respeito da criança pelo adulto tem por efeito provocar o aparecimento de uma concepção anunciadora da noção de verdade: o pensamento deixa de afirmar simplesmente o que lhe agrada, para se conformar com a opinião do ambiente. Assim tem origem uma distinção equivalente àquela do verdadeiro e do falso: algumas afirmações são reconhecidas como válidas, enquanto outras não. Mas é evidente que, se esta distinção constitui um progresso importante, comparada à anomia do pensamento egocêntrico, ela não é menos irracional em seu princípio. Com efeito, não é suficiente, para que possamos falar de verdade racional, que o conteúdo das afirmações seja conforme à realidade: é preciso, ainda, que este conteúdo tenha sido obtido por um comportamento ativo da razão e que a própria razão esteja em condições de controlar o acordo ou o desacordo de seus julgamentos com a realidade. Ora, no caso particular, a razão fica ainda bem longe desta autonomia: o verdadeiro é o que está de acordo com a Palavra adulta. Que a própria criança tenha descoberto as proposições que pede ao adulto para sancionar com sua autoridade ou se limite a repetir o que o adulto disse, nos dois casos há coação intelectual de um superior sobre um inferior e, por conseguinte, heteronomia. Deste modo, longe de eliminar, em sua origem, o egocentrismo infantil, tal submissão tende, pelo contrário, a consolidar, em parte, os hábitos de espírito próprios ao egocentrismo. Assim como, entregue às próprias forças, a criança acredita em todas as idéias que surgem em seu espírito, em lugar de considerá-las como hipóteses a verificar, do mesmo modo, submetida à palavra de seus pais, acredita, sem discussão, em tudo o que lhe contamos, em lugar de perceber no pensamento adulto o que ele admite de pesquisa e ensaio: o bel-prazer do eu é simplesmente substituído pelo bel-prazer de uma autoridade soberana. Aí está um progresso, sem dúvida, uma vez que tal transferência acostuma o espírito à procura de uma verdade comum, mas este progresso está repleto de perigos reais, se, por sua vez, a autoridade soberana não é criticada em nome da razão. Ora, a crítica nasce da discussão e a discussão só é possível entre iguais: portanto, só a cooperação realizará o que a coação intelectual é incapaz de realizar. Também constatamos, sem cessar, no decorrer da vida escolar, os efeitos combinados desta coação e do egocentrismo intelectual. O que é o "verbalismo", por exemplo, senão o duplo produto do método da autoridade oral e do sincretismo próprio da linguagem egocêntrica da criança? Em suma, para socializar realmente o espírito, a cooperação é necessária, porque somente ela conseguirá libertar a criança da mística da palavra adulta.

Estas constatações relativas à coação intelectual encontram seu exato correspondente nas observações contidas neste volume sobre os efeitos da coação moral. Do mesmo modo como a criança crê na onisciência do adulto, igualmente acredita, sem mais, no valor absoluto dos imperativos recebidos. Este resultado do respeito unilateral é de grande importância prática, porque é assim que se constitui a consciência elementar do dever e o primeiro controle normativo do qual a criança é capaz. Mas parece-nos evidente que esta aquisição não basta para constituir a verdadeira moralidade. Para que uma conduta possa ser qualificada de moral, é preciso mais que um acordo exterior entre o seu conteúdo e o das regras comumente admitidas: convém, ainda, que a consciência tenda para a moralidade como para um bem autônomo e seja capaz, ela mesma, de apreciar o valor das regras que lhe propomos. Ora, no caso particular, o bem não é nada mais que o que está de acordo com os imperativos heterônomos. Também, como no que se refere ao desenvolvimento intelectual, a coação moral tem por efeito consolidar, em parte, os hábitos de espírito próprios ao egocentrismo. Mesmo quando a conduta não se inspira num simples cálculo, destinado a conciliar o interesse individual com o sentido literal da regra, observamos (como vimos a propósito do jogo de bolinhas) uma mistura bizarra de respeito pela lei e de fantasia em sua aplicação. Ficando a lei exterior à consciência, esta não poderia ser transformada. Além disso, considerando o adulto como fonte da lei, a criança só faz instituir a vontade adulta em bem soberano, após ter considerado como tais os diversos decretos de seu próprio desejo. Progresso, sem dúvida nenhuma, mas, de novo progresso cheio de conseqüências, se a cooperação não vem constituir normas bastante independentes para que o respeito devido ao adulto seja submetido, ele próprio, a este ideal interior. Também, enquanto o respeito unilateral é o único a agir, vemos desenvolver-se um "realismo moral" equivalente ao verbalismo intelectual: apoiando-se, de um lado, sobre a exterioridade da regra, tal realismo é mantido, por outro lado, por todos os realismos próprios à mentalidade egocêntrica da criança. Só a cooperação corrige esta atitude, atestando, assim, que ela exerce, no domínio moral como nas coisas da inteligência, um papel ao mesmo tempo libertador e construtivo.

Donde uma terceira analogia entre o desenvolvimento moral e a evolução intelectual: só a cooperação leva à autonomia. No que se refere à lógica, a cooperação é, primeiramente, fonte de crítica: graças ao controle mútuo, repele simultaneamente a convicção espontânea própria do egocentrismo e a confiança cega na autoridade adulta. A discussão produz, assim, a reflexão e a verificação objetiva. Mas, pelo mesmo fato, a cooperação é fonte de valores construtivos. Tende para o reconhecimento dos princípios da lógica formal, enquanto estas leis normativas são necessárias à pesquisa comum. Tende, sobretudo, para a tomada de consciência da lógica das relações, para a reciprocidade no plano intelectual, acarretando, necessariamente, a elaboração daquelas leis de perspectiva que são as operações próprias dos sistemas de relações. Do mesmo modo, no que se refere às realidades morais, a cooperação é, inicialmente, fonte de crítica e de individualismo. É ela que, pela comparação mútua das intenções íntimas e das regras que cada um adota, conduz o indivíduo a julgar objetivamente atos e ordens de outrem, incluindo os adultos. Donde o declínio do respeito unilateral e a primazia do julgamento pessoal. Mas, por conseguinte, a coação repele o egocentrismo, ao mesmo tempo que o realismo moral, e chega, assim, a uma interiorização das regras. Portanto, uma nova moral sucede àquela do puro dever. A heteronomia dá lugar a uma consciência do bem, cuja autonomia resulta da aceitação das normas de reciprocidade. A obediência cede passo à noção de justiça e ao serviço mútuo, fonte de todas as obrigações até aí impostas a título de imperativos incompreensíveis. Em suma, a cooperação no plano moral dá lugar às transformações exatamente paralelas àquelas cuja existência acabamos de lembrar no domínio intelectual.

É necessário, a título de conclusão, tirar as conseqüências pedagógicas de tais constatações? Se a pedagogia quer ser uma aplicação deduzida, sem mais, de nossos conhecimentos em psicologia da criança, isto seria inútil. É visível que nossos resultados falam tanto em desfavor do método de autoridade como dos métodos puramente individualistas. É absurdo e mesmo imoral, assim como o dissemos a propósito de Durkheim, querer impor à criança uma disciplina completamente elaborada, quando a vida social das crianças entre si é bastante desenvolvida para dar nascimento a uma disciplina infinitamente mais próxima da submissão interior própria à moral do adulto. É inútil, por outro lado, pretender transformar do exterior o pensamento da criança, quando seus gostos de pesquisa ativa e sua necessidade de cooperação bastam para assegurar um desenvolvimento intelectual normal. Portanto, o adulto deve ser um colaborador e não um mestre, do duplo ponto de vista moral e racional. Mas, inversamente, seria imprudente contar só com a "natureza" biológica, para garantir o duplo progresso da consciência e da inteligência, quando constatamos como toda norma moral tanto quanto toda lógica são produtos da cooperação. Então, realizemos na escola um meio tal que a experimentação individual e a reflexão em comum se chamem uma à outra e se equilibrem.

Portanto, se nos fosse necessário escolher, no conjunto dos sistemas pedagógicos atuais, aqueles que melhor corresponderiam aos nossos resultados psicológicos, procuraríamos orientar nosso método no que chamamos o "trabalho em grupos" e o *self-government*[17]. Propalado por Dewey, Sanderson, Cousinet e pela maioria dos promotores da "escola ativa", o método de trabalho em grupos consiste em deixar as crianças prosseguir sua pesquisa em comum, seja em "equipes" organizadas, seja simplesmente à vontade, por aproximações espontâneas. A escola tradicional, cujo ideal se tornou, pouco a pouco, preparar para os exames e para os concursos mais que para a própria vida, viu-se obrigada a confinar a criança num trabalho estritamente individual: a classe ouve em comum, mas os alunos executam seus deveres cada um por si. Este processo, que contribui, mais que todas as situações familiares, para reforçar o egocentrismo espontâneo da criança, apresenta-se como contrário às exigências mais claras do desenvolvimento intelectual e moral. É contra este estado de coisas que reage o método de trabalho em grupos: a cooperação é promovida ao nível de fator essencial do progresso intelectual. É inútil dizer, aliás, que esta inovação só tem algum valor na medida em que a iniciativa é deixada às crianças na condução mesma de seu trabalho: complemento da "atividade" individual (por oposição à repetição passiva que caracteriza o método livresco) a vida social só poderia ter sentido na escola, em função da renovação do próprio ensino.

Quanto ao *self-government*, é bastante conhecido pelos livros de F. W. Foerster (*op. cit.*) e de Ad. Ferrière[18], para que tenhamos de lembrar os seus princípios. Ferrière, em particular, descreveu com precisão, e com aquele calor de pregador que caracteriza toda sua obra pedagógica, as diversas modalidades do governo das crianças por si próprias. É difícil ler sua obra sem se ser possuído, ao mesmo tempo, pela esperança de ver generalizadas as experiências que analisa e pela satisfação de reconhecer nos princípios próprios das repúblicas de crianças, o que sabemos graças aos estudos psicossociológicos da vida moral. Quanto a F. W. Foerster, sua pedagogia moral continua, em nossa opinião, muito impregnada ainda do culto da autoridade, ou do respeito unilateral, e sobretudo muito ligada à idéia de sanção expiatória, mas a preocupação de autonomia e de *self-government* que a caracteriza, por outro lado, é bastante significativa.

Mas a pedagogia está longe de ser uma simples aplicação do saber psicológico. Sem falar da questão dos objetivos da educação, é evidente que, mesmo no que se refere aos processos técnicos, cabe só à experiência, e não à dedução, mostrar-nos se processos tais como o método do trabalho em grupos e do *self-government* têm um valor real. Uma coisa é, com efeito, provar que a cooperação no jogo ou na vida social espontânea das crianças acarreta alguns efeitos morais, e outra coisa é estabe-

---

17. Permitimo-nos indicar, sobre este assunto, nosso *Relatório Sobre os Processos de Educação Moral*, apresentado ao V Congresso Internacional de Educação Moral em Paris, em 1930.
18. Ad. FERRIÈRE, *A Autonomia dos Alunos*, col. "Actual. pédag.", Delachaux & Nistlé.

lecer que esta cooperação pode ser generalizada a título de processo educativo. Sobre este último ponto, só a pedagogia experimental é competente. Certamente, a experiência pedagógica, sob condição de ser controlada por meios científicos, é mais instrutiva para a psicologia que todas as experiências de laboratório, e a este título poderíamos englobar a pedagogia experimental no conjunto das disciplinas psicossociológicas. Mas o gênero de experiências que tal pesquisa comporta só pode ser instituído por educadores, ou por uma reunião de práticos e psicólogos escolares. Assim, não está ao nosso alcance deduzir-lhe os resultados.

leia também

A CONSTRUÇÃO DO HOMEM SEGUNDO PIAGET
UMA TEORIA DA EDUCAÇÃO
Lauro de Oliveira Lima

Este livro é uma leitura da obra de Jean Piaget do ponto de vista de sua aplicação ao processo educacional; o autor é o maior conhecedor e divulgador de Piaget entre nós. Em cinqüenta pequenos textos, são comentados os pressupostos de toda a visão de Piaget sobre a criança e a educação, no esforço de construção de um adulto equilibrado, em condições de encontrar seu caminho na sociedade.
REF. 10186   ISBN 85-323-0186-X

ENSINANDO A APRENDER
ELEMENTOS DE PSICODIDÁTICA GERAL
Louis Not

A didática era definida, em geral, como a arte de ensinar. Mas essa noção é confusa e refere-se a uma atividade intuitiva, dependente daquele que ensina. Pode-se, no entanto, opor a ela uma didática racional, ligada a um saber científico sistematizado, com um duplo sistema de referências: o conhecimento do objeto ensinado e do indivíduo que aprende.
REF. 10438   ISBN 85-323-0438-9

PIAGET PARA PRINCIPIANTES
Lauro de Oliveira Lima

O maior especialista em Piaget no Brasil reuniu neste volume mais de trinta artigos e ensaios analisando em seus mínimos detalhes a obra do genial educador suíço em torno da criança, seu desenvolvimento e o adulto.
REF. 10122   ISBN 85-323-0122-3

PIAGET, VYGOTSKY, WALLON
TEORIAS PSICOGENÉTICAS EM DISCUSSÃO
Yves de La Taille, Marta Kohl de Oliveira e Heloysa Dantas

Três professores da Universidade de São Paulo, analisam temas substantivos em psicologia à luz das teorias de Piaget, Vygotsky e Wallon. Entre eles, os fatores biológicos e sociais no desenvolvimento psicológico e a questão da afetividade e da cognição.
REF. 10412   ISBN 85-323-0412-5